KANGZHANFENGHUOZHONGDEHENANDAXUE
抗战烽火中的河南大学

陈宁宁 著

河南大学出版社
·郑州·

图书在版编目（CIP）数据

抗战烽火中的河南大学 / 陈宁宁著. ——郑州：河南大学出版社，2015.7

（弦歌不辍：抗战烽火中的中国大学）

ISBN 978-7-5649-2083-8

Ⅰ.①抗… Ⅱ.①陈… Ⅲ.①河南大学－校史－1937～1945 Ⅳ.①G649.286.13

中国版本图书馆CIP数据核字(2015)第182644号

责任编辑：时　海
责任校对：李卫丽
封面设计：郭　灿

出　　版	河南大学出版社
	地址：郑州市郑东新区商务外环中华大厦2401号　邮编：450046
	电话：0371-22864495　　　　　　网址：www.hupress.com
排　　版	郑州市今日文教印制有限公司
印　　刷	虎彩印艺股份有限公司
版　　次	2015年9月第1版　　　印　次　2015年9月第1次印刷
开　　本	787mm×1092mm　1/16　　印　张　26.5
字　　数	369千字　　　　　　　　定　价　52.00元

本书如有印装质量问题，请与河南大学出版社营销部联系调换。

总　序

刘海峰

在中国高等教育史上，抗日战争时期是一个非常特殊的时期。

抗日战争爆发后，中华民族处于生死存亡的危急关头，随着平、津、沪、宁相继陷落，华北、华东沦入敌掌，多数高校遭到日寇破坏，中国的高等教育在抗战烽火中遭到了严重的打击。日本侵略者深知大学对一个国家的重要作用，认识到"中国所有大学都是抗日基地"，所以，对占领地的中国大学肆意加以破坏，如摧毁南开大学、炸平厦门大学靠海的建筑等；对转移到后方的大学也不时进行轰炸。当时，多数高校被迫西迁，西北达陕甘，西南及云贵，中部溯江而上至四川各地，途中交通不便，加上敌机狂轰滥炸，许多高校一迁再迁，颠沛流离，历经磨难。

在中国高等教育事业备受摧残的情况下，教育工作者不辞千辛万苦，坚持办学，使抗战时期的中国高等教育不仅没有中断，而且还有发展。抱着抗战必胜的坚定信念，国民政府实行"平时作战时看，战时作平时看"的方针，大力保存和发展高等教育。据《第二次中国教育年鉴》所载历年度全国专科以上学校概况统计表，1936年之前，中国有高等学校108所，其中，大学及独立学院78所、专科学校30所，在校生41922人、毕业生9154人。到1937年，减少至91所，其中，大学及独立学院67所、专科学校24所，在校生31188人、毕业生5137人。而到1945年，竟然有高等学校141所，其中，大学及独立学院89所、专科学校52所，在校生83498人、毕业生14463人。也就是说，经过艰苦卓绝的八年抗战，中国的高等教育不仅没有衰败，反而得到了大发展，1945年比1937年的高等学校增加了50所，在校生数增加了1.68倍，毕业生数增加了1.82倍，比1936年也有很大的增加。在异常艰难的战争环境中，中国高等教育取得这样的发展，不能不说是教育史上的奇迹。

而且，在中华民国政府颁布的《总动员时督导教育工作办法纲领》和《战时各级教育实施方案纲要》等抗战时期教育政策的指导下，此一时期的大学国立化进程不仅没有受阻，反而在逆境中得到长足发展，抗战时期及抗战复员阶段设立的国立大学特别多。抗战时期新设或改为国立的大学有10所，抗战胜利当年和次年新设或改为国立的大学有6所。此时期的高校励精图治、人才辈出，对于国民教育的维持、传统文化的延续、现代知识的传授、人民素质的提高以及抗战所需的技术人才和建设人才的培养都起到了极大的作用。抗战时期绝大多数高校师生都有一种爱国自强奋发向上的精神，许多高校在艰苦的条件下卓绝奋斗、弦歌不辍，在中国高等教育历史上留下了光辉的篇章。在血与火的洗礼中，抗战时期的多数高校担负起了对文化传承负有的责任，树立起了大学精神的伟大丰碑。

抗战时期的中国大学都经历过特殊的磨难，都有一段传奇的历史，在风雨如晦的岁月中，传承着民族文化的血脉与灵魂，表现出民族精神的不屈与奋进，谱写了可歌可泣的悲壮乐章。其故事值得传播，其精神值得弘扬。现今我们到一些相当僻远的战时西迁办学高校的遗址参观，往往会感叹，这些地方即使是现在也仍然交通不便，可以想见当年许多民族精英经过长途跋涉，多年僻居其中，生活会有多么艰辛。然而，当时大学师生物质生活虽然艰苦匮乏，精神生活却丰富多彩，在非常简陋的条件下，仍然创造出了辉煌的业绩。

今天，抗战的硝烟早已远去，但中国高校在抗战岁月中显现的大学精神和爱国情怀已经成为中国高等教育的宝贵精神财富，仍然在激励着当代中国教育工作者。为纪念中国人民抗日战争胜利70周年，河南大学出版社策划出版了这套"弦歌不辍——抗战烽火中的中国大学"系列图书,我认为很有价值,很有意义。作为中国高等教育史的研究者,愿共襄盛举,故草数语,以为书系之引。

2015年7月29日

序

七七事变以后，日本帝国主义不但妄图从政治、经济、军事上控制、掠夺和占领中国，而且丧心病狂地大肆轰炸平、津、沪等地的高等院校和文化设施，以铲除华夏文明的根基，从精神上摧毁中华民族的抗战意志。

河南大学是我国成立较早的大学之一，她立足中原，辐射华北、西北，在20世纪30年代取得了突飞猛进的发展。当国民政府从1937年下半年起，将原本集中于平、津、宁沪以及东南沿海城市的高等院校向西南或西北大后方迁移时，河南大学却选择了留在河南与父老乡亲共赴国难，抗战8年时间里，有7年坚守在抗战的最前线，经历了武汉会战、中原会战和豫南鄂北会战。

在阴霾血腥的中原战区，河南大学独树一帜，她的意义不仅仅在于作为华北前线仅剩的一所公立综合性大学，为河南乃至冀、鲁、苏、皖、晋、陕、东北各省流亡学子提供了求学的便利，更为难能可贵的是她给予了国人以精神上的极大鼓舞——华夏文明的大旗不倒！

在隐身伏牛的艰苦岁月里，王广庆校长用曾国藩"不耻生事之艰，而耻无术以济天下"的警言来激励全校师生，他响亮地提出：办好河南大学"宁异于前线之冲锋陷阵乎"？于是，河南大学延揽了一批名师，严格教学管理，按照教学计划设置课程，保证上课时数，以7万余册图书在当时的大学中名列前茅，仪器设备之齐全也为不少学校所艳羡。所以尽管是在战时，河南大学却维持着较高的教学水平，在教育部各项考绩和竞赛中获得好的成绩，由省立改为国立。

抗战烽火中的河南大学就像钢铁战神，以血肉之躯和百折不挠的精神守护着华夏文明的源头和根脉。

抗战烽火中的河南大学就像汹涌澎湃的洪流，所到之处总要宣传、发动和组织民众，掀起抗日救亡的滔天巨浪。

抗战烽火中的河南大学就像一座烈火熊熊的熔炉，锻造出了1400多名毕业和在校就读的抗战建国人才。

抗战烽火中的河南大学就像文军远征，沿途播撒科学、民主的种子，促进了当地的政治、经济、文化和教育的发展。

"艰难困苦，玉汝于成"。八年流亡办学，河南大学凤凰涅槃浴火重生，铸成精神的丰碑。透过河南大学前辈们瘦削羸弱的背影，我看到了河大人的担当。这种担当不仅是历史赋予的神圣职责，也是河大人对国家、民族和社会强烈历史责任感的自觉行动。河南大学与其他高校一起在腥风血雨中用铁肩支撑着即将倾倒的华夏文明大厦，用自己的血肉之躯维护和接续了中原文化血脉。抗战胜利河南大学返回开封后的1946年，已经发展成为占地2000亩，拥有近2000名各类学生的国立大学。

如今，战争的硝烟已经散尽，当我们回首70多年前那段往事时，却发现在有关抗日战争时期高校办学的学术著作和研究文章中，绝少见到河南大学这段历史的记述和研究，甚至在一幅《抗战时期大专院校内迁示意图》中根本就没有河南大学流亡办学这条路线。鉴于此，我深深感觉到：作为后来人，自己有责任把河南大学抗日流亡办学的历史记录下来，发掘蕴藏其中的精神遗产，汲取力量，接过华夏文明的薪火代代传递下去。

百年以来，河南大学在中原这块热土上开疆拓土，辛勤耕耘，从殷墟的科学发掘开始，她就一直在探求华夏文明的源头，践行"以平正通达为特征"的河南精神。她勇于担当，敢于牺牲，乐于奉献，化泥护花，善于创新，虽几经凋零，却总能重新繁育出知识的森林，成为中原文化的守护者和河南省高等教育的源头与母机。如今她又继续发扬着百折不挠和敢于创新的河大精神，积极投身于中原经济区建设中去。

《国务院关于支持河南省加快建设中原经济区的指导意见》中提出要把河南建成"华夏历史文明传承创新区",要"弘扬兼容并蓄、刚柔相济、革故鼎新、生生不息的中原文化……塑造具有中原特质、体现时代特征的人文精神"。如果《抗战烽火中的河南大学》能在这场新的伟大的社会发展进程中起到一点儿记录历史、感悟文化、激励后学、打造昂扬向上的中原人文精神的作用,那便是我最大的欣慰了。

让我们循着《河南大学抗战期间流亡办学路线图》所标示的时间和路线,一起走进那段难忘的历史吧。

作　者

河南大学抗战期间流亡办学路线图

1. 1937年底,文理法三学院迁鸡公山,农医学院迁镇平
2. 1938年7月,文理法学院迁武昌
3. 1938年9月,校本部及文理法学院迁镇平
4. 1939年5月,河南大学经方城、叶县、伊川等地向嵩县迁移
5. 1939年6月,校本部及文理农三学院进驻潭头,医学院进驻嵩县
6. 1944年5月,医学院迁潭头,不久又与校本部及文理农三学院南迁
7. 1944年6月,河南大学在西坪小住后迁至荆紫关,医学院迁至西安
8. 1944年12月,河南大学医学院师生经宝鸡迁到汉中
9. 1945年3月底,河南大学经西坪、赵川到龙驹寨,再到西安,4月,文理农三学院迁至宝鸡
10. 1945年5月,医学院迁至宝鸡市姚家巷
11. 1945年12月底,河南大学由宝鸡迁回开封

目 录

第一章　抗日先声…………………………………………… 1

第二章　暂避豫南…………………………………………… 27

第三章　隐身伏牛…………………………………………… 57

第四章　伊水书声…………………………………………… 76

第五章　大山文章…………………………………………… 99

第六章　匹夫有责…………………………………………… 120

第七章　改为国立…………………………………………… 143

第八章　喋血潭头…………………………………………… 173

第九章　丹江水暖…………………………………………… 202

第十章　渭河两岸…………………………………………… 231

第十一章　又见铁塔………………………………………… 258

附录　抗战亲历……………………………………………… 281

　范文澜：忆河南大学抗敌训练班（节选）……………… 281

　王国权：我的历史回顾（节选）………………………… 283

　刘季洪：河南大学回忆记略（节选）…………………… 291

王锡璋：在河南大学求学时期的回忆 …………………………… 299

沈东浦：河南大学学生运动亲历记 ……………………………… 314

任访秋：十年漂泊记 ……………………………………………… 316

李秉德：抗战后期河南大学的两次搬迁 ………………………… 328

孟志昊：河南大学旧事漫录（节选） …………………………… 333

嵇立群：祖父嵇文甫的一生（节选） …………………………… 336

李丙寅：河南大学打算迁万县 …………………………………… 341

陈仲凡：我参加革命前的求学和教书生涯 ……………………… 343

梁祖翼：回忆八次迁校 …………………………………………… 345

郝守勤：抗战初期河南大学播迁杂忆 …………………………… 352

华　漫：潭荆采薇 ………………………………………………… 361

苏　湲：我的父亲苏金伞（节选） ……………………………… 371

宋景昌：在潭头的日子 …………………………………………… 381

刘家骥：抗日战争时期的河南大学 ……………………………… 385

李守孔：自　述 …………………………………………………… 392

徐正斋：河南大学农学院亲历杂忆（节选） …………………… 399

后　记 …………………………………………………………… 406

参考书目 ………………………………………………………… 409

第一章 抗日先声

辛亥革命炮响,清王朝皇冠落地,中华民国诞生,但是中国依旧积贫积弱,河南照样民不聊生。"长夜复长夜,长夜何时旦"?河南何时才能仰首豪鸣,重新崛起,不再蜷伏于人下?一批有识之士认为:"百年之计端在树人","培植人才最为要图",有了人才河南才能与各省相角逐,继而与各国相角逐,"黯淡无色之老大河南,亦将随之焕然一新,变成美丽庄严之乐土也"。

1912年8月25日至9月2日《自由报》连续刊登《河南省提学司招考留学欧美预科学生广告》

在清末四大贡院之一的河南贡院旧址上诞生了河南留学欧美预备学校。这里既是封建科举制度的终结地,又是我国最早"放眼看世界"的窗口之一

河南各界人士奔走呼吁,要求效法东南各省建立学校,派遣学生留学欧美,"师夷长技",建设河南。省议会顺应潮流倾听民意,决定设立一所以外语教学为主,兼修普通科学的学校,校址选在河南省会开封市的东北隅。这里文脉兴盛,历来是办学兴文的风水宝地,

后周和宋代的国子监、太学和清代中国四大贡院之一的河南贡院均设在这里,中国封建科举考试的最后两次会试也在这里举行。1912年9月25日,随着140名新生走进预校大门,河南省现代高等教育事业的帷幕徐徐拉开。河南省开启了一扇"放眼看世界"的窗口,预校架起了一座"师夷长技"的桥梁。

林伯襄(1878~1956),河南商城人。辛亥革命后任河南教育司科长,1912年8月,任河南留学欧美预备学校校长。1916年辞职返乡。1922、1930两度在教育厅任职。新中国成立后,出任河南省教育厅第一任副厅长,1956年11月26日病逝于开封

第一任校长林伯襄主张"以教育致国家以富强,以科学开发民智",他尊师礼贤,严格督学,朝乾夕惕,以校为家,每天熄灯以后都要提盏小马灯巡视学校一周,那盏闪闪发亮的小马灯照亮了河南省那漆黑的夜空。预校深深根植在黄河中下游平原的肥沃土壤中,汲取着华夏文明的丰富营养,很快就"办得有个名堂"了,她与北京的清华留美预备学校、上海的南洋公学似奇葩竞相怒放,成为当时中国仅有的三所向西方派遣留学生的学校。

在11年的时间里,预校招收了7个年级共662名学生,送走了5届286名毕业学生。在那些毕业生中有91人到美、法、德、比、日、苏等国留学,获得学士学位者16人、硕士学位者9人、博士学位者24人,还有143人考进国内大学深造。

这些学生成为河南省现代教育事业的开拓者和奠基人。

留学欧美预备学校印

进入20世纪20年代,一所以外语教学为主的学校已经不能满足河南省建设的需要,河南留美学生会教育委员会发出"救国之道在广植人才,尤在多设大学","本省自立大学实属要图"的强烈呼吁。当

张鸿烈（1886~1962），字幼山，河南省固始县人。1913年赴美留学，获伊利诺大学政治教育硕士学位。归国后，任河南留学欧美预备学校、中州大学、中山大学校长，为河南大学的初创做出贡献。曾任河南省教育厅长和省政府秘书长、山东省建设厅长、河南省临时参议会副议长。1949年9月到台湾后担任"立法院委员"，1962年6月10日去世

时冯玉祥担任河南省督军，他将军阀赵倜的财产没收充公，把其中大部分资财用于创建中州大学。1923年3月3日，在校长张鸿烈的主持下举行了中州大学开学典礼。中州大学设文、理两科，到了1925年共有8个系、9个专业。

张校长聘请刚从美国哥伦比亚大学学成归国的博士冯友兰任哲学教授兼文科主任，聘请留学美国并担任过华盛顿制纸公司工程师的曹理卿担任理科主任，中州大学的教师如郭绍虞、董作宾、汪敬熙、冯景兰、王陵南、万康民、杨亮功、嵇文甫、段凌辰等都是当时国内著名学者。

中州大学图书馆印

中州大学管理严格，实行学分制和淘汰制，学生若有两门科目不及格便被勒令退学。除正常的教学外，学校还组织开展学术活动，师生思想比较活跃，各种学术团体纷纷建立，创办了不少刊物，经常聘请专家学者到校讲学，像国民党元老李根源到校讲"河南地方史"，中共北方区负责人李大钊来校在六号楼演讲

1927年河南中州大学改名为河南中山大学

"大英帝国主义者侵略中国史"。

很快，中州大学就声名鹊起。

北伐战争胜利以后，中州大学一度成为国立第五中山大学，不久又合并河南法政专门学校和河南农业专门学校，改名为河南省立中山大学，设文、理、法、农四科，于

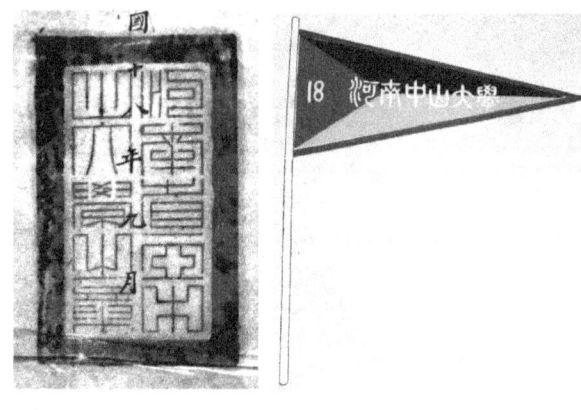

河南中山大学校印与旗子

1927年11月28日开学。1929年中山大学增设医科，随后按照政府大学组织法要求将科改为院，计有5院14个系。医学院不分系，设有产校和护校。学校人才济济，有教授55人，杜元载、黄际遇、黄纪瞻、董作宾、邵次公、郝象吾、熊伯履、涂公遂、胡石青、阎仲彝、张静吾等都学有专长，名重一时。学生人数逐年增加，省外学子纷纷投考，1929年学生人数为850人，到1930年春季增加到900余人。中山大学有校本部和位于繁塔附近的农学院两个校区，校园面积1104亩，图书馆藏书45708册，教学仪器不断更新添置。

1930年9月7日，河南中山大学改名为河南大学，任命张广舆为校长。学校"以研究高深学术，养成建设人才，实现三民主义为宗旨"，设5个学院，15个系，医学院仍不分系。学校全年经费354000元，有教职员123人，其中教授56人，本、预科学生共计820人，其中不乏河北、山东、山西、陕西、江苏、安徽、浙江、江西、湖北、福建、广东等外省学生。

1930年9月河南中山大学改为省立河南大学

河大人艰苦奋斗，脚踏实地，以天下为己任，自觉担当历史使

命，经过近20年的发展，已经立足中原，辐射数省，享誉国内，进入了快速发展的历史时期。

然而就在这个时候，觊觎中华已久的日本军国主义者屯兵东北，不断挑起事端，战争一触即发。

省立河南大学关防

河南大学具有光荣的爱国主义传统，正如《河南大学校史》前言中所说："当国家民族处于紧要关头，河大师生总是迎危而上，高擎科学、民主和爱国主义的旗帜，冲破重重阻力，认识真理，寻求真理，为维护国家和民族利益而英勇斗争。"[1]

让我们重放几个河南大学的历史镜头。

1919年5月，北京爆发了伟大的五四爱国运动，消息传来，预校师生举行集会，教授徐旭生发表慷慨激昂的演说，同学们争先恐后演讲，痛斥北洋军阀政府的卖国行径，声援北京学生爱国运动。5月13日下午，预校师生参加省会15所学校集会，致电巴黎和会的中国代表，指出："青岛问题，存亡所关，生等誓死为外交后援。务恳力争，万勿自屈签字。"5月30日以后，学生们

1919年5月20日起，河南留学欧美预备学校师生罢课游行，声援五四运动。图为游行队伍途经中山门（今开封市大南门）时的情景

多次罢课，走上开封街市游行示威，集会演说，查禁日货，为五四运动呐喊助威。

1925年5月30日，上海发生日本人枪杀中国工人顾正红的五卅惨

---

[1] 河南大学校史编写组：《河南大学校史》，开封：河南大学出版社，2002年，第15页。

案，中州大学立即组成"沪案后援会"。6月6日清晨，学生、市民2万余人举行示威游行，他们高呼"抵制日货"、"对日英经济绝交"、"打倒帝国主义"、"收回租界"的口号，来到河南省政府门口进行请愿。中州大学学生会发出宣言："今日之事，非

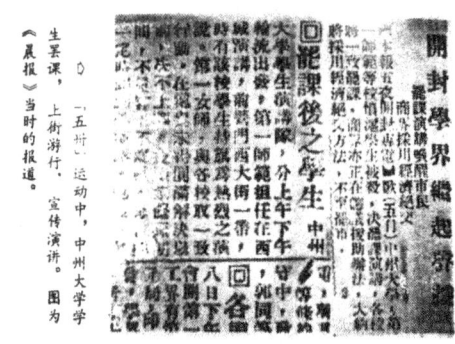

五卅运动中，《晨报》关于河南中州大学学生罢课游行和宣传演讲的报道

仅数十同胞之生死问题，实吾中华民国存亡之关键也。"6月14日，运动掀起新的高潮，省会兵、农、工、商、市民等在中州大学举行集会，中州大学校长张鸿烈、教务长李敬斋率教职员工和学生参加大会，李敬斋被公推为大会主席，会后举行了声势浩大的示威游行。6月25日，开封各界公祭死难同胞，李敬斋为总指挥，中州大学学生身着蓝色军装，打着"中州大学暂编学生第一军"的大旗，走在10万人游行队伍的最前面。

1925年7月李大钊到中州大学演讲

1925年7月，中国共产党北方区执行委员会书记李大钊在于右任的陪同下第二次来到开封。他对河南党组织策源地之一的中州大学格外关注，在开封交际处听取了特意从郑州赶来的以中央特派员身份到河南工作的王若飞、萧楚女的工作汇报后，立即来到河南大学，在六号楼向欢迎他的中州

刊载李大钊《大英帝国主义者侵略中国史》的《雷火》杂志

大学师生及开封市各界代表发表著名演讲——《大英帝国主义者侵略中国史》。

1928年5月3日,日军侵入山东交涉署,将其全部职员杀害,继而疯狂屠城,杀害中国军民17000余人,史称"五三惨案"。第二年春天,查良钊校长赴济南巡视惨案战场,带回来一枚炮弹壳,在中山大学校园的东南角建起五三纪念碑。碑身及底座均为三角形,高丈余,炮弹壳置其上,石碑刻警语,号召全校师生勿忘国耻,明了责任,立志复仇,奋发图强,担负救国、建国

1929年春,校长查良钊在校园建起"五三纪念碑",激励师生时刻不忘国耻

任务。查校长决定在全校实施军训,聘请军官担任教官,全校学生编为三个大队,日常着军装,集中时间进行军事技术训练。每天清晨全体师生都要在操场集合,由查校长带领学生诵读冯玉祥的警言:"我们国家快要亡了,民族快要灭了,外国人待我们连猪也不如,连狗也不如,我们再不努力,就要当亡国奴了!"呼喊声慷慨激昂,声震校园,极大地激发了广大师生的爱国主义情怀。

1931年5月许心武校长上任,他第一次出席学校纪念周就号召河南大学师生自觉担负起应担负的历史使命:

其一,发扬我国古代文明,吸收近世文明,造成将来中华民族之新文明。

其二,河南位于抗日前线,河大人应拿生命去抗敌,拿知识去抗

敌,担当领导责任,唤醒民众,组织民众。

其三,河南地当西北门户,河大为西北唯一大学,对于西北开发责无旁贷。

不久,九一八事变爆发,日军强占东三省,魔爪直指我华北大好河山,中华民族遭遇空前危机。河南大学掀起了汹涌澎湃的抗日爱国运动,广大师生时刻关注战争的走向,以不同形式探索救国图存之道,宣传抗日主张,唤醒民众奋起,实现全民抗战。

许心武校长具有十分强烈的爱国热忱,他多次参加学生召开的声讨日军暴行集会,并在大会上作声情并茂的演讲。1931年9月25日,许校长接受河南大学反日救国委员会主任、学生郭全和(郭晓棠)的邀请,不但参加了成立大会,还担任救国会文书组的工作,他批准大会要求停课全体师生到城乡进行抗日宣传检查日货的申请,学生深受感动和鼓舞,会后发表了《告全国同胞宣言》,呼吁省会各界群众团结一致反日救国。在许校长的带动下,学校一些教授、院长如万康民、郝象吾、阎彝铭、王毅斋、郑竹虚等

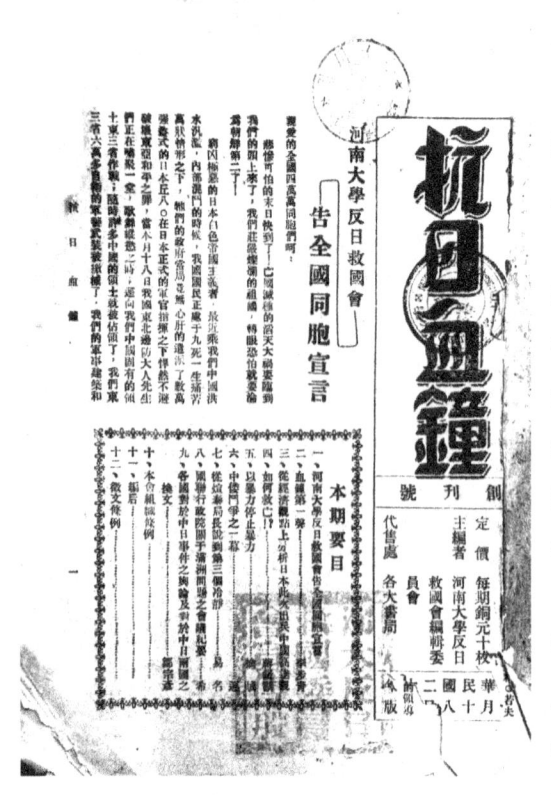

1931年河南大学反日救国会出版的《抗日血钟》告全国同胞书

也参加了成立大会,并分别担任该会有关职务。

11月,河南大学学生沈东浦以及开封学生代表张承先、席文珂、

李红蓼、吴宝珍赴南京参加全国反日救国学生联合会代表大会,要政府立即出兵东北,收复失地。

为适应抗战需要,教育部连续颁布了《高中以上学校加强军事训练方案的通令》《关于学校教育状况及今后如何改良以适应国防要求案》《推进学校军事教育办法大纲》《推进国防教育办法大纲》等有关文件,国民政府军委会办公厅也拟定了《军事时期全国学校动员准备纲要》,河南大学积极响应。

1933年10月,《河南大学军事教育奖惩规则》制定实施。军事训练作为必修课程且要求更为严格,对于军事教育"潜心向学者"、"学术两科卓越,考试屡列前茅者,内务整洁者"均予记功,直至校长给予奖励。对于缺席、迟到、早退,学术科无进步希望,或内务不整、精神不振者,均要给予惩戒直至开除学籍。为配合军训,学校领到步枪200支,以在每个年级军训时进行实弹射击。

11月,河南省各界人士发起捐献飞机,支援抗战的活动。购买两架飞机共需大洋24万元,教育界人士应捐6万元。河大员工纷纷响应,拿出个人一个月薪俸的十分之三作为捐款。

随着华北局势日趋紧张,教育部已着手考虑各类学校内迁。1933年4月,教育部密令在京的各学校将仪器图书装箱南迁。北京师范大学当初选择了三个迁移备选地点,即开封、南京、上海,最后确定为开封。随即,各学院在不妨碍学生学业的前提下,把不

刘季洪(1903~1989),江苏丰县人。1921年考入北京高等师范学校,1930年获美国西雅图华盛顿大学教育硕士学位。1935年6月至1938年9月出任河南大学校长。他主持制定《河南省立河南大学组织大纲》,调整组织机构,减聘冗员,节约开支,尊师敬贤,延揽名师,将"明德新民止于至善"的校训悬挂于新建大门之上。1939年去教育部供职。1949年到台湾担任政治大学校长,正中书局总编辑、总经理及董事长,台湾"考试院院长"等职。著有《各国成人教育》《教育统计学》《教育生涯漫谈》等著作

常用或在他处购买不到的书籍仪器装箱，5月中旬运至开封，存于河南大学。到了当年9月，不知因何缘故这些物品又原封未动地被运回北京师范大学。

北京师范大学虽然没有迁到开封，但河南大学却迎来了东北大学师生，两校自此结下了深厚的友谊。

九一八事变后，东北大学于9月26日从沈阳迁至北京，由于教师离任和学生的流失，该校农学院停办。于是该院院长柳东雅便与东北大学教授许振英、林世泽等率农学院学生南下开封，来到河南大学，除了该校四年级的学生以借读名义读到毕业外，其余三年级以下的学生都办理了转学手续，成为河南大学的正式学生。东北中学则迁到河南省鸡公山上。

东北大学师生来到开封后被安置在河大农学院。背井离乡的东北学子们时刻不

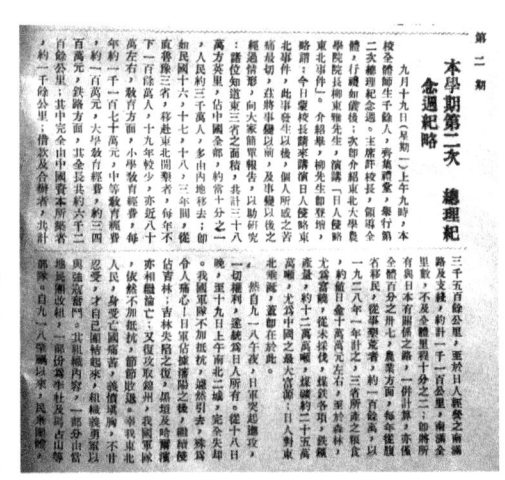

《河南大学周刊》1932年第2期刊登东北大学农学院院长柳东雅《日人侵略东北事件》的演讲

忘国难家仇，他们不住学生宿舍，而自愿住在驻豫军官教导团，与军人一起闻鸡起舞，操练队列，以锻炼身体，振奋精神，随时准备应付战时情况，河大师生莫不感慨。在一次总理纪念周上，校务主任杜岫僧号召全体师生向东大学生学习，重视军事训练，健身强体，整饬服装，培养良好的习惯，形成郑重认真的做事风气。

河南大学给予了东北同胞无微不致的关怀，尽管当时本校的经济也较为窘困，但仍负担了东大学生的住宿、实习以及各项杂费。按两校原来商定，东大学生的伙食、服装等费用由原学校每年补助每生800元，但由于东北沦陷，东大经济无着，也未能照此办理。许心武校长一方面积极向教育部申请补助，并准备借到南京参加全国天文物

理学术讨论会之机,见见新任东北大学校长王伯龄,商谈东北大学在本校借读同学有关事宜,但不巧的是王校长已先行离开南京;另一方面他在全校大会上强调"全国无论国立、省立、私立各大学,都有互助的义务",号召大家尽己所能给予东大师生以帮助。

刊载在1935年《河南大学校刊》第95期河大学生反对所谓自治运动的通电

1935年,日本侵略军与汉奸殷汝耕、王揖唐、王克敏、齐燮元等勾结,策划华北自治运动。12月,在中国共产党的领导下,北平爆发了一二·九爱国运动。河南大学医学院学生王雷(雨田)等三人被推选为全市学生联合会领导成员,他们代表全体学生通电全国,响应北平一二·九运动,提出了"取消冀察政务委员会","停止屈辱外交","对日抗战,开放学生爱国运动"的要求。23日联合开封市万余名学生走上街头游行示威,在省政府门前请愿。26~30日,开封学生占领了火车站,在冰天雪地里卧轨坚持斗争4天4夜。许多学生、教师及学生家长到火车站支持同学们的爱国正义行动,医学院院长阎仲彝率领医护人员到车站慰问学生,组织救护。这次活动产生了极大影响,有力地推动了全国抗

河南大学学生高举校旗在开封火车站举行卧轨请愿,要求停止屈辱外交实行抗战

日爱国运动的发展。

转眼到了1936年,东北大学其他院系在北平也办不下去了,准备继续举校南迁,于是教育部就商请河南大学安置接待。两所学校早已交往频繁,声气互通,河大教授中有许多人譬如李先闻、胡石青、蒙文通、高亨等都曾在东北大学任教过,之前又有两校农学院合作的成功先例,所以情同手足,亲如一家。河南大学请示河南省政府同意后,立即复电表示热烈欢迎,又多次商议安置东大师生有关事宜并加紧筹备。总务处腾出大礼堂的教室作为东北大学的办公地点和寝室。教务处决定东大教师能开设的课程可单独上课,如因教师不够某些课程不能开设,可由河大教师代授或与河大学生合班上课,准许东大师生使用各种仪器设备。河大人盼望东大人早日到来,在校大门西侧廊柱上挂起了"东北大学办事处"的牌子。

1937年2月,东北大学迁到开封,河南大学校门上挂起了"东北大学办事处"的牌子。图为东北大学师生在河南大学校门前合影

1937年2月,东北大学师生500余人在校长臧启芳的率领下来到河南大学,经短暂筹备后于4月20日正式开课。

为锻炼学生体能,增进两校友谊,在和煦的春风里两校联合运动会隆重开幕,刘季洪和臧启芳先后致辞。刘校长勉励两校学生加强锻炼,争取好的成绩,臧校长则幽默地说:"两校联合运动会成果一定很丰硕,东大同学至少可以得到第二名。"全场爆发出热烈的笑声,其乐融融,一片祥和之气,东北大学学生忘记了流亡之苦,学业免遭荒废。

6月30日,国民政府决定东北大学师生由开封迁往西安,与已经迁到那里的该校工学院学生集中一起恢复上课。部分不愿随校西迁的东北大学学生，河大都收为转学生，以使他们能顺利地学成毕业。

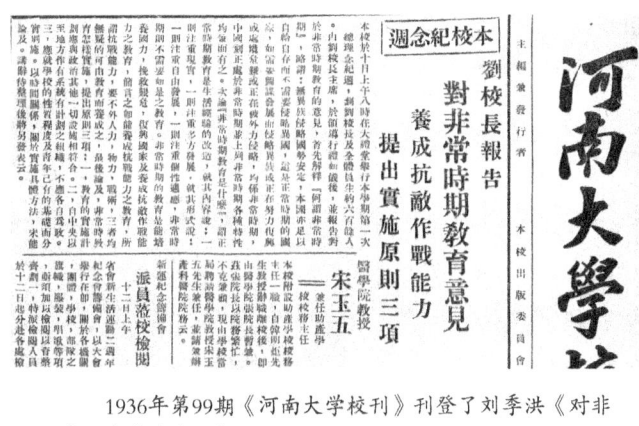

1936年第99期《河南大学校刊》刊登了刘季洪《对非常时期教育意见》

七七事变爆发后，日寇铁蹄已经踏上华北领土，国难当头，全民奋起抗战。刘季洪校长由强调正常教育和非常教育并举，转而呼吁由正常教育转为战时教育。他在学校校务会议上指出：要对教育进行改造，积极培养抗战人才，提高抗战能力。他说，战争的要素有三种，第一是人力，第二是物力，第三是战术。重要的是人力的构成，人力在战争中是绝对不可忽视的，而要提升战争要素中人的作用，就要进行"精神训练"，如培养爱国热忱、抗战的勇气、誓死不做汉奸的决心等。还要进行"体力的训练"和"组织的训练"，即强健体魄和发动组织民众。

他制定了非常教育方案，向全校师生员工宣传抗战思想，增强其危机意识和民族责任感。这一时期，河大校园内经常举行防空、防毒知识的讲座，进行交通、救护、防空等演练。教师们在课堂上宣讲、在校刊上刊登颂扬岳飞、文天祥等民族英雄事迹的文章。河大上空弥漫着救国救亡的浓厚气氛。

按照教育部规定，高中和大学一年级学生必须进行集中军训，每期三个月，本期确有特殊原因经批准不能参加者，下期必须补训，否则不得毕业。整个暑假，河南大学一年级学生都集中到开封南关演武厅兵营进行军事训练。

当年秋天，河大文学院教师郑若谷（竹虚）、学生汪藻香（吴强）共同发起创办了抗日救亡刊物《风雨》周刊，由嵇文甫、王阑西、姚雪垠等为主编，9月12日，第1期《风雨》周刊面世。这一综合性刊物主要刊登抗日救亡理论、文艺作品、文学思潮研究等方面的文章，转载了《中国共产党对时局的宣言》《中共河南省委保卫河南宣言》，发表过中共河南省委书记朱理治、宣传部长刘子久、秘书长危拱之的文章，刘白羽、碧野、沈起予等都在该刊上发表过作品。《风雨》周刊实际上担负起了指导河南抗日救亡运动的作用，在周边省份甚至全国影响极大，它与巴金主办的《烽火》遥相呼应，不仅是当时重要的抗战刊物，而且在抗战文学史上也留下了浓墨重彩的一笔。

编委们自筹经费办刊物，范文澜将400元的月薪全部捐献出来，自己却每天喝粥度日。

1937年10月17日出版的第6期《风雨》周刊封面。"风雨"两字是集鲁迅遗墨

《风雨》周刊后改为5日刊，每期发行2000份，最多时达1万份，发行范围远达徐州、西安、重庆、兰州等地。河大迁到鸡公山后，由于人员变换，《风雨》成了中共河南省委的机关刊物。

文学院教授兼院长萧一山主办的《经世》月刊和公教人员读物《大时代》，对于推动抗日救亡运动也起了重要的推动作用。

嵇文甫在学生创办的《救国先锋》报创刊号上，发表《为学生救国运动说几句话》一文为学生运动正名，旗帜鲜明地批驳了污蔑学生

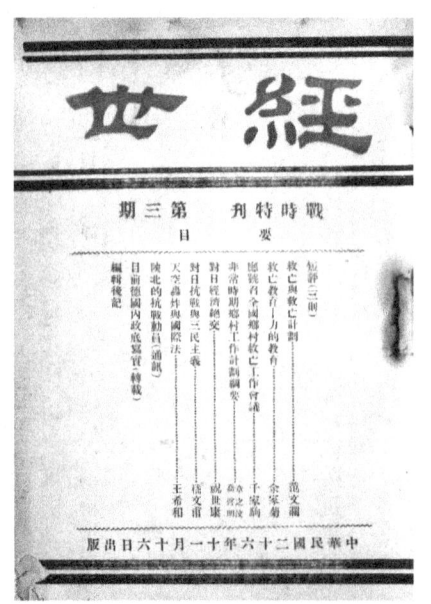

《经世》战时特刊第3期刊登了一些著名学者探讨抗日救亡的文章

运动的论调，呼吁在非常时期实行非常教育，培养能做救亡工作的人才。

随着国共两党合作为基础的抗日民族统一战线的建立，中共河南省委积极贯彻党中央的全面抗战方针，指导河南大学的抗日救亡运动。1935年加入中国共产党，两年后担任中共河南省工委学运书记的吴祖贻，此时的公开身份是河南大学经济系二年级学生。他领导河南大学进步学生开展抗日救亡运动，动员和组织河大及开封学校一批学生到延安和各抗日根据地参加革命。抗日初期开封知识青年投奔革命的人数在全国名列前茅，这是与中共河南省委的工作和河大党组织、进步教师的动员、发动和组织分不开的。

邓拓(1912~1966)，原名邓子建，福建闽侯人。1930年参加左翼社会科学家联盟，并加入中国共产党。1934年到河南大学经济系读书，1937年7月毕业

北平、天津沦陷后，大批学生辗转来到开封，带来了一二·九运动后北平成立进步青年秘密组织中华民族解放先锋队的有关信息。1936年暑假，河南中华民族解放先锋队成立，河大经济学系学生邓拓担任开封民先总队长。邓拓曾于1932年在上海从事革命活动被捕入狱，1933年又因参加反对蒋介石的福建人民革命政府遭国民党通缉，只好于1934年转到河南大学法学院经济学系读书。他埋头钻研，勤于思考，很快便写出了系统论述中国救灾历史的著作《中国救荒史》，1937年被商务印

邓拓在河南大学上学时出版的《中国救荒史》填补了中国灾荒史研究的空白

书馆列入中国历史研究名著丛书出版，填补了这一学术领域的研究空

白,同时还发表10篇共计10余万字的社会科学论文,他还提出了"内因是决定因素"的观点,这与毛泽东在《矛盾论》中阐述的内因、外因的思想是一致的。

1937年6月下旬,邓拓参加了毕业考试后,在七号楼北门遭国民党复兴社逮捕,不久被营救出狱。10月底他北渡黄河投奔五台山抗日根据地,挥笔写下《寄语坟园》:

四年投笔复从戎,不为虚名不为功。独念万众梯航苦,欲看九州坦荡同。梦里关河闻唳鹤,共同身世寄飘蓬。寄语坟园双老道,征蹄南北又西东。

冼星海率领的上海抗日救亡演剧队与河南大学歌咏队在河南大学大礼堂演出后合影,前排就座者为冼星海

最后一句,记载了他从开封到河北,又由石家庄到太原的经过。

九一八事变六周年纪念日来临之际,在吴祖贻的领导下,河大学生王锡璋、刘惟城等人联络河南省民先、平津流亡同学会等,组织了纪念游行和救亡歌咏活动,会上决定成立开封学生农村救亡服务团,号召各校同学到农村去发动群众。此后,他们定期到城镇街头、农村集市,用街头剧、歌咏会、漫画展览和演讲等多种方式进行宣传。在斗争中,河大学生王锡璋、党吉臣、张惠如、杜希唐等经受了锻炼和考验,先后加入中国共产党。

1937年下半年,上海抗日救亡演剧二队、一队先后来汴。二队由洪琛、冼星海、金山、王莹、田方等组成,一队由宋之的、马彦祥、崔嵬、贺绿汀等组成，他们都是著名的作家、戏剧家、电影明星，在群众中素有声望。9月26日，开封文化界人士举行欢迎茶会，河南大学刘季洪、萧一山、嵇文甫、范文澜、郑竹虚、孙祥正、郝象吾、阎仲彝、郭鑫斋等出席。刘季洪即席倡议成立开封市文化界救国联合会，当即通过推选由鲁荡平、胡石青、刘季洪、萧一山、嵇文甫为筹备人。最后，抗日演剧队贺绿汀指挥演唱《全面抗战》歌，全场振奋。

这一时期，河南大学大礼堂利用率非常高，不是进行抗日学术讲座，就是举办抗日宣传演出。

学校安排文学院教授每周定时、定人、定题目轮流在大礼堂进行演讲。客座教授胡石青曾亲眼看到日本参谋总部发行的《绝对国防》一书，他以此为据，揭露日寇妄图亡我中华的行动计划：第一步，乘机占领东三省。第二步，占领东三省后，打着中日亲善的幌子，打通海陆大、小循环线。第三步，在打通了上述交通线之后，再一举占领华北。第四步，进攻长江流域，占领华南。胡石青主张联俄抗日，文史系主任余协中等则认为中国军队会一退再退，劝告大家做长跑准备，他幽默地说要设法多交西藏朋友。学生文艺团体如大众话剧团等，在大礼堂演出反抗侵略的话剧《阿比西尼亚的母亲》《放下你的鞭子》等剧目。

马可1935年到河南大学化学系读书，他曾抱有科学救国的雄心壮志："在这大时代里，不怨天，不求人，更别说，我正在跟别人学习。（为什么不让人跟我们学习？）是汉子，就该自己创造自己！"但随着日寇一步步入侵，河大校园里掀起了抗日风暴，马可参加了声援北平学生一二·九运动的请愿活动，马可后来回忆说，那时候可以说我们一天到晚地生活在革命歌曲中，做梦也在哼着它，"对我来说，革命歌曲给我上了

马可(1918~1976)，江苏徐州人。1935年9月考入河南大学化学系，他的理想是成为一名科学家，用自己的发明创造拯救国家，使民族强盛起来

河南大学怒吼歌咏队全体人员合影,前排左五为队长马可

革命的第一课,它把我这个不问政治的好学生从实验室中拖出来,唱着'工农兵学商,一起来救亡',参加一二·九运动。抗日初期那些优秀歌曲更进一步教育了我,决定了自己的政治方向"。自此,马可开始了他的音乐生涯。七七事变后,马可组织成立河南大学怒吼歌咏队,创作了《保卫我们的天津》《抗日五更调》等歌曲,到街头乡间宣传抗战。洪深、冼星海等人率领上海救亡演剧队抵汴时,在大礼堂和怒吼歌咏队合作公演多次,并住在河南大学校内。马可白天参加演出,晚上向冼星海学习音乐创作理论和技术,经过冼星海修改的《保卫我们的平津》成为马可音乐生涯中最值得纪念的歌曲。1939年秋马可奔赴革命圣地延安。

王国权(1911~2004),原名康午生,河南省巩县人。离开河南大学后曾任中共热河省委第一书记,省军区政委、省长。解放后任驻德国、波兰、澳大利亚、意大利大使,作为中美大使级谈判中的中方首席代表为中美建交做出贡献。后又担任中国对外友好协会会长兼中日友协副会长,民政部常务副部长,全国人大常委会委员、民族委员会常务副主任、外交委员会常务副主任

1930~1933年在河大社会学系读书的王国权在校组织了西北研究会,学习《科学社会主义》《国家与革命》等马列著作,

在六号楼三楼上聆听中共河南省委书记王国华的报告。1934年5月，为了躲避国民党的逮捕离开河大，后辗转到了延安，入抗日军政大学学习，1937年8月他已经是中共晋察冀北岳区一分区地委书记。

袁宝华于九一八事变后到河南大学预科读书。当年秋天加入了中国共产主义青年团，他和王国权一起宣传中共抗日主张，被誉为"学潮先锋"，后转到北京大学就读。1936年9月，他又回到母校借读于经济系四年级。1937年11月，他和胡得龙率领河大一部分中共党员奔赴河南省南召县，由

袁宝华，1916年1月生，河南南召人。1940在延安中共中央党校学习，并任中共中央组织部干事。新中国成立后曾任国家经委主任、中国人民大学校长，是中共中央候补委员、中央委员、中央顾问委员会委员，担任中国企业管理学会会长等职。图为袁宝华（前左）1934年5月5日与河南大学附属高中同学毕业合影

胡得龙任中共南召县委书记，党吉臣任组织长，以河大同学王锡璋、张了且、顾雅亭等为基本力量，组织了南召抗敌自卫团战地服务团，开始了他职业革命的生涯。

自全面抗战爆发以后，河南大学教师、学子奔赴抗日战场的还有不少：

吴强于1937年12月离开学校，到皖南参加了新四军，成为著名的作家。

戴伯行1924年入河大数理学系学习，参加中共地下党组织的秘密活动，不久由共青团员转为党员。1930年以后以教师身

尹达（1906～1983），原名刘耀，后改名尹达，河南滑县人，著名历史学家、考古学家。1925年考入中州大学预科，1928年9月入河南中山大学本科学习

份为掩护从事地下工作，曾在开封训政学院担任讲师，1937年奔赴延安。

王实味曾就读于河南留学欧美预备学校，1926年加入中国共产党，1937年在开封重新入党，同年10月去延安鲁迅艺术学院任教。

刘耀从河南大学毕业考取中央研究院史语所读研究生，毕业后留所工作，1937年10月与校友石璋如告别，化名尹达，辗转到达延安。

姚雪垠在河南大学学习期间，曾受王毅斋之聘和王国权、郭晓棠一起担任杞县大同中学教员，使该校成为中共在豫东的一个红色堡垒和培养抗日干部的摇篮。1937年姚从北平回到开封后，在母校从事文学创作，参与创办《风雨》周刊，河南大学准备搬迁豫南

姚雪垠（1910～2001），河南邓州人，当代著名作家。1929年考入河南中山大学预科，1930年升入河南大学法学院。1938年初，姚雪垠（右二）以《风雨》周刊主编和全民通讯社特约记者名义到徐州前线采访于学忠将军（中）。新中国成立后历任河南省文联常委、中南作家协会常务理事、湖北省文联主席、中国当代文学学会会长、全国五届政协委员。创作长篇历史小说《李自成》共三百余万字，其第二卷获首届茅盾文学奖

后，他离开了学校，以战地记者的身份到徐州作战地采访。

1932年在文学院读书的周而复原想研究中国古典文学，抗战爆发，他便立即奔赴延安，担任了陕甘宁边区文化协会顾问委员会主任，改为以现代文艺形式如诗歌、杂文、散文、报告文学和小说等参加抗日救国运动。

1937年任河大大众话剧团团长的文史学系学生彭云，同年9月经范文澜、林靖华教授推荐，经12天长途跋涉到达延安。

暑假过后，河南大学照常开学，除了本校学生按时报到外，还从平津等战区转来了不少借读生。学校在正常开设的课程之外增加了一些战时科目，如防空、防细菌、战地救护等。

刘季洪安顿好新学期各项工作后向教育部报告：

属校已于九月一日如期开学，八日上课，全校学生均已到齐，教职员亦皆到校服务授课，各战区学生之纷纷来校借读者亦达三百余人，均能努力学程与预备战时服务工作，精神甚佳，差堪告慰。惟开封地处中部，交通四达，将来难免敌机之空袭，欲使学校工作长期继续进展，似应预为之计，另筹安全地区，如嵩山等处，以备万一之需。①

9月2日，教育部回电，表扬河南大学临危不乱，按时开学，接纳战区学生借读，做好各项战时预备工作。回电还指出："学校为避战事影响，拟向豫省安全地带预做转移一节，仍希要加强研究，详细见告。"

1937年下半年短短几个月的时间，日军便占领了平、津、京、沪等地，大片国土沦陷。日寇深谙要消灭一个民族首先要消灭她的文化的道理，将摧毁中国的大学列为其战略目标，以铲除中华文明传承的根基。

1937年9月21日刘季洪向教育部汇报河南大学新学期开学情况

7月29日，日军飞机轰炸天津，其轰炸目标集中在南开大学。日军进攻南京，中央大学成了日机攻击的重要目标之一，从8月15日至26日，中央大学连续遭日机三次袭击。8月3日至10月15日，日军轰炸

---

① 《刘季洪呈教育部：报告》，1937年9月21日，五-5336（2），中国第二历史档案馆藏。

上海，同济大学、复旦大学、上海法学院、东南医学院、暨南大学、大同大学、吴淞商船学校等都遭到不同程度的损坏。

11月5日，蔡元培、张伯苓、胡适、蒋梦麟、梅贻琦等一批大学校长和知名教授共102人联合发表声明，控诉和声讨日寇暴行："北自北平，南至广州，东起上海，西讫江西，我国教育机关被日方破坏者，大学、专门学校有23处，中、小学则不可胜数……"他们指出："日人之蓄意破坏，殆即以其为教育机关而毁坏之，且毁坏之使其不能复兴。"日本帝国主义妄图毁灭我中华文明的狼子野心昭然若揭。

战争急转直下，来势凶猛，各地高等院校均因事变突起，仓促之间不及准备而损失惨重，国民政府再也无法把"战时当做平时看"，保持镇静和秩序，力求学校在原地"维持课务"了，开始把面临被敌占领区域的学校往内地迁移。

从8月起至年底，中央大学、金陵大学、金陵女子学院、杭州艺术专科学校、同济大学等学校相继开始搬迁。清华大学、北京大学、南开大学迁至长沙组成国立长沙临时大学。

战事愈演愈烈，开封火车站成了前线下撤伤兵的转运站，一些伤势较轻的伤员经处理后继续向西南转运，重伤者则在开封施行紧急救治。河大医学院师生们组成救护队，日夜为伤员诊治疗伤，前后达16000余人。精湛的技术，热情的服务，深深感动了抗日部队和广大伤兵，河大医学院接受军方商请承办军政部第十一重伤医院，成为全国高校中12所重伤医院之一，附属医院院长郭鑫斋担任院长，率领医生护士七八人，随军南下开往湖南常德，直接为前线战事服务。

河南历来为兵家必争之地，它是武汉的屏障，西北的门户，华北抗战的后方，日寇意欲打开中原枢纽，进而威胁西南大后方，便分别由鲁西南进攻商丘，由平汉路向豫北推进，并不断派飞机轰炸开封、郑州、安阳等城市。

省城开封集中了河南最多的学校，面对如此危急的局势，河南省政府做出"凡已受袭击或易受袭击区域之学校，一律向安全地带转移"的决定。其具体内容为：

一、各学校接近战区时,应即准备候令迁移。

二、迁移地点,由厅指定青年求学便利,食粮供应充足之后方较为安全地带。

三、迁移时,各学校应实行军事编制,严格军事管理。由校长、军事教官及全体教职员率领,依行军办法向目的地开拔,并拟具行军课程,随时讲授训练。

四、迁移时,学生行李每人以20斤为限,自带20斤(女生除外),余由学校雇车运送,学生每人每日由学校补助伙食费1角5分,由学校统筹办理。

五、学校重要图书仪器,由校运至交通便利地点(每次迁移均以命令指明地点)。

六、各校迁移之临时校舍,均以利用原有公共房舍为原则,十分不敷用时,得呈准略微修建,设备则力求简单应用,设备费以全体学生人数计,每人2元5角之总额为最高额。

七、省立、私立中等学校迁移地带及日期,由本厅规定。县立学校由县教育局规定,省立学校校舍,由厅预筹,私立学校,由校预筹,县立学校由县教育局预筹。①

关于河南大学迁往何处的问题一直存在着争论,并且这种争论贯穿于八年抗日流亡办学之中。河南省教育厅发布中等以上学校准备搬迁的通知以后,也并未明确河南大学迁往何处,本省人士不愿让河南大学远离故土的想法尚不是主流意见,刘季洪校长主张效仿平津京沪等高校向四川迁移,所以他决定河南大学暂避豫南,一旦时局恶化,或从鸡公山南下武汉,沿长江入川;或从镇平、淅川进入陕西,经汉中到四川。这一想法得到了省教育厅的同意。

学校立即着手筹办迁移诸事。10月20日,刘季洪致电教育部申请

---

① 王日新、蒋笃运:《河南教育通史》(中),郑州:大象出版社,2004年,第331~332页。

迁校经费，提出先以借读生补助费垫支搬迁费用。26日，教育部通过中国银行汇来该项经费5000元。

1937年12月6日，河南省教育厅发布教二字第一二零一号密令：

河南处在国防前线，为了保护合格人才，为长期抗战做准备，全省在汴中等以上学校的学生，都必须于12月10日起，集中进行战时特种训练，然后提前放假，假期为一个月，待省府确定迁移上课地点后，各校在假期间进行搬迁。至于迁移时所需车辆，省政府已经报请行政院，现正积极与铁路部门交涉。考虑到目前战局严峻，军情紧急，铁路车辆空前紧张，各学校可先行设法雇用汽车、人力车等筹备运输。①

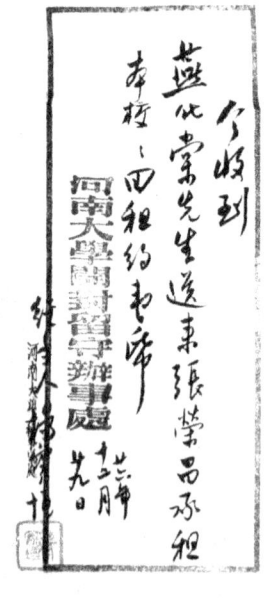

河南大学设开封留守办事处管理学校财产，处理有关事务。图为1937年12月留守处为校田承租者出具的收条

接到命令后，刘季洪校长眉头紧蹙，学校的图书仪器等已经打包，大约几百吨的东西堆积待运，他不敢有片刻怠慢，指示有关人员想方设法与开封火车站联络，争取尽可能多地将这些教学必需的"宝贝"运到新的办学地点。与此同时，他还多次致电已迁到汉口的教育部，通过各种关系解决本校迁到新址的教学、办公、住宿等用房。

12月中旬，终于等来了车皮，刘季洪指挥着大家将共计95吨，包括校本部的文书档案、办公用具和文、理、法学院的图书仪器等在内的物资以教育用品的运输特价发往鸡公山。因镇平不通火车，学

---

① 刘季洪：《呈报迁移图书仪器及重要文件情形》，1938年1月11日，五-5336（2），中国第二历史档案馆藏。

校只得与长途汽车站洽商,以市价五成的价格包租了三辆汽车,又另雇用了人力车五十余辆,将农、医两院的图书仪器等运往镇平。

学生集中在校接受战时训练,期末考试后放假回家待命,于学校迁到新的校址后到校上课。刘季洪事后回忆说:"校中图书仪器及教职员与眷属分批启程,不能移动的校具及实验用具,均登记保管。最后征得职员一人及工友数人同意,志愿长期留校看守,并预发足供两年的留守费及食粮。"①

与此同时,河南大学抗敌工作训练班成立。中共鄂豫边区派马致远(刘子厚)为八路军代表,冯纪新担任该班学生总队长和中共总支部书记,嵇文甫、范文澜、萧一山主持教学工作。河南大学和开封市的学生及知识青年200多人参加培训,范文澜在《从烦恼到快乐》的回忆录中说:"青年们投考的踊跃,学习的热心,使我们确信中国绝不会灭亡,抗战必然胜利。"训练班集中在大礼堂,学习《抗日救国十大纲领》《帝国主义侵略史》《民族英雄史话》。为配合学习军事战术课程,范文澜编写了《游击战术》,发行2000册,一时间洛阳纸贵,一书难求。

12月,该班改称"河南大学抗敌训练班农村服务团",嵇文甫任团长、范文澜任副团长。嵇文甫留守开封,范

范文澜(1893~1969),浙江绍兴人。1917年毕业于北京大学中文系,1936年5月任河南大学文学院教授,主讲中国上古史、中国文学史、经学和《文心雕龙》等课程,《文心雕龙讲疏》等论著在学术界产生广泛影响。1937年发起成立河南大学抗敌工作训练班,南下进行抗日宣传。1939年参加新四军,1940年到延安,先后担任中央研究院副院长、历史研究室主任。1948年8月任中原大学校长,同年12月调任北方大学校长。新中国成立后任中国科学院学部委员、中共中央委员、全国人大常委、全国政协常委等职务。《中国通史简编》为其代表作

---

① 刘季洪:《抗战初期的河南大学》,国立河南大学校友会编,台北:上海印刷厂股份有限公司,1974年,第43页。

文澜和冯纪新率领70余名团员沿平汉路南下，沿途进行抗日救亡宣传。

此时，日寇已逼近豫东，敌机盘旋在开封上空实施轰炸。

在全校最后一次周会上，刘季洪向全体师生员工介绍了当前的时局和学校迁移的准备、去向等有关事项。最后，他引用了9月26日在河南省文化界欢迎上海抗日演剧二队茶会上省新运会书记萧作霖的发言作为讲话的结束："日本的飞机大炮，能够毁灭我们的学校，但同时却也能促使我们学子含泪听课，憧憬着更大的飞机大炮之创造。所以，这次战争，是中国民族全面的接受物理化学二大动力的激荡的战争，中国民族如果不在这次战争中消灭，便必然在这次战争中复兴，于伟大博厚的固有文明史页上，添入突飞猛进的时代文明史页！"

尚在高中一年级读书的陈谷音随其在河大任教的哥哥陈作钧一家来到开封火车站，可一家老小整整等了三天也没坐上车，眼睁睁地看着一列列满载的运兵车从陇海线呼啸而过。幸运的是疲惫不堪的一家人最终与河大另一位数学教授合租到一辆轿车，他们挤进轿车走到许昌才搭乘上开往鸡公山的火车。

大礼堂的设计和营造体现了河大人的创新追求，其风格中西合璧，庄严肃穆，典雅大气，体现了学校厚重的历史、豁达的心胸和非凡的气魄，为当时国内大学所少有

学校教职员工都各想办法奔向鸡公山和镇平县。

刘季洪久久站在落成才一年的大礼堂广场上，举目南望，沿建筑中轴线的七号楼、六号楼、东西斋房一一收入眼底，如此辉煌的校园马上就会沉寂下来，或许，还会毁于战火。他不愿再想下去了，在全部迁离完毕，又亲巡学校一周，然后怀着沉重的心情离去。

自此，河南大学踏上了抗日流亡办学的坎坷征程。

这一去，就是八年。

第二章　暂避豫南

鸡公山雄踞豫鄂边界，北去信阳35公里，南距武汉174公里，是长江、淮河两大水系的分水岭。其主峰报晓峰海拔784米，在群山环绕中突兀拔起，头向西北，尾翘东南，状若雄鸡引颈高啼，故名鸡公山。

鸡公山报晓峰远眺

1903年京汉铁路修到了鸡公山脚下，站址建在信阳市狮河区李家寨乡的新店。火车站投入使用后，美国基督教耶稣会人士李立生等人多次登山游玩，他们发现山上气候凉爽，景色秀美，为一避暑胜地，随后在西方报刊上广为宣传，说在河南南部发现鸡公山，且有铁路之便，身在火炉武汉的人们再也不用舍近求远去江西庐山避暑，乘坐火车只要几个小时就可上山享受清凉了。美、英、法、德、挪威、瑞典等国人士闻讯竞相在鸡公山购地建房，到抗战前夕，山上共建有别墅

300余幢，渐次形成了教会区和中心避暑区，南街和北街之间商铺林立，古董、丝绸、刺绣、京货在此都很容易买到。外籍人士、军阀政客、豪绅商贾，加上管理局、警察局以及苦力杂役等，统有近万人，鸡公山俨然就是一座繁华的小城市。

当河南大学学生在家中翘首以待学校通知复课地点之时，刘季洪先期来到了鸡公山。

隆冬季节，霜染古道，雪覆群峰，昔日的避暑胜地，因战争临近而空寂少人。刘季洪站在鸡公山管理局门前无心赏景，他一直在思考：学生来了住在哪里？虽然洋人盖的

河南大学迁到鸡公山后，就在颐庐附近安营扎寨

别墅大都空着，但鸡公山已俨然成了外国人的天地，教会区、中心避暑区甚至成了连中国人都不许进入的租界，如若强租入住，或许会引起国际纠纷。刘季洪再次向已迁到汉口的教育部报告，恳请协助解决几百人的住宿问题。

颐庐为北洋军直系将领靳云鹗所建。四层建筑，中西合璧，宽大的门廊、圆弧状的护栏、门窗的彩色玻璃，尽显意大利庭院式建筑风格。楼顶两个六角形的翘檐小亭则是典型的中国建筑样式。站在房顶平台上鸡公山秀丽风光一览无余。清末贡生刘景向有《竹枝词》赞曰："楼阁连云看不尽，堂皇毕竟让颐庐。"图为1925年7月29日颐庐落成纪念照

在河南大学迁上鸡公山之前，私立东北中学已在此办学两年有余。东北中学原为张学良在北平创办的东北学院之中学部，后以大学部为基础重建东北大学，东北中学便独立成校。张学良担任鄂豫皖"剿总"副总司

令，把前线指挥部设在了鸡公山上的颐庐，并在附近修了八个碉堡以加强防卫。1935年7月，东北中学在北平办不下去了，张学良便把该校迁到了鸡公山，将校名改为鸡公山东北中学，自任董事长兼名誉校长，其校部设在中心区89号楼，颐庐和9号楼分别为初中部和高中部教室，600余名教职员生则分散住在教室周围和南岗一带别墅里。

颐庐为直系军阀吴佩孚部将靳云鄂所建。据传，靳之前曾到鸡公山疗养，看到鳞次栉比的洋楼别墅，受不了洋人的趾高气扬，于是三番五次与洋人交涉，最后以武力为后盾，在鸡公山风光最佳处建造了这座中西合璧的被当地人称为"志气楼"的颐庐。截止到1925年颐庐周边的配楼和0、7、9、88、89号楼及花园全部竣工。张学良的东北中学来到鸡公山，靳云鄂便以极低廉的价格将颐庐及附属房舍统统出让给了张学良。

教育部部长王世杰给鸡公山东北中学校长赵雨时去电商洽河南大学借房一事，请东北中学帮助河南大学师生早日开学。

1938年1月，陈立夫任教育部长，百忙之中又过问河南大学安置问题。东北中学校长赵雨时于28日复电："河南大学借房一节……俟交接清楚后尽量酌予拨借，兹奉钧电业派员与该校接洽，事属一体，自当尽量提早，务使该校师生早得安顿。"①

东北中学校长赵雨时给陈立夫回电答应尽快帮助河南大学解决住房问题

在教育部和东北中学的帮助下，河南大学很快包租了山上多座空

---

① 《私立东北中学代电》，1938年1月28日，五-5336（2），中国第二历史档案馆藏。

房作为教室、宿舍,校本部设在鸡公山管理处和鸡公山公安局的办公地点——公安饭店。

转眼过了1938年的春节,同学们便八仙过海各显其能地赶赴鸡公山和镇平新校址报到。

2月初的那些日子,每天都有在新店火车站下车的河大师生,先期到达的学校行政人员忙着接站,并引导大家上山。火车站前排列着许多上山的轿子,年老体弱的教师及家眷可租坐上山,行李也可由挑夫挑上山去,免受十几里路的攀登之苦。

从新店火车站向南不远便是登山起点,这条道路长约3公里,

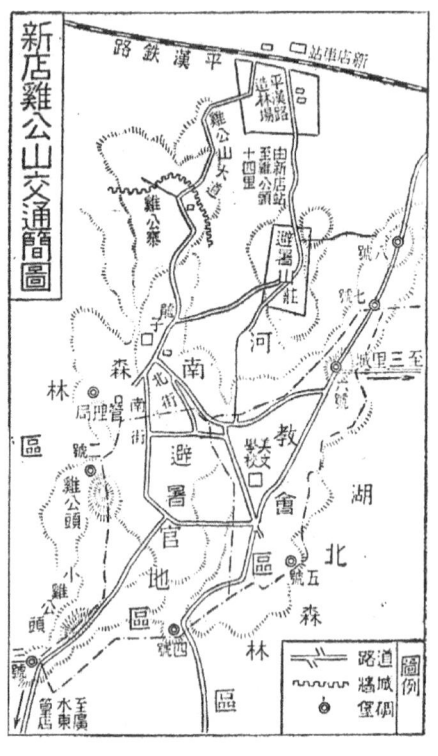

新店鸡公山交通简图

修于清朝末年,路宽而平坦,沿途多植树木,几所茅屋把着山口,穿过茅屋,便走进幽林。时值隆冬,满山银装素裹,每当走到山口,便

平汉铁路修到鸡公山下,一个着装时髦打着遮阳伞的女郎对于隆隆驶来的火车已经司空见惯,河南大学师生就是从这里登上鸡公山,来到了抗日流亡办学第一站

迎面吹来刺骨的寒风,但看惯了平原的河大师生却满眼新鲜,忘记了寒冷和疲惫。极目东望,大别山逶迤西来,回首西眺,桐柏山银蛇东进,北望山脚下,平汉路铁轨闪着亮光贯通豫鄂。继续向上攀登,山路迂回曲折,峰回路转,陡峭的石级尽处便是古朴的寨门——头道门。依次走过"青分楚豫,气压嵩衡"的八字石刻和二道门,就来到了龙子口,再向上就是南街了,鸡公山公安局在此设卡,上下山的外国人均需在此登记,而河大师生则被带到了东北中学腾出的欧式套房里。

大家在铺上稻草的木地板上兴奋得直打滚,战乱时,能住上洋人的洋房真是舒服难得。刚刚安顿下来,体力好的同学就迫不及待地催着先到的同学当向导,满山跑着去欣赏鸡公山的自然风光,了解风土人情。

雄踞万国建筑群中的颐庐让大家精神振奋,腰杆挺直了许多,"志气楼"真是大长中国人的志气。此时东北中学的师生身着东北军服装在嘹亮的歌声中操练,"向前走,别退后,生死已到最后关头,同胞被屠杀,土地被强占,我们再也不能忍受","亡国的条件我们绝不能接受,中国的领土,一寸也不能失守!拿我们的血和肉,去拼掉敌人的头,牺牲已到最后关头,牺牲已到最后关头"!激昂悲壮慷慨赴死的歌声,让河大学子热血奔涌,大家恨不得马上投向抗日战场,杀敌报国。

转而来到消夏园,山头有一座刚修的坟墓,墓前立一块一尺见方的青石碑,上刻"韩公向方之墓"。文学院英文系一年级学生郝守勤对大家说,这便是于1月24日因弃守山东在开封被捕在武汉受审后被枪决的山东省主席、第三集团军总司令韩复榘的墓。墓前有用石块摆成的"汉奸"两个大字,那是东北中学学生的杰作。

大家登上报晓峰,眺望祖国大好河山。一个同学惊呼:"快看,这里有字!"大家转眼望去,只见一行英文大字跳入眼帘:"Long Live China"!这便是东北中学高8班一位名叫于绳武的男同学利用课余时间,冒着随时可能堕入悬崖的危险,每日脚踩峭壁的缝隙,一锤锤、一凿凿镌刻上去的。"中国万岁！"振聋发聩，也是河大学子的共同吼声！

就在文理法学院师生在鸡公山安顿下来的时候，范文澜率领河南大学抗敌训练班农村服务团经朱仙镇、鄢

东北中学学生于绳武手刻"Long Live China"在高山之巅分外夺目，作者在拍下这一珍贵镜头后，鸡公山管理局出于保护目的就禁止登顶报晓峰了

陵、扶沟到达许昌，举办了为时两个星期有三百多人参加的抗敌训练班。离开许昌后，部分学员到竹沟加入中共领导的抗日武装，范文澜继续率团沿平汉路南下。

1938年1月30日，服务团来到舞阳，受到当地群众热烈欢迎，范文澜、冯纪新等被安排住在胡岗万寿寺小学。其余90余人分住胡岗、屈岗、何口等村庄。

农学院的办学地址安国寺，现为镇平安国寺小学

郝象吾和阎仲彝带领农、医两院师生来到镇平后，镇平地方自治机构指定安国寺为农学院院址，教师在城内分租民宅，学生及部分职工住在城东北安国城，牲畜圈舍设在腰庄。医学院前期部（一、二、三年级）住东关泰山庙，后期部（四、五年级）和附设高级助产学校、护士学校都在城内当铺下街租住民房。

已经进入阴历腊月了，郝、阎二人催促尚在开封的生活指导组训导员徐正斋等人速速将教学用具运往镇平。徐收到电报后，赶紧雇用车辆，押运课桌、椅子和黑板等于腊月二十九日到达镇平。

除夕夜，天降瑞雪，舞阳县青救会的乡亲们为范文澜的服务团送去了饺子、包子和馒头，鸡公山师生在洋房别墅中伴着皑皑白雪守岁。丁丑年初一，住在镇平城外的学生一大早就踏雪进城向诸位老师拜年祈福。河南大学度过了搬迁在外的第一个春节。

春节过后，冯纪新带领服务团部分人员留在胡岗继续做宣传工作，范文澜率另一部分团员来到舞阳县城进行抗日救亡宣传活动。他们白天走街串巷宣讲抗日救国道理，演唱抗日歌曲或演出短剧，晚上办夜校，教百姓识字，唱抗日歌曲，学游击战术。

一天，服务团话剧团在城内演出时受到县公安局的阻挠，说是奉52军军长关麟征的命令，限服务团明天离舞阳境。

范文澜在他的自传性散文《从烦恼到快乐》第八节中记述了这件事情：①

剧演完了，我们回到寓所，我向团员说起这件事，大家不由得愤怒起来。我说："我们应该有在中华民国土地上作救亡工作的自由，舞阳难道不是中国土地吗？我决计不走，我决计到舞阳县监狱里找中国土地去！"团员们一齐喊："我们一起去。"第二天清早，不等公安局来人，我先去找某军长，问为什么要我们走。某军长完全否认，说那是县长传话错误。师部人员办了几桌酒席来慰劳我们，我用坦白豪爽态度，同他们痛饮酬酢，宾主都醉了，而我尤其醉得凶，倒在床上呻吟。在断断续续的激励团员们的言语中，几乎全体哭泣，不能仰视。师部人员也陪着愤慨，某参谋拔出手枪，声称去县政府枪毙那个狗头县长。团员们拉住他，他还对空连放了几枪，表示义愤。我第

---

① 《被误认为游击专家》，范文澜：《从烦恼到快乐》，开封：《新文萃》1950年1月。

二天醒来，团员们告诉我，"好事者"还把这一场闹酒起个名，叫做"范先生大闹舞阳城"。

舞阳县有青救会会员两三千人，范文澜原想把他们轮训一遍，广大会员也愿意进城轮训。但这个想法最终未能实现。

服务团在群众中的影响日益扩大，"范先生大闹舞阳城"轰动朝野。1938年2月9日，国民政府军事委员会致电教育部，电文称：

"范先生大闹舞阳城"惊动了国民党最高当局，这是国民政府军委会给教育部的电报，要求立即取缔并禁止类似团体活动

范文澜离开河南大学抗敌训练班农村服务团后，该团改名为河南省战时教育工作促进团。图为1938年初夏战教团在信阳柳林的留影

据报，今有河大教授范文澜等率领学生数十人往河南各地组织训练班，其言论接近共党，拟请通令取缔，并禁止类似此种团体之活动，以期抗战理论之统一。①

---

① 《国民政府军事委员会快邮代电》，1938年2月12日，五-2-128，中国第二历史档案馆藏。

2月14日,教育部长陈立夫密令河南大学校长刘季洪将此事"切实查明,取缔具报"。26日,河南大学向教育部呈报:

兹查该教授范文澜业已到校授课,所有前在河南许昌、舞阳两地方所组之服务团,并已负责解散,除在开封《河南民国日报》登载启事,声明此后不复预闻过去曾有关联之一切名义或事务以外,并将办理服务团经过情形报告到校。①

河南省政府令服务团改名为"河南省战时教育工作促进团"。

范文澜被迫于11日离开该团前去武汉,不久即回信阳鸡公山河南大学文学院执教。范文澜回忆此段经过时说:

某军长出面阻止,某校暗中捣鬼,使我们无法进行,我去武汉想找人疏通,却被某某顽固机关压迫我上鸡公山——河南大学新迁的校址所在。我考虑轻重利害,只好上山重当"教书匠"。

范文澜上了鸡公山后,战教团在罗山、息县、潢川、商城等地做抗日宣传。9月,商城沦陷,战教团翻越大别山,经湖北省麻城、黄陂等地转战襄樊,又北返南阳。11月,战教

罗章龙(左六)和毛泽东(左四)、邓中夏(右一)等人合影

---

① 《刘季洪呈教育部:报告》,1938年2月26日,五-2-128,中国第二历史档案馆藏。

团开赴信阳邢集，参加了中共领导的抗日武装信阳挺进队。

经济学系主任罗章龙也随河南大学来到了鸡公山。

他是毛泽东的同乡，曾共同发起创办新民学会，1918年考入北大哲学系德语预科。其间先后任中共北京大学支部书记、中共北京区委委员，领导了陇海铁路大罢工、长辛店大罢工和开滦五矿大罢工，并在与军警搏斗中负伤。1923年6月，罗章龙当选中共三大中央委员和中央局委员。1924年参加共产国际第五次代表大会，在接下来的汉堡国际运输工会代表大会上当选为中国书记。1926年，先后担任湖北省委宣传部部长和汉口市委书记、中央工委部长、全国总工会委员长、全总党团书记等职，他还是中共四大、五大、六大中央委员。1931年因反对王明把持的六届四中全会，另外成立非常委员会被开除出党。

罗章龙(1896~1995)，号文虎，字仲言，湖南浏阳人

1934年，罗章龙离开南京来到开封，下榻鼓楼街大金台旅社，精心准备应聘河南大学的讲稿。试讲颇为成功，深受学生喜爱，经校长提名，校务会议同意聘任罗章龙为经济学教授。曾有学生这样回忆这位讲授经济学的老师："罗是中等偏低身材，经常西装革履，领带系得规规矩矩，戴一副金丝边眼镜，和蔼可亲。罗章龙讲授《中国经济史》，上课态度严肃，不扯闲话，讲课条理清晰，分析历代经济对政治、社会、文化、战争的影响，有自己独到的见解，所用的讲义都是自编的。"

1935年罗章龙兼任经济学系主任。

此时的罗章龙站在泻红涧七里香的枯藤旁，闭目想象着绿叶满藤，黄花绽放，香飘七里的春光景色，而睁开双目，眼前却是雪压枯藤，一片肃杀的严冬景色。罗章龙怅然若失，满腹心事。

他想起1936年夏季的一天，受教育部派遣到河南大学任教的德籍教师狄莱士教授，突然被杀害在自己经常散步的铁塔附近的城墙上。

罗章龙与狄莱士身材相仿，常着西服，也会德文。狄莱士教学认真，对人和蔼，温文儒雅，这一点两人颇有相似之处。再说被害者身上的财物无一丢失，狄莱士难道是被王明派来的人错认为罗而误杀了不成？想到此处，罗章龙不禁心中一惊。

罗章龙脑海里又浮现出1935年4月23日张学良来到河南大学与他会面的情景。张学良当天午后到汴，就立即去小南门外的演武厅检阅军队，在作了关于"安内攘外之使命"的长篇报告，完成了"奉命校阅豫、鄂一带驻军"的公务后，紧接着就来到河南大学会见罗章龙。

那时的张学良刚从国外考察回来，总想在政治上有一番作为，以雪不抵抗将军的耻辱，当他举目四望寻求帮助时，曾在中共高层任职的罗章龙便进入了他的视线，于是便有了张学良借到开封视察部队之机，到河南大学拜访罗章龙之行。据罗章龙后来回忆："汉卿忽来河大见访。张来时轻车简从，见面略事寒暄，互致问候，随即开始谈话。"两人的话题很广，就像老朋友似的坦陈各自对政局的看法与理想抱负，最后双方确定加强合作，以打开目前国内的政治僵局。

4月25日的《中央日报》报道了这则消息："行营主任张学良二十三日午由汉飞抵汴，即于午后检军，并参观河南大学，二十四日晨九时离汴飞西安。"

转眼到了1936年4月，作为经济系主任的罗章龙带领学生借实习之机来到了古城西安。罗的到来，让张学良喜出望外，他带师生们尽情游览了华山，张少帅还亲自驾机请罗章龙俯瞰西岳华山与八百里秦川。

面对错综复杂的西北局势和日寇咄咄逼人的进攻态势，张学良"不知计之安出"，他极力邀请罗章龙来西安任教，以便能朝夕聆教，为他出谋划策。罗章龙觉得张少帅胸怀大志，是可交之人，遂打算等学期结束后辞职，9月份到西安与张共举大事。

1936年的暑假，罗章龙到青岛避暑备课，秘密会见张学良帐下原中共非常委员会成员黎天才。黎天才曾在北京大学读书，1923年加入中国共产党，后担任中国社会主义青年团直晋区执行委员会委员、团北京地委委员,并参加全国铁路总工会工作,1927年5月任中共北京市委书记,10月被捕投靠奉系,为张学良赏识重用,成为其心腹谋士。罗、黎二人在青岛就东北军面临的形势与应对之策进行了深入交谈。

作者于2008年12月向当地老人了解河南大学在鸡公山的办学情况

返回开封后,罗章龙由于连日颠簸疲劳,胃炎突发致卧床不起。至年底岁末"突然间宣传张学良已举兵变,临潼以东,交通断绝,洛郑戒严"。西安事变的爆发,从此打消了罗章龙在政治上东山再起的念头,他随河南大学"进入豫南大别山深处,以避意外"。

2005年,美国溪流出版社独家出版了罗章龙1965年完成的《亢斋文存·罗章龙回忆录》,书中记载了河南大学在鸡公山的有关情节。

河大南迁是借用张学良、靳云鄂在鸡公山的别墅为临时校址,教师分住旅社。鸡公山高一千五百公尺,山中泉甘水肥,风景宜人。文虎在此居半年,附近有泻红涧、七里香诸胜。七里香有藤花一株,绿叶黄花,无刺,能香七里之远,故名"七里香",风景最优。每当严冬,大雪封山,兼旬不能出门,惟见银花满树,蔚为奇观。

泻红涧距南北街七八里路,由南岗循小路可至。潭水如镜,澄可鉴人,周多栗树,每当秋来,树叶赤红,落叶随水浮去,与七里香同为鸡公山著名景点。面对如此美景,罗章龙没有一点作诗的雅兴。

罗章龙收回漫漫思绪,在鸡公山继续从事经济学的教学与研究。初夏的一天,他的旧友北大同学罗汉来到山上,说是"奉仲甫

（陈独秀）之命，请兄下山一叙"。数日后，两人相伴下山去了汉口，从此罗章龙离开了河南大学。

到鸡公山报到的学生很少，每个系仅有二三人到七八人不等，许多教师以及家眷也未随校前来，课程只能因人而设。虽然学生少，但老师们仍一丝不苟地教书授课。

在北街的两间门面房改成的教室里，涂公遂教授为踩着深雪而来的三位同学讲授国文课，大家围坐在一起，听涂教授用极富情感的语调朗诵唐代诗人杜牧的《赠别》："蜡烛有心还惜别，替人垂泪到天明。"

刘季洪校长毕业于北京高师，曾在美国、英国学习教育哲学和英国教育，来到鸡公山后，他开设欧美教育名著选读课程，每周一下午教育学系的三位学生就来到公安饭店校长室上课。刘校长讲了本次课程的主旨、要点后，拿出几本国外教育家的论著借给同学们，让他们回去阅读，到下次上课时，带来读书笔记检查，再对相关问题进行讨论。

范文澜在学术上有很深造诣，出版了《诸子略义》《水经注写景文钞》《文心雕龙

作者为了弄清刘季洪校长在鸡公山的住处，经多方寻找，终于在鸡公山南街18号找到这位新中国成立前曾当过警察的老人，他说公安饭店就是现在的姊妹楼。又经查询鸡公山老地图所标示的方位证实，公安饭店就是现在的姊妹楼

刘季洪的办公地点设在鸡公山管理局公安饭店

注》《正史考略》《群经概论》等著作，影响颇广。来到鸡公山后，他依然操着南方口音极其认真地讲授《文心雕龙》。刘勰的《文心雕龙》是古典文学中较为僻涩深奥的著作，但范文澜讲授得法，在深入浅出的阐述之中，不仅使同学深刻理解了作品的内容，而且向学生灌输了文章要济世致用的进步思想。课余，身着蓝布大褂，脚穿便鞋，带着高度近视镜的范文澜，常常站在公安饭店南墙外极目远望，那颗炽热的心早已飞向轰轰烈烈的抗日战场。

6月，范文澜辞去教授职务，毅然投笔从戎，参加了新四军游击队，转战于嵖岈山等地。1939年9月，他重新加入中国共产党，中共中央中原局书记刘少奇让他转移到延安去。1940年春节前夕，他几经周折，取道西安，终于到达中共中央所在地延安。

身处深山的河大师生虽然生活清苦，但学术思想依然非常活跃。生物学会在鸡公山成立，犹如严冬绽放的一朵奇葩。

学生们享受着小班上课的"研究生待遇"，有了和老师近距离进行学术研讨和交流的机会。他们对教育学系主任余家菊的国家主义学说提出质疑，也曾罢上诗人于赓虞讲授的英国文学史课。更有许多学生听从英文系何乔森教授的鼓励三五成群地去教会区接触外国人，以提高外语水

鸡公山教会区的美文学校成了河大学生"出国留学"学习外语的好去处

平，享受"免费留学"。靠近南街的温斯娄家，住在教会区的朱依斯家，都是学生们常去的地方，美文学校和教会的大小教堂也常常出现河大学生的身影。一个叫尹金尼尔的漂亮活泼的美国小伙子和同学们混得挺熟，他也想从这些同龄人身上学习汉语，了解中国文化。

全面抗战开始以后，武汉成为抗战后方的重要基地，国民党重要机关和党军政要员齐聚于此，一时间武汉成为抗战的政治、军事和文

化宣传中心。中共中央长江局成员董必武领导的豫南民运专员办事处在鸡公山成立,长江局另一成员叶剑英也到过鸡公山看望滇军184师师长张冲及官兵。国民党军委会政治部部长陈诚的战时工作干部训练团设在鸡公山。1938年3月,李宗仁招收流亡学生组成青年抗敌剧社300余人开赴鸡公山,在新店接受专业训练。不久,著名戏剧家和诗人、武汉文艺救亡运动的领军人物田汉上鸡公山检查该社学习情况。国民党中央宣传部在汉口开办的独立出版社经理、后任国民党中央宣传部副部长兼《中央日报》总主笔的潘公展也曾上山向河大师生做过演讲。在鸡公山上,学生们见到不少来此或避暑或公干的各方要员,见证了不少中国抗战历史上的重要时刻。英文系学生郝守勤这样回忆冯玉祥上山讲话的场景:

  一天上午,接到通知,全体学生整队登上靳家大楼广场,等候冯玉祥将军莅临讲话。微风轻拂,大楼红色屋脊上的哨兵却在布置机关枪。一位身材高大的军人由护从人员送进场子。大家一眼就认出他是仅在照片中见过的现代怪杰冯副委员长。他笔挺地立在讲桌前,用目光扫视一周,然后开始讲话。①

  "丘八诗人冯玉祥来了"的开场白拉近了他和学生的距离,他朗诵了几首自己创作的"丘八诗"。其中一首写于北伐战争中驻军徐州时期:"老冯驻徐州,大树绿油油,谁砍我的树,先砍我的头!"这首严禁砍树诗开宗明义,一股凛然正

在颐庐前的广场上,河南大学师生聆听过不少名人的演讲

---

① 陈宁宁:《河南大学忆往》,开封:河南大学出版社,2002年,第210页。

气从诗中迸发而出,发出飒飒声响,叫人肃然起敬。"丘八诗"是写给中国士兵和他们的父老兄弟姐妹的诗,它贴近现实,简洁明快,通俗易懂,朗朗上口,使置身于象牙塔的大学生们领略到了又一种文学样式和艺术风采。接着冯玉祥简单分析了全国的抗战形势,批评某些战场上的做法是"肉包子砸狗,一去不回头",风趣的比喻引起一阵笑声,也使大家对抗战局势有了了解。

1938年的春天,中日两军在台儿庄激战,最终我军取得了抗战爆发以后正面战场的第一次重大胜利。捷报传到鸡公山,河南大学以及东北中学的师生们欢欣若狂,大家甩掉棉衣,奔上山冈,欢庆台儿庄大捷。先是河大学生放声高歌《打回老家去》,接着东北中学的学生唱起了《五月的鲜花》。河大学子对《五月的鲜花》这首歌并不陌生,在开封时他们就唱着这首歌走向大街小巷宣传抗日,来到鸡公山后,他们才知道这首歌的曲作者阎述诗就在东北中学任教,此时此刻他们与东北中学学生一起唱起这首歌更觉得亲切感人。《五月的鲜花》回响在鸡公山,在看似平淡的旋律中充满着对民族英烈的无比怀念和景仰,如泣如诉,敬慕中蕴藏着一股催人奋进的力量,呼唤着千千万万热血青年投身于抗日洪流中去。正像镌刻"中国万岁"石刻的东北中学学生于绳武诗中所形容的那样:"五月鲜花歌一曲,莘莘学子泪滂沱。"

河大学子为庆祝台儿庄大捷在公安饭店前举行文艺演出。几位拉着胡琴、吹着口琴的同学头戴大沿草帽,脚穿草鞋,扮演远行的征人奔赴抗日战场。理学院院长孙祥正之女孙材英身着素色短裙,顺手摘下几朵饭店前盛开成片的雏菊作为道具,为剧中下山的朋友送行。她边走边唱《卢沟晓月》,清脆凄婉、悲切动人,全场观众为之动容。

台儿庄大捷极大地鼓舞了人们战胜日寇的信心。一天日落时分,郝守勤远远望见张邃青教授穿过南街,牵着未及学龄的儿子的手,向山口处散步。他穿着长衫马褂,头戴礼帽,后面跟着家庭妇女装束的夫人,拍下照片,的确像一幅中国传统的天伦之乐图。大家期盼着抗日战场捷报频传,河南大学能早日返回开封。

第二章 暂避豫南

住在公安饭店俗称姊妹楼南楼的刘季洪度日如年，战局的进展，学校的前途，教学工作的维持以及教职工生的生活问题让他常从梦中惊醒。

全面抗战爆发以后，国势维艰，经费困难，自1938年2月起，学校的常费就按五成发给，并停发图书仪器费及各学院教学设备费，搬迁新址，需要租赁房屋、家具，更使经费捉襟见肘。刘季洪几次三番向省政府直至教育部催促款项。时处深山，电信往来颇费时日，经费需先汇到信阳河南农工银行，取款非常不便。刘季洪请求教育部总务司将经费"径寄鸡公山，以便就近往取"。战区学生虽有贷金，但常常不能按时拨发，1938年4月还未收到1937年度借读生临时补助费10500元剩余的半数部分。学校分身两处，镇平不通汇兑，农医两院经费需先汇到鸡公山校本部，然后再转到镇平。

面对学校所处的困难局面，刘季洪觉得独木难支，最终萌发退意，4月初，他向教育部递交辞呈：

季洪承乏斯校已逾三载，在钧部暨省府督导之下，差免陨越。值此非常时期，本应仰体我政府抗战建国之至意，益竭驽钝，勉难艰局。奈以绠短不能汲深，才轻无以应变，再四思维，与其贻误于将来，何如早让贤路，俾学校前途更得有所发展。兹除已向河南省政府呈请辞去校长职务外，理合备文呈报钧部鉴核。①

6月6日，开封被日寇占领，鸡公山南山北坡的阅报社挤满了人，位于镇平的师生也在县政府门前争看《河南民国日报》，刺眼的大标题《开封陆沉》让人心惊，鸡公山上，一位同学当场昏厥。

在省府未对辞呈做出批示之前，刘季洪依然积极筹划学校的下一次搬迁。

---

① 《已向河南省政府呈辞校长职务报告教育部鉴核》，1938年7月17日，五-2657，中国第二历史档案馆藏。

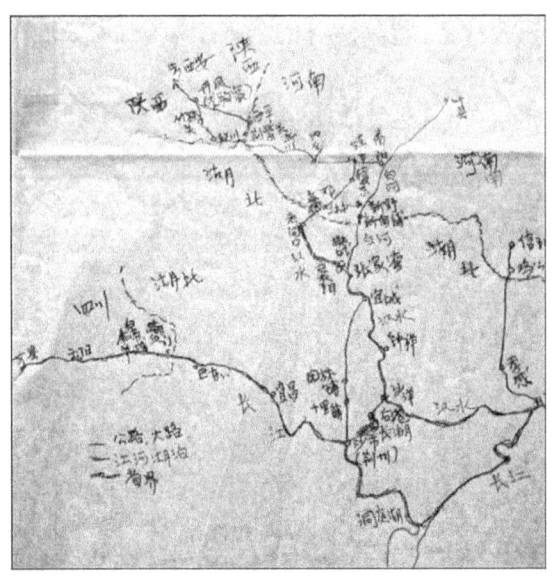

李丙寅绘制的1938年5月随父亲李雁亭赴四川万县考察迁校地点的路线图

教育部长陈立夫对河大迁川表示支持，坚定了刘季洪的信心。考虑到万县当时是四川省的第三大城市和重要的水路码头，交通便利，离战时陪都重庆又近，便于办学，所以就将万县作为河南大学迁校的首选之地。1938年5月刘校长派图书馆长李燕亭和医学院教授朱德明、李赋京、张孝宗四人从镇平出发赴四川万县联系择址迁校事宜，这样做，也是为在农、医两院以后搬迁四川探路。新中国成立后任河大化学系教授的李丙寅此时刚从小学毕业，跟随父亲从镇平走老河口，换乘木船到襄樊、荆州，再沿长江至宜昌，最终经三峡到达万县。

河南大学旅川校友十分惦念母校处境，就在李燕亭等人来到万县时，王贵竹校友已在码头迎接。李丙寅回忆说："她交给了老师们一份电报，即河大不迁万县，让大家返回河南。父亲因拖家带口，路途艰难，故决定让家人暂居万县，他则订下了返程的船票。李赋京先生因已经把家眷带到四川，决定不回。其他两位教授，也只好返回。"

就在去向不定之时，6月下旬河南大学接到鸡公山管理局转湖北省政

教授兼图书馆长李燕亭

府电:"奉委座手令",限河南大学"于本月底全部迁移,不得延误"。为啥让河南大学仓促搬走,大家不明就里,但既然委座有令,岂敢怠慢延误,刘季洪决定27日校部及文、理、法学院迁至汉口。

仓促下山的河大师生坐在开往武汉的行李车上心情格外沉痛,过武胜关后已黄昏,大雨滂沱中不知由谁起头唱开《流亡三部曲》中的第二部"泣别了白山黑水,走遍了黄河长江",歌声交织着雨声,稻田的蛙鸣,铁轮有节奏的滚动声,令人心碎。

据刘季洪回忆,到了武汉以后,河大人"借住武昌女中",而郝守勤则回忆"到了汉口,住进了放了假的江岸中学教室"。

7月5日教育部收到刘季洪呈报:"奉委座手令,限本校于本月底全部迁移,不得延误",本校已于上月"二十七日,先行迁至汉口,候奉河南省政府令知决定迁移地址,再行转迁"①。

1938年6月27日,刘季洪向教育部报告:河南大学已迁到汉口待命。后来才知道要河大立即下山的原因是蒋介石要上山,"驻节南岗,主持中原会议"

进入7月的武汉已是酷热难耐,常有日机袭扰,师生们在饥饿、疾病、焦虑中苦苦等待,学生还与军队伤兵发生冲突以致被殴。刘季洪让行政人员四下联络包租西下的船只,怎奈武汉外围战事告急,国民政府正加紧迁往重庆,一个大学想要租船谈何容易!一个星期过去了音讯全无。等到第10天,刘季洪在大饭厅召集会议,向师生报告了

---

① 《呈报先行迁汉,候令转迁情形》,1938年7月5日,五-5336(2),中国第二历史档案馆藏。

包船赴川的重重困难。

就在走投无路之际，河南省政府已决定河南大学留在省内办学。第一战区司令长官兼河南省政府主席程潜于年初上任后即发布《治豫纲领》，提出治豫的民政、财政、建设、教育四原则，倡导教育以启发民族意识、激起牺牲精神为原则。程潜深知河南大学作为河南省唯一的一所综合性大学，在促进全省政治、经济、文化和唤起民众抗战中的重要作用，所以对于河南大学何去何从，他刚到任时就已有所倾向，更兼有张钫等地方实力派官员的影响，爱好诗词、素有"儒将"之称的程潜不想让河南大学迁往四川也就不足为奇了。

鉴于刘季洪去意已决，河南省政府决定物色一个熟悉省内情况，人脉关系广泛的人继任校长，使河南大学在省内坚持办学。

张钫是辛亥革命元老，曾任河南省政府主席和河南省建设厅、民政厅厅长，1935年11月，在国民党五大

张钫（1886~1966），字伯英，号友石主人，河南新安县人。抗战胜利后当选国民党第六届中央执行委员、国民政府顾问，被授予陆军上将军衔，任豫陕鄂边区绥靖主任，1948年12月率部起义，对和平解放四川做出了贡献。新中国成立后任第二届全国政协委员、中央文史馆副馆长，1966年5月病逝于北京。集平生精力创办千唐志斋，出版有回忆录《风雨漫漫四十年》

上当选为候补中央执行委员。他任省建设厅长时，曾到河大为学生举行讲演，向图书馆赠送了他1925年出版的《历代军事分类诗选》《新安县志》。抗战爆发后任第十九集团军总司令，日军进攻武汉，他由鸡公山移居西安，1938年2月，任军事参议院副议长。

王广庆与张钫是新安县老乡，交情甚笃，辛亥革命中曾任张钫陕西讨逆军秘书长，后又在于右任帐下襄赞军务。1914年于日本私立政法学校毕业后，担任过开封县长和临颍县长。北伐成功，任监察院监

察委员。

经张钫等人的极力保荐，河南省政府指令王广庆代理河南大学校长，并上报行政院审批简任。

程潜命令滞留汉口的刘季洪将"图书仪器速运镇平，学生一律迁往该处"。学校合二而一，便于管理与机动。

刘季洪

王广庆(1889~1974)，字宏先，河南新安人。早年加入同盟会，参加辛亥革命，1914年入日本私立政法学校读政治经济学。1918年随张钫在靖国军司令部参赞戎机，1924年先后任开封县长、临颍县长。1938年8月接长河南大学，5月率师生员工到嵩县和潭头办学，将学校办得有声有色，为保全河南大学，培养抗战建国人才做出贡献。1944年日寇血洗潭头，他于10月辞职，此后任国民大会代表、立法院立法委员，后去台湾。他精训诂、嗜金石、擅书法，尤长音韵，在台湾学术界有很大影响。1974年2月24日在台北去世

立即回电："将图书仪器及学生，遵令迁往镇平，留汉一部职员，暂回鸡公山原租校舍办理本年度结束事宜，候下年度经费确定后，再往镇平。"同时通知前往四川万县的李燕亭等人速回镇平。

郝守勤等学生随几个学校职员返回鸡公山住在公安饭店。大白天的，大家躺在地板上无聊地看着天花板上华丽的吊灯时，突然进来一位青年喘息着说："蒋委员长上山了！"其中的一位同学恍然大悟："啊，我明白了，河大奉令下山行动为什么这么快。"郝守勤这时才知道河南大学被命令立即下山，是因为鸡公山南岗包括花旗楼在内的8幢建筑都被国民政府军事委员会征用作为蒋介石的临时行营，蒋介石要在这里部署武汉保卫战。

南阳西部的镇平、淅川、内乡、邓县、西峡一带被称为宛西，这里背倚伏牛山，南接武当山、大别山和桐柏山，西连秦岭余脉，战略位置十分重要，历来为兵家必争之地，同时也匪祸丛生，民众苦不堪言。1930年9月，镇平县的彭禹廷、内乡县的别廷芳、邓县的宁洗古、淅川县的陈重华在内乡县召开会议，决定实行宛西联防自治，

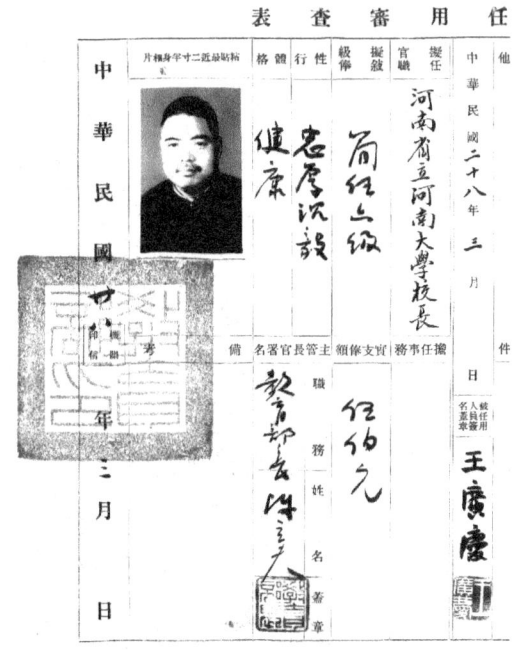

1939年3月，教育部拟任命王广庆为河南大学校长。图为教育部任用审查表

一致推举别廷芳为宛西四县联防司令。经过近十年的苦心经营，宛西一带社会相对安定，土匪近于绝迹，生产有所发展，深得蒋介石赞赏，委任别廷芳为河南省第六区国民抗敌自卫军司令。1938年6月6日日军占领开封前，河南省政府、省党部及其所属机关均由开封迁到镇平县及附近内乡的赤眉镇。一时间，宛西成为河南省的政治、经济、文化、教育中心。包括河南大学在内共有51所原在开封、郑州、商丘、安阳等地的各类学校云集宛西。

徐州会战后，日军原拟沿陇海路西进经郑州南下占领武汉。1938年6月，蒋介石决定以水代兵，在郑州花园口炸开黄河堤岸，黄水一泻千里，豫东南一带尽成泽国。已占领开封的日军在中牟被水阻隔，大片黄泛区使日军机械化部队无用武之地，黄河改道暂时阻滞了日军的进攻态势，为部署武汉会战赢得了时间。日军速战速决占领中国的战略得以遏制，抗日战争进入相持阶段，日寇铁蹄暂时没能踏进伏牛山区。

1938年8月5日，河南省政府宛秘一字第七五○号训令决定："河南大学校长刘季洪辞职照准，遗缺派王广庆暂行代理，以维现状。"王广庆遂于19日到校视事。

从武汉返回的刘季洪率校本部及文、理、法学院师生于9月来到镇平县，图书、仪器、文书、账册等也一同运回。分别半年多的文、理、法、农、医五院师生重逢相见倍感亲切。在与代理校长王广庆交接完毕后，刘季洪到教育部报到任主任秘书。

12月8日，教育部高等教育司收到河南省政府主席程潜来电，称王广庆代校长的履历已经呈报，希尽快审批。1939年7月6日，国民政府行政院第五六四次会议通过决议，任命王广庆为河南大学校长。

虽然说时局动荡屡屡搬迁，学校财政困难，工资折发且迟迟不能到手，但大多数教职员依然心系学校不愿离开。李燕亭谢绝了朋友的挽留，接到学校通知后立即返校，待一切安置停当后让留在四川万县的家眷也返回了镇平。王鸣岐留学归国就回到母校工作。朱芳圃也从东北大学返回河大。1938~1939年来到河南大学的还有：段青云、杜新吾、马辑五、李俊甫、傅桐生、赵新吾、张瑞、栗耀岐等教授，加之原本在校的哲学家嵇文甫，史学家张邃青，教育学家余家菊、刘海蓬等，这支师资队伍为当时国内大学所称羡。

从左至右为文学院院长郑竹虚、理学院院长孙祥正、农学院院长郝象吾、医学院院长阎仲彝

经统计，来镇平报到的河南大学教员82人，其中教授47人、副教授5人、讲师20人、助教10人；职员58人；附属医院医生、护士15人。

学校将法学院的政治、经济、法律系合为经济学系，并入文学院，法学院撤销。农学院畜牧学系教师只有系主任路葆清及谷子俊教授两人，考虑到该系的实际情况和学生的强烈要求，学校同意该系教师、学生合并到西北农学院。按照教育部规定，大学学院必须有三个学系，于是农学院恢复停办了6年的园艺系。英文系一个教师也没有，调留学英国的经济系教授林庆丰和另一位留洋工程师到英文系任课。

理学院住镇平乔氏祠堂

此时河南大学设文、理、医、农四个学院，有10个系，40个班，517名学生。文学院由郑竹虚任院长，理学院由孙祥正任院长，农学院由郝象吾任院长，医学院由阎仲彝任院长。校本部原设秘书、教务两处，下分会计、庶务、文书、训育、注册等课，现奉部令将秘书处改为总务处，又添设训导处和出版组。

由于迁移镇平的学校很多，一时也难有足够的空闲房屋供河大使用，学校分散居住。校部设在镇平东门里一条南北街上，文学院住雪枫中学，理学院住乔氏祠堂，农医两院维持原址不变，同时又自建若干间草屋供上课、住宿用。

9月，河南大学举行开学后的第一次纪念周，年已50岁的王广庆校长主持了会议，师生们坐在一排排长凳上聆听新任校长的就职演说。阮殿元校友回忆说："王广庆校长性情和平忠厚，做事谨慎负责，廉介自持，书生本色，国学根底深厚，又工书法。"

此时的河南大学各项事业遭遇异常困难，最困难者莫过于经费。据《河南大学呈报校务行政计划工作报告》称：自1939年1月1日起至3月底止，学校共领到经费总额为50373元，其中办公费、设备费入不敷出。

全校517名学生，家在沦陷区的有278名。政

文学院在镇平旧址，后为雪枫中学

府为沦陷区的学生提供贷金,原规定每人每月10元,1938年11月省政府以财政紧张为由改发为8元。贷金减少加上镇平物价的迅速提高,学生靠贷金仅能解决一日三餐,学生又得不到家庭接济,多数人着单衣进入冬季。

虽然条件艰苦,但教学及学术活动和抗日救亡运动并未停止。

为保证从汉口运回的重要图书仪器的安全和再次搬迁的快捷,将其藏于镇平县北的赵湾和淅川的下集分别保存。教学则采取老师口述、板书,学生抄记的形式进行。各院教授并不因战事无常而敷衍了事,均能依照课程要求按时认真讲授。随着局势的缓和,藏于赵湾和下集的图书仪器陆续运到镇平开箱以供借阅和使用。经济、教育、文史、生物、英文各系学生分别成立了研究会或学会,利用课余时间互相切磋研习学业,他们或请教授开设讲座,或动手做实验,于学术大有裨益。

从开封到鸡公山、镇平,文理法学院又从鸡公山到镇平,"我们学校虽然经过两次搬迁,但都是时间很从容,图书仪器丝毫没有损失,所以实验工作没有受到太大的影响,这是抗战初期平津京沪搬迁西北西南各大学所为羡慕的"。农学院阮殿元、曾克强校友在回忆录《抗战时期之农学院——镇平时期》中这样写道。

农学院、医学院自迁到镇平从1938年3月份开学以来,教学研究工作一直未断。

一段时间里,镇平一带农民粮仓出现小黑甲虫,储粮损失严重,农民很是担忧。王鸣岐带领学生细心观察研究,发现小黑甲虫幼虫生卵于花上,再蔓延于子粒。找到原因后,他马上指导师生开展防治,虫害尽除,农民拍

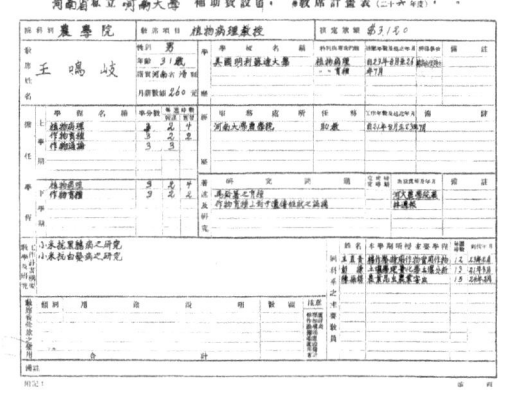

1937年河南大学设置教席计划表,王鸣岐被聘为植物病理教授

手称快。

此后,王鸣岐、陈振铎等人发现农作物中急需防除的病害有小麦黄锈病、甘薯软腐病、芝麻枯萎病、白萝卜黑腐病等。为加强试验研究、开展防治及实习之用,他们与镇平建设协会协商,租到农作物试验田50亩,并接办镇平县立苗圃20亩,在杏花山禹廷公园周围山地造林200余亩。

镇平东20余里有菩提寺,这里树木葱茏,小溪潺潺,学校一部分珍贵图书暂藏于此。农学院森林系的学生在黄菊逸教授的带领下到菩提寺一带进行山地测量、调查树木种类及生态的实习,十余天下来学生获益匪浅。

医学院师资力量较强,院长阎仲彝为留德博士、骨科专家,内科朱德明博士、耳鼻喉科杨相初、皮肤科刘蔚同都是留德专家。李赋京博士担任前期部主任,教授生理学及寄生虫课程,鲁章甫博士教授病理学课程,宋玉五、单广德、张金波等教授则教授外科、小儿科、解剖学等课程。

阎仲彝还兼任医学院附属医院的院长,各科主任都由医学院教授担任,医学院部分毕业生参与医院日常工作。医院病房经常住满,特设的10张妇产科义务病床更是一床难求,极受居民欢迎。1938~1939年,医学院在镇平共毕业两届18名学生,均赴抗日前线担任医务工作。

为了贯彻教育部加强军事训练指示精神,应付战时紧急情况,学校将所存的200余支步枪修理擦拭用作军事训练,以期振作尚武精神,锻炼强健体格。

1938年9月,中共中央召开六届六中全会,决定撤销长江局,设立中共中央中原局,任命刘少奇为书记,朱瑞、朱理治、彭雪枫、郑位三为委员。长江以北的河南、湖北、安徽、江苏四个地区党的工作概归中原局领导。11于28日,刘少奇从延安到达确山县竹沟镇,主持中原局工作。

由于河南的许多学校都迁到了豫西南,河南大学也在镇平会师,于是中共豫西南地委决定加强该区的工作。中共河南大学党支部从1925年建立到抗日战争全面爆发已有十多年的历史，期间虽然几经周折，但党的工作始终没有间断。1938年9月，河南大学重建中共党支部，时任中共豫西南地委学生工作委员会书记兼镇平中心县委委员的王锡璋以河大经济学系学生的公开身份领导镇平、内乡、淅川各校的学生工作，并兼中共河大支部书记，领导抗日救亡运动。王锡璋是河南省新乡县人，1935年在天津南开中学参加一二·九运动，1936年在河南大学加入中华民族解放先锋队，1937年11月加入中国共产党。回校后，他在经济学系东门外新盖的草房里上课，住在城里延寿寺内。他奔走于豫西南山区各学校之间，建立党组织，发展党员和民先队员。1939年春，民先解散，一些队员加入中国共产党，中国共产党的影响在师生中愈来愈大，革命思想深入人心。

王锡璋（1915~2006），河南新乡人。新中国成立后担任新乡市市长、市委书记，河南省教育厅党组书记、厅长

沦陷区的师生大多与家乡失去了联系，好在镇平是省政府所在地，时讯还算通畅，大家每日都要赶到城里看县政府门前贴出的时事通报，各院自办的壁报社也将政府政策和最新战况书写成壁报，张贴于醒目之处。那段时间里"转进""撤退"等字样让大家精神沮丧。党支部分析了这一情况，认为河南大学爱国进步力量是主流，党支部希望嵇文甫、李俊甫、张邃青、朱芳圃等进步教师，把抗日宣传和学术活动紧密结合起来。随后，由河大师生、外校学生、社会人士参加的座谈会、演讲会多了起来。嵇文甫等教授作时事报告，他们慷慨激昂的演说，对时局入木三分的精辟分析，使同学们顿觉视野开阔，看清了世界潮流，坚定了战胜法西斯的信心。学生组织了"七七剧团"等剧社，在县城、乡村演出《雷雨》以及揭露日寇残暴、汉奸卖国丑

态的话剧；党支部在《河南民国日报》上发表文章，宣传党的抗日主张。

1938年年底王锡璋去确山竹沟参加河南省委召开的青年工作会议，随后又抽调了一批党员到竹沟学习。1939年春，中共豫西南地委书记李炳之派郭海长来到镇平转入河大读书，以加强河大党的组织领导，向延安和其他革命根据地输送进步青年。

1939年春，日寇调集10万兵力从湖北襄阳一带分路向北进犯，以河南唐河、新野为主战场的随枣战役爆发，局势骤然紧张。镇平距离新野和唐河仅有一百多里，处在南荆公路之要冲，虽然此时镇平社会治安尚好，但日寇一旦西犯北进，镇平一马平川，无险可守。为防战局突变，省政府未雨绸缪，命在豫西南各机关、学校另寻安全地点，以备随时转移。

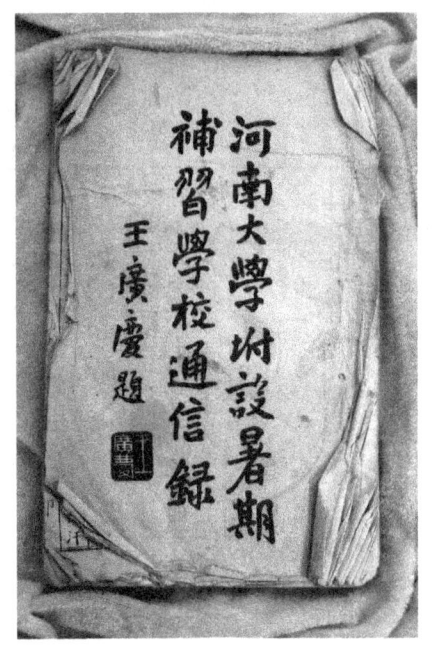

河南大学在镇平开办各种社教活动，图为1938年暑期附设补习学校通信录

河南大学教职员及学生、校工不下700余人，图书、仪器、标本、模型及各种药品有1400余箱，遭遇紧急情况时欲转运安全地方决非仓促间所能办到。王广庆曾派人分赴西峡口、李青店、上下集等地选址，历时一个月，暂定淅川下集作为必要时的迁移地点，但又觉得那里临近公路，地势逼仄，并非绝对安全之处。随即又让四个学院各推举代表一人，到南召、内乡境内查勘校址，仍未找到满意地点。最后还是认为预备地点应选在山高路险，交通不便，人少地偏的地方，虽然那里可能物资匮乏，条件艰苦，但安全才是第一选项，基于此，王广庆又向嵩县、卢氏两县派员寻觅退路。

王广庆熟悉伏牛山一带的地形民情，多故交好友，嵩县有在张钫属下做过师长的宋天才、刘鹏云等士绅，想必也会给予河南大学以关照。从嵩县向西，便渐进入伏牛山深处，百里之远有潭头镇，该镇四面环山，交通不便，日寇应该不会将此作为军事目标，是个较佳落脚之地。于是王广庆就将目光投向了嵩县，并将这一想法向省政府作了汇报。

5月10日，日寇占领新野。12日又夺取了唐河，并一度占领南阳，敌人骑兵已窜至南阳的瓦店镇，距镇平仅70华里，人心震动。12日，河南省政府以镇教二字第035号文令河南大学："时局紧张，饬派员在嵩县一带觅定校舍，即日迁移。"13日，中国军队增兵南阳，先后克复唐河、新野。15日，各路援军发起攻击，经三日激战，重创日军，日军向东南退却。19日，中国军队收复枣阳，23日收复随县，随枣会战结束。

趁此机会，王广庆校长携带校印率部分职员先行前往嵩县，安排迁校诸事。

河南大学第三次搬迁由此开始。

教师携家眷由镇平出发，先是沿南河店山中小路北进，以求捷径，但不久便因山路崎岖难行而改道出山，与学生会合，选择从南召、鲁山，再经方城、叶县、宝丰、临汝、伊阳、伊川，最后抵达嵩县，全程约300公里。

文学院教授熊伯履以诗歌的形式记下当时的情景：

《离镇平》：

去年违难来邑□，
今日怀旧向故关。难有
净土屠桑下，梦魂常绕
杏花山。

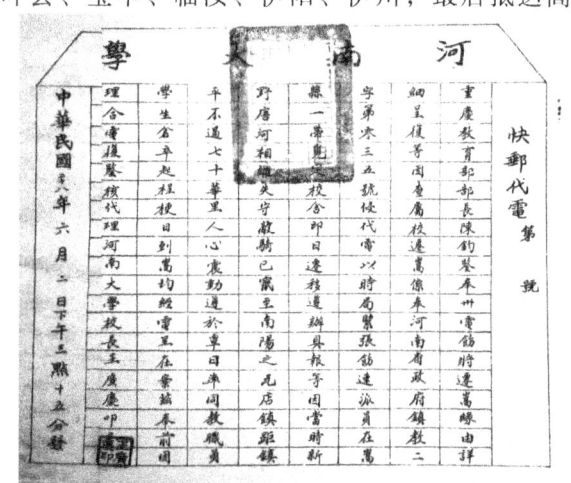

1939年6月2日，王广庆再次向教育部报告：河南大学已经全部迁移到嵩县

过叶县时，熊伯履又写下《叶县怀古》：

龙战昆阳草木腥，苍茫氵隐水腾荒鲁。城中雷雨惊飞瓦，□上风云应列星。一代□王天有意，千秋形胜地犹灵。而今天大敌鸱张，合□其勋接汉青。

农学院森林学系1936级学生阮殿元在《忆河大十年——播迁中的点点滴滴》一文中详细记述了这次搬迁过程：

男生全部步行，行李由牛车运送（女生可坐牛车），每天行程60华里，并不十分地辛苦，每经一县，河大在此服务的同学无不尽力招待，事先将牛车准备妥当，次日即可安然上路，送行李之牛车只送一县，亦无耽误。举例来说，镇平所雇用之牛车送到方城，任务完成了空车返回，方城县的牛车再送至叶县，因为每一县均有河大同学，他们有的是教育局长，有的是政府科长，或者中学校长，一路上诸多照顾，比较方便，由此可以看到河大同学对母校的爱护了。①

图书仪器先行运到嵩县，教职员学生工友等也经过10多天的长途跋涉，先后于23～31日陆续到达嵩县。

镇平设有留守处处理善后事宜，农学院附设农场的工作人员也要等到种子试验告一段落后再行迁移。

1939年5月27日，王广庆致电教育部："23日同教职员抵嵩县，暂于城内设办事处，俟校址勘定再续陈。"

教职生眷被临时安置在嵩县图书馆等处待命。

---

① 阮殿元：《忆河大十年——播迁中的点点滴滴》，编辑委员会编：《国立河南大学校志》，台北：上海印刷厂股份有限公司，1976年，第118页。

第三章　隐身伏牛

1939年5月末,王广庆安排人员清点运到嵩县的图书仪器等物资,派庶务主任杨友岑、农学院事务员梁倜生到潭头为考察打前站,派徐正斋返回镇平将遗漏的家具、教具等物雇人挑回。

27日王广庆率领教授、职员等5人前往潭头勘察校址。

一路上,作为豫西人的王广庆向大家介绍嵩县的地理风俗人情。

嵩县早在仰韶文化时期便有族群居住,汉置陆浑县,金为嵩州,明洪武二年(1369年)降为县,始名嵩县。相传辅佐汤王奠定商朝霸业的伊尹诞生于此。程朱理学的创立者程颐、程颢曾在这里著书立说,传学布道。其境内有伏牛、外方、熊耳三大山脉,有伊河、汝河、白河三条大河。

潭头在嵩县城西百里,处于伏牛万山深处,抗战时期属嵩县管辖。据说潭头的潭是出自郦道元《水经·伊水

从空中望去,潭头夹在万山丛中,是个被伊水冲积而成的小平原

注》中所说的渊潭,"潭浑若沸,亦不测其深浅"。但如今渊潭早已不觅踪影,只有滚滚的伊水历尽千转百回,从大清沟奔涌而出,遇潭头这块隙地才得以舒展筋骨,继而向东呼啸而去,而在身后留下了由砂石冲积而成的小平川。当时伊河上游的栾川、陶湾等地贩运木材、药材、山珍的客商多在此停棹歇息,收购山货,转而继续东下,潭头成了连接伊水上下游的中转码头和小商埠所在。山民自给自足,市肆设在寨外,逢农历三、六、九日一集,过日即行冷落。寨内有电话通嵩县和栾川。

考察团一行途经何村、大章、旧县来到潭头寨外,只见寨墙高筑,仅余四个城门通行。王广庆告诉大家,伏牛山中多匪患,清代以后,兵匪骚扰使潭头繁华不再,这寨墙是民国初年为防匪患而建的,去年土匪攻陷潭头,两天时间里将潭头洗劫一空,以至庐舍残破,市井萧条,居民十室九空,至今稍稍恢复元气。

潭头附近村落环布,有石门、古城、党村、桥上、大王庙、汤营等小村庄,居民总共300余户。他们走遍了寨内和寨外各村,对各种情况进行了考察,对可用于办学的房子更是特别注意,当即绘制了草图,详细记录各村的房屋情况:

寨北上神庙,为县立高小学校,有房四十三间,周围空地三十九亩,可以增建校舍。其他大王庙村,庙房二十七间,居民二百户,房可租用。寨西党村,有柴式民房三十一间,住户五十家。

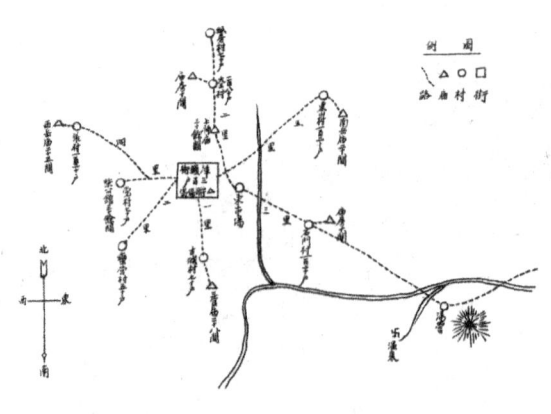

1936年6月6日,在给教育部《迁嵩经过及勘察校址情形》报告中详细标明了潭头及附近村庄村民户数和可租用的房屋间数

寨南三官庙庙房二十八间,古城村及其迤西之蛮子营,亦有民房可租用。寨东石门湾村,有全神庙房十六间,柴式民房二十一间,及其他零落民房。此外寨东南岳庙二十间,东山村民百二十户,寨北纸房村七十户,寨西北张村西岳庙二十五间,居民百三十户,三村距寨四、五里不等,往返较为不便。至寨中民房可租用者,多不过五十间。①

他们来到设在上神庙的县立高级小学校,负责人表示愿意让出校址,但需付迁移费,让小学另寻立足之处。

考察下来,他们认为潭头这个"世外桃源",是个读书做学问的好地方。以潭头为中心,四周分布的大小村庄完全能容纳一所大学,如果一切谈妥,文、理、农三院均可设在寨之内外集中上课。

而医学院如何安置呢?他们又来到寨东八里伊水南岸的汤营村,该村分汤下西营、汤下中营,均依山而居,高峰矗立,村旁有温泉,热如沸汤,有民房五十间可用,如再增建草房若干间,即可将医学院以及附属医院、助产学校、产科医院迁到此处。

6月6日,王广庆在嵩县向教育部报告《迁嵩经过及勘察校址情形》。

听说学校准备迁到潭头,10余名师生也自行前往潭头考察,得出的结论与校方相反,他们认为最大的问题是潭头四面环山,形成一个口袋,学校迁进

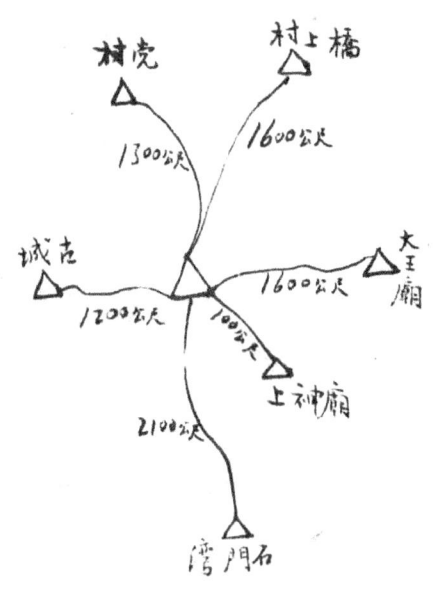

考察团精细测量了潭头与附近村庄的距离

---

① 《呈报本校此次迁嵩经过及勘察校址情形》,1939年6月6日,五-5336(2),中国第二历史档案馆藏。

去，一旦日军来犯，河大进退无路将会成为瓮中之鳖。

此话一经传出影响颇大，恰巧又赶上粮食一时供给不上，于是嵩县城内发生了河大学生拒绝迁入潭头的风波，尤以文学院为甚。据文学院经济学系1936级学生汪洋回忆：

在嵩县城里全体同学久久不愿进潭头，后教育厅长鲁荡平出面调处，文学院郑竹虚院长也积极做学生的疏导工作，最终达成四项协议：（一）由教育厅负责解决粮食问题。（二）寒假学校迁洛阳大杨树。（三）师生三日内前往潭头。（四）不开除学生，不解聘老师。①

于是，文、理、农三院师生浩浩荡荡地开进潭头。

面对初夏伏牛景色，师生们顾不得掸落长途跋涉的征尘，便激动地跑上山冈赏翠，来到河滩戏水，观日出日落，品袅袅炊烟，看牧童横笛，农夫劳作。眼前美景让他们忘记了战争，忘记了疲惫艰辛，不少师生诗兴大发。

文学院教授牛庸懋作《登南山》：

南山耸翠屏，突兀数百丈。闲登最高颠，景光恣流赏。群峰郁嵯峨，森立如列掌。连岗势绵迁，林峦气莽苍。阴壑水潺潺，澄山波朗朗。孤鹤搏云霄，松涛震清响。□怀忆畴昔，从自□□壤。遥望见中原，千里何旷荡。行人小似钉，征尘昏□□。岛夷肆欺凌，东陲乱无象。燕齐游乐地，临风每神往。悲来不可抑，俯仰慨而慷。

而此时的王广庆可没这个雅兴，他刚刚收到农学院报告，畜牧学系仅余的两头荷兰种牛，母牛在迁往潭头的路上一命呜呼，公牛刚到

---

① 汪洋：《我的求学与服务》，国立河南大学旅台校友会：《国立河南大学在台校友事略》，台湾：2001年，第268页。

潭头也命绝黄泉,这消息让他心烦不已,而想起迁潭后面临的诸多棘手问题,更使他愁容满面。

对于迁嵩入潭的决定有不少人持置疑甚至反对意见,学校里涌动着"拒潭"的暗流,以经济学系学生汪洋、许德邻反应最为激烈,甚至还有一些教师也支持他们"一旦有事,将被瓮中捉鳖"的说法。虽然经过多方努力,学校各院总算顺利进驻嵩县和潭头镇,但是文学院的人进了潭头而心却拒绝入潭,理学院也有不少人说没有实验室不能开课。

王广庆知道部分师生的反对有他们的道理,潭头镇僻处伏牛深处,三面环山,一旦"窝"进去,敌人从嵩县封锁唯一的通道,河南大学就没有别的大路可以出山。想到此,他不由地心中一惊。但除了迁潭之外,又别无更理想的地方,前一段时间走遍了南阳的镇平、淅川等地选址迁校,最终做的都是无用功,只有潭头,既不是交通要道,也不是战略要冲,当前日寇战线过长,兵力不足,抗日战争进入相持阶段,日寇一时难以染指伏牛。"但愿不要有事",王广庆默默祈祷,想想省政府已于3月在洛阳成立了党政军最高机关联合办事处,他心中稍安,觉得底气又足了。

如何才能使惶惶不安的师生在这里安下心来读书呢?王广庆心中愁云又起。

虽然当地百姓自给自足,但一下子涌进来一千多名师生及其家眷,还有从开封随校迁来的饭店商号,潭头镇能供养得起吗?虽然每隔三天就有一次集市,但那仅仅是山民油盐酱醋针头线脑等生活用品的交易,如何能保证陡然增长一倍人口所需的各种物资?学校一旦安顿下来,便要开学上课,而潭头用房却并不宽绰,农家私房仅够自用,偶尔安排几个学生也许并无问题,但要解决存放图书,安置仪器,上课讲学以及校院两级办公用房就捉襟见肘了。村里的祠堂庙宇不多,县立小学和私立伟志小学的校舍又能解决几间教室呢?

要办学就要有教师,而贫穷落后的山区能留得住过惯了大城市生活的教授们吗?一旦有教师离去而形成诺米骨牌效应,这学还怎么办得下去啊！

办好学校，搞好教学和科研重要的是信息的获取，一旦藏身深山僻野，学校便与世事隔绝，音讯不通，外界消息难以闻达，上下讯息不能及时沟通，如何了解学术的最新动向和开展学术交流呢？

2008年作者到嵩县考察，老乡们热心地对作者说："这就是当年颇受百姓欢迎的河南大学附设医院所在地"

王广庆觉得还有许多工作要做。他一方面紧急联络当地乡绅，请求他们伸手支援，帮助河大早日安顿下来；另一方面急电省教育厅，请求给河大以支持，尽快开学。

当时的嵩县城缺医少药，百姓强烈要求医学院留在城内，以方便百姓诊病求药，而医学院也需要教学实习场所，所以学校决定医学院留在县城办学。

位于县城中心宋天才的首三图书馆房屋宽敞，清静优雅，学校在其大厅设立驻嵩办事处，负责联络、接待、中转和处理有关校务，医学院办公处也设于此。办公大厅后面有单身职员、校工宿舍，负责领取、保管省政府拨发的全校师生员工的口粮和各种经费。所以首三图书馆是学校在嵩县的神经

医学院学生宿舍旧址

中枢，一头连着洛阳的省政府，一头连着潭头的河南大学，这里对外称"广庆粮行"，师生家书往来，均把投寄地址写为"广庆粮行"，然后在此分投各处。

医学院在嵩县的分布如下：

病理学馆和细菌、生化实验室设在嵩县西关的老君庙正殿内，从开封运出的50多架显微镜全部陈设于此供实验之用，每两个学生就能共用一台显微镜。庄良田在《抗战期间母校医学院的成长与发展》中欣喜地说，这一点"诚战时国内任何医学院莫能及者"。绘图室、标本室、储藏室、解剖室、挂图室也一应俱全，图书馆在正殿旁独辟房间，书籍排放整齐，编有目录，凭证借阅，限期归还，俨如在开封一般。

一、二、三年级的教室设在东关外王区长家的一幢房屋里，其后院和另在西关外的两幢房子为男生宿舍。女生和四至六年级的男生宿舍集中在高都街、书院街。高年级的教室一处设在西关内的老君庙，紧邻病理学馆，另一处则在书院街。附设医院、附设高级护士学校及高级助产学校也都在城内安顿下来。

文、理、农三院师生在潭头受到百姓的热烈欢迎。

那些日子里村民们沉浸在过年一样的欢快之中，他们迎来了河南省的最高学府，他们见到了河南省乃至在全国都很有名气的大教授啊！于是大家都争着抢着让教授到自己家里住，抢到了的人家分外高兴，没抢到的人家不免有些沮丧。很快教授及家眷、全体女生都在潭头寨内安置下来。

40多位河南省的知识名流分住在40多户百姓家：王广庆和张星乾、

抗战期间河南大学租用寨北上神庙原县立潭头小学作为教室和图书馆。1995年4月，在此旧址上创办的潭头高中改名为河南大学潭头附中

郝象吾和马滚子、赵新吾和尚朝栋、嵇文甫和石古栾、张邃青和柴玉善、孙祥正和马长河、王鸣岐和翟长友、陈梓北和杨士辰、黄敦慈和马圪塔、黄以仁和董杰、熊伯履和谢万臣……他们共喝一缸水，同吃一锅饭，和睦相处，亲如一家，时间长达5年之久，创造了中国教育史上高级知识分子与山区普通民众共同生活的一段佳话，结下了令人难忘的友谊。河南大学与潭头人民的深情厚谊，一直为双方特别是河大人所铭记，不少人曾多次到当年教书求学的地方寻访故地，拜访房东，20世纪90年代以后，河南大学与潭头联系更加紧密，以全新的形式互相支持，谱写了合作办学的新篇章。

寨内关帝庙原有的18间房子加以修缮，又新建4间瓦房，作为校本部总办公处，庙前大广场为全校集会场所。

租用寨北上神庙原县立潭头小学的50余间较为宽敞的房屋作为文、理、农三院的教室和图书馆。

潭头关帝庙成了河南大学总办公处

在寨外的桥上村、石门村、党村、古城、上神庙、大王庙、汤营、蛮营、三官庙等地，租赁房屋820间，分别作为教职工生的宿舍、各学院办公室以及实验室。

各学院分布如下：文学院一年级住寨西三里的桥上村，二、三年级住寨东四里的石门湾村，四年级住寨南二里许的古城村，共占8个院落，其资料室另设在上神庙。理学院住寨西二里的党村、桥上村，占有6个院落，40余间民房，理化实验室、仪器室、生物标本室、电厂等均设在党村。农学院住在潭头寨北三里的大王庙村，占8个院落，并设有种子库和仪器室。

潭头镇已无余房，王广庆组织新建房舍。令他头疼的是，潭头

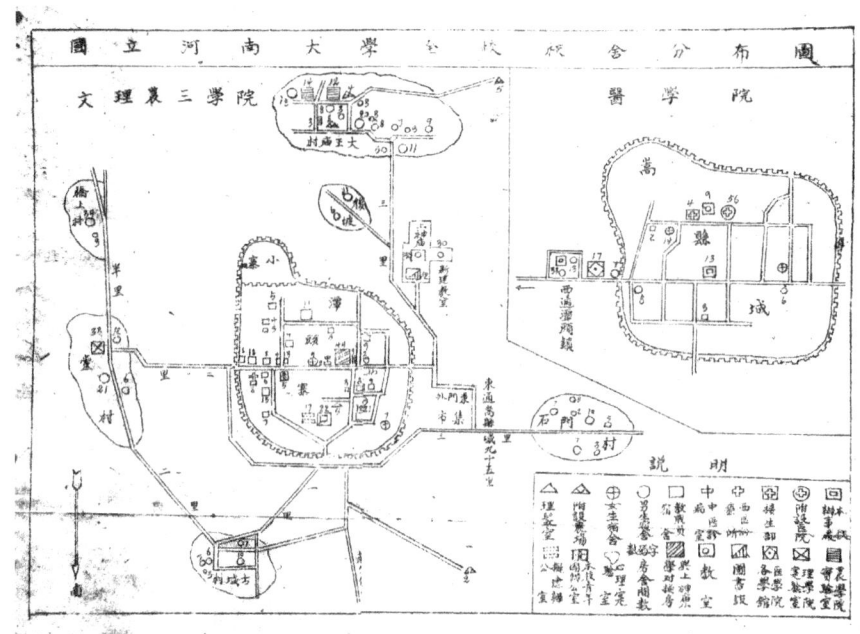

国立河南大学在潭头校舍分布图

镇地处深山，农民用房多是自备材料，邀请亲友帮忙，根本没有建筑公司，以往在开封时所采用的工程招标方式根本行不通，即便是找能包工包料的工匠也十分不容易。根据这种状况，王广庆校长与校舍建设委员会商议，决定采用包工不包料的办法，一方面设计房屋样式，编造预算分配表，连同图纸一同向教育部申请建设费；另一方面从伊阳、伊川等地招徕木泥工匠，新建教室30间和病房、产房、门诊室、各院长办公室29间。并准备建造一座大礼堂。

解决房子问题的同时，教学及生活用具也在抓紧打

除了新建不少宿舍教室外，河南大学在潭头还有过建造大礼堂的打算，并草拟有设计图

制。短短的几个月里，做成方桌459张，长讲桌178张，长凳1280条，短凳260个，铺板720付，铺凳552双，仪器柜17座，图书仪器架67个，木床160张，黑板24方。

在大王庙租地47亩5分4厘作为农学院附设农场，在潭头寨外以南觅10亩菜园地辟为园艺学系园艺实验场，开辟甘露寺一带400余亩荒山为森林学系实习林场。为使大家有一个运动场所，在镇内租地5亩，建操场1处，设有1个篮球场。

距潭头不远的伊河对岸有汤营村，山间有泉水汩汩流出，终年不断，湿度都在60℃～70℃间，水中富含硫等矿物质，偶有当地皮肤病患者去露天洗浴，借水疗疾。

热气腾腾的泉水白白流去岂不可惜！河大决定建一座浴池。于是筹资200元，在汤池九龙山山脚下买2亩3分地，又买了8棵大树用作建房木料，将工程包给当地村民筑房、蓄水、建浴池，

2008年初，当年的河南大学浴池正在维修中

3个月后竣工，实际耗资1080元。新建成的砖木结构浴池共三间，男池二间，女池一间，室内设有木凳，可放衣服和浴毕小憩。池外辟两个小院，院内设茶炉烧水供浴者饮用。学校聘请村民鲁古栾管理浴池，定期冲刷清洗保洁，作为雇工，河大每月发给他十几元工资。这座别致的浴池成了附近村民议论的热点，他们前来围观看个不停。洗澡对村民来说是件新鲜事，尽管他们常年守着天然的温泉，但从未想到过建一座浴池来洗澡。有人指着浴室房脊上的两个小透气窗问："这神龛咋建到房顶上了？有学问的人真会想点子。"

浴池的建成使来自省城的读书人有了个讲究清洁卫生的地方，女

生更是乐此不疲，常常三五成群结伴前往洗浴，"争观玉环沐浴回"成了当地居民和男生们一件赏心悦目的事情。

时间长了洗澡的人就多了起来，以致常常人满为患拥挤不堪。为了维持浴池秩序，当地联保办公处在浴室外贴出告示：

查河南大学为本省最高阶级学府，洗澡应给以便利，兹规定单日为居民洗澡时间，双日为大学师生洗澡时间，不得混杂，违者应受处分。①

河大如有客人来校也多引往泡泡温泉，这在开封也是不曾有的享受。

那些随河大从开封迁来的几家饭店、理发店、照相馆也在潭头镇找到了各自的位置，相继开业了。

为了表达对河南大学的重视和出于安全的考虑，嵩县县政府自卫团的一个分队进驻潭头镇，维持社会治安和教学秩序。

安顿下来后，学校不时发生要求增加薪水，改善待遇的罢课风潮，加之迁校时的拒潭余波未尽，终于在一个冬日的清早，学校做出一个整肃纪律的重大决定。

随河大从开封迁来的饭店、理发店等也在潭头相继开业。70多年过去了，我们只能从一片废墟中想象原"小大饭庄"饭菜的开封风味了

汪洋在他的回忆录里写道：

---

① 姚惜鸣：《难忘潭头岁月》，陈宁宁：《河南大学忆往》，开封：河南大学出版社，2002年，第231页。

到潭头上课未久，一天早晨有同学见到重要路口都站有持枪的自卫队，又有同学看见办公室门窗紧闭，外挂有开除汪洋、许德邻的布告牌。此项消息传出后，全校同学都为之哗然。部分同学要闹，我与许同学坚认不可，力劝同学们冷静，为的是爱学校，若闹，毁了学校，也害了自己。为使全校同学情绪很快平稳下来，我二人当日中午即离开潭头，很多同学相送，再四劝返，分手时，多流泪，更有号啕大哭者，当时情景使人永不能忘。①

汪洋、许德邻、李振华、郭洪川、胡绍瑗、郑诚等8名同学离开了学校，文学院院长郑竹虚闻讯此事，也和经济系教授沈小宋等人一起离开了河南大学。

2005年作者在开封市档案馆偶然发现了当年汪洋没有领走的毕业证书

汪洋离开河南大学后，入川进了军校，短期工作后又辞职和许德邻一起进复旦大学读书。1943年王广庆到重庆办公，专程去复旦大学看望汪、许两同学，王校长解释当时迫于形势开除学生的原因，并说学校决定恢复他们的学籍，嘱咐二人将所缺学分尽快补上，以便和应届毕业生的名册一并报教育部审批，临走又给汪、许同学每人一百元菜金。由于战乱频仍，山河阻隔，汪、许二人最终也没

---

① 汪洋：《我的求学与服务》，国立河南大学旅台校友会：《国立河南大学在台校友事略》，台湾：2001年，第268页。

领到毕业证书。1978年，汪洋从台湾回到大陆，到上海看望老同学许德邻，说起当年事，大家都唏嘘不已，感慨万千，许德邻劝汪洋说，"这张证书很宝贵，应该领出来"。1989年6月3日，汪洋致信母校河南大学，申请领取毕业证书，随后寄去二寸照片一张，7月13日收到母校开具的毕业证明书。2005年4月25日，作者到开封市档案馆查阅档案，搜集河南大学民国史料，正好发现了汪洋同学的毕业证书。一张没有领取的毕业证，记载了六十多年的岁月风尘，世事沧桑，不禁令人感慨万千。奈何汪洋已去，再也见不到这张早该领走的毕业证书了。

河南大学的到来带动了潭头集市贸易的兴旺。潭头东门外由三日一集，改为隔日一市，沉寂的小镇一下热闹起来。原来呈十字形的寨内四条大街和几条小巷内人流熙攘，从原有的几家小商小贩，开始有了较大的商号、饭庄、食品加工作坊及医药商店，例如颐园饭庄、四海楼饭店、小大饭庄、七七服务社、明新德号、三义恒糖果店、博爱医院等。

为解决河大人吃菜问题，汤营村百姓将粮田改为菜地，种上西红柿、大葱、芹菜、辣椒、包心菜等，菜农们在农学院师生的指导下，引进蔬菜新品种，改进种植办法，产量大增，每逢集市，便人挑牲口驮地涉过伊河，把新鲜蔬菜运到镇上销售。随着集市贸易的扩大，外地的客商也不断拥进潭头从事商贸活动。

入潭头集市贸易者多为当地农民和小商小贩，现金交易，多用铜元角票，以十元、五元为多，而国民政府发行的货币面额较大，不容易调换，零星购物也十分不便。河大便与农工、中央等银行协商，

由于没有"河南大学"钢印，就用"河南大学图书馆"的钢印砸在转街票上以防造假

在领款时多给小面额货币，同时自己印制了仅能在潭头市场内使用的"转街票"，解决了找零难的问题。

各院系基本安置妥当。王广庆还没来得及喘口气，接下来办学经费又让他头疼起来。嵩县、潭头两处光租赁校舍半年就支出了2107元租金，打造各种家具支出3973元，以后还要继续添购必要的教学仪器设备图书等，开支巨大，一想到这些，校长不免脑袋轰鸣。

抗战爆发后，国库空虚，河南又连续发生旱、涝、蝗灾，财政十分困难，河南大学的经费由以前的40多万元减半发给，原由教育部每年拨给的6万元补助费也仅剩下4万元，而这些款项还不能按时到位。从1939年6月起到12月底，河南大学实领到经费10余万元，仅教职工的薪金支出就占去近7万元，办公费支出12000元，设备费不足万元。迁嵩前省政府教育产款处曾承诺的迁移费21000元，此时仅以借用方式兑现5000元，而余16000元得由学校想法挪借、垫支，不知何时有款可还。河南大学规模之大，与全国同类大学比较经费之少，实属罕见，为了维持开门办学，抗日流亡办学期间，历任校长总是把筹划经费作为头等大事。

办学离不开教师。在20世纪30年代前半叶，河南大学有全省契税收入作经费保证，从全国各地延揽了许多著名的教授，他们或是某个学科的专家，或在全国教育界享有盛誉，引得周边省份的学子纷纷投考，学校享誉中原。抗战初期，教职员薪金仅剩五成，还常常不能按时发放，经多次努力争取，从1939年3月起，开始按照省政府各厅的经费标准，改为七折发，即便如此，教授薪

来到村头这个老井旁，我仿佛听到了当年河大学生在此打水盥洗时的青春笑语

金与其他国立大学的教职员薪金还是相差甚远。

放眼国内其他高校,或追随国民政府聚集于川渝,或是远撤于云贵,或偏安于西北地区,绝少在本省内深山里与日寇周旋的,因此当时一些教师不愿到潭头工作或离开河大都是十分正常的。但令王广庆担心的是,如果再发生一次类似畜牧学系学生与教师集体转校的事件,或者再有像郑竹虚等教授的离职,河南大学就会发生连锁反应而迅速垮掉,河南省唯一的高等学府可能会就此消失。他决定继续多方筹集资金,向省政府和教育部要求争取增加经费与教师薪金,改善教师待遇,以留住人才,同时利用各种关系延揽新人,以保证学校能够按照部颁各专业必修课程及选修课程开课。

面对如此艰苦的环境,河南大学多数教职工以培养抗战建国人才为己任,自觉担当起保存中原文化火种的历史使命而选择了留下,决心与学校同进退,与学生共命运。据统计,1939年随河大来到潭头的教授有44人、讲师10人、助教28人、助理5人、校本部职员56人。

其中44位教授是:嵇文甫、刘海蓬、张邃青、赵振洲、段凌辰、杨震华、朱芳圃、张师亮、林庆丰、严铭吉、丁轸宇、许海蓬、苗迪青、孙润晨、陈作钧、李俊甫、黄纪瞻、杨济通、齐协寅、霍榘庭、李燕亭、傅茂萱、黄以仁、赵新吾、郝象吾、王金吾、李达才、王鸣岐、陈振铎、孟守真、钟兴正、田淑民、栗耀岐、关彝铭、李赋京、张效宗、朱德明、刘蔚同、单德广、生景清、宋玉五、鲁章甫、李瑜如、张静吾。

值得一提的是1941年10月,医学院聘有奥籍犹太族女教授万陶珂,她为人忠实可靠,教学认真,

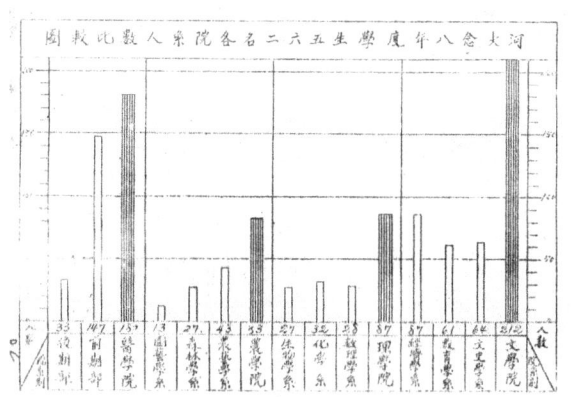

1939年河南大学全校各院系学生人数比例图。此时英文系已经撤销

经报教育部转咨内政、外交两部准予留校任用,在那个艰苦时期,有国际友人与河大人共甘苦尤为可贵。

此时大部分学生家乡沦陷于日寇铁蹄之下,音讯难通,经济来源几乎断绝,尽管河大初到潭头时,各项生活费用不高,但多数学生仍然生活无着。为使莘莘学子有衣蔽体,有食果腹,国民政府依然实行学生贷金制度,贷金分为三种:第一,战区学生贷金,内含膳食、零用、特别三种。第二,河南省教育厅助学贷金。第三,卫公廿九贷金(系第一战区司令长官卫立煌所设),分为甲、乙、丙三种。但贷金数额已从1938年11月起由战前每人每月10元减到了8元。后因迁到镇平的机关、学校很多,人口激增带来了物价上涨,生活开支不断提高,学生苦不堪言。经学校多次呈请省府,才得以恢复每月10元的贷金标准。另外还有河南省政府对于工读学生的津贴,未能享受贷金的同学可申请义工而得到一定补助。

但在潭头时期,即便不吃肉,不用酱油等调料品,仅维持生计的情况下,每人每月亦需20元4角,以至于教育部督学范琦在视察河南大学时看到正值青春期的学生每人吃着只有两个比拳头还小的馒头、就着一口就能吃完的青菜、喝着能照见人影不见小米的小米粥时,心中颇为酸楚,怜悯之情油然而生。他问道:你们"吃不饱咋办"?学生回答既是实情也很是幽默:"多喝水啊!"范不胜感慨:"恐抗战完毕,国家中坚分子亦陷于营养不良而成无用病夫矣!"

课可以迟开,而食不可一日没有啊,如何才能保证师生的吃喝,并逐步改善生活条件呢?王广庆也想了许多办法。

潭头地处伊河冲积的小平原,人口不过千余名,平坦可耕之地不过两千多亩,所产粮食虽自食有余,但要兼供河大千余口人的食粮就不够用了。王广庆按照教育部的储粮办法,经与省教育款产处商洽,提前借支一个月的经费在周边地区购买小麦数百石,以备不时之需。果然到了1939年的八九月间,粮价几倍飞涨,即便有存粮的农户也不愿此时卖出,以求观望再卖个好价钱,幸亏学校未雨绸缪,河大千口人才得免绝粮挨饿。

有了这次经验，学校又呈请省府批准，将该地农民应交纳的军粮统统划归河大收购囤积备用，这样一来，当地农民可以免除长途运输交纳军粮的麻烦，节省了费用，河大也免除了从远距300多里的洛阳长途运粮或因天降雨雪道路泥泞不通而断粮的困扰。1940年的半年时间里，学校在当地购买小麦328500斤、面粉5714斤，又从洛阳、临汝两地购买食盐5540斤、香油4500斤。如此这般，学校师生的吃喝算是有了着落。

时间长了，有了筹措粮油的经验，也摸清了市场行情，一段时期内，河大也曾在当地低价收购香油，而向洛阳等地高价转售，以增补校用。

潭头没有银行，省府每月的拨款和教育部下发的款项，均由洛阳银行转汇到嵩县。

河南大学总务处印章

嵩县到潭头的道路山岭起伏，人烟稀少，常有匪患，不时传出有人被劫的消息，在距离嵩县不远的一处山洼里，有不少遭劫被杀行人的遗骸。为了保证学校办公经费、学生贷金等款项的安全，每逢取款的日子，学校均派五六名校警随从护卫，一直到出差的人将经费安全带到潭头，总务长和会计室的人才将心放进肚里。1943年11月王广庆再次呈请教育部增加20名校警，10人用于加强潭头、嵩县各学院学生宿舍的安全保卫，另外10人与原有的五六名校警共负护送校款之责。

办好一所大学，没有图书、

河大师生在潭头种下的两棵柏树苗壮挺拔，被当地百姓亲切称为"河大柏"

仪器、标本、模型不行。到达潭头以后，图书馆主任李燕亭和各学院便立即组织人员开包点验图书和仪器，值得庆幸的是，遭水渍的图书和损毁的仪器均为少数。虽经费困难，又经过多种渠道添购图书、杂志514种，购买实验用品457种。

潭头寨北上神庙大殿、拜殿及道房共16间房屋被辟为学校总图书馆和阅览室。在开封时，图书馆按照杜威十进分类法，结合本校藏书实际，编有自用图书分类法，但撤出开封时，原有卡片未带出来，图书目录也在从开封迁往鸡公山时，在信阳被日机全部炸毁。图书经整理后编就临时目录，将中外45643种图书、205种中外杂志，总共近6万余册的图书或妥为收藏，或公开陈展。为便于阅览，还在大王村农学院办公处、党村理学院办公处、嵩县县城医学院办公处设立图书分馆。

仪器标本也按各学院教学实验需要，分别陈设于各个实验室中，随时可供教学实验之用。唯有不足的是，各院特别是医学院的实验药品等消耗较大，因战局原因，得不到及时补充，故在开展实验和诊疗上困难相当大。

学校按照教育部颁发的专科以上学校行政组织系统要求对学校机构进行了调整。设教务、训导、总务三处，由嵇文甫担任文学院院长、孙祥正担任理学院院长、郝象吾任农学院院长、关彝铭任医学院院长、刘海蓬任教务长兼训导长、赵振洲任总务长、李燕亭任图书馆主任。除行政组织之外，设有各种委员会，如预算委员会、出版委员会、图书委员会、校舍建筑委员会、体育委员会、招生委员会、学生生活指导委员会、社会教育推行委员会等，讨论决定学校各项重大问题。

嵇文甫（1895~1963），本名明，字文甫，以字行，河南汲县人。中国科学院学部委员，当代著名教育家、史学家、哲学家。郑竹虚离校后嵇文甫接任文学院院长

按照教育部的要求，结合河大实际情况，学校归并了一些系，调整后的院系情况如下：文学院设文史学系、教育学系、经济学系。理学院设数理学系、化学系、生物学系。农学院设农学系、森林学系、园艺学系。医学院不分系，设前后两部。此种规模，一直保持到抗战胜利。

1939年暑假过后，王广庆向教育部呈报：河南大学在潭头复课的条件基本具备。

开学了，王广庆满怀喜悦地敲响了上课的钟声。穿着灰布长衫的教授们夹着讲义走进了教室，学子们坐在还散发着木料清香的新凳子上认真地听着老师讲课。黄昏时分，生活指导组主任徐正斋带领校警巡逻在学生宿舍和各办公处，各院住地都有一名工友提着一桶桐油，走街串巷，为每位教授添一碗灯油。新建成的浴室两个气孔冒出缕缕暖烟。

抗日战争中河南大学最为安定的五年拉开了序幕。

第四章　伊水书声

1939年暑假过后，河南大学在潭头开学了。

新建的草屋或庙舍改造而成的教室散发着泥土的潮湿味道，虽比

初春的早上，潭头南边的汤营村沐浴在朝霞里，远山、近树、农舍和将要返青的麦苗静谧祥和，伏牛深处少了许多尘世的嘈杂和干扰

不上开封校园的教室宽敞明亮，也不如鸡公山的别墅豪华奢侈，但重要的是学生和老师们普遍有了一种安全感，听不到震耳欲聋的炮响，没有敌机的扫射轰炸，地处偏僻的山窝少了许多尘世的嘈杂和干扰，正可谓"桃花源里可读书"。

此时，陈立夫掌管教育部已一年有余。这段时间，他对中国的高

等教育现状进行了深入的调查,觉得中国高校"受外国教育的影响巨大",表现在课程设置、教师聘任、考试方法等诸多方面。譬如,大学的历史、政治、经济等课程设置,好像专为研究西方而开设的,在自然科学教育方面更是偏重介绍国外理论与成果,教师搞科学研究也多引用外国资料和例证。再如,聘请教授、副教授非得有留洋回国的洋文凭才成。后来他写了一本书叫《从根救起》,更是把这种现象叫做"文化侵略",他说:"文化侵略对于所侵略的国家,首先要毁灭其历史文化,我起先对于这些阴谋,还不太了解,民国二十七年到了教育部以后,才恍然大悟。"陈立夫在他任教育部长的6年时间里,对教育做了许多改革,其目的就是要"收回文化租界"。

1938年3月,当河南大学校长刘季洪还在鸡公山冒着漫天大雪顶着刺骨严寒为学生上课时,陈立夫发表了《告全国学生书》,阐述了他的施政方针:"教育之任务,为在德智体各方面培养健全之公民,使其分负建国之艰巨责任,故青年之入校修业,自国家立场观之,读书实为其应尽之义务,使青年而有废学之现象,实为国家衰亡之危机。"他明确指出:"各级学校之课程不为必须培养之基本知识,即为所由造就之专门技能,均有充实国力之意义,纵在战时,其可伸缩者亦至有限,断不能任意废弃。"在1939年3月召开的全国第三次教育会议上,蒋介石肯定了陈立夫拟订的《战时各级教育实施方案》,就当时教育界辩论最热烈的战时教育和正常教育的问题做出了结论,提出了"平时要当战时看,战时要当平时看"。强调不能因为在战时,所有一切的学制课程和教育法令都可以搁在一边了。因为在战时了,我们就把所有现代的青年无条件地都从课堂、实验室、研究室

在潭头高中院内依然保留着两排当年河南大学的教室

里赶出来，送到另一种境遇里，无选择目的地去做应急工作。

这些重大决策对于维持战时高等院校正常的教学科研秩序，培养抗战建国人才以及传承中华文化薪火无疑是十分正确的。纵观河南大学八年抗日流亡办学的历程，也正是循着这条路一路走来的，她不仅为河南省支撑着文化学术的大旗不倒，而且在全国抗战的最前沿挺起中国文化人的民族脊梁。

让我们将目光从历史的天空转回到处于四山环抱的潭头小镇吧。

在师生们的眼中，新任校长王广庆是一个温和宽厚的人，外表看着不像一个知识分子，从没有办学经验，更别说管理过一所大学了。但王广庆早年参加辛亥革命，做过开封、临颍两地县长，具有较强的行政能力，他觉得管理地方首要的问题是抓经济建设，让老百姓有活干、有饭吃。管理一所大学，特别是处于战乱中的大学，其首要任务在于尽快恢复教学，一旦大家能够站在讲台上坐在书桌前讲课受业，那么人心就稳住了一大半。

刚到鸡公山和镇平时，河南大学去向未定，国家关于抗战时期的大学究竟如何办的政策也不明朗，所以1938年河南大学未能按照惯例进行招收新生工作。

此时全国第三次教育会议已经召开半年之久，其"对现行学制仍维持现状""对于管理应采严格主义"等会议精神已成为大学管理者之共识。王广庆将制订调整河南大学教学计划和课程安排的任务交给了教务长刘海蓬教授。

刘海蓬于北京大学毕业后又在德国留学获得教育博士学位，回国后曾在北京辅仁等大学教书。来到河南大学以后，由于他学的就是教育，深得教学管理之道，因此时间不长就被委任为教务长，担任文学院教育学系的教育概论、学校行政和比较教育等课程。他深入研究教育部高校课程设置要求，根据本校师资情况，制订教学计划，精心安排教学的各个环节，使学校的教学工作有法可依。据校友回忆，刘海蓬于1941年曾有与王广庆争夺校长之嫌，当年10月被解聘教务长一职，改由郝象吾代替。刘海蓬辗转到西安，任陕西省立师范专科学校教授。

接下来就是如何保证教学计划的实施了，学校采用的主要手段与方法有：第一，尽量留住现有教师，想方设法延揽名师来校任教。在教师的评聘中不以喝过洋墨水为唯一标准，这样就扩大了寻找教师的视野，便于发现人才，充实教师队伍。这一时期学校引进的人才有从美国留学归来的王鸣岐教授，有谢绝去重庆任职而留在河大的李燕亭，有1943年又重新返回河大任医学院院长的张静吾等等。

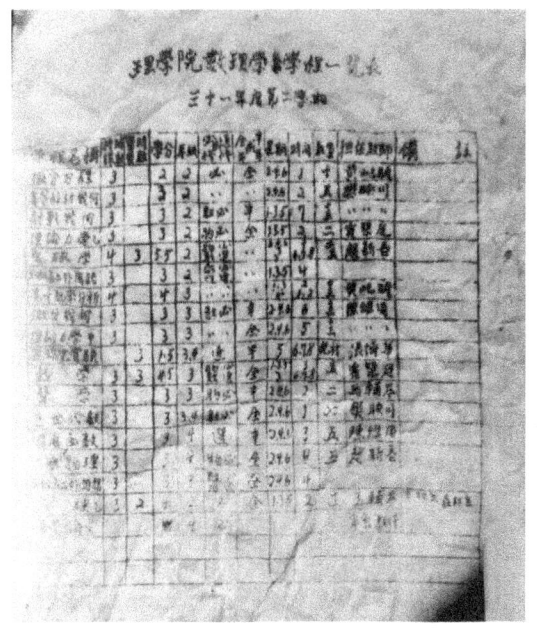

作者在潭头找到了当年理学院数理学系学程一览表，虽说有些地方已经模糊不清了，但从中还能看出尽管在战时河大还是依照部颁标准开课，保持教学的严肃性

第二，坚持改造战时高等教育的方针，对照部颁大学课程标准设置课程，在必修课程中增加了中国历史方面的内容，鼓励教师编写教材，根据师资、仪器等现有条件及时调整教学计划，灵活组织教学，号召教授多担课程，以保证必修课程均能开设。第三，严格教学各个环节的管理以提高教学质量。严把入学关、考试关和毕业关，在招生中坚持录取标准，绝不录取不合格和托人说情之学生。毕业考试若有成绩不合格或未修满规定学分的，一律不准毕业。

1939年6月22日，河南大学发布《二十八年度河南大学招生简章》，看着这份来之不易的简章，教职工生都感慨万千，这说明河南大学经过一年多的搬迁流离，已渐次走上了正轨。

当年招收新生的院系有：文学院的文史学系、教育学系、经济学系，理学院的数理学系、化学系、生物学系，农学院的农学系、林学

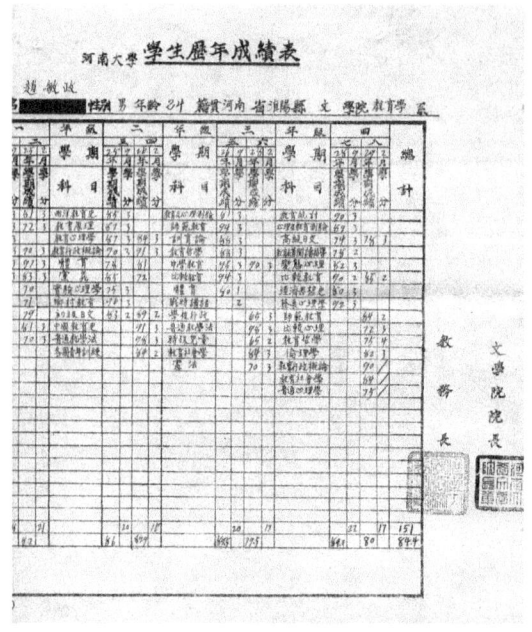

图为文学院教育学系学生赵敏政在校期间的成绩表。从此表的课程设置、学分要求，甚至表格设计的精心、填写内容的工整，印章的齐全等方面都可以看出，尽管处于战时但河南大学的教学管理还是非常严格的

系以及不分系的医学院。虽然农学院剩下两个系，但不久又恢复了园林学系，依然符合教育部每个学院必须有三个学系的规定。四个学院计划招收新生200名，报名时间规定在7月20～30日，体检时间为7月29～31日，入学考试放在8月2、3、4日，考试地点则分别设在嵩县和镇平河大留守处。考试的科目有：公民、国文、英文（报考医学院者考试德文）、数学、物理、化学、生物、中外历史、中外地理共计9门课程。

当诸多报考河南大学的学子们看到《河南民国时报》《河南民报》《河洛日报》《行都日报》刊载的录取公告上有自己的名字后，他们不禁高兴地跳了起来，仿佛于黑暗之中见到了黎明一般。1939年9月1～5日，从省内外汇集而来的216名新生奔波在前往嵩县和潭头镇的山路上，15名续读生、6名借读生和52名选修生也相继到校，他们为河大带来了勃勃生机。此时，河南大学共有584名学生。

虽然潭头时期的物质生活条件较差，但却有一个很适合读书学习的环境，正因为知道学习的机会来之不易，大多数同学都学习劲头十足。

早饭过后，住在几个村庄的学生就从宿舍步行到教室，无论严冬酷暑，刮风下雨，教室里从来座无虚席。听完老师的讲课，大家又三五结群走回宿舍，路上互相回忆讨论课堂上老师所讲的内容，以帮助消化理解。

学生住在低矮狭小的民房里，一间斗室至少摆三张床，每间房里只有一个窗户，光线很不好，看书很费劲，不知是谁首先发起，在墙上凿上个小圆洞，太阳光透过这个圆洞，将探照灯似的光束射进屋里，打在桌子上，这样大家就能在太阳的光照下读书了。同学们美其名曰"太阳灯"。

夜幕降临，每个同学都会点上一盏或烧黄楝子油或烧桐油的油灯，在黄豆般大小灯花的闪烁里，室友们有的俯首作业，有的侧身读书，偶尔听到屋外传来猫头鹰凄厉的叫声时，大家才知道夜阑星稀了。才没睡多大会儿，就又听到雄鸡高唱，当清晨的第一缕阳光洒在伊河水面时，勤奋的学子们已在河岸边、山崖旁、松柏下喃喃晨读了。

学校图书馆的图书报刊已经开捆上架。这些宝贵的书刊非常抢手，常常得排队预约，那位同学还了，这位同学才能借到。玉米面窝窝头已经吃得腻歪了，但图书犹如稀缺的精神食粮，大家风趣地说："不爱三顿黄金塔，只要开心书一卷。"在潭头入学的文学院学生宋景昌就曾在这里如饥似渴地读书，他对所有的书都感兴趣，读过《史记》《资治通鉴》，读过普列汉诺夫的《艺术论》、盐谷温的《支那文艺概论讲话》，读过各种中国文学史，还有许多世界文学名著。

潭头远离战火，犹如世外桃源，安定平静的生活久了，难免滋生贪图安逸享受的毛病，校园里渐渐流行一股吃喝、打牌、看戏、会老乡的不良风气，致使部分同学纪律涣散，不愿再过艰苦的学习生活，所谓"吃饱四年归去也，方冠一顶纸三张"正是指这种混到毕业弄个学士文凭的不良现象。

针对这种情况，学校决定制定措施以遏制这种风气的蔓延。

整顿校风首先从一日生活制度上入手，严格学生起居生活管理。时年41岁的徐正斋为人耿介，忠于职守。他规定女生宿舍设女管理员同住，不许男生进入，男生宿舍也由军事教官管理，不准女生进入。每当夜幕降临，徐正斋便和一名校警手提一盏玻璃油灯到各个宿舍逐个点名，检查宿舍安全，督促学生按时熄灯就寝。不管天气多么不好，无论逢年过节，他天天如此，一次巡查下来要步行三十余里，大家无不为其敬业精神所感动。正是由于严格管理，河南大学在潭头五年从未发生严重的治安问题。

其次，指导学生课外活动，丰富业余文化生活。潭头时期缺少娱乐活动，生活单调，有一天来自洛阳的曲子戏班在学校办公处前面的戏楼上演《胡二姐开店》等剧目，一连演了九天，引得师生乡民从四面八方赶来观赏，天天演到午夜12点，以致第二天上课时许多人缺课，而勉强出勤的学生听课时也是无精打采。于是郝象吾就勒令戏班子停演，以保证教学的正常秩序。戏班子虽然走了，但却给了学校以启示，学生正处于青春时期，精力旺盛，其需求是多方面的，堵是堵不住。学校针对同学们的兴趣，因势利导，指派深谙戏曲之道的傅茂萱负责指导学生成立剧社，一时间平剧、河南梆子、洛阳曲子、秦腔等剧社纷纷登场亮相，利用业余时间排练剧目，自娱自乐。

时光进入1940年，河南大学进驻潭头已大半年时间，教学生活等各项条件基本具备并逐步完善，师生情绪稳定，渐渐适应了山区生活。新年伊始，王广庆主持召开校务会议，学校"三长"与各学院院长对抗战形势颇为乐观，因而制订本年度的《校务行政计划》也很顺利。

计划的第一、二条要求调整行政组织，实行财务审核相互关联制。计划的第三条以后均为教学工作的改进与完善，其内容多达14条。

《校务行政计划》很快被落实下去。

为适应战时需要，文学院增设了战时经济讨论、战时文化讨论和乡土研究等研究性课程，理学院增设了国防化学等战时课程。各院组织学生进行野外旅行，强健体魄，准备在适当的时候恢复实弹射击训练。他们还利用课余时间到各村进行抗战宣传，慰问军人家属。

上神庙图书总馆增设教授研究部和学生研究部，以利于教师和有志于某种专门研究的学生借阅图书。将专业图书分发各学院分馆，方便教师学生就近借阅图书。

集中建设实验室,成立仪器管理部和各科实验部,将分散于各院系的实验仪器药品集中管理,以发挥其最大效益。

按照教育部要求,各科讲授要有教材、讲义,针对战时特殊情况,尽量扩大讲义编印范围,从一年级新生始,国文、英文、法文、物理、微积分以及高年级的重要课程都实现了自编讲义。

鼓励学生成立各种研究会并聘任教授加强学术指导。学生各种研究团体如雨后春笋纷纷成立,因专业相同而组织的有文史、教育、经济、数理、化学、生物、农艺、森林、园艺、医学等研究会;因地域而组织的有雪苑、郑中、洹上学会及乡土研究会;因兴趣爱好相近而组织的有国剧社、音乐会及书画、文艺等研究会;因志趣相投而组织的有辅仁学会、力行读书会。这些研究会或出刊物,或办壁报,就各自感兴趣的学术问题提出探讨,进行辩论,发表研究成果,或请教授进行演讲答疑解难。

为了加强体育、卫生工作,决定进行下列改进:第一,扩大运动场地。潭头寨内只有一个篮球场,而无其他体育场地与设施,学生

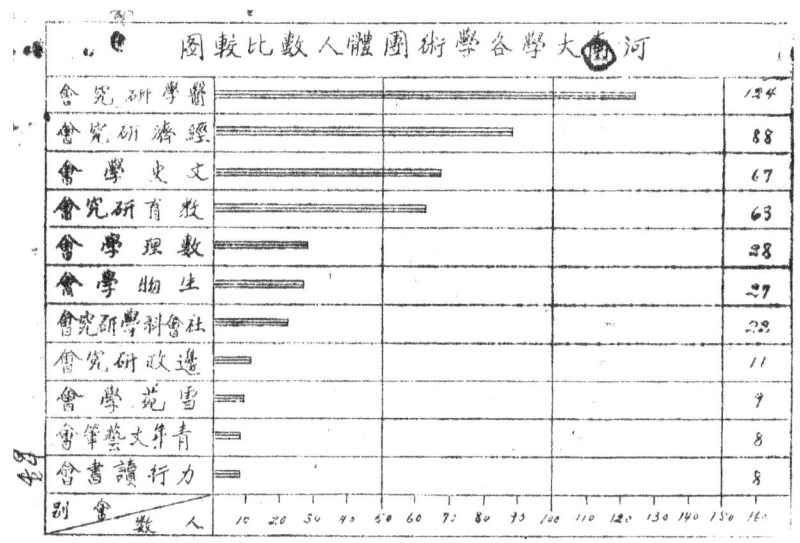

潭头时期,各种学术团体如雨后春笋纷纷成立。图为河南大学各学术团体人数比较图

开展最多的运动项目是提根青刚木或花栎木做成的手杖到田边地头散步。学校计划在1940年10月中旬以前扩大运动场，添设百米跑道和两个沙坑、两副双杠、两个篮球场、两个排球场、一个垒球场。第二，10月27日举行5公里越野赛跑，以锻炼大学生体格，培养长途跋涉的耐久能力，其路线是从校部办公处到蛮子营，绕村西返回。第三，11月1日举行篮球比赛，按学生宿舍进行分区，每区组织一个队进行比赛，月底结束赛事。第四，举行运动会，以学生宿舍为竞赛单位，每单位参加人数不限，但每人仅限参赛3个项目，所设比赛项目有100米、200米、1500米、跳高、跳远、三级跳、标枪、铅球、铁饼、障碍赛跑等。第五，为使学生养成卫生习惯，由训导处组织每月检查一次各寝室的卫生，并将检查结果张榜公布。

医学院在嵩县逐步建立了细菌、病理、解剖、生理各学馆，添置设备，教学实验与研究顺利开展。办好高级助产职业学校、高级护士职业学校，附设医院也办得红红火火，为本科生提供了优良的实习场所。抗战时期医疗人才极缺，1939年经省政府同意，医学院在正常招生之外又添招了一个春季始业班，1940年继续招收春季班。

至1940年年底，全年各项工作计划按规定内容和时限顺利实施。运动场地相继建成，篮球比赛和运动会精彩谢幕；伏牛山的古迹、药材、鸟类等调查都在进行中；各院图书按专业集中，各类实验室设备不断扩充；小麦杂交试验取得阶段性成果，生产培育出的小麦优良品种经农民种植增产效果明显。所有这些都有力地配合和推动了教学，理论用于指导实践并得到实践的检验，实践经验的积累又促进了理论得以创新。

这一时期河南大学还制定了一系列的规章制度，从各个方面规范教学工作，提升教学质量。在《河南大学训导计划》里提出：为使各学系学生在教师的倡导之下均能各就所学科目潜心研究，精益求精，也为解决学生久困山中与世隔绝之弊端，特别举行"学术研究与抗战建国有关论文竞争活动"。计划规定每月初由学校聘请各系专家就抗战建国进行命题，学生根据命题作论文一篇，于同月第二个星期日呈交学校，由专家评定成绩，择优给奖。

教务处在《关于改进教学内容与方法的规定》提出三项任务。第一，编订课程科目及纲要，要求教师于年度开始时呈报开设科目，年终时要呈报教材纲要。第二，改进教学方法及考试办法，选印学生课本及讲义，加强和规范考试考

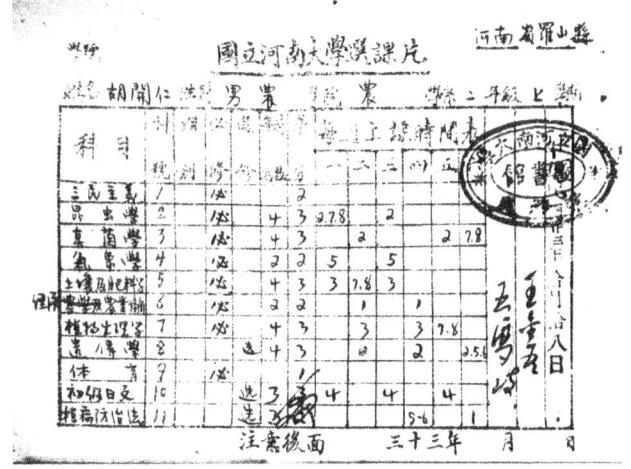

2009年作者到台湾搜集河南大学校史资料，1943级校友胡开仁拿出了他保存60多年的《国立河南大学选课片》捐赠给母校，该片从一个侧面反映了河南大学抗日流亡办学中教学管理的严格和规范

查。第三，要加强中国固有文化的研究和战时应用学术的研究。加强中国传统文化课程的教学与研究，增开平抑物价、管理粮食及精神动员、物资动员等课程与讲座。

《河南大学师范生选课及选择辅系办法》是依照部颁师范学院管理办法而制定的，规定了除教育学系之外各学系师范生的主修系必修科目、选修科目的总学分；每门功课的学分、开设学期以及学生选课选系的详细办法，减少了师范生选课选系的随意和盲从，保证了教学计划的严肃性和师范生的教学质量。

在潭头的五年里，各学院都延揽了一批德高望重，学识渊博的教授，在教学中充分发挥教师的主导作用，尽力按照教学计划设置课程，教学时数在全国高校中名列前茅，努力维持较高的教学水平。

嵇文甫是当代著名的教育家、史学家、哲学家，从20世纪30年代初就在河南大学任教，八年抗战，他与河大师生风雨同舟，甘苦与共，先后开设了先秦思想史、中国政治社会思想史、明清思想史、中国哲学史、清代学术思想史、宋明理学、秦汉史、宋代哲学等多门课

程。在长期的教学实践中，形成了自己独特的教学风格，在教学艺术上达到了炉火纯青的地步，深受学生爱戴。

据在潭头上学的同学回忆，嵇文甫一年四季都穿件灰色或蓝布长衫，他的课程被安排在上神庙最大的教室里讲授，常常座无虚席。他讲课不带书本，不用讲稿，拿三两支粉笔，立于黑板一侧，神情庄重，以平实的语调，将课程要义掰开揉碎娓娓道来，如数家珍，没有半点矫揉造作和无端渲染，却把最纷繁的哲学理论讲得有条不紊，不枝不蔓，直达事物全貌和精神，让人含英咀华，如沐春风，横生情趣，回味无穷。他学识渊博，学术精深，记忆力

《国立河南大学选课片》背面详细说明选课时的注意事项

强，名篇警言常常脱口而出，令同学赞叹不已。认真作了笔记的同学在课余翻看笔记时，就会发现嵇老师每个课时的内容都能严密衔接，便于复习理解，最终达到融会贯通的境界。

更难能可贵的是，嵇文甫在教学中以历史唯物主义为指南，坚持科学性与思想性的统一，力求反映客观世界的规律性，而不是就事论事。他强调一切事物都是客观世界在人类社会的真实反映。例如，在讲述中国古代哲学史时他就用一句话高度概括并揭示了先秦诸子学说产生的社会背景和表达方式："晚周诸子是晚周社会实际生活的产儿，而稽古相传的典籍教条，乡俗野谚，都成为他们随缘托生的形体躯壳。"他在教学中把评价历史人物能否表现高贵的民族气节作为重要的立论之一，提倡"读书不忘救国"，以此激发学生的爱国主义情操和抗日必胜的坚定信念。

朱芳圃教授于1931年8月受聘于河南大学，1936年8月曾在东北大

学短期任教，1939年8月在抗战最困难的时期，他再次来到河南大学文学院。

朱芳圃是湖南株洲人，1919年在长沙借住于湖南大学筹备处，毛泽东当时正在那里主编湖南学生联合会的刊物《湘江评论》，他便与毛泽东相识。次年，朱芳圃到湖南省立第一师范学校任文牍，毛泽东在该校附属小学任主事，两人共事时间虽然不长，但由于比邻而居，接触多了也就渐渐熟悉起来。这段事情常引起潭头同学的兴趣，但每每有人问及此事，朱皆笑而不答，或是婉转地错开话题。

朱芳圃是著名国学大师王国维的入室弟子，在古文字学和甲骨学研究方面造诣颇深。1933、1934年商务印书馆、中华书局分别出版了他的著作《甲骨学文字编》和《甲骨学商史编》，受到中外学界人士的好评。潭头时期，朱芳圃体态瘦弱，面容清癯，讲授古书校读法、经学、目录学和声韵学课程。他讲课严谨，一丝不苟，长于考

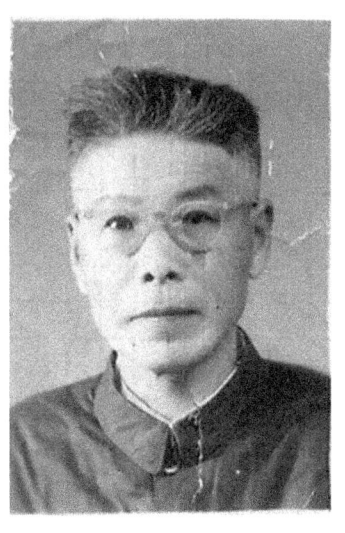

朱芳圃(1895～1973)，湖南株洲人。抗战胜利以后朱芳圃仍一直在河南大学历史系任教，先后发表和出版了《曹圃考》《殷卜辞所见先公先王再续考》《王皇名号溯源》《殷周文字释丛》《西王母考》《土方考》《名原评述》《中国古代神话与史实》等论著。1958年4月兼任河南省历史研究所研究员，曾任开封市政协委员。1973年9月24日病逝，终年79岁

据，条分缕析，操着他那一生不改的湖南乡音，悄声细语，且极有条理地讲着深奥的甲骨学，将本来挺枯燥的课程讲得生动有趣，大大激发了学生的学习积极性。

张邃青也在文学院任教授。他1909年入中州中学学习时，与冯友兰、张广舆、孙延中等过从甚密，创办《学粹》旬报，被称为"中州四友"。在北京高等师范学习时，参加了五四运动，1927年8月应聘河南中山大学教授，1940年兼任文史学系主任，1943年兼文学院院长，讲授宋元史、魏晋南北朝隋唐史、史籍名著、中国通史、河南文

化史等课程。

张邃青是一位史学家,长于河南史研究,他以对事业的极其执着精神,在抗日战争最艰苦的岁月里埋首河南文化的教学与研究,不辞辛苦地穿梭于崇山峻岭之间,使他的教学和科研不断充实新的史料。他读的史书很多,除正史之外,仅笔记小说就读过5000多种,他主张史学家要海纳百川,兼顾各家,以相互印证。他编写的《河南史地研究》一书包含内容广泛,涉及文物发掘、金石考据、历代人物、书籍流传、行政区划、民族迁徙、政治设施、社会风气、生产发展、宗教传播等,对研究河南历史文化具有重要参考价值。

他从没有架子,为人和蔼亲切,讲课内容丰富,脉络清晰,速度不疾不徐,娓娓道来,深入浅出,生动有趣,学生乐听不倦。如:他讲授河南文化史课程时,上起燧人伏羲,下止清末民初,无论人物事件,均取材广泛,将历史和杂史加以对比分析,其间又穿插神话传说,既佐证了历史,又使课程变得生动有趣,提高了学生的听课兴趣,深得学生喜爱。

他认为课堂上的讲授时间是有限的,要提高教学质量还必须引导学生自觉地学习,主动地去探求未知世界。他提出,历史工作者必须对社会进行考察,把古今联系起来。抗战前,张邃青就带领学生到殷墟发掘现场进行参观考察。来到潭头后,他更是把流亡搬迁办学的动荡不安当成接触了解社会的大好时机,多次带领学生到伏牛山区和周边县份进行社会考察。

郝象吾曾担任河南中山大学农科主任,河南大学时期任生物学系主任、理

张邃青(1893~1976),名森桢,以字行,河南太康人。长于宋史、《史通》和河南地方史研究。1927年8月应聘为河南中山大学文史系教授,讲授河南文化史课程,1940年任河南大学文史系主任,1943年任文学院院长。新中国成立后历任河南大学中国古代史教研室主任、河南大学图书馆馆长、开封市副市长、河南省史学会会长、第三届全国人大代表等

学院院长、农学院长,刘海蓬辞职后,他又长期担任教务长,为河南大学竭心尽智。郝象吾认为,一个学校的教学工作永远是第一位的,他继任教务长以后,不论局势如何险恶,河大再怎样颠沛流离,而他总是坚持到一个新的地方,就立即安顿师生住下,然后觅校址,找教室,组织教学,时隔不久就能开课。他虽然肩负着繁重的行政工作,但仍讲授生物学、遗传学、演化论、植物生理等课程。他每次上课总是精心备课,认真教学,对学生要求也十分严格。郝象吾国学修养深厚,常在课余为同学讲《昭明文选》《两都赋》,还曾到河大创办的七七中学教英语课。

任访秋于1940年春天风尘仆仆地来到了河南大学。他是从北京大学研究院毕业后在洛阳师范任教一段时间,应嵇文甫之邀来文学院文史学系任讲师的。嵇文甫和张邃青都是任访秋在师范读书时的老师,因此对任的关心无微不至,并充满着期待。系里让他讲中国文学史和古代散文选。文学史课程在洛阳师范任教时他曾讲过,并编有讲义。散文选他大多选的是魏晋时期的作品,如嵇康的《与山源绝交书》等,一学期下来,同学反映他的教学效果不错。1941年,文史学系又将一直没人开过的中国现代文学及习作课程交给了任访秋。为了开好这门课,他一头扎在学校图书馆里,查找现代文学书籍,阅读《新青

任访秋(1909~2000),河南南召人。1933年毕业于北京师范大学中文系,后师从周作人、胡适等深造。1940年应聘为河南大学文学院讲师,1944年出版《中国现代文学史》上卷和《子产》两部专著,晋升为副教授。新中国成立后长期担任河南大学中文系主任、名誉主任,兼任河南省文学学会会长、中国近现代文学学会会长、第五届全国政协委员、河南省政协副主席等职。他在中国近现代文学方面长期居于全国领先地位,是享受国务院颁发政府特殊津贴的专家。主要论著有《中国文学史散论》《中国近代文学作家论》《中国文学史提纲》《中国现代文学史论稿》《中国古典文学研究论集》《鲁迅散论》《中国新文学渊源》《中国近代文学史》《中国近代文学大系·散文集》四卷、《中国古典文学论文集》《中国古典文学论文集续编》

年》《少年中国》《小说月报》《新月》《创造季刊》等期刊。教学之余，他参考赵家璧编写的《中国新文学大系》，开始了《中国现代文学史》的编写工作。

随着讲义的逐渐编成，任访秋讲授该门课程时更加如鱼得水，深受师生好评，不久被提升为副教授。任访秋真诚平易，他不介意与同学在年龄和学术上的差异，总是以看似平淡的真情与同学真诚交往，答疑解难，诲人不倦，从来没有居高临下的感觉，正因为如此，同学都乐意与他接触，甚至敢于"冒犯"他而作学术上的平等交流甚至友好的争论。据曾在河大文史学系读书的栾星回忆："当时，全国大学开设现代文学史课程的只有河南大学一家，1944年，他的《中国现代文学史》（上册）一书由前锋报社出版，这是我国第一部现代文学史专著，黄修已在1995年出版的《中国新文学编纂史》中，对该书的学术价值给予了充分肯定，认为著作在体例、资料、观点上，都提供了新东西，显示了认真治学的学者的态度。黄修已特别强调了任著第一次使用《中国现代文学史》为书名的意义，至今以中国现代文学为名来概括这一时期的文学，已被研究者所普遍接受，而任访秋则为首创者。"

段凌辰于1947年8月10日病逝。学校举行了隆重的悼念活动，教授李嘉言赋诗哀悼："十年流落苦风尘，寂寞孤怀文字真。撒手陈编同惋惜，中州竟少一诗人。"

段凌辰教授的讲课也深受学生欢迎。段曾在武昌高师就学于国学大师黄侃，长于汉魏六朝诗文，专攻《文选》和《文心雕龙》，主要著作有：《中国文学概论》《汉魏六朝赋选》《八代诗选》《和沈修文乐府》《潭上胜录》等。他在潭头时期开设了四门课程：文学概论、汉魏六朝诗、中国文学专著选读和历代文选。《史记》中《历书》和《天官书》是中国文学专著选读课程中必讲篇目，尽管属于冷门，难讲难学，但段凌辰认为天文历法是文史学者必须具备的基础知识之一，因此还是想方设法尽力使学生学好这门功课。他白天在课堂上为学生讲《天官书》，晚上还带同学一起在漆黑的潭头野外观星，以验证和加深大家对《诗·鄘风》中的"定之方中"、《诗·豳风》中"七月流火"等天体现象的理解。

王鸣岐在抗战爆发后即婉辞了美国明尼苏达大学导师的热情挽留毅然回国，于1937年11月来到了母校河南大学。回校之初，他向农学院师生作了题为《自强不息，相处无间，手脑并用，理实结合》的报告，这一报告的题目，便成了他以后学习、工作、教学的座右铭。

王鸣岐在镇平时任农学院附设农场主任，住在城内禹廷公园，每天备课到很晚，第二天一早又步行三里多地，到位于城西北的教室上课，风雨无阻。河大迁到潭头镇后他被任命为农学系主任，为了能留住教师，他多次向学校反映情况，要求提高教师待遇，帮助解决他们生活中的困难。同时他以身作则，一人担任植物病理学、作物育种、生物统计、田间技术、土壤肥料、植物病理学、真菌学、植病研究法、文献讨论、生物统计、作物育种等多门课程。他还聘请总务长赵振洲讲农业经济课，聘请冯克毅为客座教授，为农学院讲授了两年的农业经济和农场管理课程。

王鸣岐在重视课堂传授知识的同时，还通过学校地处山区的有利条件，培养学生的动手能力。他曾四次组织大规模的山地考察。第一次是1938年学校在镇平时，利用暑假组织农学院师生到农田采集标本，调查农作物病虫害。来到潭头后，他把在实验室得出的研究结果拿到租用的50亩试验田里进行对比研究。1940年暑假，他又和理学院的李俊甫、傅茂萱等人一起，第二次深入伏牛山区，在栾川等地采集大量的动物、植物、矿物标本，掌握了该地区农林矿产资源、植物群落分布以及各种食用菌的产销状况。1941年和1943年，王鸣岐又相继做了第三、第四次考察。这些考察使王鸣岐获得了大量的第一手原始资料，同时也使学生从接触实际中加深了对课堂教学理论问题的认识，增加了实际动手能力，培养了学生理论与实践相结合和重视调查获得第一手资料的理念。

　　数学教授兼数理学系主任樊映川在天津南开大学求学时候追随周恩来等进步同学参加抵制日货的爱国运动，1920年考入北京大学数学系，毕业后任教于天津、上海等地中学，1928年受聘为上海暨南大学数学系讲师，第二年便被破格提升为教授。1940年在美国密执安大学获得博士学位。1941年2月到河南大学任教，讲授高等数学课。他治学严谨，讲课深入浅出，快慢适中，逻辑严密，善于揭示概念和定理的本质，从不放弃任何一个难点和疑点，对学生的课外作业十分重视，批改一丝不苟。他认为，一个人要想成为优秀的学者，不仅要在本专业有深厚的学识，还必须尽可能多地汲取人类科学文化的精华，所以他于专业之外，还十分喜爱天文学，喜爱中国古典文学，喜爱象棋和围棋。可能是出于数学家的精算，他的棋艺在大学里可谓一流，他和化学系教授徐墨耕、教育学系教授李秉德是经常在一起切磋棋艺的三位好友。樊除了讲授数学课程以外，还开设了天文学讲座，带学生于星光灿烂之夜观看星象，常年不辍。他在讲授数学课时还常常会穿插一些中国古典文学的精彩片断。这些融多种知识于数学教学的方法深受学生欢迎，扩大了学生的知识面，激发起学生对数学以外更为广阔领域进行探索的兴趣。

樊映川（中）、李燕亭（左）和同事合影。樊映川(1900～1967)，原名樊盛芹，安徽舒城县人，数学教育家，此时任理学院教授兼数理学系主任

　　陈仲凡博士继杨震华之后出任教育学系主任，讲授哲学概论。他善于将繁乱纷杂的西洋哲学流派一一梳理，通过深入浅出，亦庄亦谐

的讲授,将深奥玄妙的哲学思想阐述深透。每当讲解告一段落时,他便让学生做笔记,这时同学神情专注,将陈教授的讲课内容快速记录下来,唯恐漏掉一字,教室里静得唯有笔走龙蛇沙沙作响之声。陈仲凡对学生的要求很高,考试评分控制严格,以至每逢考试多有不及格者,同学对他敬畏有加。但他平时却对学生充满关怀,1942年入校的李福生校友回忆他说:"一天,正课讲完了,同学们聊天。他说:'作为师者,应该具有伟大的教育爱,才能感化学生,所以你们每个人都要常常带着笑容,如果没有爱心,不带笑容,就好像一条没有水的河流。'自己登上教坛以后才体会到这句话是至理名言。"

陈仲凡(1907~1977),原名嘉昆,河南汝南人。1928年考入河南大学预科,1930年入北京大学哲学系,1933年4月在德国柏林大学哲学系学习,1937年七七事变后回国,到西北联大、山东大学任教。1940年到河南大学任教授并兼教育系学主任,讲授哲学概论、伦理学和教育哲学。1942年被国民党伏牛山工作团逮捕,经营救出狱。此后一直任教于河大教育系,1977年11月8日病逝于开封

理学院院长李俊甫提出"完备、正确的理论,必须建立在大量的实验的基础上,没有充分实验根据的臆断是不可取的"。尽管处于抗战最为艰苦时期,交通阻隔,实验仪器、药品等购入极为困难,他想尽一切办法或自制,或辗转托人代购,或用其他方法代替,尽可能地将各种实验课程开出。

教务长刘海蓬为柏林大学毕业的博士,学识渊博,上课总是精神矍铄,谈笑风生,深得教学法之精髓,能驾驭学生求知心理,很受学生喜爱。

经济学系主任王毅斋博士早年留学德国维也纳大学,他讲授财政学课程,以见解深,讲解精,长于辞令,语言诙谐直率,敢于针砭时弊而著称。

杨震华博士毕业于巴黎大学,专攻心理学,学识渊博,寡言亲

切，深藏若虚，堪为师表，深受学生欢迎。

抗战时期，教育部设立了国民教育司，主管义务教育和失学民众的补习教育，颁布了《国民教育法》，制定了《国民教育纲要》，要求高等院校增设师范学院，培养师资，为国民素质的提高贡献力量。

河南大学在做好本科生教学工作之余，有感于当地文化落后，同时河大教工中也有不少适龄学子需要接受不同阶段的学校教育，因此，在潭头创办了多所学校，对不同的人群进行不同的教育。

黄际遇(敦慈)为数学家，1915年就任河南留学欧美预备学校讲师，1923年任中州大学教授，1941年5月获教育部颁发的连续服务20年以上一等服务奖状

初进潭头，学校便成立了社教推行委员会，聘请有社教经验，热心公益事业的教职员担任该委员会的委员，由校长、训导长担任正、副主席，周密安排社教各项工作。据《河南大学二十九年元月至十二月工作概况》第十条记载，"经议决划潭头附近为施教区，以镇内为中心施教区，以附近乡村分为一、二、三、四施教区，均经呈报核准施行。"

随即在4个施教区内分别成立了5个民众学校，招收学生249人，组成6个班（其中第四民众学校为女子班）。从各学院选聘6个学业成绩优秀的学生担任这些班级的主办人，又聘多名学生讲授不同课程。经过紧张的学习和考试，这些民众学校的学生很快毕业，得到了毕业证明书。

鉴于潭头一带各级国民学校师资缺乏的问题，学校经呈请省政府批准，成立了简易师范，由文学院教育学系负责管理，1940年9月招收学生40名，修业年限为一年。

1939年7月，河南大学与潭头合办中学，为不忘国耻，时时激励

学生为抗战救国而读书,学校以"七七"命名。七七中学由王广庆兼任校长,化学系主任李俊甫,助教苗叔陶、邓子珍、杨清堂等与当地士绅王忻丛组成董事会,苗叔陶担任教导主任,教师从河大学生中选派,义务教学,地方负责校舍、设备及办学经费,校址选在古城村三官庙,有教室36间。9月18日,经严格考试,河大教工子弟、当地高小毕业生和社会青年共计60人入校学习,到1941年秋季,招满三届学生。1942年要求入学人数增多,又加招了一个春季班,招收学生40余名。

七七中学举行游泳比赛,图为比赛结束后运动员在水中留影

1942年6月,七七中学首届学生毕业,为了使他们能够继续升入

教育系在潭头创办了幼稚园,图为一次学艺比赛后师生合影

更高一级学校学习,河大决定建立七七中学高中部,办学体制与初中相同,校长由文学院院长张邃青兼任,教务主任为李俊甫,训导主任为马星吾。秋季开学,40名学生入校学习,河大不少教授如郝象吾、嵇文甫、李俊甫、张邃青、马相辰、樊映川、黄敦慈、李燕亭、王鸣

岐、林瑞年等均在高中部讲授过课程。当时的学生兴奋而自豪地说："潭头七七中学是中学的招牌，大学的老师和管理。"由于管理严格，名师执教，潭头高中的学生经过一两年的学习，就有25%的人以同等学力考进大学。

私立伟志小学遗址

1944年河南大学离开潭头，七七中学由地方接办。抗战期间，初、高中毕业学生340多名，考入大学的有50余名。

河大到潭头后，由教育学系接办当地仅有的一所私立伟志小学，使该校成为抗战时期河南省师资力量最强的完全小学，在校人数由原有的170人迅速增加到255人。教育学系以该小学作为实习基地，30多名教育学系学生担任国文、算术等13门课程。"廉方数学法"的创立者之一的教育学系副教授李秉德率学生在这里重新开始小学教学改革试验，拟通过两年半时间完成

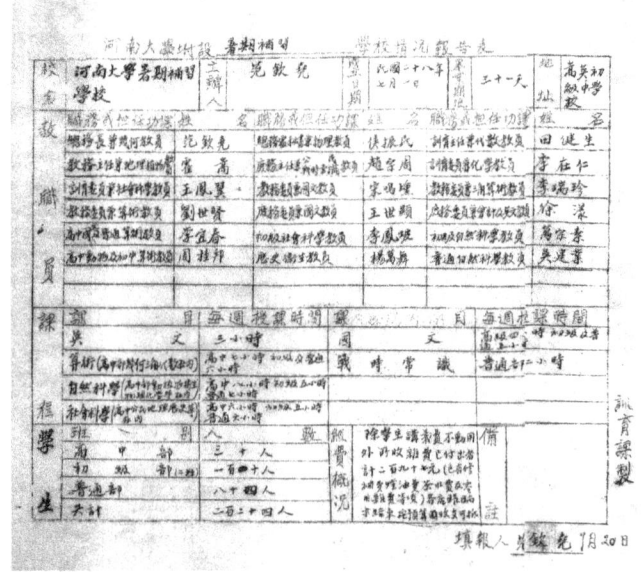

图为河南大学暑期补习学校情况报告表，此表详细记录了该校情况

初小四年的教学任务。1942年河大改为国立后,伟志小学更名为"河南大学实验小学",惜于1944年由于日寇进犯潭头,这项实验仅进行了两年就中断了,尽管如此,大部分教改目标已经实现,学生用两年的时间完成了三年的部颁教学任务。

1942年秋季,为了让报考七七中学的200多名落榜生有一个就学的地方,校地双方决定在大王庙村成立伊滨中学,校长由郝象吾兼任,教导主任为张书文,训导主任为耿礼道、周道一,总务主任为李良英。因伊滨中学建在农学院住地大王庙村,所以教师均由农学院师生担任,招收两届学生共计120人。1944年5月该校停办。

1941年4月,七七中学学生在老师张剑梅(左一,文学院学生)的带领下到重渡沟春游

在潭头期间,河大师生为提高农民的文化水平,还创办了许多农民夜校,最早成立的是党村夜校,由数理学系学生赵天民担任校长,化学系学生吴锡璋为教师,借用寺庙上课,开设国语、算术课程,学员凡能识1500个字,会四则运算、打算盘者便为合格。

1943年春,为了进一步提高嵩县各级学校的教育质量,应嵩县教育局请求,河大举办了体育、音乐师资训练班,招收学员40人,在潭头上神庙上课,经过半年培训,这些学员都获得了结业证书。

河南大学创办七七中学、成人夜校、简易师范等各级各类学校,使得潭头穷苦百姓有了入学求知的机会;河大大力推广社教活动,利用一切形式宣传科学知识，推广新的生产技术，提高了粮食和棉花等农作物的产量，促进了当地经济的发展；医学院师生以嵩县县城周边地区和潭头为基地，为百姓诊病治病，宣传卫生常识。

1941年6月医学院附设产校癸班同学合影

这些活动不仅以知识直接服务于地方建设，还对当地民风民俗产生了更为深刻而广泛的影响。百姓的抗战热情和必胜信心得以极大提升。人们开始不再迷信，求神拜仙的现象大为减少，有病就找河大医生看。百姓知道了京剧、曲剧、秦腔、豫剧、话剧、歌舞、街头剧等剧种，看到了电影，听到收音机中传来的远方声音，在显微镜里看到了各种病菌，在实验室里看到了孕育成形的胎儿。他们逐渐养成科学种田的习惯，知道选用优良品种，学会了果树剪枝、嫁接，引进了梨、葡萄等新品种。就连吃穿打扮上也有了许多显著的变化：儿童穿着童子军装，妇女兴起了剪发头，年轻人丢掉了大裆裤穿起中山装。包办婚姻的少了，实行自由恋爱的多了。注意讲究环境和个人卫生，卫生条件改善了，潭头及附近村庄的环境更美了。

在抗战最艰苦的岁月里，河南大学一批可敬的教授以极大的牺牲和奉献精神，或放弃国外优越的物质生活和学术研究条件毅然回国效力，或从大城市回到地处穷乡僻壤的母校。正是有了他们，河南大学这面大旗才得以不倒，才能在中原这块抗战最前沿的土地上与日寇对峙了7年之久，除1938年外，年年招生，培养出了634名毕业学生，还让800余名学生在潭头度过了一、二、三年级美好且宝贵的学习时光，并且为地方培养了一大批有知识、有文化的实用人才。

第五章　大山文章

魏巍八百里伏牛山就像一位慈祥的母亲，将河南大学揽入她的怀抱，使得一千多名河大儿女有了一个喘息休整和重新开课的机缘。神秘的八百里伏牛山又像一个巨大的宝藏，让莘莘学子产生了近距离接触社会体察民情探索自然的强烈冲动。

河大教师在教学之余总能专心于研究，以求专业精进及学术上的突破。从预校到中州大学、中山大学，再到河南大学，科研风气一直盛行不衰。20世纪30年代初，文学院就以考古为重点，不仅有董作宾等教师直接参与安阳殷墟及河南境内的文物考古工作，而且在校的或毕业的学生如许敬参、尹达、石璋如等也都参与了殷墟等处的文物发掘，更有一批教师致力于考古研究，并取得了丰硕成果。

以张邃青教授为领军人物的中州文化史研究在战前取得了骄人成绩。清末民初，河南省发现和出土了大量文物。1899年在安阳小屯发现殷甲骨文字，1908年在洛阳龙虎滩发现尚书石经，1918~1919年在洛阳北邙山发现魏、晋、隋、唐墓志，1920年在洛阳

董作宾1927年任河南大学讲师，1928年10月参加了殷墟第一次试掘，回校作"安阳小屯发掘之经过"演讲，使许多同学对甲骨文产生了浓厚兴趣，进而投向考古事业

刘耀（尹达）和石彰如（左）在河南大学上学时就参加了殷墟发掘，毕业后双双考上史语所研究生，成为著名的历史学家和甲骨文研究专家。图为二人毕业后在南京中央研究院历史语言研究所工作时的留影

朱圪当发现熹平一字石经，1921年在渑池仰韶发现中国第一个史前彩陶遗址，1922年在浚县辛村发现大鼎，1923年在新郑古墓出土周代90余件铜器，1928年在孟津侯家庄发现铜器600余件，同年在洛阳朱圪当发现尚书及春秋三字经石，1928年在洛阳金村古墓出土大批铜器，1929年至1930年，河南博物院两次发掘殷墟。对这些重大发现，张邃青或去现场收集原件，或找收藏者复制拓片，详细记录，加以分类整理和考据研究，并将最新考古成果写进讲义，应用于教学。与此同时，他还用了数十年时间，广泛搜集河南各县县志，配合考古发掘出的实物，整理为系统的河南文化发展报告。

文史学系助教汪志中参加了汲县山彪镇的文物发掘，回校后他就向学校建议在河南大学增设考古学系，其理由有四：第一，中国文化发源于黄河流域，中州为其中心区域，近代甲骨、青铜等重器多在河南发现。考古必须以考古发现和出土文物为依托，而河南尽占地利。第二，河南大学当时文学院有三个学系：文史学系、教育学系、英文系，这三个系在其他国立大学的文学院莫不有之，近二三十年兴起了考古热，而国内大学则无一所设立考古学系的，河大可占领新兴学科之前沿。第三，考古学专业更有大量的野外教学实习，河南学生多有吃苦耐劳精神且诚笃用功，有此天赋禀性，自然不会招不到愿意从事考古专业的学生。第四，成立考古学系，可以更多地吸引其他学校的学者教授到河南大学来，这样就形成了资料的交换、信息的互通，吸引更多优秀人才来豫。如此好事，何乐而不为？他断定，河大开设考古学系一定有着光明的前途。虽因各种原因考古学系最终未能成立，但文学院开设了两门考古课程，一是甲骨学，一是中州文化史或称河南文化史，20世纪30年代这些课程是国内其他大学所未开设的。河南大学对于我国文物的科学发掘以及考古事业的推动极大。

20世纪30年代河南大学师生积极参与河南省的文物考察和发掘工作，图为文学院师生在安阳袁世凯墓前留影

抗日战争全面爆发后，河南大学四处搬迁流离，科研工作受到很大影响，但正如抗战胜利后担任河南大学校长的姚从吾所说的那样："河南大学的学风素称朴实、严肃、勤苦力行，故能随时利用艰苦环境，研究不辍，而终有若干成就与贡献。"

广大师生抓住在潭头这难得的安定时期，投进伏牛山的怀抱，广泛开展调查研究，获得大量的第一手资料，提高科研水平，补充和丰富教学内容，取得了显著成绩，为抗战时期河南省的学术发展、经济文化建设、生产力水平的提高做出了贡献。

文学院教师从多个层面、多种角度对河南省以及黄河流域的历史、文化、方言、文物、方志、风俗习惯、地方戏曲、地域经济与教育等诸多方面进行了广泛而深入的调查研究。

张邃青在讲授中州文化史、河南史地研究等课程之余继续从事河南文化史研究，他提出，"研究学问须有远大眼光，研究学问固然须专门，专门然后才能精深。所谓专门并不是坐在屋子里抱住一册书咬文嚼字读个不休，别的全不管"。他要求重视社会考察。

他发现，蜿蜒八百里的伏牛山可供开展调查的项目很多，以前因道路险阻难以深入，现在身处其中得天赐良机和地利之便，他就率领文史学系教师利用假期分赴各地调查山岭、水泉、堡窑、寺庙、关隘、陵墓、矿产、遗址及其他历史古迹，分类记述，准备编成伏牛山古迹专志。随着调查的深入，张邃青愈发觉得伏牛山作为河南省西南部大山民族的迁徙之地，有列入

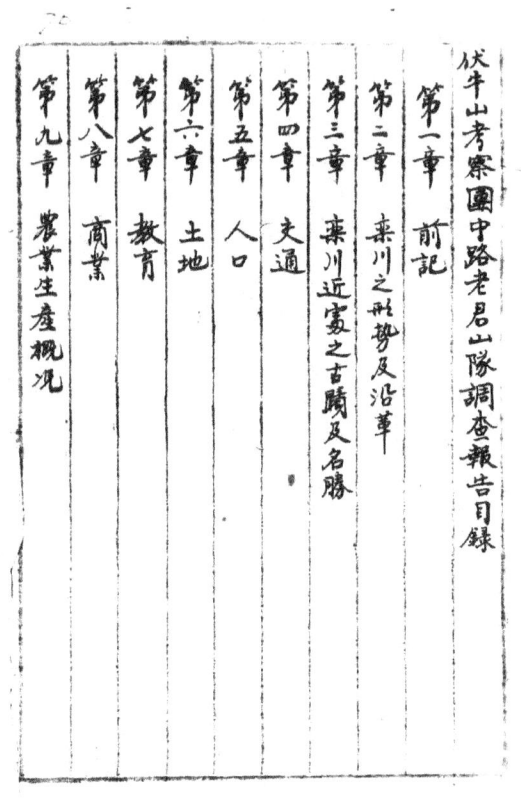

1942年12月河南大学伏牛山考察团老君山队完成任务，写出调查报告。图为该报告目录

专题进行深入探讨的必要。他决定下一步就此问题展开专门研究：第一，考查伏牛山中民族的迁徙。第二，调查现代山中居民状况、迁入时间及来源。

1940年春，张邃青再次带领文史学系四年级学生深入到嵩县的蛮子营、蛮峪、陆浑和卢氏县的蛮子沟等地进行考察，通过对历史文献的研究、蛮族迁徙留下遗迹的考证，以及考察结果的对比分析，他认为：伏牛山中居民多自他处迁来，如春秋时代的蛮氏，魏晋南北朝时期的后蛮等，经过"代有竞争，代有融合"的演化，最终形成如今的状况。张邃青还较早提出要关心少数民族，他们"山居险僻，知识浅陋，更应振兴教育，以改善其习俗"。

嵩山雄峙中原，为五岳之尊，但是旧有《说嵩》一书，言论空

泛，记述有许多遗漏和缺失，编纂嵩山新志，成为《河南大学二十九年度校务行政计划》规定的任务之一。张邃青遍搜史书，最终得到有关嵩山的图书47种，写出了《嵩山专著书目考》，刊登在1940年出版的《河南大学文学院学术丛刊》第一卷上。

巩县宋陵是张邃青的研究课题之一。图为永昌陵前的石象

当文史学系二年级学生王志明编写出《游嵩指南》时，他非常高兴，亲自为之作序，并将此书名收入他的《嵩山专著书目考》中。

张邃青不仅对蛮族的起源、流派、文化、风土人情有了新的发现，而且提出了"文化发源于山地论比发

嵩山也是张邃青的研究课题之一，他常年搜集，得到有关嵩山图书47种，写出了《嵩山专著书目考》，刊登在1940年出版的《河南大学文学院学术丛刊》第一卷上

源于河流更有理由"的学术新观点。此说一出，立即引起国内外学术界的高度重视，日本汉学家桥川时编纂的《中国文化界人物总鉴》中专门刊载了张邃青的简历。

根据大家的提议，文学院成立了史地研究会，以此为阵地，发动大家积极投入各项研究中去。史地研究会分为研究、调查、出版三部，除进行系统的史地项目研究外，每周还要分别邀请有关教授做讲

演一次，以报告和传播研究成果。

有一段时间，潭头寨及周边各村出现了一群拿着皮尺丈量大地并在小本子上记录着什么的河大师生，当人们以好奇的目光向他们询问时，才知道是文史学系的学生在老师的带领下，对潭头附近的山岭高度、平地面积以及村镇、河流、寺庙、陵墓等进行详细测量，以绘制精确的潭头地图。

遵照教育部经济专业教学计划的要求，经济学系建立了经济调查团，通过搜集实际资料，使书本理论与实际问题相互参证，调查团确定在伏牛山脉及未沦陷区域，采用直接和间接的方式，对其物产及农村经济状况开展调查。

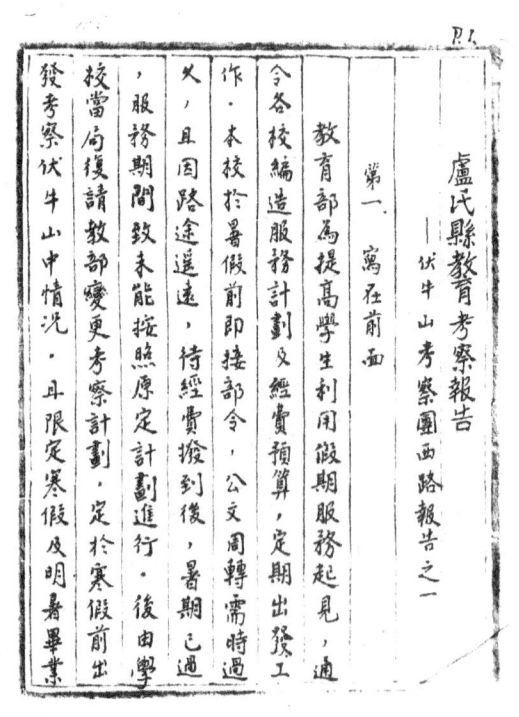

伏牛山考察团的《卢氏县教育考察报告》

经济学系师生还肩负着推广合作事业的任务。合作社是20世纪30年代国家为了发展经济，提高人民素质，推动社会进步而大力推行的合作运动，教育部要求高校积极参与并进行推广。以经济学系师生为主体，河南大学成立了消费合作社，在本校取得成功经验的基础上，向农民进行推广，并协助他们建立合作社组织。2005年，在潭头收集到的河南大学办学遗物中就有一杆大秤，上面刻有"河大合作社"字样。

为方便研究，经济学系设立了经济资料室。他们除了向学校申请将馆藏有关经济类图书移交该系保管外，还广泛发动师生通过各种渠道订阅和搜集经济类报纸杂志,以弥补因战时邮路不通不能及时得到最新学术动态和研究成果的缺憾。资料室吸收学生参与其中,成立了三民主义经济理论研究组、统计组、经济地理资料组、报章杂志论文索引组等6个专业组,进行中外经济史资料的搜集、整编与研究。

经济研究会组织同学广泛参加研究活动,下设经济、理论、财政、金融、统计、会计、社会调查各组,由教授担任指导。该会定期拟定研究项目,学生每月将自己的研究心得提交小组进行讨论,由教授进行评判,教授们每周日还轮流为研究会举行学术演讲。

教育学系在战前曾有一支为全国同行所羡慕的师资队伍,如系主任罗廷光、中央研究院院士余家菊、教授毛礼锐等都在全国教育学界有着较高的知名度,形成了重视科研的优良系风。在开封办学时期,他们就以河大附属中学为基地开展教学改革实验。1933年文学院院长李廉方和数学系教授邰爽秋发起创建开封教育实验园区,采用廉方教学法进行小学教育改革,1934年,刚从教育学系毕业的李秉德也参与其中。廉方教学法强调教育与农业,特别是与手工业相结合,重视学生自学能力与兴趣的培养,在很短时间内收到了很好的教学效果,受到社会的极大关注,教育部派督学顾树林前来视察,中华职业教育社的黄炎培、江问渔、萧承慎等教授前来参观。来到潭头之后,教育学系针对当地缺少学校和师资的状况,积极建议学校建立附属中学,这样既有利于提高当地百姓的文化水准,又利于该系学生继续试验廉方教学法。1939年9月18日,潭头七七中学开学,以后伊滨中学、七七高中、农民夜校等纷纷成立,教育学系师生又有了研究和试验基地。

1939年胡守棻来到了河南大学,任教育学系副教授,在八年抗战动荡的年月里,他一直孜孜不倦地从事教育科学研究,写成了《现代教育原理》一书,1944年10月由重庆南方印书馆出版发行,嵇文甫为该书作序。

陈梓北教授在抗战爆发后毅然放弃即将到手的学位从日本东京帝国大学回国,不久便到河大教育学系讲授教材教法课程。为了使同学提高学习音乐的兴趣,学好音乐鉴赏课程,他常常使出浑身解数,在讲台上舞之蹈之，累得满头大汗。此间他与人合作翻译了《丹麦教育》一书，由商务印书馆出版。

理学院在开展科学研究上也毫不逊色。该院素有理论联系实际之优良学风，刘季洪任校长时，曾亲为该院算理学会（后改为数理学会）手题"格物致知"，鼓励教师积极开展研究。郝象吾任院长时在该会第一期会刊序言中提出："以严密之方法探明宇宙之究竟。"他倡导建立数理合并的学术研究团体，他认为，物理问题的探究钻研，非赖数学方法的协助不

国立河南大学数理学会会徽

可，而数学之研算与运用，又非赖物理基本理论的推广而不能确认其真伪，二者相辅相成，相得益彰。将数学运用于物理学研究之中，促进了应用数学的发展，这在当时国内可谓创新之举。

来到潭头之后的理学院有仪器16546件，标本模型2506件，药品1108种，有各种实验室7所。仅显微镜就有三镜头显微镜15架、二镜头显微镜25架、单镜头显微镜7架、微体解剖显微镜1架、普通解剖用显微镜3架、袖珍式显微镜1架。在抗战时期，有52架显微镜着实不易。理学院同学回忆，每人实验时都有一台显微镜，这的确是很难得了，在国内其他学校并不多见，这些仪器标本模型等为开展科研活动提供了有利条件。

在这个时期，理学院师生主要开展了以下研究。

李俊甫对《道藏》进行了深入研究，终日埋首在实验室做着各种实验，反复论证各种推论，从历代的炼丹术中总结中国古代化学史的渊源、流派，发表了许多有见地的理论化学、中国古代化学史方面的学术论文。霍桀庭、李燕亭两位教授瞄准最新科技动态，对原子能的开发利用进行研究。

其他教师也在与社会和农民的朝夕相处中获得了亟待研究的课

题。

对伏牛山矿物储量和开采现状进行调查研究。伏牛山矿物蕴藏极为丰富,金、银、铁、锡、煤、硫黄、钼等储量亟待查明,以待抗战胜利后规模开发。他们先从已开发的金矿入手调查,对山民所采金砂进行取样分析,确定金矿质量与储量。随后又对煤矿开采进行考察,研究增加煤炭产量的办法。

开展对伏牛山植物利用研究。伏牛山植物丰茂,可用药材就有八十多种,如柴胡、杜仲、仓术、连翘等保有量极为丰富。金钗、石斛价格昂贵,每两都在百元以上,但其产量甚低,生物学系拟采用人工方法进行培植,以增加其产量,还制订了人工栽培人参的计划,惜以战局原因未能实现。

疟疾是山中的常见病,治疗疟疾的特效药奎宁稀缺且价格昂贵,百姓每患疟疾,便痛苦不堪。生物学系研制土产药品代替奎宁,经患者试服,效果良好。

战时染料不易获得,生物学系借鉴山民用伏牛山中的黄绿材、乌木和橡壳等植物染黄、绿、黑布的做法,把这些原料进行分析提纯,制成糊状染料装于桶内供应军

抗战期间,河南大学师生在伏牛山区开展调查研究的地方如今大多成为旅游胜地。图为国家5A级景区老君山大门

用。针对日寇经常使用毒气弹残害我军民的情况,用潭头山中盛产的核桃皮壳和野桃核制成活性炭,用作防毒面具里的过滤物质。他们还用王信子和橡壳提取丹柠生产出墨水。

利用科学原理对当地农民的农机具以及生产技术及工艺进行改

造,提高了生产效率。他们对伊河上制造简陋,运转不灵的水车进行了改造,提高了车水效率。他们对旧有的生产麻纸的原料和工艺进行了更换和改造,采用桔树皮和竹子造纸,使纸质更加细密,产量也大大增加,河大师生也因此有了物美价廉的印刷和书写纸张。

理学院还改良了土法制取木炭的方法。农民每年制炭的产量很大,但土法制炭不仅消耗木材多,而且制炭的副产品如木酒精、醋酸等均流失殆尽。经研究,他们决定采用方法简便的干蒸法制炭,同时收集木酒精作燃料,替代一部分汽油,醋酸和黑油还可做成其他化学制品。

除开展以上研究并取得丰富成果之外,该院还计划利用土产原料制成化学药品,供实验及医疗使用,比如用食盐与硫酸制造盐酸,用石膏制造硫酸,用碳酸钠制造小苏打,用苦土和硫酸制造硫酸镁,用硫黄制造硝酸等等。

农学院结合农村实际开展研究更是大显身手。农学院建院之初就确定了科学研究的指导方针,将试验研究当做首要任务。河南为全国粮棉主产区,农学院对于小麦、大豆、小米、棉花等主要作物进行了长期的育种与改良工作,对有关病虫害的调查防治、土壤的勘测与分析、气候环境的测定与分析都下了很大工夫,同时还兼顾蔬菜、花卉的栽培试种、园林庭院的设计。1929年曾受上海华商纱厂联合会委托,对河南全省的棉花生产进行调查,获得了一大批珍贵的河南棉花生产加工、运

在开封时,黄以仁教授就带领农学院学生到鸡公山考察,制定鸡公山林业开发利用规划。图中着西装者为黄以仁

销、棉农经济的第一手资料,并汇集成册。1934年河大农学院与郑州中国银行合作,在河南省灵宝县设立棉作试验场,从育种工作开始,最终培育出棉花新品种,改进了棉花纤维质量。彭谦教授主持土壤肥料学研究,建成当时全国最大的土壤馆,设备完善,对河南土壤做详细的调查、分析,测定其肥力及土壤理化性质。此后,河南省建设厅专门成立了碱土改良委员会,由彭谦主持,对河南东部的盐碱地采集土样加以分析,采用地下排水、地表冲洗和化学改良三种方法进行改造。新中国成立以后,豫东地区特别是开封市采取引黄灌淤等方法将盐碱地改造成良田,河大农学院当为首功。除此之外,农学院还对伏牛、太行山脉及嵩山、鸡公山的森林状况进行调查,参与黄河水利委员会的黄河防汛、固沙、造林等科研活动。

农学院来到潭头以后,除举办农业科普展览,创办农民夜校,印刷农业技术小册子等方式推广农业先进技术外,主要针对当地农业生产中存在的实际问题开展研究,为农民排忧解难,收到了丰硕的研究成果和良好的社会效益。

潭头地处伏牛深处,本身就像一个巨大的宝藏,是农学院在城市里所得不到的最好的课堂、实验室和实习基地,农学院充分利用这得天独厚的有利条件进行考察,开展研究。

这一时期,农学院与地方政府和有关部门合作开展科学研究。1938年与河南省建设厅合作,筹划在邓县垦荒;与潭头合作开展山地育苗造林及果树栽植试验。1941年暑假,农学院格外忙碌,隶属于农林部的河南省粮食增产团、河南农改所与河大农学院合作开展粮食增产项目研究,以增加军粮,支援抗战,除一年级学生之外的所有师生都投入了宣传、推动、研究、实施中去,使得该项目得以在全省各县顺利推行。1941年至1942年与河南省建设厅合作,由林学系主任李达材教授率队,到嵩山山区进行测量及植物调查。

王鸣岐的研究范围较之以前扩大许多,他不仅继续进行植物病虫害的研究,还先后四次对伏牛山区森林中的食用、药用植物和菌类进行调查与采集。他在嵩县、南召之间发现大面积原始森林和食用菌类的天然生产环境,以前只有在川贵才能见到的银耳和西北才有的冬虫夏草也被发现。他们采集了大量的生物标本,掌握了豫西山区农业资源、植物群落及各种食用、药用菌类的基本情况。1942年春天,小麦黄锈病蔓延,王鸣岐广泛采集病株,细心观察分析,发现该病是由伏牛山中的黄柏、淫羊藿等植物叶子上的黄锈病飞散传播给小麦的,他指导农民对症下药,使病害很快得以控制,并找到了小麦腥黑穗病、黄锈病的起因及根治方法。此项研究成果王鸣岐用中英文写成论文发表,申请教育部拨专款进行后续研究。

刘葆庆1927年毕业后留校任教,一直随河大辗转搬迁,从事育种学的研究。他从国外引进多种小麦品种在河大农场展开试验,长达7年,成果显著,发表了《河南大学农场二二-14小麦育种成绩报告》等论文,被印成单册,发至全省各县,指导小麦种植。以后他又相继写出15篇论文发表,其中《黑麦自然杂交实验》《开封124小麦与美国红石小麦之杂交育种》等,有较高的学术价值。

刘葆庆(1904~1978),河南修武人,著名育种专家。1927年毕业于河南中山大学后留校执教,1952年晋升为教授,曾当选全国人民代表大会代表

1941年刘葆庆晋升为副教授,继续从事小麦育种试验与研究,他不顾条件艰苦简陋,不摆育种专家架子,虚心向老农请教,深入田间地头,重视总结民间经验,相继培育出了"河南大学H-1、H-2、H-3、H-4"及"河南大学4-1"五种小麦新品种。其中"河南大学H-4"适合豫西山区生长,具有口紧,不易倒伏,对秆黑粉病、条锈病及吸浆虫有较强抵抗能力,产量高等特点。这些新品种在60多个县进行推广种植都取得增收一成的好收成。

王直青教授毕业于德国柏林大学农学专业,获硕士学位。20世纪20年代,他与孙玉书、冯泽芳、过探先被称为中国留美学棉的四大专家，在国内学术界威望较高。他始终认为"借用之学，不足以为人师"，强调积累宝贵实践经验的重要性。身为中国农学学会理事的他，虚心向农民请教，重视总结民间种棉经验，主持棉花的良种培育与推广。他带领高年级学生张幼鸣等先在潭头山区进行棉改试验，以后又逐步推广到全省各地，成功繁殖培育出"大使棉"和"岱子棉"，为河南省棉花增产做出了贡献。他培养出来的学生张幼鸣毕业后逐渐崭露头角，被聘主持河南棉政工作长达15年时间，成为全国有名的棉作专家。

重渡沟景区近年来名扬海内外，众多瀑布和婆娑竹林是吸引游客的亮点，殊不知抗战期间河南大学师生曾在这里考察、游览、避难。图为重渡沟景区大门

植物分类学家黄以仁教授、昆虫学家陈振铎教授、树木学家葛明裕讲师也在测树学、蔬菜栽培、果树改良等不同的专业领域开展研究，取得突出成绩，受到当地群众的赞扬。

潭头时期，农学院教师撰写和发表了不少科研论文，仅王鸣岐教授就有11篇论文问世，比如《英国之农业》《河南植物病害名录》《小麦抗秆黑粉病及腥黑病之初步研究报告》《猴头菌之人工栽培》等。

虽然到山区进行考察很是艰苦枯燥并且常有危险相伴，但广大师生在从事科研的同时，还享受着伏牛山带给他们的发现的欢乐、与大自然亲密接触的欢乐，种种欢乐，不一而足。在重渡沟和老君山，农学院师生发现了在亚热带和寒带才有的植物和昆虫；在伊尹耕莘故地、范蠡镇、神禹导洛处、马跑泉、活龙王庙，文学院师生收集了许多碑刻、神话传说。在山清水秀、树茂竹密的重渡沟，他们享受到了夜宿小村、枕泉听瀑、赏明月竹影的野趣,重渡沟三处水量充沛的大瀑布下留下了他们欢乐的身影。嵩县,少林寺的千年银杏、嵩阳书院汉武帝敕封的将军柏、会善寺的大桧树、初祖庵的粗壮油松,都让他们惊叹不已。在老君山,他们振衣登顶,体验到了孔子"登泰山而小天下"的豪迈。在栾川,他们听到"三川叫河六月不离灶火"的俗语,喝到了因为气候寒冷生长期长而成为贡品的玉米糁子粥。在少林寺勘测森林,做饭和尚错将桐油当成了食油,使农学院的师生腹泻不止,成为大家回忆中的笑料。

医学院在为地方服务的同时,不废科学研究。

山区缺医少药,农民有病无处看,有病无钱抓药,常常把小病拖成大病,为改变山区缺医少药的状况,医学院结合地方常见病开展研究,为百姓疗伤诊病。在镇平时,他们对该县地方病甲状腺肿大症进行了调查,只可惜没有来得及将调查结果汇集成册付诸刊印时就撤到嵩县。来到嵩县之后为民服务和各项研究工作就迅速开展起来。

设在县城的附属医院每日求诊者源源不断,他们不仅免费为伤兵、百姓治伤治病,还宣传普及卫生常识,施种牛痘,预防天花,许多百姓久拖不治、久治不愈的疑难病症得以痊愈。外科教授们每日在汽灯下做手术累得汗流浃背,内科、儿科大夫们忙于接诊而无暇进餐。

河南大学师生是重渡沟的第一批游客。任访秋在回忆录中写道:"一年的春假,我曾和同事前往浏览。经过漫长崎岖的羊肠小路,最后到了目的地。这是两山之间的一个盆地,村落并不大,一所讲究的宅邸,据说是潭头大户王家的庄园。我们进到一所比较高的大门楼里,有王家的仆人在接待我们。这里有山有水,比较令人注目的是布满了青翠的竹林。这里的竹子,不但很粗,而且很高,微风吹来,沙沙作响。这样的景色,是我平生第一次见到的。在那里住了一宿,第二天即遵原路返校。"2008年作者见到了这座"讲究的宅邸"

小儿科教授单德广组织了河大医学院地方病调查团,率领20名同学到嵩县多个乡村走访调查幼童大肚皮症(即黑热病)现象。遇有此类患者便立即登记,叮

1943年春节过后，医学院地方病调查团的学生与教授单德广（前排左三）合影

嘱他们到嵩县河大医院就医，一时间大肚皮症儿童挤满医院。

不久，单德广又将调查范围扩大，与病理学教授鲁章甫成立了病理研究组，深入农村调查地方多发病，他们广寻病例，作病理切片，制成标本，同时收集河南民间常见病资料，进而研究诊治和预防的方法，为教学提供借鉴参考。此后开展地方病调查成为医学院的例行科研课题，每学期都要抽出一个月时间走访四乡，历时五年，收效很好，为抗战胜利后河南民众健康保健事业提供了第一手资料。

1942年秋，学校从教育部申请获得学术调查费一万元，用于地方病调查的继续进行，调查范围由单科疾病而改为多种疾病的调查，报名参加调查的师生非常踊跃。1943年春节期间，由40多人组成的调查团决定利用农闲的正月初九、初十、十一在嵩县南关火神庙会展开活动。在那三天里，火神庙会人头攒动，医学院分组向从四乡涌来的百姓问病解疑，登记病例病情，附带宣传卫生知识。春节过后，调查团又分成若干小组，在城关多处进行调查，3天共访问11700人，查出患病者1035人，其中以眼病患者居多。

正月十五调查团借元宵灯节之机，在伊河南岸的桥上村等13个村庄开展调查，3日内共访问居民1700人，查出患病者690人。

在嵩县城关一带乡村，他们查出患大脖子病的有63人，多系穷苦劳动者，以妇女为多，当系食盐过少，饮水中缺碘，居民以玉米、芋头、红薯为主食，营养较差之故。

在调查中有不少居民因种种原因，或讳疾忌医，或怕被抽丁当兵

医学院地方病调查报告序言

等而不愿接受调查,他们就耐心宣传解释,尽力动员大家广泛参与。

他们对收集到的原始数据进行分析研究,发现这些调查结果与多种医学文献记载的情况大致相同,一方面证实了书本理论的正确性,另一方面弄清了嵩县一带地方性常见疾病,如大脖子病、肺结核、神经性食管狭窄症、腿部溃疡、不育不孕等等。他们针对地方常见病、多发病制定了预防和治疗方案,逐步开展对症治疗。

研究结果还表明疾病与贫穷互为因果。由于嵩县地脊民贫,加之饥荒连年,百姓体内热量全取于谷类,缺少动物蛋白。即便家里养有鸡,也舍不得吃鸡蛋,大多用于换取食盐。伊河中鱼类不少,大家不习惯吃,所以当地百姓多患营养障碍疾病,所见居民,皆面黄肌瘦,营养不良,佝偻病患者甚多。医学院师生在以自己最大能力为山区百姓治病的同时,还深为山区百姓孱弱多病而揪心,许多教师将改善国民体质作为医学研究的项目,他们殷切盼望着早日赶走日寇,恢复建设,让中国百姓过上丰衣足食健康长寿的好日子。

各个学院教师的科研活动开展得轰轰烈烈,学校也鼓励学生积极参与。《河南大学训导计划》鼓励学生系统地研究各种学术问题,举行公开讲演,争取发表研究成果。计划规定,每月的第一个星期日全校各学术团体集会,用抽签的方法确定三个团体,各团体推定二人,由学校命题，这六个人就其研究所得进行演讲，由专家评定成绩，择优给奖。社会研究会、教育研究会、边政研究会、经济学会、生物学会、数理学会、农学会、医学会、力行读书会、雪苑学会、青年文艺学会等各团体组织学生就各自关注的学术问题积极开展研究，以此培养专业兴趣，锻炼科研能力，掌握初步的科研方法。

各个学术团体都办有刊物和壁报，定期刊物有《大路》，每月初一出版。定期壁报有文史壁报、教育壁报、经济壁报、农学月报、生物学报、数理学报、医学学报、青年文艺八种。1942年1月19日，王广庆校长曾向国民党中央组织部呈文，为学生定期刊物和文史壁报等定期壁报申请补助费。

潭头没有铅印或石印工厂，讲义、刊物等均需送到洛阳印刷，既耗费时间又价格昂贵。自己动手油印讲义费工耗时，一张蜡纸印多了字迹就会模糊不清，不能大量印刷。1941年4月8日，王广庆向教育部申请补助费10000元，用于购置石印机。印刷经费落实以后，学校又为各个学会配置了油印工具，每个学会计有油印机一架、钢板一副、铁笔三支，以便随时印刷各会刊物。

1940年12月，《河南大学文学院学术丛刊》创刊，王广庆亲题发刊词。该刊物在中州大学时为《文科季刊》，1930年改为《文学院季刊》，后因七七事变爆发而停刊。王广庆在发刊词中欣然写道："本年春经费增加，教授学生，亦视前为多，又以环境单纯，用志不纷，胜利曙光，日益显露，研究风气，较前浓厚，各种学术研究会，先后成立，学术竞争，宁异于前线之冲锋陷阵乎。文学院同人，以中西文化之发扬，世界学术之介绍，以及抒发心得，交换所学，均有发行刊物抛砖引玉之必要。于是分任撰编，冀其成册，名曰《河南大学文学院学术丛刊》。"

王广庆在发刊词中用曾国藩"不耻生事之艰，而耻无术以济天下"的警句来鼓励全校师生，他响亮地提出：从事教学科研"宁异于前线之冲锋陷阵乎"？集中反映了河大人对于坚持抗战、维护中原文化勇于担当的崇高精神。

第一卷《学术丛刊》中刊登了15篇文章。其中有嵇文甫的《河南精神》和《陆象山的"实学"》，熊伯履的《五五宪草之认识与展望》，刘海蓬的《教育行为》，朱芳圃的《殷契卜辞考》，陈仲凡的《发展观的脑作用学序论》，王广庆的《洛阳访古记》，张邃青的《伏牛山中之蛮族》《嵩山专著书目考》，杨震华的《今后之行为心理学》，任访秋的《隐逸诗人王绩》《二南真是楚风吗》，郭翠轩的《淮南子注本考略》，刘一的《唐代商业资本之发展》，丁轸宇的《股份有限公司创立时股本科目会计上处理之方法》。

河南大学文学院《学术丛刊》发表了13位教师的15篇文章，这些具有真知灼见的文章促进了学术活动的蓬勃开展

嵇文甫在《河南精神》中盛赞中华民族是一个伟大的民族，有着深厚博大的文化根基，她包罗万象，每一个省份都有一种特殊的精神。嵇文甫在介绍了四川、河北两省的精神后，自问何谓河南精神？他说，河南地处中原，古称中州，为中华文化的中心地带，五千年前的仰韶文化，三千年前的殷墟文化，都开创了一个崭新的时代。近千年来，河南多为帝都所在，群雄逐鹿，人文荟萃，只是自北宋灭亡以后中国的政治文化中心渐渐南移，河南被封锁于内地，其地位才一落千丈。但无论时代怎样变化，河南精神从来不曾废灭，嵇文甫说："盖河南之传统精神，以'平正通达'为其特征也。夫'平正通达'

则近乎'中'。惟其'中'也，故当其盛时，文而不弱，武而不暴，正体居位，执道枢，秉天钧，岿然为一世重；及其衰也，则黄茅白苇，弥望皆是，平凡庸阘而无所建明。"嵇文甫将河南人精神归纳为"平正通达"，宠辱不惊。抗战以来"时移事易"，河南父老又"奋鹰扬之威"，屏卫西北之门户，勇当抗战之前卫，"以与敌人争一旦之命"。只要有这种文不弱，武不暴，胜不骄，败不馁，"不以物喜，不以己悲"的"平正通达"精神存在，嵇文甫断定："河南在全国人民心目中将日渐恢复其重要性。"嵇文甫对河南的未来充满信心："倘异日者，黄河治，长淮导，农林兴，矿山开，合作盛行，公路密布，平汉陇海，纵横贯通，国际路线，别辟道途，开西北之宝藏，拓东南之财货，则抗战胜利后之河南，岂不俨然成一新兴大都会哉？"1939年秋，此文发表在《河南民国日报》上，这次又载入《学术丛刊》，嵇氏的文章如洪钟大吕，振聋发聩，令人豪气冲天，勇气顿生，激励着河南人努力抗战，创造河南光明的未来。迄如今，嵇文甫文章中的美好憧憬不都变成现实了吗！

除了动员师生搞好科研，河南大学还遵照部令成立了社会教育推行委员会，积极推进社教活动。通过社教活动的开展，不仅让当地居民受到了各种教育，提高了民众的文化水平，同时也有利于河大开展社会调查，推广科研成果，为培养锻炼

学校每个月都要统计各院系社会教育推行活动的开展情况，图为1940年8月通俗讲演宣传队工作简报表

科研能力提供了机会。

镇平时期，河南大学举办了1938年暑期补习学校、民众学校和民众救护、训练班。补习学校有高中部1个班、初中部1个班、小学部2个班，招收224名学生。民众学校分成年、青年、妇女、儿童等个8班，招收309名学生。民众救护训练班共6个班，招收110名学生。另有通俗讲演团于每晚7时在县政府大门前集众讲演；战时民众常识巡回宣传队每天到镇平县周边乡村演讲；壁报组编辑简报，绘制漫画，张贴时事通报。在镇平虽然时间短，但社教工作成效较为显著。

学校迁到潭头以后，于1939年9月制定了《河南大学社会教育推行委员会办事细则（草案）》。王广庆兼任社会教育推行委员会主席，教务长、训导长刘海蓬兼任副主席，总务长赵振洲、理学院院长孙祥正、农学院院长郝象吾、医学院院长阎彝铭、文学院教授严彝吉、理学院教授傅茂萱、农学院教授王鸣岐、秘书杜新吾、生活指导组主任徐正斋、训导员王世廉、训导员苗仁侃任委员。委员会下设总务、推行、编辑、研究、宣传五部，聘任义务助理干事处理会务。社会教育推行委员会主要负责制订社教计划，组织督办教职工学生参加社教活动，研究

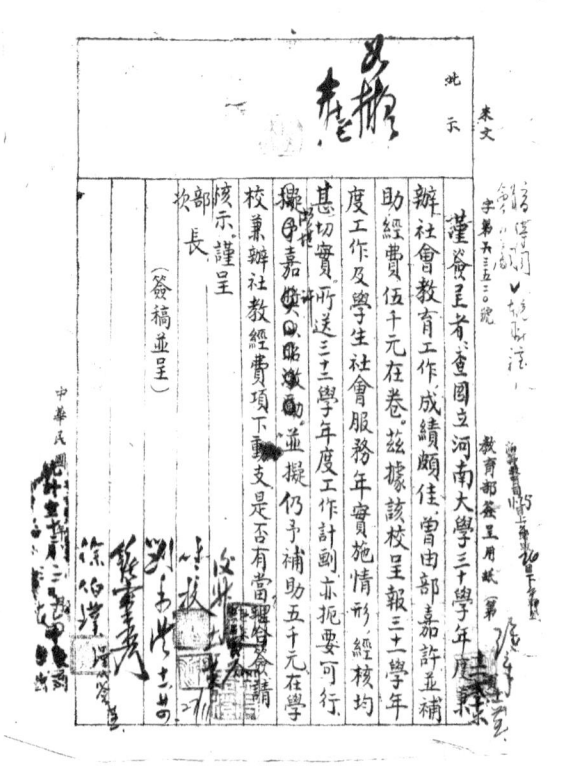

教育部发文表彰"国立河南大学三十学年度兼办社会教育工作成绩颇佳，曾由部嘉许并补助经费五千元"，"三十一年学年实施情况均甚切实，三十二年学年工作计划扼要可行，仍予补助五千元"

社教实际问题，办理社教所需的学识、技能训练。

在接下来的五年里，河南大学为贯彻教育部"社会教育，以增进全民之知识道德与健康，以提高国家文化水准，使全体民众具备公民常识及民族意识，明了本国现状与世界大势，成为新时代所需要的良好公民，俾新兴事业易于推行，国家政策易于实现"的精神，在嵩县和潭头广泛开展社教活动。

河大划定潭头寨内为推行社教中心区，学生居住的各村为分区，每学期都要举办两期民众学校。文学院学生负责编辑民众识字课本和民众读物，理学院以电影传播科学知识，农学院学生负责农业推广合作事业，医学院负责战地救护、公共卫生的指导。暑假期间，河大举办了补习学校，计有高中部1个班、初中部2个班、小学部2个班，民众学校3处共8个班，民众救护训练班1个。此外学校还组织了通俗讲演队、战时民众常识宣传队各1个，成立壁报组4个。

社教活动的广泛进行，在一定程度上推进了嵩县各级教育的大发展。在嵩县县城有嵩英中学、县立师范、省立第一小学、女子中学、德亭一中，城南寺庄有战区中学；县周乡村有蛮峪、大乐、旧县中心小学；潭头寨有中心小学、伟志小学、七七中学，其他各乡也皆有小学。到了1943年，潭头青壮年中75%以上的人识字摘掉文盲帽子，初中儿童入学率达80%以上，小学基本普及，中学也得以长足发展，应该说河南大学创造了抗战时期山区教育的奇迹，改变了伏牛山区教育的落后面貌，嵩县潭头成为豫西文化水准最高的地区，原来连一个小学生都很难找到的地方，成了豫西的"人才仓库"和"文化发动机关"。

潭头百姓说："河大在潭头时间不长，却给潭头造福不少啊！"党村夜校学员党全永说："我现在能看《三国演义》古典书，能做生意算账，就是那时在夜校班的受益。"

第六章　匹夫有责

在河南大学抗战流亡办学过程中，关于抗日救亡理论的探索、宣传与抗日救亡活动始终以不同的形式进行着。

学校初到镇平时立即成立了话剧团、歌咏队、演讲团、壁报组，创办了《冲锋》旬刊等刊物，宣传抗日救国道理，报道时政要闻，激励民气。继而帮助镇平县组织学生联合会，创建农民夜校、妇女文化补习班、暑假补习班、民众救护班，传播抗战大义，普及战斗常识和护救防毒等技能。通俗演讲团每晚7时都在县政府大门口由教

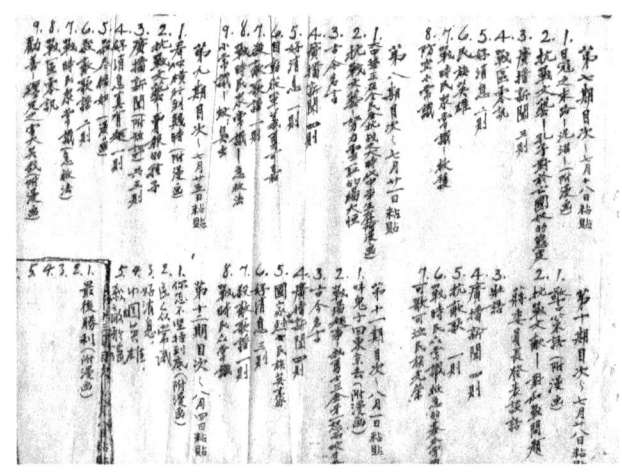

此图为1939年河南大学学生主办的第七至十二期壁报目录，从中可以看出抗日救亡是其宣传的主要内容

授、学生进行演讲，战时民众常识巡回宣传队分赴四乡宣传演讲，民众壁报组编辑剪报，绘制漫画，张贴通报，宣传抗日，效果显著。

1938年5月，教育部倡导大学要办社会教育，河大也将此任务列入学年计划中，积极推进社教工作，使之融入师生的日常生活。训导处在业余时间，指导学生从事文化抗战，开展兵役宣传，慰问抗战军人家属。

体育组引导学生积极开展体育运动，增强体质，军事教官在假日率学生作野外旅行，进行射击训练，以强壮身体，练习抗日作战技能。

1938年6月开封沦陷后，洛阳就成了河南军事、政治、文化的中心，中共河南省委机关也搬到洛阳，中共六届六中全会以后，刘少奇代表中共中央到河南省将豫西特委改组为豫西省委，郭晓棠担任省委宣传部部长。1940年10月，郭晓棠受中共河南省委委派到河南大学开展上层知识分子的统战工作，并为河南省委设立秘密电台寻觅台址，以便能随时与中央保持通讯联络。

他先到嵩县，又经一天跋涉来到潭头，找到教育系学生张传芳，了解河南大学中共党员和学校有关情况。

当时河大仅有张传芳、郜文滨和徐明维等三五名党员。

郭晓棠(1910～1969)，原名郭全和，河南沁阳县人。1927年入河南中山大学学习，1931年9月担任河南大学反日救国委员会主席，1932年4月加入中国共产党。抗日战争时期曾任中共河南省委常委、宣传部长、统战部长，代理省委书记。1950年任河南大学文教学院副院长兼政治系主任，1953年任河南师范学院党组书记

郭晓棠的到来，使河南大学的地下党员找到了组织，明确了党在国统区开展工作的方针和任务，重新建立了因迁校而中止了活动的党支部，张传芳任党支部书记。他们分析了河大师生的思想状况，认为爱国进步力量还是占主流的，学生团体中的积极分子是可以团结和争取的骨干力量。他们一方面恢复刘世明等党员的组织关系，一方面积极发展新党员，文史学系学生郭海长就于此时经过郭晓棠介绍加入了中国共产党。

暑假过后，胡汝涛考入河南大学文学院。胡汝涛于七七事变后投奔延安，在陕北公学学习结业后又升入高级研究班学习，并任二队副队长。在这段时间，他系统地学习了毛泽东的《矛盾论》《实践论》，听了博古等人讲授的联共（布）党史、社会发展史、中国革命

张传芳为文学院教育学系学生，1940~1943年任中共河南大学党支部书记

问题以及政治经济学、统一战线等课程，大大提高了马列主义水平。1939年春他奔赴晋东南八路军前线总司令部和鄂豫边区工作。

胡汝涛的到来，使中共河南大学党支部增添了新的战斗力，到1941年3月底，河大党支部已有13名党员。

党支部积极主动地和进步教师保持密切联系，共同商讨抗日大计，探索救亡理论，把革命活动和学术活动紧密结合起来，收到了很好的效果。

从1939年秋到1940年年底，基于全民统一抗日战线的建立，国共两党实现第二次合作，因此这一阶段河南大学的学术环境是相对自由和宽松的，课堂上既可以宣传三民主义，用唯心主义观点分析国际国内形势，也可以公开宣讲马克思主义的哲学、政治经济学观点，当然也有不问政治、追求纯学术的讲台。

嵇文甫在河南知识界有很高威望，成为河南大学进步力量重要的精神支柱。在抗战阶段的教学和研究中，他特别把能否表现民族高贵气节与品质作为评价历史人物的重要标准之一。例如，在讲文天祥的《正气歌》时，他采用对比的方法，热情讴歌文天祥身上所表现出的中国人民坚毅忠贞的崇高品格与情操，并将刘豫等人在大敌当前丧失人格和民族尊严甘愿受降的行为一一列出，通过对比，使文天祥的民族气节更加彰显，令青年学子更加敬佩民族英雄，痛恨卖国求荣行径。

嵇文甫通过学术报告和专题演讲，从学术问题着手阐述革命道理和爱国抗日思想。在1940年鲁迅逝世四周年纪念大会上，他作了《一个对比和中国的高尔基》的报告，以满腔热情赞扬"鲁迅是中国的旗子，是中国的高尔基"。他通过鲁迅和章太炎同到北大讲演，一方会场挤满了热心倾听的青年学子，另一方则是冷冷清清仅有几个穿着长袍马褂的老学究的强烈对比，阐明了新生事物的强大生命力和感召力以及旧思想的必然没落。这一时期，他还作了不少报告，如《学术中国化问题》《文学的民族形式问题》《清代学术发展的三个阶段》以及有关宋明理学研究等等。在这些报告中他运用历史唯物主义和辩证法进行分析，吸取前人学术中爱国忠贞的高尚情操，摈弃其中存在的屈膝投降卖国求荣的糟粕，结合抗战形势，引导学生将学术研究与挽救民族危亡结合起来。

对学生思想影响较大的还有关梦觉。他在东北大学毕业后就一直从事国际经济问题研究，发表了《东北对日本侵略者的牵制力》《日寇榨取东北经济的新阶段》《日趋严重的日本财经危机》《欧战对日经济的影响》《当前德国经济危机》等文章，翻译了苏联经济学家瓦尔加的《两个制度》一书。他在重庆主持《时与潮》杂志社工作期间，受到国民党顽固派的仇视，在他准备离开重庆到河南避难时，受到中共驻重庆办事处叶剑英的接见。叶肯定了他以前所做的工作，鼓励他继续革命。来到潭头以后，关梦觉以其长期从事经济学研究的深厚学术功底、年轻学者所具有的朝气蓬勃精神和坚定的爱国主义激情，

关梦觉1946年在东北解放区担任东北行政委员会社会调查所副所长、嫩江省教育厅厅长、沈阳民盟东北总支部秘书长、东北人民政府监察委员。后在东北人民大学（后改为吉林大学）任经济系教授、系主任，并担任民盟吉林省委副主任委员、全国政协常委、吉林省经济研究所所长等职

马上受到青年学生的爱戴，他讲授的政治经济学和中国经济问题成为学生竞相聆听的课程，他应邀作的一些大型学术报告，也受到学生欢迎。关梦觉在一次学术报告中以"欧战与远东"为题，分析第二次世界大战的国际形势以及参战各国的不同状况，指出貌似强大的希特勒

虽然气势汹汹，其实他是在火山上跳舞，不久将为火焰所吞没，葬身于人民战争的汪洋大海之中。同学听后，视野开阔了，战胜日本法西斯的信心增强了。年仅30岁的关梦觉此时已被尊称为"老教师"了。

王毅斋不仅在经济学方面有很高造诣，而且有着强烈的爱国主义精神，他担任经济学系主任之后，捐资购买千余册图书，其中有《反杜林论》《国家与革命》《帝国主义论》等马列经典著作，还有艾思奇的《大众哲学》、沈志远的《政治经济学》与《思想方法论》、李嘉图的《政治经济学与赋税学的原理》等进步书籍。在教学中他公开讲授《大众哲学》，鼓励学生阅读《资本论》，学会运用马克思主义的理论分析问题。在教学中，王毅斋不仅积极传播马克思主义，而且强烈批判国民党"攘外必先安内"的政策，号召同学们继承孙中山的"唤起民众，共同奋斗"，实现"耕者有其田"的遗训，遵循三大政策，共同与反共、卖国行径做斗争。在一次应学生社会科学研究会的邀请作时事演讲时，他直言不讳地对国民党的腐败无能和祸国殃民政策进行猛烈抨击，并且指名道姓斥责混在听众中的国民党特务："就说是王毅斋讲的，随便你们去报告吧！"

王毅斋(1896～1972)，曾用名子豫，河南杞县人。1928获德国经济学博士学位，1930年被聘为河南大学经济学系教授，同时在杞县创办了被称为"红色堡垒"的大同学校，1935年暑假因"思想左倾"被解聘。1940年再回河大任教授兼经济学系主任。1948年投奔中原解放区，担任中原大学筹备委员会副主任。新中国成立后，历任河南省副省长、省政协副主席、全国人民代表大会代表、省民盟主任委员等职

经济系的丁轸宇副教授在课堂上热情宣传马克思主义经济学观点。他1936年毕业于英国伦敦大学经济学院，获硕士学位。他专业功底扎实，即便在没有教材和讲义的情况下，他也能如数家珍地向学生讲个滔滔不绝。河大改为国立后，丁轸宇晋升为教授，继续开设政治经济学、西欧哲学概论等课程，积极参与学校的各种抗日救亡活动，

深受学生爱戴。

医学院代理院长鲁章甫、教育系主任陈仲凡、教育系副教授胡守棻等，都利用各种场合和形式，通过自己的专业特长宣传抗日救亡活动。

丁轸宇（1910~1996），河南邓州人，1936年毕业于河南大学经济学系，同年赴英、德留学，1939年毕业于伦敦大学经济科学院工业管理系，1941年回国被聘为河南大学教授。新中国成立后任中共中央中南局财经委员会顾问，河南省第五、六届政协副主席，第七届全国政协常委，河南大学校友总会名誉会长

1932年，获得美国理论化学博士学位的李俊甫回到母校河南大学，不久即任化学系主任。他积极参加抗日救亡运动，掩护中共地下党员，保释被捕学生，资助受害人家属，参加反帝大同盟工作，响应宋庆龄提出的"民族武装自卫委员会对日作战六条纲领"，在全校教授中率先掀起签名运动，以示声援。他在北平任教时，就参加了中共领导的马克思主义学习小组，把留学8年的2000美元积蓄捐给组织作活动经费。在河南大学期间他又秘密捐赠1000大洋，给时任中共洛宁县委书记的河大同学

李俊甫(1903~1981)，字相杰。1948年6月，参加中原大学的创办。1949年2月任北平军管会科学文化接收委员会科技处处长，后任北京师范大学校务委员、教授。同年9月第3次回到母校执教，任河南大学理工学院院长、化学系主任、教授，后任新乡师范学院院长，河南省科学院副院长、省科协副主席、省民盟副主任委员、中国化学学会理事等职。还曾当选为第三届全国人民代表大会代表，河南省第五届人民代表大会常务委员

曲乃生购买枪支，帮助他建立豫西抗日根据地。

潭头时期，化学系在他的领导下抗日救国热情空前高涨，据《薪火集——河南大学学人传》载："他和中共河大地下党支部的联系更加紧密，常年坚持把月薪的一半按时缴给党组织，供党支部开展活动。"在纪念鲁迅逝世四周年大会上，他与嵇文甫、王毅斋等教授一

起发表演讲,痛斥国民党顽固派的反共媚日政策,号召师生要以鲁迅为榜样,同顽固派的倒行逆施进行坚决斗争,抗战到底。

邢润雨是经济系教授,他曾为学生以"法西斯蒂"为题进行演讲。他系统分析产生法西斯主义的社会、思想根源,揭示出日本帝国主义的侵略本性和必然灭亡的历史趋势。他在货币银行课程中,经常介绍无产阶级革命领袖的有关论述,有时就是直接引用马列主义的经典原著。1941年10月是鲁迅逝世五周年纪念日,他在上神庙教室讲"从潭头到潭头",打从潭头的现实说起,继而放眼全球,最后又落脚潭头,一放一收,涵盖了国际国内反法西斯战局和学校现实,大家都在关注国家的命运和抗战前途,同学们听得聚精会神,他越讲越有劲,一下讲了三个多小时。

郭海长在中学读书时就是一名爱国学生运动的积极分子,1936年加入中华民族解放先锋队,次年加入共产主义青年团,具有很强的组织能力。这一时期,郭海长在潭头西大街的住处成了进步学生的活动中心,不仅有新生常去,就连高年级的学生如刘维诚、张尹人、王璈、姚金镒等人也常聚在这里。针对河大图书馆缺少抗战新书的情况,他号召大家把自己手头现有的和能从朋友那里借到的图书放在自己住处。在张传芳的组织下,很快就集中了一批图书,如列宁的《国家与革命》、毛泽东的《改造我们的学习》、翦伯赞的《历史哲学教程》、马哲民的《精神科学概论》、张仲实的《辩证法教程》等,还有《群众》《理论与现实》杂志及《新华日

郭海长(1916~1993),河南新乡人。1939年入河南大学文史学系学习,1940年加入中国共产党。1942年转到复旦大学历史系至毕业,1945年,他担任《中国时报》社社长和中共冀鲁豫军区政治部城市工作部联络员,1948年组织母校教职工学生投奔中原解放区,担任中原大学政治经济学教授,1949年3月任开封市教育局局长,接河南大学从苏州返回开封。新中国成立后,历任中共河南省委统战部处长、河南省民革主委、民革中央委员、河南省政协常委、全国政协委员

报》等。郭海长的住处成了除学校图书馆、各院分馆之外的第三处"图书馆",在这里大家读书,谈论时政,欣赏鲁迅提倡的木刻。

为了进一步扩大影响,河南大学社会科学研究会团结了一批进步学生和虽不关心政治而爱读书的同学有计划地读书和研究,组织学术报告和时事报告。郭海长是这个组织的实际负责人,他利用父亲郭仲隗是辛亥革命元老,此时担任国民参政员的便利,为该会提供活动经费。

1939年寒假里,郭海长、刘鹏荪与姚金鑑、张永浚、刘维城、王璈等酝酿筹备慰劳团,计划在1940年暑假到战区慰问抗日军队,如有可能的话就渡过黄河投奔解放区。在学校登记备案时不许郭、刘二人参加。此后的准备工作就紧锣密鼓地进行起来,由张承浚、刘维城、王璈负责召集,刁海燕、梁建堂带领大家练唱歌曲、排演戏剧,刘鹏荪、张传芳、曾本杜、王秀塘、刘剑峰、李炎、朱嘉树等20余人参加排练。一时间《义勇军进行曲》《我们在太行山上》《救亡进行曲》《中华民族不会亡》《大刀进行曲》《打回老家去》《牺牲已到最后关头》等歌曲响彻潭头上空。

医学院学生在嵩县组织了京剧社,由武濂波主持,聘请专家、票友指导,其道具、表演、伴奏均属上乘。话剧班子有朱秀玉、萧协五、丁宝泉、张效房等组成,演出了曹禺的《雷雨》《日出》《原野》和许多宣传抗日救亡的剧目。

为了维护学生的抗日爱国热情,学校拨了一些经费对于学生社团予以资助。

暑假中,河大抗日慰劳团到达洛阳,国民党省党部书记张玉麟到学生的住处复旦中学召集学生讲话,第二天学生在洛阳西工的第一战区长官司令部受到卫立煌的接见。河大抗日慰劳团被编入河南省第三慰劳团,国民党省党部害怕学生有"非法和越轨行为",严密监视进步学生的一举一动,河大抗日慰劳团同学准备去解放区的计划未能实现。

1941年初,党的外围组织河大读书会建立,读书会又联络各学院

河南大学学生经常演唱的抗日歌曲

爱好文艺的进步学生成立了中原青年文艺笔会。笔会由段凌辰教授作保,经学校批准,登记会员有25名,1月11日上午正式开会成立,会议选举姚金镒、陈方堃、徐明维、司马钦为笔会委员,创办《青年文艺》(半月刊)。郭海长、张传芳常为《青年文艺》撰稿,连续发表文章宣传我党的抗日主张,揭露顽固派的种种倒行逆施。胡汝涛主办河南大学文艺笔会壁报,该报观点鲜明,形式新颖,战斗力强。

1939年12月5日,胡宗南部队向陕甘宁边区发起进攻,掀起了第一次反共高潮。1941年1月国民党制造了震惊中外的皖南事变,掀起了第二次反共高潮。1943年5月,胡宗南调动几十万军队分九路闪击延安,掀起了第三次反共高潮。其间,河南大学进步师生遭遇了三次大逮捕。

蒋鼎文接替卫立煌任第一战区司令长官,成立了联合特务机关——伏牛山工作团,由国民党河南省党部调统室主任王寿山任团长,河南省三青团调统室主任赵荣昌任副团长。在中共党支部领导下大力开展抗日救亡活动的河南大学自然成了伏牛山工作团的工作重点,他们对学校教授、学生进行严格审查,对各种爱国抗日活动进行限制。自此,中共党组织在河大的处境更加困难了,张传芳、郭海长、胡汝涛

中国国民党直属河南大学区党部印章

决定改变斗争方式。

1941年10月12日，中原青年文艺笔会进行了改组，陈方堃为总干事，姚金镪任总务工作，梁建堂负责研究工作，李定中、徐明维负责刊物编辑，党支部的张传芳等则暗中协助该会开展工作。

早在年初，学校迫于各方压力，就对嵇文甫等进步教授的活动加以种种限制。2月底，迫使嵇文甫辞职，学校办事处门前贴出布告："嵇文甫院长因久病初愈，请假一月，所授各课照常……"

10月26日晚，国民党特务秘密逮捕了嵇文甫。因害怕走漏风声，引起河大师生的公愤，特务将嵇文甫绑在驴背上，星夜兼程押往洛阳，关在洛阳西工一地下室里，后转入洛阳邙山监狱。

第二天，训导长杜新吾在纪念周上向师生报告了嵇文甫被捕的经过。

第三天，学生发动了罢上军训课的活动。学校开设军事课程，是为了使学生学习抗战时期必要的军事知识和掌握一定的军事技能，但此时却变成了对学生进行控制和监视的手段。罢课先从文学院开始，继而扩大到农学院、理学院，所有年级的学生都罢上军训课。军事教官刘宗山要求开除带头罢课的学生，学校只答应给学生记过处分。学生的罢课最终赶走了刘宗山。

不久，化学系主任李俊甫也被秘密逮捕。

河南大学校园里要求释放嵇文甫、李俊甫的呼声一浪高过一浪，教授和学生们通过不同渠道开展营救活动，他们分别给国民政府立法院秘书长、中苏文化协会理事长梁寒操，以及曹靖华、冯玉祥、冯友兰、徐旭生、刘镇华等发电或写信，请求伸手救援。社会各界极为关注，国内一些报纸也相继报道了此事。

文学院教育学系学生姚金镪在日记里写下了当时的心情："严冬的旋风来临，围困着一颗孤苦伶仃的心。黑夜茫茫，伴着星星灯火，歧路上将消尽弱者的呻吟。恐惧像一团低气压，迫使我呼吸不畅，也使我难展胸襟。可是，可是我绝不相信永远是这样的黄昏。要沉静、坚毅、要智慧、敏锐，迅速冲出这寒夜的混沌！"这首名曰《寒夜》

的诗既点明了当时政治气候和广大师生遭遇迫害的苦闷心情,也表达出大家决不屈从压力,并最终冲出黑暗的决心。

国民党也加紧了对学校的控制,在学生中大批发展国民党员和三青团员,校园里政治气氛十分紧张,中共党组织的活动重新转入地下,以隐蔽、分散的形式开展工作,为保证安全,党员之间改为单线联系,常常各自为战。胡汝涛以休学为名,离开学校赴宛西内乡做统战工作。

嵇文甫被关在洛阳监狱里。回首平生,自觉无愧,填词以抒情怀,其中联曰:"寝馈六经三史,瓣香一峰二山"。"一峰"指的是孙夏峰,"二山"指的是王船山、全谢山,这三人都是抗清学者和思想家。嵇文甫以他们为榜样,表达坚持爱国民主进步的决心不变。

在河大师生的营救下,在社会各界名流和社会舆论的压力下,国民党特务当局终于将嵇文甫和李俊甫释放。

嵇文甫被释放当晚住在时任河南省印书局总编辑的于庚虞处。

七七中学剧社也是一支开展抗日宣传的生力军。图为该社欢送毕业剧员的留影

万籁俱寂,嵇独自一人站在室外平台上,凝视黑夜,久久不动。嵇对于庚虞和前来看望的学生,当时在印书局编辑《新儿童》杂志的李蕤说:"不要悲伤,在这样的地区,我们和成千上万的人民群众一样,是戴着脚镣和手铐抗战的。"

1942年3月6日,被关押了4个月之久的嵇文甫就要返回学校了,大家都格外高兴,学生们聚在经济学系资料室商量如何迎接嵇老师,并准备了鞭炮和五颜六色的旗子。

欢迎的人群于下午四点钟便陆续向石门岭出发，可是左等右等不见人来，姚金鑑、梁安民、刘金绪三人领着大家向前走到更远的地方迎接。天已经大黑，十米之外不辨人影，由于山上小路很多，于是大家兵分几路，分头迎接，满山遍野燃起火把，约定举火为号，互相呼应。"嵇老师是否住在旧县了？"正在大家等得心焦的时候，姚金鑑突然发现四五十米之外有人影晃动，刘金绪急忙上前，果然是盼望已久的嵇先生。他一声喊，后边鞭炮齐鸣，大家拥上去和心爱的老师拥抱握手，欢呼声、鞭炮声响彻寂静的山野。霎时间，石门岭也传来了鞭炮声，燃起了篝火，大家簇拥着嵇文甫走过石门岭，来到潭头寨门里的十字路口，校长王广庆、教务长郝象吾、训导长赵新吾和一些教授们都在校办事处门口迎接。回到家中，落座未稳，段凌辰、徐墨耕、马辑五等老师又来嘘长问短，直到夜里10点，室内室外还挤满了师生。见如此场面，嵇文甫感到莫大安慰，他觉得自己多年来的心血没白费，播撒的种子已生根开花，在学生们身上他更看到了光明和希望。嵇文甫朗诵了他的《在狱咏怀》：

感轲何足道，磊落此襟期。
羑里坚贞日，龙场彻悟时。
精金须百炼，健马终一驰。
默数平生事，飘然壮志飞。

学校为庆祝嵇文甫和李俊甫获得自由举行大会，他俩发表抗日到底的演说。

学校的政治环境进一步恶化，国民党特务进一步加强了对学校的控制和对学生的监视。1941年11月21日，学校办事处门口贴出布告，宣布对王秀瑭等十几名拒不上军训课的学生给予记过处分。12月13日，青年文艺笔会会员司马钦、徐明维被强迫退学，紧接着史衡也被勒令退学，青年文艺笔会负责人受到警告，迫使《青年文艺》停刊。至此，青年文艺笔会的公开活动停顿，进步青年转入分散活动。1942

年7月底,张传芳、李炎、黄英子被勒令退学。9月9日,生活指导组对梁建堂、崔晋平、黄轩初、崔玉华、刘怀瑾五人进行了谈话,刘鹏荪、刘世明、李岳云、张大昕、李光一被列入黑名单。王毅斋、苏金伞、陈仲凡、陈梓北等教授也受到特务的多次警告,苏金伞居住的潭头西街五号被称为"危险所在"。

1942年9月30日,国民党伏牛山工作团在河南大学实施了第二次大逮捕。

姚金鎰在他的日记中这样记述了他被捕的情况:"这是一个不平凡的秋夜,我正在整理笔记,武柏林脚步轻轻地走到我的桌前说:'来捕人了!'声音有点战栗。一会儿,听到屋外有脚步声。杜新吾在喊丁学固的名字,接着喊我的名

姚金鎰的河南大学毕业证书

字。杜先生走进住室,后边跟着两个穿黑衣的人,手里掂着短枪,问我:'你叫姚金鎰吧?'我答:'是。'"请你收拾行李。"我晓得非起不可了。只好卷走被子,收拾了衣服,取了钱,随着外边押送的警卫往寨内走去。"

在寨墙下的窑洞里,姚金鎰见到了丁学固、陈方堃、刘金绪、于纫荃、李定中、王秀塘,七个人被一根绳绑在一起。不一会儿,张逢澍、张流英、王绚云、王俊卿陆续也被押解过来。

乘着月光,20多名士兵押着11个学生离开潭头,晚上赶到嵩县县城,将他们全押在县政府警队部,后移送县城首三图书馆。同时被捕的还有陈仲凡和陈梓北两位教授。

被抓的11个学生中，大部分为中原青年文艺笔会的成员，伏牛山工作团团长王寿山和学校秘书杜新吾轮番找学生谈话，但也找不出什么借口将他们治罪，只好在七天后将学生们释放回校。

陈仲凡和妻子郭瑞从汝南老乡返回河大途经嵩县，在省立一小借宿，当他们与一小校长郑孟芳也就是教育学系副教授李秉德妻子聊家常时，伏牛山工作团将陈仲凡抓走。

陈仲凡在北京大学上学时参加一二·九运动，作为学生代表到南京请愿后被押解回校遭开除，后到德国柏林大学留学。抗战爆发后回国，在汝南园艺实验场的广场上组织演出《放下你的鞭子》等抗日剧目，慷慨激昂地号召大家有钱出钱，有力出力，抗战到底。

关押期间，王寿山多次找两位教授谈话，要他们交代与中共党组织的关系。"我们不是共产党！"他们很干脆地回答，不承认与共产党和进步人士来往过。当问起他们为什么在课堂上对学生宣传马克思主义时，陈仲凡回答说："因为它是世界上的一种哲学。"特务问："你为什么不批判它！"陈说："我没有批判的能力。"特务又问："你赞成阶级斗争吗？"陈回答："斗争的事实我是承认的，辛亥革命以来都在斗争，但是不是阶级斗争我还怀疑。"王寿山拉拢他们为特务办事，提供河大进步师生情报，被他们拒绝了。

特务们软硬兼施，使出全身解数也找不到突破口，于是让他们写悔过书，陈仲凡这样写道："我以往未做过危害国家人民的事，今后还不做危害国家人民的事，倘若做了，甘愿受最严厉的处分。"

在被关押了半个月之后，两位陈教授终于被释放了。

新中国成立以后，说起那次被捕的原因，陈仲凡说："我不清楚，大概是因为我讲马克思主义。"陈梓北这样告诉作者："大概是当时的表现在他们看来太像共产党了吧。也正是从那时起，我更加看清了国民党卖国投降和反共独裁的本质。"

陈梓北、陈仲凡两位教授一直在河南大学教育系工作，陈梓北在年近80岁时成了一名光荣的中国共产党党员。

这时候胡汝涛在内乡县一中做教师，开展学生工作，伏牛山工作团也在宛西各县大肆逮捕进步学生和教师，胡汝涛被捕，由于特务没有发现他是共产党的确切线索，三天后就被保释了。这时候，河大被捕的师生陆续回校，政治空气稍有缓和，胡汝涛为开展工作，又回学校复学了。

1943年，伏牛山工作团又对河大进步师生实行了第三次大逮捕。这次被捕的学生有刘鹏荪、杨狱云、黄绍斌、刘金绪、张大昕、司马钦、杨培之等十几人，他们被送到伏牛山工作团的叶县"青训班"接受"思想改造"，受尽严刑拷问，最终仍是不了了之而被释放。

苏金伞（1906~1997年）抗战时期发表了数以百计的诗歌，热情讴歌中原儿女反抗侵略的奋斗牺牲精神。1948年参与创办中原大学，任副教授，后被分配到华北大学(今中国人民大学)学习并从事文艺创作。1949年8月当选为中国作家协会会员。新中国诞生后，任河南省文联首届副主席。出版有《无弦琴》《鹁鸪鸟》和《入伍》等诗集

国民党特务疯狂逮捕进步教授与学生的行径让体育主任苏金伞十分气愤。嵇文甫曾是他在省立第一师范上学时的国文教师，1941年春天，嵇文甫邀聘苏金伞来校任教，他对苏金伞的诗作特别是《无弦琴》大加赞赏。苏与李俊甫同住西街五号院，同灶吃饭，朝夕相处，成为无话不说的好朋友。苏对王毅斋敢于发表意见抨击时弊的性格很是佩服。这三位老师对他的世界观形成和诗歌创作都产生了很大影响。在嵇文甫被放回校之后，苏金伞创作《雷》，以表达内心的愤慨。

有终年的沉默，才有破天的轰响；
有辽阔的天的幅员，才有不羁的行踪。
一个个牺牲在热情的呼喊里，
一个个牺牲在袒裸的宣泄里，
但也给人们一个个猝不及防的欢喜，

第六章 匹夫有责

但也给人们一个个胀毛膨体的感奋。
雷不信：世界上会有卑微的私语，
会有在肚子里发霉的密谋；
所以不管跟谁说话，
都是披肝沥胆的倾吐。

苏金伞盼望自己也能像雷一样地炸响。

只巴着/有一天/霹雷在屋顶上打滚/闪电/刺得夜晚睁不开眼/而自己化一条火蛇/飞出户外/和雷电一同呼吸/一同咆哮。

这一时期苏金伞的诗歌创作进入旺盛期，创作了不少抨击黑暗，向往光明，鼓吹抗战的诗歌在重庆、昆明等地的文学刊物上发表，许多热爱诗歌的学生，如李炎、栾星、张结等常找他谈诗论词，求改诗作。

1940年，

1931年5月21日河南大学校刊公布了《本校征集校歌办法》《审查徽章图案报告》

抗战进入最艰苦困难时期，河大师生的思想状况较为复杂，虽然学校竭尽全力争取做好生活等各个方面的安置，但不时传来敌我双方拉锯似的战况使大家看不到胜利的曙光，难免滋生一些不良情绪，一部分教师和同学抱着混日子的念头，懒于读书学习，整天吃喝唱戏，混沌度日，为了凝聚师生思想，鼓舞抗战斗志，弘扬河大光荣传统和学术精神，坚持办学，迎接抗战的最后胜利，学校决定创作《河南大学校歌》。

河南大学校歌、校训、校风是构成河南大学精神的重要元素，这是一笔无形的财富，在教育教学实践活动中发挥着重要作用，它以春风化雨的形式于潜移默化中使每个学子深深打上河南大学的烙印。

诚如梁启超所说"欲改造国民之品质，则诗歌音乐为精神教育之一要件"，"今日不从事教育则已，苟从事教育，则唱歌一科，更为学校中万万不可阙者"。唱歌如此重要，那么校歌更是不可或缺，它是时代精神的折射，是一所学校的精神图腾和灵魂家园，它是一种自我弘扬和广告，对外宣示着学校的立校宗旨和传统，将它独特的风貌展示于天下，对内则是自我激励，凝聚人心，鼓舞士气，催人奋进的号角。

早在1931年4月30日的河南大学临时校务会议上，校长李敬斋就要求创作校歌。会议通过了《征求校歌及运动歌案》，推选赵新吾、李廉方、瞿荆章三人拟出具体征求办法。5月21日《本校征集校歌办法》出台，以学校布告的形式广为告知。《办法》规定：

（1）意义须表达出本校特点以及发展希望，能唤起全体师生欢欣鼓舞的精神。（2）字句须文字浅显，意味深长，太俗太雅及歌词冗长皆非所宜。（3）声调须节奏谐和，音韵铿锵，有悠扬不尽之致。（4）用词须含有永久性，例如，本科、预科、五学院、十八系、八百人等不必用于歌词中。（5）当选者赠奖金二十元。（6）应征者请缮清歌词于本年七月三十日以前送秘书处。

征求校歌的同时，学校还制定了《征集运动歌办法》《征集呐喊办法》和《学校徽章办法》。

1935年8月24日，学校召开校务会，到会的各处长、院长、系主任和教授代表二十余人，在刘季洪校长的主持下，讨论了学校重要规程和新学年应开展的工作。在拟定了《河南大学军事管理实施纲要草案》《河南大学学生管理规则草案》《河南大学经济稽核委员会简章草案》《河南大学图书委员会规程草案》等重要规章制度后，重新提出《本校校徽校旗校歌制定案》，会议决定，由学校秘书处制定具体征求办法，提交下次会议研究。

这两次校歌征集活动最终有无结果，目前尚无发现。

创作《河南大学校歌》的任务落在嵇文甫和陈梓北两位教授身上。

此时，嵇文甫在住所小方桌上摊开纸笔，开始构思《河南大学校歌》歌词。

他知道中国最早的大学校歌是南洋公学师范院于1897年创作的院歌——《警醒歌》，该歌共四章，每一章都以"警警警"开头，以"醒醒醒"结束，警和醒共用，催人警醒，激发师生奋斗报国之志。

1919年创作的《南开大学校歌》呼唤"美哉大仁智勇真纯，以铸以陶文质彬彬"的儒家君子形象。

1925年，由刘大白作词，丰子恺作曲的《复旦大学校歌》秉承五四运动精神，提倡科学民主与思想学术自由，是最具风骨的大学校歌，"复旦复旦旦复旦，巍巍学府文章焕，学术独立，思想自由，政罗教网无羁绊"。

1928年，张学良邀请诗人刘半农、音乐家赵元任创作《东北大学校歌》："痛国难之未已，恒怒火之中烧。东夷兮狡诈，北虏兮矫骁；苟捍卫之不力，奚宰割之能逃？惟卧薪尝胆，庶雪耻于一朝。"对祖国命运的担忧和强烈的爱国主义情怀溢于言表。

嵇文甫自30年代初期就到河南大学任教，对河南大学的历史非常熟悉。他在中学时就有了研究先秦诸子和宋明理学的兴趣，打下了深厚的国学功底，在北京大学哲学门学习时更是经历了新文化运动的洗礼，强烈的爱国主义情怀和对日寇的无比愤慨，以及对家乡对河南大学无比的热爱，促使心潮澎湃的他提笔撰写《河南大学校歌》歌词：

"嵩岳苍苍，河水泱泱，中原文化悠且长。"早期校歌爱校、爱乡、爱国主题鲜明，每每在歌曲起首就点明学校所处的具体方位。嵩山、黄河是河南人的骄傲，以此特征入歌，让人有一种亲切感和归属感。巍巍嵩山雄峙华夏大地中心，象征河大人顶天立地的性格；滚滚大河川流不息，孕育着在此繁衍生息的中州儿女，创造出灿烂悠久的华夏古代文明。歌词开篇具有鲜明的地域特色。

"济济多士，风雨一堂，继往开来扬辉光。""济济"有众多、整齐、美好、庄敬的意思。"多士"形容有很多博学大儒、饱学之士以及读书人。《诗·大雅·文王》中有"济济多士，文王以宁"之句。众多的博学大儒和读书之人，风雨同舟，共聚河南大学这座科学的殿堂，继承中原文化的光辉历史，开创黄河文明的灿烂未来。

举目四望，祖国大好河山正在遭受日寇铁蹄的蹂躏，河大师生是有家不能回，有校不能归，整年辗转搬迁于深山密林之中，艰苦办学，吃尽千样苦，受尽万般罪，日寇摧残文化的暴行让嵇文甫满腔怒火，他愤然写道："四郊多垒，国仇难忘。"垒，指营垒，出自《礼记·曲礼上》："四郊多垒，此卿大夫之辱也。"清代钱谦益《南征吟小引》中有："主忧臣辱，以四郊多垒为耻……""多垒"，形容敌人四面逼近，大军压境，形势非常危急。

当时河南大学也正处于四郊多垒的形势之下。豫北、豫东、豫南大部分地区沦入敌手，以新老黄河为界，中日两军展开了长期对峙，潭头距日寇占领区也仅有二三百公里之遥。

日寇全面侵华，先在文化荟萃的北京，继而又在淞沪、长江流域对于高校集中地区进行狂轰滥炸，掠夺焚烧，中国的高等院校受到严重摧残。日寇的战略意图，就是要摧毁中华民族的文化教育事业，从根本上瓦解这个民族的反抗力。

嵇文甫眼前出现了日机轰炸淞沪地区高校，无数珍贵的图书仪器在熊熊的大火中焚毁；出现了南京大屠杀中死难30万无辜市民的惨烈场面；出现了他的母校北京大学20余万册图书被日伪军查封运走，甚至被当废品变卖的场景；他仿佛听到了位于开封的河南大学大礼堂的铁椅被拆掉化为铁水造成罪恶炮弹时的痛苦呻吟。

"国仇难忘"啊！

但是河大人并没有悲观，不会绝望！嵇文甫从河大历尽艰辛而始终弦诵不绝中看到了华夏文明的巨大力量，看到了河大人坚毅刚强、百折不挠的坚强性格。

陈梓北（1905~2001），原名陈梓潼。1926年入北京师范大学教育系，1935年到日本东京帝国大学留学，抗战爆发放弃学位回国，1940年8月到河南大学教育系任教授，曾因"思想左倾"被逮捕。新中国成立后深入系统地研究珠算，1956出版《珠算速成简明教程》一书，是国算研究的拓荒者，80多岁时还为本科生、研究生讲课。获河南省五一劳动奖章

日寇已是强弩之末，中国人民将最终迎来抗战胜利的曙光。

嵇文甫在思考救国救民之道，从当时的国情和政治形势等种种原因考虑，他继续写道："三民是式，四维允张。"

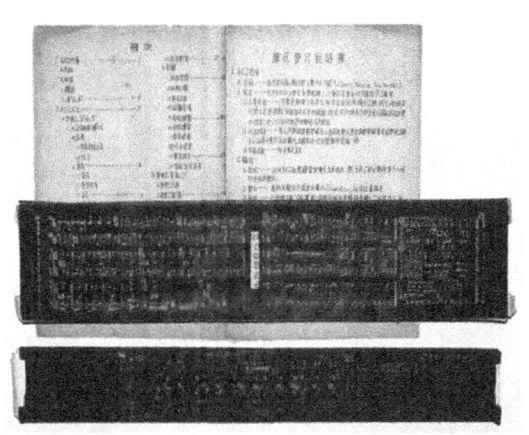

陈梓北发明的"陈氏乐尺"得到教育部的肯定，其成果在全国推广

民族主义、民权主义和民生主义是孙中山所倡导的民主革命的纲领。在完成了"驱逐鞑虏，恢复中华，创立民国"的任务之后，孙中山接受了中国共产党的帮助，确立了联俄、联共，扶助农工的三大政策，把旧三民主义发展为新三民主义。"三民

是式"就是将孙中山提出的新三民主义作为一切行动的法式和规范。

"四维"指礼、义、廉、耻。《管子·牧民》中说："四维不张，国乃灭亡"。明人冯梦龙《东周列国志》第十六回有"礼义廉耻，国之四维。四维不张，国乃灭亡。今日君欲立国之纲纪，必张四维，以使其民"。"四维"的"张"与否，直接关系到国家纲纪的废立与政令的通达，可见"四维"对于民智教化的重要作用。

写完以上歌词，嵇文甫长吁一口气，继而喃喃自语，脱口喊出全歌的结尾："猗欤吾校永无疆！"

歌词一经发表就受到了全校师生的一致赞扬，接下来就是谱曲了。这项任务，非陈梓北莫属。

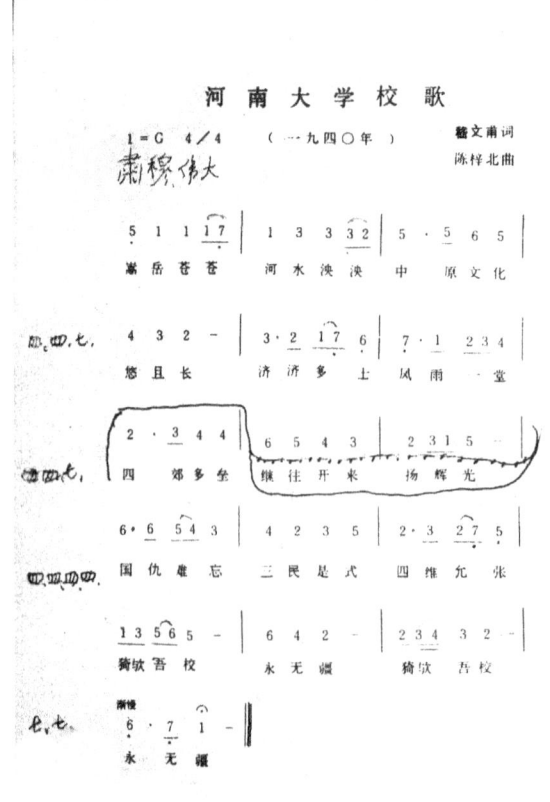

陈梓北对校歌进行修改的手稿

陈梓北1905年出生于山东黄县陈家村，5岁上私塾，13岁时渴望知识的他一边做工一边在教会办的崇实学校读书。因为他要去小学代课而缺了音乐课的成绩，毕业于美国哥伦比亚大学的雷女士坚持要陈梓北重修所缺课程的全部内容，并撂下一句狠话："我们替中国人办学，难道还要我们替你们的孩子作曲吗？"在强烈的民族自尊心和责任感的鞭策下，陈梓北终于修完了音乐课程，从此也喜爱上了作曲。

抗战初期,他毅然中断在日本东京帝国大学的留学生涯,回国投入抗日运动,创作了许多抗战歌曲。到了河南大学以后,他除了教授各科教材教法以外,还在七七中学兼任音乐教师,许多学生至今还记得他教唱的儿歌:"有一只毛驴,站在马棚里,翘着个尾巴,要找它妈去……"

陈梓北除了带着感情非常投入地教学生唱歌外,还教学生简单的作曲法,他曾说过:"进行曲以'1'或'5'结尾,悲伤的曲子以'6'结尾。"为了缩短音乐入门的时间,尽快掌握唱歌和作曲技巧,陈梓北经过了反复实验和改进,终于在1940年发明了"987型陈氏乐尺"。"987"这是他进行实验失败再失败直到成功的次数,其中包含了他多少个不眠之夜和巨大付出。此乐尺是乐理的高度浓缩,用它进行教学可在一周里将一年的乐理课程学完,当年就被教育部认定为全国首创,建议在音乐教学中推广应用。

翻看着陈梓北来校以后创作和编辑的《抗战歌曲选》《纪念鲁迅歌》《活页曲选》,全校师生共同期待的校歌谱曲完毕。

《河南大学校歌》问世了,在全校师生中广为传唱。校歌字句简洁,意蕴深邃,朗朗上口,表现出很强的时代背景、地域特色和文化表征。稍缓的进行速度中,激昂与雄壮、悲壮与庄严的旋律相互交织,响彻潭头上空,在阴霾密布的天空展开了一面坚守"悠且长"的

修改后的《河南大学校歌》

"中原文化"、追求民主与科学的大旗，极大地增强和鼓舞了河大人坚守培养抗战建国人才的阵地以及将抗战进行到底的勇气和信心。

此后的一代代河大人高唱校歌，传承着河南大学精神。一届届校友无论身处何方，只要听到校歌总是激情满怀，热泪盈眶，校歌成为他们与母校甚至故乡、祖国联系的精神纽带。学校举行建校八十周年校庆时，重新创作了校歌，但没有传唱开来。九十年校庆时又恢复了老的校歌，将"三民"改为"民主"，将"四维"改为"科学"。

《河南大学校歌》，河南大学珍贵的教育、文化和精神遗产！

第七章　改为国立

时光进入1941年，抗日战争取得节节胜利。8月，由美国退役将军陈纳德指挥的美国志愿空军正式加入中国武装部队序列。12月8日，太平洋战争爆发，中国对日、德、意宣战，美国、英国、加拿大、澳大利亚、法国等国对日宣战，12月9日，中共中央发表《中国共产党为太平洋战争宣言》："全世界一切国家一切民族划分为举行侵略战争的法西斯阵线与举行解放战争的反法西斯阵线，已经最后地明朗了。"

战局总体上已转向有利于世界反法西斯阵线一边，但河南上空依旧战云密布，伏牛深处的河大人仍在水深火热中艰难支撑。

日伪军加紧对太行、太岳、冀鲁豫等抗日根据地进行大规模扫荡，实行残酷的三光政策，制造无人区，对抗日根据地进行分割封锁，国民党顽固派继续制造摩擦。在河南，日军沿平汉线北犯，连陷正阳、确山、汝南、汝阳、遂平等8城。

1941年9月21日中午发生了我国大部分地区都可以看到的日偏食，月亮的阴影将太阳遮蔽得仅仅剩下一丝金钩。侵华日军惊恐万状，许多人跪地祈祷，有的甚至举枪向天空射击，妄图驱散遮蔽太阳的阴影。河南百姓盛传"日本该灭了"的说法，更有人甚至说，河南半壁沦陷，但洛阳是"落日"之地，日本人避讳，不敢冒犯。河大师生清楚日食只是自然现象，日军进攻洛阳与否需要服从军事战略部署，但流亡中的每一个河大师生学子都盼望那可憎的膏药旗早日落下。

9月底，5万日军从中牟等处渡过黄泛区向西集结，10月1日，日军进犯郑州，好在经过一个月的激烈争夺，中国军队克复郑州，敌人向东溃退。

战局令人揪心，天灾跟踵而至。河南连续发生了旱灾、涝灾和蝗灾，历史罕见。据农学院师生在大王庙村设置的观测站测量，潭头1942年4月至10月总降水量为11.2毫米，而蒸发量则为28.02毫米。老天不雨，炎炎烈日烤晒着龟裂的田地，7月22日下午气温已达42.5度，更将枯萎的禾苗晒得奄奄一息。

豫西南一带多为山区，土地贫瘠，又逢大旱，当年麦收仅及平常年景的二三成，早秋几乎全部旱死，夏秋之交蝗虫肆虐，遮天蔽日，蝗虫所到之处禾苗尽光，晚秋作物因久旱无雨无法播种，1942年全省几乎绝收，民众饿死150万人以上，外出逃荒者多达300万人。有感于蝗害的严重，文学院学生宋景昌作了《中原蝗灾》诗：

部长钧鉴在渝趋谒
崇阶渥聆
清诲不以菲材见弃仍令继续任职抚兹寸心
慼感交并此后惟有努力奋勉以期无负
关垂之盛意兹已于八月二十六日驰返校中沿途
农村状况以川中为优陕次之豫又次之豫省本
年麦收不及三成入秋无雨禾苗尽枯灾情严重
粮价飞涨不已一月之中增至三四倍实堪惊人本
河南大学笺

1942年9月，校长王广庆向教育部报告河南大学及河南大学所处困境

中原久旱出飞蝗，千里平原受祸殃。落似暴风吹大地，起如浓雾蔽骄阳。孳生无数蛹虫害，嚼食须臾禾稼光。饥饿农民皆绝望，官家昼夜逼催粮。

时任省建设厅厅长的张广舆被派往灾区视察灾情，多年后他撰写了《1942年河南大旱灾片断》一文，真实记录了那场空前的灾难。

河南历朝土匪多如牛毛,许多河大学生家也多遭匪患。王国权的家乡在河南嵩山和邙山环抱之间的巩县,在这里"铤而走险之徒,相结成匪,一股股四处游动,绑票抢劫事件经常发生。我的大爷康方正就被绑过一次票……在大匪窝里被扣,押了好几个月,家里人花了不少钱把他赎出来"。文学院学生姚雪垠家居豫南邓县,1924年他在信阳上中学,放假回家途经唐河被李水沫匪部抓去,成了"肉票",在匪巢一百多天,才被解救回家。

豫西伏牛山更是土匪滋生和啸聚之地,许多如今的著名的景区,如白云山、龙峪湾、养子沟、天池山等当年都曾被土匪据为巢穴。张邃青教授考察伏牛山后撰写的《卢氏县教育考察报告——伏牛山考察团西路报告之一》中说:"民国成立后,因军阀混战,政治不能统一,豫西仍为昔日绿林啸聚之处,尤以卢氏、洛宁、嵩县为最著,时为民害,几无宁日。"位于嵩县城西的德亭,就是土匪李永魁的老巢,他于民国初年盘踞于此,守浅山丘陵地区,背倚伏牛,面向平原,进退两宜。抗战期间不少去洛阳进货的商人,总是只见去而不见回,人们在途中的一个沟底发现累累白骨,都是那些商人的遗骸。文学院学生曾戏说:"嵩县是搁在高山上的一个县,所以匪患更厉害。"

潭头以及旧县、大章也是土匪盘踞和出没的地方。河大迁到潭头之后,虽然土匪不敢再公开抢劫,但也时时威胁着百姓和河大的安全。1941年春天,森林系教授孟守真去临汝县探亲,自此失踪,后经查实系土匪将其杀害。为了办学经费的安全,每次到嵩县取款都得派校警护卫,改为国立后,学校又向教育部要求增加校警,配备枪支,以加强警卫力量。1941年双十节,教育部派范锜到河南大学视察工作,嵩县县长怕出意外特派6名携枪警察护送范到潭头,崎岖山路难行,还要不时停下观察路况匪情,他们从清晨出发,110里路走到晚8点才到。

军队对百姓的骚扰也十分厉害,他们经常向地方催粮征款,一些士兵像土匪一样对百姓敲诈勒索。教育学系学生姚金鑑曾在日记里记述了这样一件事:"十三军在登封县境作恶多端,县长不敢说个不字。军队派捐,要各家各户每人拿18元钱,保长催甲长,甲长无法收款,就向保长借枪去劫路,每遇一人便只要18元。百姓简直无活路了。"

"水、旱、蝗、汤",天灾、匪患、兵燹,河南大学举步维艰,全年按半减发的经费和按七成折发的补助费加在一起也才有243000多元。王广庆在给教育部的信中说:"以院系多寡,与经费比例,较其他各大学实属望尘莫及。"经费较之其他高校严重短缺,而物价却翻番上涨,以半数的钱去购置成倍涨价的教学仪器设备,自然捉襟见肘。一些教师听说其他国立大学教师的薪水足额发放或增发生活补助费,不免暗生他就之意。

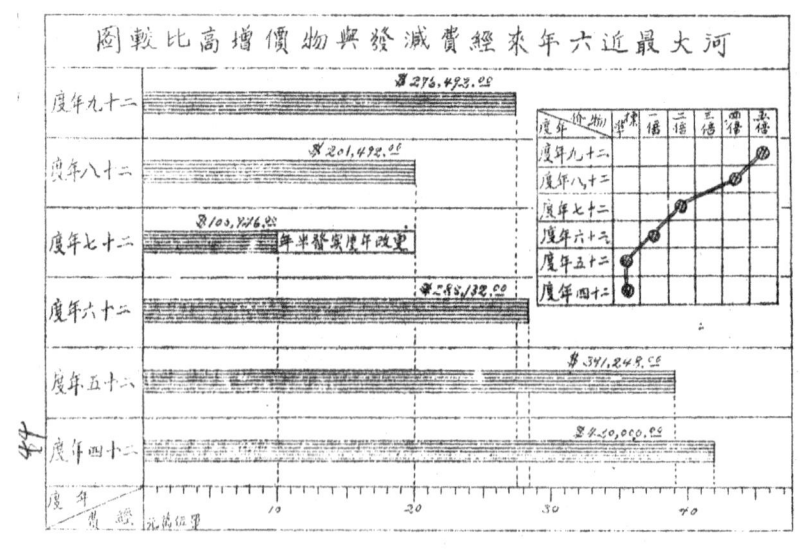

河南大学最近六年来经费减发与物价增高比较图

1940年4月,学校呈请省政府批准成立高级护士学位,增招医学院春季班,因此增加了8万元经费,其中还含给教师的生活补贴。在经过千斟万酌精打细算之后,拿出拨款的96%用以改善教师生活,人总得吃饭穿衣吧,而剩下的4%用于办公开支、购置教学设备。

为使河南大学挺过抗战最为艰苦的阶段,王广庆心中有了申请将河南大学改为国立的打算。

从民国成立到新中国成立以前，高等教育的发展经历了三个阶段。从民国成立到1926年为第一阶段，这一时期，私立大学多于公立。1927年到1937年为第二个阶段，这一时期公、私大学对半。1937年到1949年为第三个阶段，这一时期公立高校的数量已大大超过了私立学校。这种办学格局的转变一方面使国民政府加强了对高校的管理和控制，另一方面解决了因抗战爆发不少学校经费紧缺的困局。

1937年5月，教育部派臧启芳为东北大学校长，引起东大师生的强烈反对，在校560名学生联名发表紧急启事指出："大学组织法第九条，对于省立私立大学并无部派校长之规定。"东北大学被改为国立以后，臧启芳接长东大就变得名正言顺了。

厦门大学因是私立学校筹募资金发生困难，陈嘉庚就派该校校长林文庆到南京，要求政府接管厦门大学。7月，厦门大学变为国立。

东大、厦大开了私立大学改为国立的先河，此后一些省立大学也相继改为国立。

1937年，湖南大学发起了"国立运动"，7月7日，

四川省立重庆大学国立促进会宣言

国民政府发布第1497号令将湖南大学改为国立。湖南大学仅有文学院、理学院、工学院三个学院，而该校的经费1939年为432000元，1940年为864509元，1941年为972173元，1942年则为2859412元。这么充裕的经费让王广庆觉得湖南大学的校长好当多了。

1939年春，广西大学效仿湖南大学等高校做法发起了"国立运动"，成立了广西大学国立运动促进会，教师和学生举行集会，发出呼吁，邀请省内贤达人士助阵游说，4~6月间多次到广西省府请愿，并向国民政府提交正式申请。1939年8月，行政院批准广西大学改为国立，设文法学院、理工学院、农学院三个学院。

同期，省立云南大学和省立四川大学也相继改为国立。

抗战之前，河南大学在中原一带办得有声有色，此间也多有动议，提出过把河南大学变为国立的设想，但由于种种原因未能实现。迁到潭头以后，河南大学遇到了一个难得的机遇，那就是国民参政会华北慰劳视察团到河南大学视察。

国民参政会成立于1938年，是抗日战争时期国民政府成立的由各党派组成的参政议政咨询机关。1939年9月国民参政会一届四次大会决定成立由国民参政员组成的华北慰劳视察团，其任务是了解国共在华北各地区冲突真相。1940年元月，以李元鼎为团长，郑飞黄为副团长，梁实秋、卢前、于明洲、余家菊为团员的华北慰劳视察团正式组建，干事余策源、王有家、张微星，书记于辰羽，工友胡子云、戴汝成等12人担任该团工作人员。

1月30日慰劳视察团从重庆出发，经成都前往西安，2月22日到达洛阳。2月24日，慰劳团长李元鼎"接见了河南大学校长王广庆"，2月27日，李元鼎和余家菊"访问河大王校长"。王广庆向慰劳视察团汇报了河南大学迁到嵩县潭头以后各项筹备情况、办学经费、教职员及待遇、各院系学生、战区学生贷金、图书仪器建设和社会教育等内容。河大人在极其艰苦的条件下坚持办学的精神打动了慰劳视察团全体成员，余家菊曾于1938年前后担任河南大学文学院教育学系教授兼主任，他为母校取得的成绩感到骄傲，又为母校面临的艰难处境深感担忧。

3月12日，视察河南工作结束，慰劳视察团经湖北老河口于3月21日返回重庆，"此次行程，将近万里，经过省份，川陕豫鄂凡四省"。慰劳团将《国民参政会华北慰劳视察团报告书》呈交国民参政会，该报告书由11部分组成：（1）缘起，（2）关于华北各地纠纷事件，（3）军民合作情形，（4）河南游击区概况，（5）河南宛属自卫组织概况，（6）敌货走私情形，（7）民政，（8）财政经济，（9）建设，（10）河南大学概况，（11）总结与意见。慰劳视察团专程到河南大学慰劳视察，并将河南大学列专门部分进行汇报，可见河南大学在抗战时期取得了突出成就以及在高等教育中具有的重要地位。

这样一来，河南大学更加坚定了申请改为国立的信心。

1941年3月，王广庆向省政府提交报告，极力申诉学校面临的巨大困难：省府"财力有限，即此一再增费已属勉强支

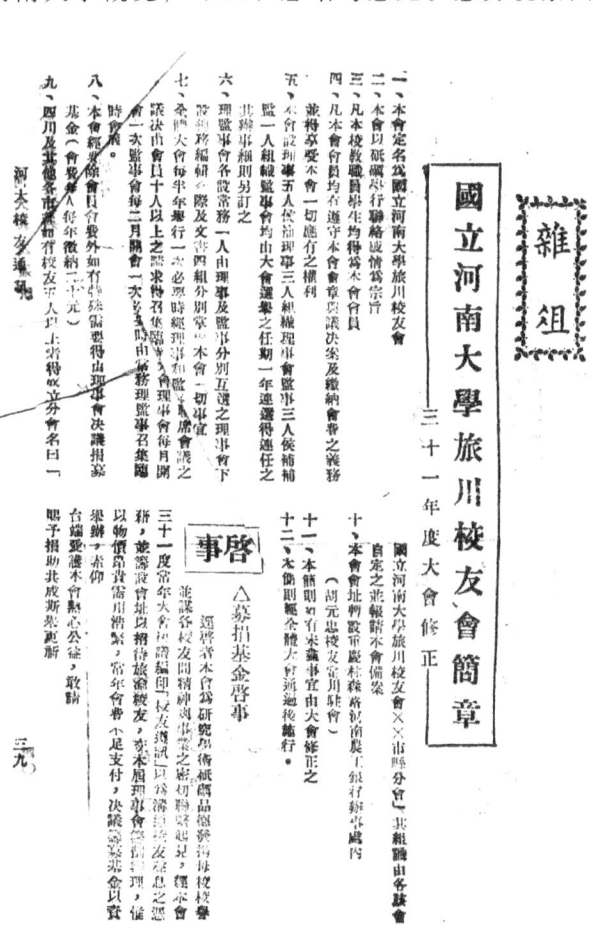

1939年元月成立的河南大学旅川校友会在母校改为国立后对校友会简章进行了修订

持，仍然不能解除物价高涨所引起的一切困难，徘徊四顾，似觉非援照湖南、四川、云南、广西各大学之例，吁请改为国立不足以谋发展也"。①

1941年夏天，在教育部任主任秘书不久就接任社教司司长的刘季洪奉命到豫陕一带视察高校推行社会教育情况。时值盛夏，刘季洪不顾途险天热来到嵩县潭头。当看到分别两年多的老师和同学时他感到格外亲切，自然免不了拉拉家常叙叙旧。他对河大历尽千辛万苦而将图书仪器保护完好感到欣慰，对教师学生静处伏牛甘守清贫而弦歌不绝表示了由衷的赞赏和钦佩。面对师生们要求将河大改为国立的强烈诉求，他表示回部后一定全力反映情况，多方呼吁，争取早日促成母校改为国立，使河南大学有更大的发展。

到台湾以后，刘季洪在回忆录中记下了这件事情：

我到陕豫视察教育，盛暑之下，不顾道路艰阻，特往潭头与河大师生相见，患难重逢，悲喜交集！此时河南正遭受空前大旱灾，饿殍遍地，省府财政十分困难，我回部后立向陈部长报告。

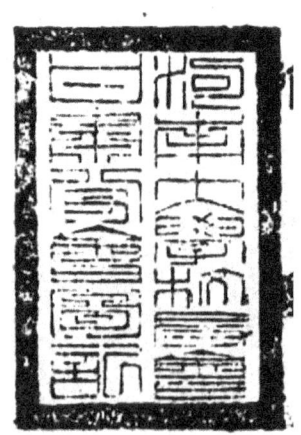

河南大学校友会甘肃分会印模

在河南大学申请国立的巨大声浪中，河南大学各地校友会和众多校友也都发出了自己的强烈呼吁以行声援。

1939年1月17日成立的旅川校友会设在重庆市林森路河南农工银行办事处，在理事会下设总务、编辑、交际和文书四组，校友联谊活动开展得有声有色。1941年12月河南大学旅陕校友会成立，注册校友50人，

---

① 王广庆：《抗战以来之河南大学》，河大旅川校友会编辑组：《河大校友通讯》创刊号，1943年，第8页。

会址设在西安市大东家巷24号,由聂乔崧任主任委员,涂心园等任执委。这两个校友会联络甘肃分会、重庆分会,积极组织校友利用各种渠道向有关方面反映情况争取支持。由于重庆为战时陪都,重庆校友更是多多出谋划策,多方奔走呼吁。旅陕校友会还在当年的工作计划中提出:"联络友谊,并促成河南大学国立案。"

河南省政府把申请河南大学改为国立的正式公文以电报的形式发到教育部,电文称:

> 查高等教育由中央统筹扩充业经八中全会议决在案,浙、滇、蜀、粤各省立大学早已经改为国立,收效甚宏。河南大学现为华北唯一最高学府,不惟本省学生赖以收容,华北各省学生亦多前来就学,维持发展,均属要图。拟请将该校改为国立,由贵部直接管理,以利发展。①

在焦急地等待中时光走得格外慢,终于1942年的和煦春风带来

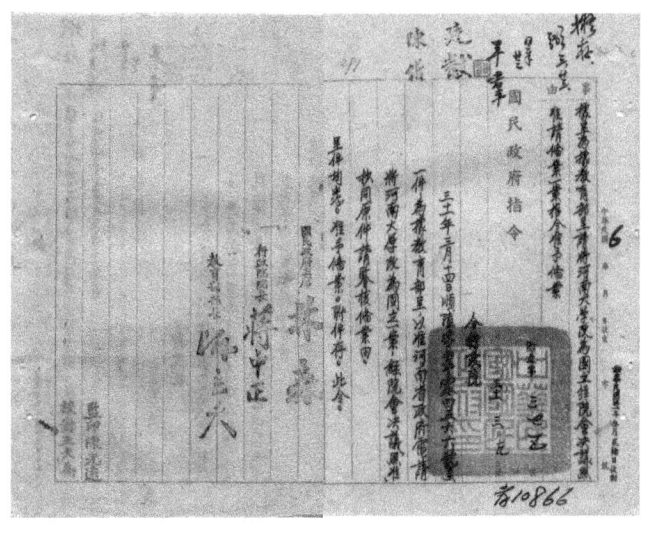

国民政府批准河南大学为国立的指令

---

① 《准豫省府电请将河南大学改为国立呈请核示》,1942年3月7日,二-1-6730,中国第二历史档案馆藏。

了好消息。教育部认为河南大学是华北地区唯一的高校，在培养抗战建国人才上成绩卓著，鉴于从"自三十一年度起，各省预算均改为国家预算，在经费方面已无中央经费与省经费之分别"[①]，河南省不可能再以契税作为河南大学的教育经费了，所以同意把河南大学改为国立，并向行政院提交报告请求批准。

1942年3月10日行政院第554次会议召开。会议安排的议程颇多，关乎国计民生和抗战全局的议案自然放在前边，等到《违警惩罚法修正草案》《战时消费税暂行条例》《茶类统税征收暂行章程草案》《海军抚恤暂行条例》《简易人寿保险法》《节约建国储蓄金条例》讨论议决后，最后终于轮到《河南大学改为国立案》。兼任行政院院长的蒋介石担任会议主席，他在听取了教育部长陈立夫

张钫给陈立夫写信推荐王广庆担任国立河南大学校长

的报告之后，又征询参会各部部长的意见，最终通过了《河南省政府请将河南大学改为国立案》。

1942年3月19日，国民政府发布渝文375号令：

令行政院

---

① 《准豫省府电请将河南大学改为国立呈请核示》，1942年3月7日，二-1-6730，中国第二历史档案馆藏。

三十一年三月十四日顺陆字第四五六六号呈一件，为据教育部呈，以准河南省政府电请将河南大学改为国立一案，经院会议决"照准"，抄同原件，请鉴核备案由。

呈件均悉。准予备案。附件存。此令。

    国民政府主席   林 森

    行政院长 蒋中正

    教育部长 陈立夫

随即，行政院令财政部将河南大学经费列入1942年预算，"年定经费为百万元"。

国民政府及行政院的令刚刚下达，国立河南大学校长由谁来担任便成了人们关注的焦点，有关各方开始紧张游说，极力推荐自己认为合适的人选。

最早给教育部长陈立夫写信的是时任军事参议院副议长的张钫。国民政府发布渝文375号令的当天，张钫就立即给陈立夫写信，他在信中盛赞将河大改为国立之举，进而写道："王校长宏先艰苦支撑已历数载，可否仍令继任，以资驾轻就熟，且老党员为中州文人崇仰，尚祈酌之。"

紧随其后的是国民党河南省党部委员王隐三。王曾任省党部宣传科长、河南民国日报社社长，抗战后任省党部委员、国民参政员。他在给陈立夫的推荐信中说王广庆"当时受命于危难之际，备极艰苦，现已渐可纳入正规，学生亦增加将近千人，本省各界对之甚多好评，尤其该校设施，均能按照吾等同志计划，更为难得。国立校长一职，如能仍由宏先同志蝉联，则必更可发展"。

萧一山(1902～1978)，江苏铜山人。1920年考入北京大学。1935~1938年任河南大学教授兼文学院院长，1938年任东北大学文理学院院长，1944年任西北大学文学院院长，1948年赴台任教。著有《清代通史》分上、中、下三卷，后扩大为五卷，全书410余万字

毋本敏曾在国民政府交通部任职，著有《战地电气交通》一书，在科学技术界享有名气。他于3月20日向陈立夫进言，虽然没有直接点名推荐某某人，但对河大所处地域的重要性予以特别强调："此校现为华北仅存之高级学府，其使命不独在培植人才，适应抗战之需要，而于此后华北政治建设之推动所系尤巨。"他期待教育部在考虑国立河南大学校长人选时，要"于部省两方关系均为顾及"。

当河南省地方人士不断向教育部传递希望王广庆能够继续担任新职的意愿之时，陈立夫也听到了来自其他方面的声音。

4月18日，担任国民党中央组织部长、中英庚款董事长、中统局局长的朱家骅向陈立夫推荐了萧一山。萧一山在河南大学搬迁以后辞职来到了位于四川三台的东北大学任文学院院长，此时已为国民参政员。在河南大学刚刚被国民政府批准为国立而消息还未正式公布之前，陈立夫鉴于多方听取意见的考虑，曾在陕西潼关征询萧愿不愿意出任国立河大校长一职，萧一时难以定夺。待到河大改国立的消息公布之后，萧一山给朱家骅写信，表示"考虑多时，未尝不可一试"。随即，朱家骅给陈立夫去电称："萧兄才望确堪其选，既承征询于前，敢再一言以介。敬希卓裁幸甚。"

不久，西北工学院教授兼矿冶系主任阮殿元、水利系主任刘德润、土木系主任金宝桢、公民训练系主任王凤岗、博物系主任郭毓彬等10余人的推荐信也放在了陈立夫的办公桌上，他们推荐张清涟担任国立河南大学校长。

张清涟是清末著名教育家张嘉谋的儿子，其父曾于1923年担任中州大学董事。张清涟留学美国科罗拉多矿冶学院，攻读冶金专业，1922年获硕士学位。1930年受聘任河南大学理学院教授，1935年去私立焦作工学院，历任秘书长、代理院

张清涟(1896～1979)，河南南阳人。1950年后在东北工学院执教，著有《普通冶金学》《现代炼铁学》《英汉、汉英对检冶金辞典》

长、院长等职，1937年到广西大学任教务长。阮殿元等人在信中称赞"张清涟先生为教育界之先进，为河南省之大儒，品学兼优，资深望重"，"生平事业，成绩昭然，如果重登坛坫，人地相宜，定能风和雨化"。

河南大学改为国立的命令可以暂缓发布，校长人选也可从长计议，但处于万山丛中的河南大学这部机器一刻也不能停止运转。到了5月底，正是青黄不接的时候，河大筹粮一时也成了大问题，但更让人心浮动的不仅是因为填不饱肚子，而是河大前途未卜，改为国立已被批准的消息只是风传，迟迟不见正式批文下达，已近学期期末，教师们不知下个学年度自己还能否被学校聘任，不少人纷纷联络关系在西北几个高校谋取教职。然而，此时最为焦虑的是校长王广庆，河大面临重重困难，国立大学校长人选未定，自己是走是留难以卜算。但处世为人"谦而周，约而礼"，"把持原则，择善固执"的王广庆此时以学校大局为重，坚守校长岗位。5月底他指定郝象吾代行校长职责，自己来到陪都重庆，向教育部反映情况，催促拨款，以救燃眉。

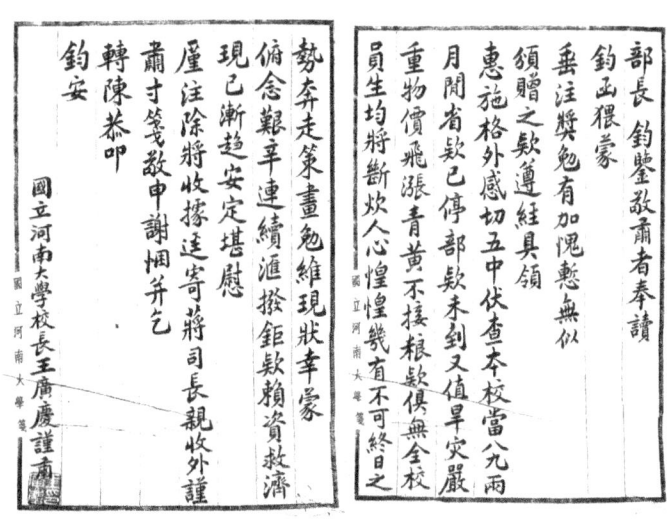

抗战期间，作为河南大学校长的一项重要任务就是催款筹粮

在省立时期，河大经费由省教育款产处先行支付，可先开支再补办手续，有时还能提前预领两个月的经费作为周转金，用来垫发学生

的贷金和采购物资食品。行政院把河南大学改为国立以后，每年经费定为100万元，从7月份起算，这时省府拨款已断，教育部半年的50万元还没下拨，王广庆急匆匆赶到国库署询问，得到的回答是还没有接到拨款的指令。这更使王广庆发愁，眼见7月份就到来了，难道让1000多名师生喝西北风啊！这时学校会计室又发来催款告急电报。王广庆马上赶到教育部，看能否由教育部出面请国库署变通一下，按特殊情况处理：第一，让中央银行洛阳办事处先行垫付河大7、8两个月的经费；第二，在洛阳先行透支15~20万元用于救急，待国拨经费到位后再从中扣除。然而答复是一时难以解决。

6月7日，王广庆再到南京，在下榻的中央饭店305室写下了给教育部次长的信，除了将河大困难一一陈述外，还特别提出："华北前线只此一所大学"，"中央政策上有……救济战区青年之必要"。

6月15日，王广庆再次向教育部提出报告，请求尽快拨款以便购粮建房，并赶在秋季新学期开学之前，将文、理、农三个学院从潭头迁到嵩县县城以西，以便管理，节约教学差旅费和粮食购运开支。

转眼到了7月，教育部多方征询意见，又反复研究，权衡利弊，最后终于确定了国立河南大学校长人选上报行政院批准备案。很快，行政院院长蒋中正签署顺人12906号训令："令教育部，本院第五六四次会议决议：任命王广庆为国立河南大学校长。"教育部通知王广庆立即将审查表及有关证件报送到行政院，以便审批正式任命。

与此同时，教育部的《河南省立河南大学改为国立河南大学办法》做出如下规定：

一、名称：国立河南大学。

二、校址：暂设河南嵩县，抗战结束后，移设开封河南大学原址。

三、院系：暂仍分设下列各院系：

文学院：文史学系、教育学系、经济学系。

理学院：数理学系、化学系、生物学系。

农学院：农学系、森林学系、园艺学系。

医学院：附设高级护士职业学校及高级助产职业学校。

四、经费：全年经费为一百万元，三十一年度自七月份起列支，六个月共五十万元。

五、校产：省立河南大学原有一切校产均移充国立河南大学，校产为国立河南大学所有。

7月25日，行政院批准在河南大学改国立后应得50万元经费未列入国家预算之前，先行垫拨经费20万元以资应急。

河南大学改为国立的正式文件到达潭头时，全校师生欣喜若狂，犹如在苍茫大海上漂泊无定的一艘航船看到了海岸线上明亮的灯塔一般。

中央监察院院长于右任为国立河南大学题写校名。

河大举办多种庆祝活动，各种文艺团体连续公演三天。

改为国立后，河南大学迸发出新的活力，各项事业又上了一个新的台阶。

国立河南大学校徽　　国立河南大学关防　　　国立河南大学学生证

按照教育部各专科以上学校一律实行差额推荐教务长、总务长，由部批准后再由学校聘任的规定，学校推荐郝象吾、张邃青为教务长候选人，赵振洲、赵维汉为总务长候选人。校内各行政、教学机构均依照《大学组织法》进行改组，10月份机构调整完毕，原省立河南大学的校产清点移交工作也顺利结束，省立大学到国立大学的过渡与对

1942年下半年河南大学教员编制125人：文学院设教员27人，其中文史学系13人、教育学系7人、经济学系7人。理学院设教员27人，其中数理学系10人、化学系9人、生物学系8人。农学院设教员26人，其中农学系13人、森林学系8人、园艺学系5人。医学院设教员25人。全校共同必修课设教员20人。全校共有学生1019名。

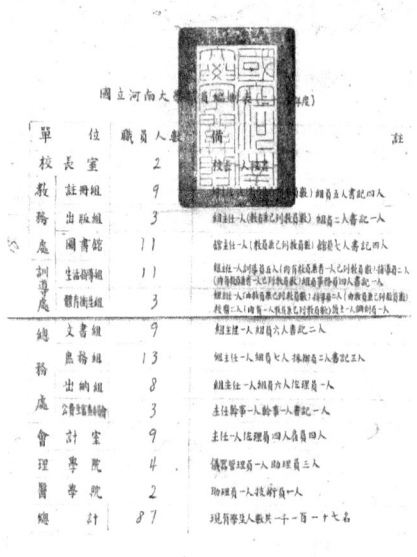

1943年河南大学职员编制表

到了1943年，学校规模扩大，教师人数逐渐增多，该年度共有教师144人，其中文学院34人、理学院32人、农学院30人、医学院28人，全校共同必修课教师仍为20人。职员编制人数共计93人，其中校长室2人，教务处辖下的注册组9人、出版组9人、图书馆11人。训导处辖下的生活指导组11人、体育卫生组3人。总务处辖下的文书组9人、庶务组13人、出纳组8人。除三处之外，另有公共生审查委员会编制3人，会计室编制9人，理学院和医学院设仪器管理员、助理员6人。全校共有学生1117名。

1943年1月中旬，教育部划拨的1942年下半年经费及补助费共计60万元陆续到校。由于经费得到了保障，学校各项事业始能周密计划，蓬勃开展。

对于原来工资比较低的教师根据其学历与教学业绩分别晋升了职称，任访秋也于此时由讲师而成为副教授。根据各院系编制情况，全校又新聘教授12人、讲师6人、助教8人。医学院续聘奥地利犹太族教授万陶珂留院任教。聘请担任中国工业合作协会晋豫区办事处经济研究所所长的关梦觉兼任经济学系副教授，讲授政治经济学和中国经济问题。

添置铅印机，印刷讲义和学术丛刊，购买图书、仪器及试验用品、药品，添设卫生和文体用品。

新建教学用房与宿舍。修筑道路、河堤，植树栽花美化居住环境，潭头及各村面貌大为改观。

改为国立的当年，河南大学参加了西北区六所国立高等院校的联合招生，在洛阳、武昌、西安、武功、兰州、天水等地设置招考分处。

早在预校时林伯襄校长就以"'刚毅宁静'著称，在招生中他严格甄选，从不受权贵之托而降低入学标准"。李敬斋校长在任期间，所有请求招生时予以照顾的来信均不拆阅，通通装入麻袋交与秘书销毁。坚持原则不徇私情的传统一直传续，成为河大优良校风之一。改为国立后，学校派出郝象吾、张邃青等参加联合招生工作，他们严格执行招生条件，不为世故人情或他人托请所动，为学校选取合格新生。

在提高入学新生质量的同时，河大还严把"出口关"，凡在校生未学完必修课程，未达到规定的学分，或有违纪受处分记录等情况者，一律不准毕业。

由于把好了入学关、教学关、考试关和毕业关，再加上稳定的学习环境，教学质量一直较高，不少学生在不同的竞赛活动中取得优异成绩。

教育部为鼓励学生勤勉向学，每年举行一次全国专科以上学校学生学业竞试活动，竞试分国文、英文、数学三科。竞试分初选和复选，初选上的学生报呈教育部举行复选和决选，对优胜学生给予奖励。1940年，河南大学文史系学生刘鹏荪获得全国第一届专科以上学校学生学业竞试决选甲类国文科第10名。1942年，文史系学生郑象乾在全国第三届专科以上学校学生学业竞试决选中获得甲类国文科并列第4名，李定中获得三民主义科并列第1名的好成绩。

1941级文史学系学生宋景昌入学之前曾担任过汝阳县立师范国文教员兼校长，因而更加知道"知识就是力量"的道理。入学后他如饥

1943年7月，文学院学生宋景昌（前排左四）参加全国大学生论文比赛，他的《全国皆兵论》荣膺第一名

似渴地读书，注重写作，一年级时就在"读书会"创办的壁报《文史周刊》上发表《读史小杂感》。二年级时接办《文史周刊》更是习作不断，写了20多篇抒情散文和上百篇旧体诗，其《杨氏女》长诗，被收入《河南大学学术丛刊》。四年级时，他一面撰写毕业论文《嵇康阮籍的比较研究》，一面为纪念三八妇女节编写了《红楼梦》剧本，在潭头公演。寒假中他与同学返乡，夜宿汤营，次日黎明上路，信口拈来七绝一首："茅店鸡鸣路满霜，征衣不耐晓风凉。多情只有山头月，直送行人到大章。"1943年，宋景昌参加全国大学生论文比赛，他的《全国皆兵论》荣膺第一名，学校获得锦旗一面，宋景昌除了有奖状、奖章外，还另有奖金若干。

医学院从河大迁出开封后一直艰难支撑。1942年8月阎仲彝辞去院长职务，鲁斐然代理院长，鲁和宋玉五及夏一图等教授商议后，拟请抗战前就担任院长的张静吾重掌医学院，得到王广庆的大力支持，1943年的春天，学校电邀在贵州安顺军医学校附属医院任院长的张静吾回母校任职。张静吾为母校改为国立而高兴，欣然于12月经由陕西汉中来到嵩县，师生闻讯高兴异常，派学生萧协五等人为代表到嵩县北20里迎接老院长返校。张静吾在总理纪念周上动员大家振奋精神，坚持学习，根据现有条件搞好教学。接下来便整理图书室，申请资金购买最新医学书籍，扩大阅览室，使大家有书可读，有地方读书。他大力提倡声像教学，以直观形式让教学变得有声有色，更易于学生领会消化。他还决定改善附属医院门诊条件，对一些疑难杂症组织有关人员进行会诊研究。医学院面貌很快为之一新。

按照教学计划,文、理、农学院三年级和医学院四年级学生本该在暑假进行实习,但因上报教育部的公文周转和实习经费下拨需一定时日,当10000元实习经费划拨到校时,时令已入寒冬。

1942年12月,由上述年级的学生组成的采集调查研究团分赴伏牛山各地开展实习。实习路线原计划分成三路:西路到卢氏一带,中路到栾川老君山一带,东路到车村龙池曼一带。学生可根据专业或兴趣爱好自主选择线路,每人交膳食费50元。东路由于报名人数太少,其报名者并入中路,故东路车村龙池曼的考察未能进行。

12月4日,文理农三院牛永懋、朱安善、常岐生、王之贤、李太西、吴鹏、崔玉华、鲍耀洲、张如瑚、王保安、刘景仰、金焕斌、刘祥冀、路俔昆、雷永华、邱来意、李铁声、王梅魁、杨绳奇等20名学生参加的中路考察团在傅茂萱、王鸣岐的率领下出发。

当晚他们住在重渡沟,次日抵栾川,在栾川停留三天,二日后去老君山。在10天时间里,他们走过两个县,对重渡、栾川、老君山、陶湾、冷水、狮子庙、秋扒等地的农林矿产、名胜古迹与手工业生产等

王鸣岐、傅茂萱率领学生到伏牛山考察,其《出差工作日记簿》详细记载了每天的行程

情况进行了详细调查,获得了许多宝贵的第一手资料,对一些学术问题有了全新的认识。

在栾川西南五里的蛮子头,他们考察了"伊尹躬耕之地"。该

村东北有一块数十亩的小平原，东靠大山，北临伊河，旁有石碑一座，上刻"耕莘故地"，为清道光年间卢氏县令所立。坊间传说的伊尹出生地有多处，虽然《吕氏春秋》有"伊尹母居伊水上"，"身化空桑，有莘女采桑，得儿空桑中"之说，唐崔融启母后碑也有"豚水之滨，男生破竹，栾川之上母变空桑"的记载，但根据伊尹为汤相，而汤都城在亳州。栾川距亳千里之远，汤不可能远聘千里之外的栾川人为相，据此中路考察团认为距亳不远的河南陈留应该是伊尹躬耕之处。

他们还考察了位于栾川西北八里许的长春观。这曾是卢氏县志记载的清初香火很旺的道观，如今只有两名道人，但倚山面水绝佳的风景和院内一株二三围粗的桂树都在向人们诉说着这里旧有的辉煌。

师生们登上了位于栾川东南10里的老君山。山上有万历二十三年修建、清顺治年间重修的太清观，石壁铁瓦，老子骑青牛铜铸塑像矗立殿前。据说春夏之交，各地香客络绎不绝，香火之旺盛绝不亚于距此不远的武当山。在返校后的调查报告中他们这样称赞老君山："傲眺群山，风致岸然，披草寻蹬，振衣绝顶，下瞰万山环列，或威武雄拔，或温文精秀，殆非以笔墨形容其万一。每值雨过天晴，风烟俱净之时，则可东见龙门，西俯熊耳，北瞻条岳，南望武当。"

西路考察团由张邃青率队，团员有经济学系学生2人、教育学系学生1人、文史学系学生1人，其余5人为化学系学生。他们于12月4日在文学院办公室前会齐出发，雇担夫三人挑着考察必备用品一路前行，用了10天时间，对卢氏

河南大学1943届文史学系毕业同学在潭头合影

县的教育、社会概况、手工业、矿产以及名胜古迹等进行了考察。

他们沿途访问了秋扒中心学校、冷水沟全德小学、龙王庙中心学校和活龙庙中心学校、三川镇中心小学、燕居镇中心十四保国民学校、燕居镇中心小学。12月8日到达卢氏县城，参观了工合制皂合作社、豫莘中学、城厢中心学校、莘原中学、洛师附小，与县教育局有关人士进行了座谈。张邃青向第十区区立中学全体师生作了《山地与文化》的报告，提出了久久萦怀而经这次考察更加坚信的"中国文化发源于山地说比发源于河流更有理由"的观点。

在考察中他们发现，卢氏县多为山地，数年前还匪患不断，教育处于停顿状态，抗战爆发以来，匪患渐平，教育从沉寂中复活，并有蒸蒸日上的趋势，全县原来只有小学而且不足10所，现在已有各类学校78所，全县年教育经费13246元，有各类学生10139人，并有了县师范学校和从洛阳迁来的省立洛阳师范学校。他们对卢氏县教育的进一步发展提出建议：合理调整教育经费，加强师资培养，创办教师进修学校，尊重学生人格，废除体罚。

他们对卢氏县的手工业考察集中在制皂、造纸、制革、蜡烛制造及化妆品生产等方面，在有了一个概要认识的基础上对其使用的原材料、加工工艺及方法、产品销路等方面提出不少建议。

他们发现卢氏金矿分布在范蠡、大渔沟等处，多以家庭为单位进行开采，其使用工具简单，开采方法原始，资源浪费极大，而产量甚微。

他们欣喜地看到卢氏县城西门外的飞机场已经建成，再向南通往西坪镇的公路工地上，工人们正干得热火朝天，施工负责人告诉师生三年之内此路一定筑成，这样就能南通襄樊、西进陕西。抗战以来历尽搬迁，饱尝跋涉之苦的师生盼望通衢大道早日建成。他们还考察了范蠡镇、神禹导洛处等古迹。

与此同时，农学院园艺学系二年级的同学来到设在汝南县的省立园艺科学实验场进行为期两周的实习。在这里，他们参观了该场的花卉区、苗圃区、标本果园和经济果园，并着重进行了舌接月季、掘接苹果、梨树剪枝等嫁接技术的练习，掌握采用石灰、硫黄合剂驱除苹果树、梨树病虫害，采用硫酸铁液防治葡萄炭疽病的方法。通过实习，园艺学系学生不但增加了园艺理论知识，还大大提高了实际动手能力。

毕业于法国凡尔赛高等园艺学校的田淑民教授在带领学生完成实习之后，还从省园艺场引进了一批果树苗在潭头开辟园艺试验场，改良了当地苹果、梨的品质。

改为国立后的河南大学雄心勃勃，准备以此为契机，使学校在各个方面都有一个较大的提升。除了将伟志小学改为国立河大附小外，还提出成立国立河南大学附属中学，增设法律学系、会计专修科和师范专修科，成立中原文化研究室，筹设森林学系中岳嵩山实习林场等宏伟规划。虽然这些规划因日寇血洗潭头而未能全部实现，但从中仍可以看出河南大学在抗战最艰苦时期的坚韧办学精神和河南大学深厚的学术积淀和实力，充分彰显了河南大学师生的鸿鹄之志。

让我们看看其中的两项规划。

第一，成立中原文化研究室。1943年2月22日学校呈报教育部的潭字第301号文件阐明了成立中原文化研究室的原因，其一："中原文化者实吾民族文化中之基本成分，不可不特殊重视，予以专门的合理的研究。"再者"大学为研究高深学问之所，不能拘于死板的课程，必须提高其学术研究之空气，使教师学生涵濡薰

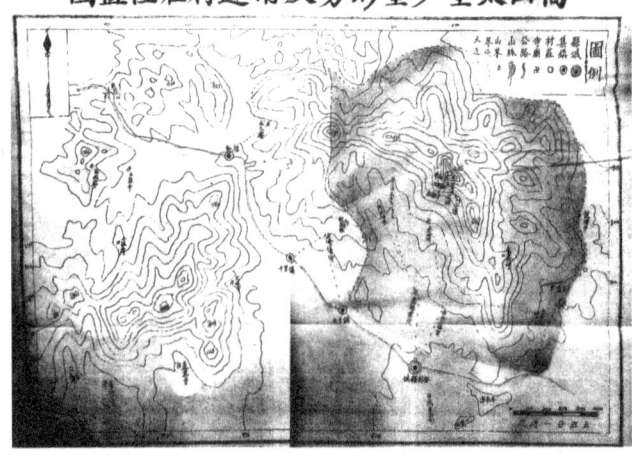

河南大学考察团绘制的嵩山太室少室形势及附近村庄位置图

习于此空气中，而自然加深其造诣"。其二：河南大学有一批关心中原文化的专家学者，他们既有着深厚的国学功底，又掌握西方现代科技方法，自觉从事着中原文化的研究，积累了不少史料，发表了不少研究成果。所以拟于文学院中附设中原文化研究室，抽调文学院教授1人任主任，设研究员若干、书记若干，吸收学生勤工助学者参加基础工作。

研究室以研究河南省及其他相关地域文化为宗旨，通过对中原文物古迹以及文字资料的调查、保存、抄录、拍照、拓印、整理、编辑，在进行充分研究之后，编辑洛阳出土金石明器录、编撰嵩山新志、开展汉魏宋石经研究、增补殷墟著述书目提要、纂辑二程语类、编印中原文化丛刊等，发表各种研究论文。

第二，创办中岳嵩山实习林场。河南大学林学系此前已经开展对嵩山林业资料的调查，1942年春季编有《嵩山勘测报告书》，刊载于河南省农业改进所调查专刊（第一号）上，报告书提出："应将太室、少室划作规范林区独立经营"，"建设现代式之森林，以作全省乃至我国北部示范"。1942年林学系学生罗福鸣毕业论文为《中岳嵩山经营学习林之初拟》，提出将中岳嵩山建成河南大学开展林学研究和学生实习基地。罗福鸣因此留校任助教。

1943年5月，这项计划更加成熟，最终形成了《国立河南大学农学院筹设中岳嵩山演习林场计划书》，就林场的设置理由、设置地点、经营计划、营林费用等进行了详细论证。计划书认为嵩山所处的地理位置、环境、气候条件、生物特性、农户人口均适宜设置实习基地。计划提出建立嵩山实习林场的组织机构，可分为推广组、造林组、研究组、总务组，除总务组外，各领导人员均由技术人员担任。据估算办公费用、人员薪水、研究费、事业费合计需15万元。《计划》对林场的前景充满信心："假以岁月，就天然之环境，加以人力之辅导，而作合理的经营时，将来必有其可以预期之效果，确信其必能有所收获。"

报告提呈教育部以后农学院师生翘首以待，1943年6月收到教育部批复:"本部经费支绌,无法拨款,所请各节,应从缓议。"

1942年秋季,豫西蝗虫成灾,蝗虫过后,农作物被扫荡一空,农民惶恐万状,农业部派刘淦芝指导河南治蝗。农学院师生积极参加灭蝗,在各村开设讲座,办壁报,介绍治蝗方法,终使蝗虫未能在该地蔓延为害。

教育部1941年5月颁布了《国立专科以上学校教授休假选修办法》,规定国立专科以上学校对于连续在校任教授满7年以上,成绩卓著者,给以离校考察或研究半年或一年的机会,离校考察的薪金由教育部发给,这是对在抗战时期坚持教学研究工作教师的奖励,也是一种荣誉。1943年6月,为了表彰长期以来在河大从事研究和教学方面做出突出贡献人员,河南大学将郝象吾、张邃青、霍树楷列为休假选修遴选人选。

1943年5月河南大学向教育部呈报筹设森林学系演习林场计划

教育部经研究,确定张邃青为三十二年度在国内休假进修人员。旋即张教授拟定了休假考察计划书和旅费预算书,报请教育部批准备案。教育部拨给考察旅费1万元,不足之数由学校酌予补助。

考察的内容有5项。第一,仰韶文化遗址调查,在可能的情况下做小规模发掘。第二,对西起渑池马头山,东至巩县洛口300余里之间的冢墓进行调查。第三,对位于巩县北东八陵的营造制度、陵前存留遗物及现状进行调查。第四，对在1928年遭兵燹的少林寺的地理环境、营建制式、寺内古代遗存、诗歌、住持、寺产、少林拳法等进行调查并汇编成辑。第五，对伏牛山的矿产资源如金、银、铁、锡、煤等开展调查，以备日后开发之用。

以上考察项目涉及渑池、新安、洛阳、孟津、偃师、巩县六县，计划用半年时间完成调查。张邃青于1943年11月1日由潭头出发，进行了计划书中一、二、三、四项目的考察，12月24日返回潭头。1944年3月25日，张又由潭头向西赴卢氏一带开展伏牛山矿产资源调查，到4月中旬考察未完战局已有恶化的种种传闻，但张一直坚持到5月14日才返回学校南边的重渡沟避难。

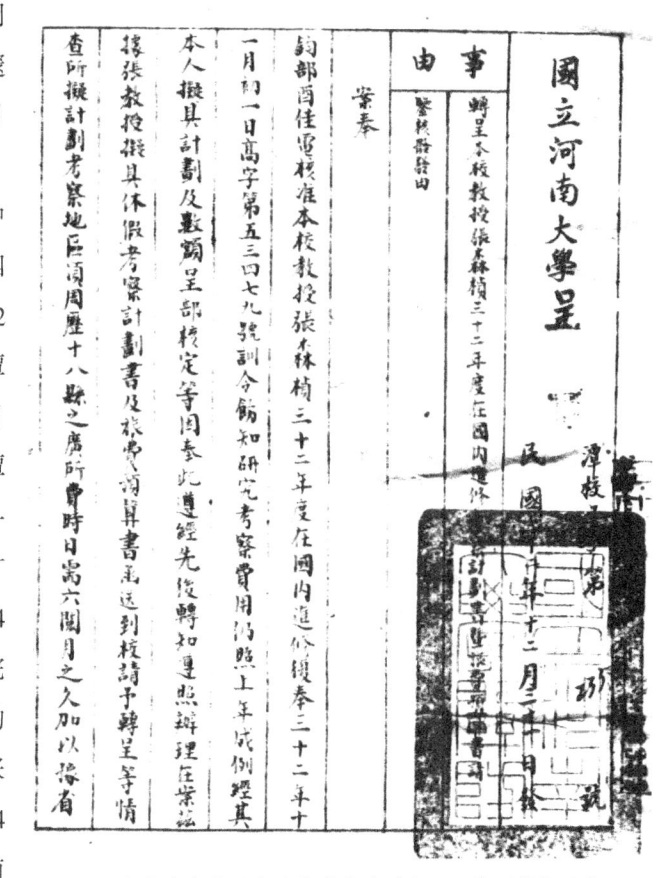

1943年张邃青在国内进修考察计划书及经费预算书呈文

1944年2月1日，河南大学根据教育部精神准备派出更多教师考察进修，并多方筹资300万元用以资助，根据《国外留学规程》，学校留学出国进修委员会依法遴选，将李秉德、顾清琴、张秉仁、邓金铭、张世骧、葛明裕、程溴列入出国进修人选，上报教育部，惜因战事恶化未果。

随着一系列对于教学科研奖励措施的实施，使得广大教师潜心著书立说，学术研究成果大量涌现。

张长弓任文学院副教授，热心河南地方戏曲的搜集与整理，此时编成了以三国和西厢为主要题材的《鼓子曲存》第一集。关梦觉于1942年对鲁山县的丝绸业进行了调查，翌年秋又对豫西灾区农民生活惨状进行了系统调查，这些研究成果均在《战地工业》《中国工业》上发表。樊映川在讲授数学课程期间，特别重视讲义的编写，每期都让学生有教材可用，他在教学之余做了大量的心得笔记，积累了数十万字的数学资料，在此基础上撰写成《高等数学讲义》，交付油印，王广庆校长在担负繁重的校务之余，著有《河洛方言》《洛阳近年石刻出土记》《复音词声义阐微》。

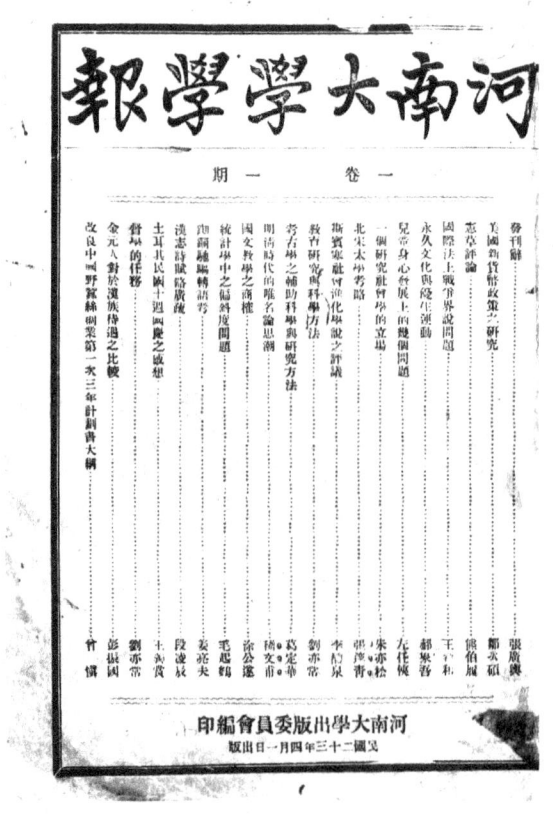

1934年各学院刊物整合之后出版了综合性学术刊物《河南大学学报》

为了宣传和推广河南大学教师的科研成果，1943年4月，第一期《国立河南大学学术丛刊》出版。王广庆校长在《发刊辞》中说，河南大学创办学术刊物的历史可以追溯到学校初创时期，当时有《中山大学文科季刊》，后改为《中山大学文学院季刊》，1934年各学院刊物经整合之后出版综合性学术刊物《河南大学学报》。抗战开始后，因学校屡屡搬迁，学报停刊。河大在潭头安定之后，《文学院季刊》编辑发行。改为国立之后，"员生名额日众，研究志趣益增，虽出现费用拮据，编行印制维艰，同人等仍愿竭尽所能，发行刊物，以敷切磋琢磨之旨，缘有国立河南大学学术丛刊之编辑，以每季发行一期为原则，赓续出版"。第一期《国立河南大学学术丛刊》上发表了25篇学术论文，其中有嵇文甫的《民族哲学杂话三种》、陈仲凡的《康德、黑格尔中间的两大观念论者——斐希特和谢林》、张邃青的《史官建制沿革历史》、李燕亭

1943年4月，第一期《国立河南大学学术丛刊》出版

的《原子核的破裂和原子能的利用》、郝象吾的《演化倾向与育种方法》等。专家学者各抒所学，或客观阐述或微观考究，具有较高的学术水平。《河南大学学术丛刊》出版发行之后，各地学者函索不绝，以致该刊增印一次。

1943年1月1日，旅川校友会主办的《河大校友通讯》创刊号问世。曾任河大校长的张鸿烈、凌冰、张广舆纷纷题词："嵩岳苍苍，黄河吼声，巍巍学府，化育群英，学以致用，济济巴京，精诚团结，研几力行，五载抗战，

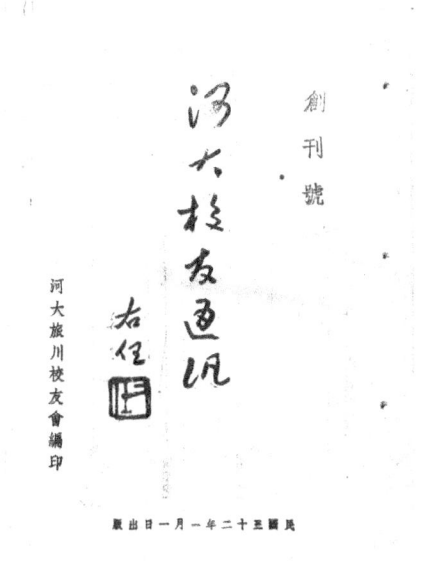

于右任为《河南大学校友通讯》题写刊名

虾夷心惊，祛除侵略，保障文明，愿为共旃，为母校增光，跻国家于富平。"王广庆校长撰文《抗战以来之河南大学》和《河南大学在嵩县》，向关心河南大学的广大校友介绍学校近况。

在"母校点滴"栏目里还有令校友欣喜的消息："据教育部调查，母校现有仪器设备占全国大学第一名，图书占全国大学第二位"，"部令母校收容国立陕西大学之历史政治和经济系三年级学生"，"改为国立，常年经费增为百万余元，各地校友闻讯，无不欢腾万状。"

《通讯》还报道了一些知名校友的动态，前校长刘季洪现任教育部社会教育司司长。前文学院院长郑竹虚任社会部简任视导，主持中央训练团社会工作人员训练班。前文学院院长萧一山任东北大学文学院院长。前化学系主任戈仲和现任中央工业试验所技正兼盐碱室主任。涂公遂任三青团中央团部视导室副主任。前化学系主任林一民任教复旦大学。原农学院院长万康民任中国农民银行农贷处科长。著名稻作专家赵连方教授调任农林部全国增产委员会主任委员。遗传育种专家李先闻任四川农业改进所麦作杂粮系主任，仍赤足露

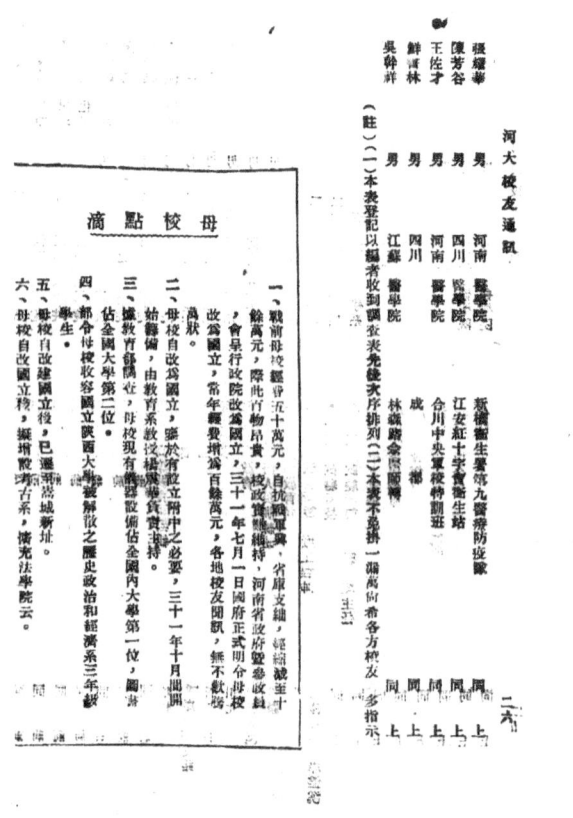

"母校点滴"栏目报道了不少令校友欣喜自豪的消息

臂，冒着炎炎烈日工作在田边地头。

《河大校友通讯》为母校和校友之间架起了一座沟通的桥梁。

1943年元月中旬，河南大学改为国立后举行第一次期末考试，教务处制定了严格的考试规则，用白灰划定考试的警戒线和隔离线，规定学生必须按指定的位置入座，以防作弊，王广庆校长亲自督察。据李福生校友回忆："考试开始的第一天，他老人家坐镇教授休息室。办公桌上摆好了文房四宝，准备如有人犯规时，将随时处理，一一记过、扣分。"一节课下来，公告栏贴满了校长亲书"考试作弊，记过扣分"的告示。

1944年初，《国立河南大学校务行政计划》出台，当年学校要下力气抓好的八项工作中与整顿教学秩序有关的就有五项。

要继续加大整顿学校风气的力度，严禁学生旷课，严格考试纪律，学生的课外作业一律纳入考核。

对教师的任职资格进行严格审查。根据教育部颁布的《大学法》中有关教师的资历要求，由学校教员委员会对现任教师进行全面审核，以后新聘的教师也要符合部颁的学历和任职年限规定，坚决将不符合条件者排除教师队伍之外。教师晋升职称不光看工作年限，同时要检验其学术著作论文等科研成果，考核其教学业绩。《计划》针对以前助教工作任务不明确的情况，要求助教除担任实验课外，还要批改学生的习题、报告、作文，并在学院和各系担负一定的教务工作，完成规定的研究课题，鼓励助教自学、进修。

要严格执行部颁大学课程设置要求。

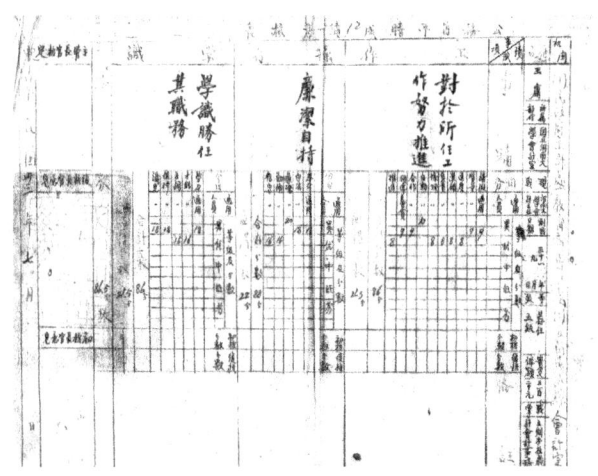

不仅教师资格要严格审查，而且职员也要进行年度考核。图为职员平时成绩考核表

前几年因战乱搬迁频仍，三、四年级缺了一些课程，今后将以不同形式逐渐补上。一、二年级则必须按照部颁教学计划的规定，完成所有必修课目，同时增设选修课目，扩大学生择课范围，开阔其学术视野。

学校各项工作要声气互通。恢复战前例行公事呈报制度，各级负责人要及时将工作情况整理上报，使上下信息及时沟通。

《计划》展示了学校即便在战时也不能让管理有丝毫松懈的决心，通过落实计划，严肃了教学纪律，提高了行政管理效率。

1944年的春天来了，万物勃发，生机盎然。在刚刚开完的学校招生委员会全体会议上，大家综合师资、房舍、教具以及历届毕业生就业去向等因素，确定了当年招收新生280人，招收转学生87人的计划。367名新生即将跨入位于伏牛深处的河南大学，这可是搬迁后历年来招生最多的一次啊！

大家对未来充满憧憬。

第八章 喋血潭头

1944年4月，河南大学在潭头和嵩县分别举行了春季运动会。由军事教官担任教练员和裁判员，短跑、长跑、爬山、跳高、跳远和集体爬杆夺旗等竞赛开展得如火如荼。1944届毕

选潭头的大山、田野作毕业照的背景更有纪念意义

业生也纷纷联系照相馆留下毕业前在学校的最后合影，各种名义的分别聚会让潭头几个饭店生意红火起来。1944年的招生计划已经制定获批。但谁也没有料到，巨大的危险正在一步步逼近。

面对太平洋战场频频失利的局面，日寇做垂死挣扎，以挽救其失败的命运。1944年1月，日本天皇批准了日本大本营陆军部制定的《一号作战纲要》，以求打通从中国东北到东南亚大陆的交通线。3月10日，日本中国派遣军拟定《一号作战计划》，其中"京汉

国立河南大学1944年招生简章

作战"的方针为："于四月下旬，以华北方面军由黄河沿岸京汉段地区发动攻势，击溃敌军，尤其是第一战区的部队，将京汉铁路南部沿线要冲占领并确保之。"自此豫湘桂战役爆发。3月中旬，日军在黄河沿岸和长江中游地区加紧部署部队，调运物资，以10万人的兵力从不同方向向洛阳进发，中国第一战区调整部署准备迎敌，以豫西为主要战场的河南战役拉开序幕。

1944年4月19日，日军110师团由邙山头霸王城桥头阵地越过鸿沟进攻汉王城

4月18日，日军在中牟等地渡过黄泛区向郑州发起攻击，22日郑州沦陷，日军继续沿陇海线向西推进，占领巩县、偃师。北路日军从山西垣曲强渡黄河，迅速攻占渑池、新安，从西直逼洛阳。南路日军以第三师团为主力向北扫荡，5月1日占领许昌，又很快占领龙门高地。面对日军的三面合击，第一战区的国民党军队抵挡不住，开始向西南伏牛山一带撤退。据李秉德回忆：1944年4月，日军强渡黄河侵占郑州，报上连日登载的战讯几乎是一个模式，即与敌交战获胜，毙伤敌若干后向南转进云云。我看情况不妙，找校长王广庆问：

"几天来战况日紧，不知道咱河大有何打算？"他那时正为别人写一条幅，一面写，一面带着沉着的口气回答我说："敌人已成强弩之末，何足道哉！"①

---

① 李秉德：《抗战后期河南大学的两次搬迁》，政协河南省委学习与文史委员会：《河南文史资料》，1990年第1辑。

从5月4日开始，日军第三师团分兵一部由临汝窜至伊川白沙，此地距嵩县不过百里。隆隆的炮声不时从远方传来，日机经常出动对嵩县及以西地区展开侦察，国民党军队从临汝、伊川向嵩县退却。此后几天，日军完成了对洛阳的合围，开始疯狂攻城，为了策应夺取洛阳的战斗，歼灭国民党第一战区的精锐部队，寻找河南省政府及疏散到豫西山区的文化教育机关和学校，日军制定了夺取嵩县进攻卢氏的作战计划，5月10日成立了以坦克第17联队为基干的嵩县支队，由水寨沿伊河推进，以第37师团步兵第225联队为基干的嵩县挺进队由伊阳经西竹园、八里滩、大摇沟、南庄向前推进。

当这两支部队接近嵩县时，河南大学为之震动，王广庆校长急令医学院停课，整理封装图书仪器准备将公私物品运往潭头，同时派总务处梁偁生和秘书杜新吾征用车辆用10天时间抢运完合作社的油盐粮食，随后转运图书仪器。

随后的几天里他连发三封电报，向教育部反映河大面临的危急局面，请示下一步走向。

第一封电报称：

豫中战事发生以后，原以为敌人远在郑密一带，"相距六百余里，而敌人目的似在打通平汉一线，豫西或可无事，故仍安然上课，仅预备提前考试，并先将医学院重要物品迁至潭头，看情

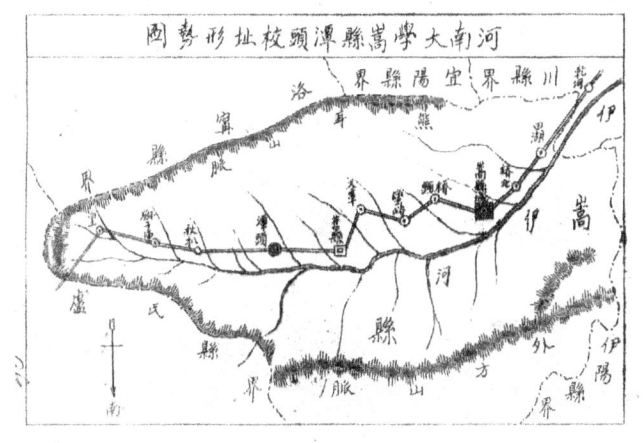

医学院由嵩县向潭头撤退，要经过桥头、蛮峪、大章、旧县等村镇。从此图可以看出，潭头四面环山，北有熊耳山脉，南有外方山脉，只有东面可与外界沟通，颇似一个大口袋

形如何再电请示办理。不料敌人忽由临汝西窜，逼近嵩洛边境，难民迁避，麇集嵩城，警报时传，人心大为震动，刻已饬医学院全部迁潭候命"。①

王广庆向教育部提出："嵩洛比邻，洛如有事，嵩决不能安枕，可否他迁？"②

5月8日，他再致电教育部：

"现医学院已全部迁潭，因交通工具缺乏，运输困难，尚未迁移竣事。山中地势险要，敌一时似难以到此，但恐将来军队云集，地方秩序不易维持，东路现已被堵塞，只有西南一道可以通陕，又系山僻小径，崎岖难行，此虑者一旦三面被围，坐困山中，全校师生员工眷属二千余人何以自处？刻已派员前往西南朱阳关、西坪一带寻觅地址预备，至必要时暂为迁避，以防万一。"③

在电文最后，他又着重强调：请拨付应变款600万元，尽快决定河大应迁地址。

随后，他立即派人到卢氏以西勘察校址，同时让傅茂萱、林瑞年前往嵩县面见第一战区副司令长官汤恩伯询问战况。

汤恩伯部队在临汝西南地区集结，准备侧击进攻洛阳之敌，5月9日，国军110师在师长廖运周的率领下开进嵩县外围阵地。

廖运周是河南留学欧美预备学校第一次英文科学生，在校时名叫廖允鹄，1926年投考黄埔军校，成为该校第五期炮兵科学员。曾参加北伐战争和南昌起义，1927年加入中国共产党，后受党组织派遣，在国民党军队中从事兵运，不久与组织失去了联系，1933年恢复组织关

---

① 《国立河南大学代电》，1944年5月5日，五-5336（2），中国第二历史档案馆藏。
② 同上。
③ 《国立河南大学代电》，1944年5月8日，五-5336（2），中国第二历史档案馆藏。

1948年,廖运周率110师5000人起义,对淮海战役胜利发挥了重要作用。新中国成立后,被授予少将军衔,曾任沈阳炮兵学校校长,吉林省体委主任,民革中央常委兼秘书长,祖国统一工作委员会副主任、党组副书记,第六届、第七届全国政协委员和黄埔军校同学会理事等职

系。1938年10月武汉会战中,廖运周在汤恩伯军团的第110师656团任团长,在湖北、江西两省交界的箬溪以西的小坳,廖运周用8门战防炮和4门迫击炮阻击日军第27师团一个旅团,日本的《Malu》杂志说:在"支那军炮兵集团"的打击下该旅团损失坦克9辆、战车16辆、卡车40余辆,伤亡600余人,超过了当初攻占东北三省的全部损失。这一战果轰动一时,国民政府军事委员会通电嘉奖,称赞廖团"战果辉煌"。1942年4月廖升任第85军110师少将师长,1946年廖在该师建立了中共地下党委,他担任党委书记。在国民党军队中建立中共党委不能不说是一个奇迹。

10日晚,廖师与敌激战后率部渡河西撤,在德亭、蛮峪一带采取游击战术迟滞日军渡河西进。敌嵩县支队抵近嵩县。

在嵩县城内,张静吾院长指派宋玉五教授统筹搬迁事宜,各种物资的运输交由丁宝泉医师负责,张克勤教授带领学生邵志祥、梁祖翼等人先将仪器归拢,然后装箱待运。仪器太多,整理了一整天,才稍见头绪。5月9日,学校通知医学院紧急撤往

张静吾(1900~1998),河南巩县人。1914年考入河南留学欧美预备学校德文班,1919年留学日本。1922年夏留学德国葛廷根大学,获得医学博士学位。在德国结识朱德、孙炳文等,参加爱国进步活动。1926年回国,1934年、1943年、1945年三次担任河南大学医学院院长。新中国成立后任河南大学附属医院院长,河南医学院教授、副院长,河南省政协常委,民盟河南省副主委。著作有《内科学讲义》《临床神经病学》《临床神经病学基础》等

潭头,性急的人当天就走,第二天清晨大部分师生也加入了逃难的队伍。日军骑兵已越过临汝以西,嵩县至潭头的路上军人、百姓、师生

人如潮涌，肩扛、驴驮、车拉以致道路阻塞。途经蛮峪村时，忽传敌人将至，张静吾院长指挥大家把图书仪器暂存该村一处民宅。

李秉德（1921～2005），河南洛阳人，1934年7月毕业于河南大学，1947年在瑞士洛桑大学、日内瓦大学及法国巴黎大学访学。新中国成立后曾任西北师大教授、副教务长、教育科学研究所所长、校长等职，是国家第一批教学论博士生导师。曾获教育部全国优秀教师称号、人事部健康老人奖；著有《小学语文教学方法》《教学论》等著作

而此时李秉德却心急火燎地反向东行，他的妻子郑孟芳在省立一小任校长，带着全家老小住在嵩县城内，他要去把她们接到潭头。刚刚走出潭头三十余里，便迎面碰上了撤下来的国民党军队。在嵩县县城，李秉德见到了任县长的校友罗渭滨，托他找辆牛车将已怀孕八个月的妻子送到潭头。眼看着医学院师生已大部撤离，可牛车一直也没有找到，李秉德只好另想办法先把妻子送到潭头，让弟弟带着父母等人到离县城三四十里的一个村庄暂避，而他则留在县城，准备找寻点粮食带走。

医学院师生于当日下午陆续到达大章。四面大山合围出大章这一小片盆地，长方形的寨墙高大整齐，每逢集市，甚是热闹，是嵩县以西的重要村镇。西门外的大章小学成了医学院师生的临时休息处，热情的乡亲们送来了吃喝，疲惫的师生怀着感激的心情草草吃完倒头便进入了梦乡。

5月10日、11日两天，医学院师生陆续到达潭头，学校准备将他们安置在汤池，梁祖翼、邵志祥等同学被派到该村号房，但最终未成，因为此时国民党第29军还有许多不知番号的散兵游勇，以及地方行政机关如鲁豫监察使署军风纪视察团等不下十余家单位已先撤到潭头，潭头处处人满为患。没办法，医学院师生只好利用校友、同乡等关系，分散居住在附近各院，女同学则统一挤在寨内的女生宿舍。王校长去看望医学院师生，叮嘱大家不要惊慌，只要战事结束，医学院一周内就可在汤池开课。

王广庆对战局进行了分析，作为应付紧急情况的方案他准备有

三：第一，将医学院师生迁移到潭头，现此项任务已经达成，唯有图书仪器因缺乏运输工具而暂存蛮峪村。第二步，洛阳龙门一带遭日寇进攻，但洛阳尚在国军手中，在此阶段，让家在邻近各县的学生返乡，家在沦陷区的学生留校编成战时服务团与地方政府一起接待军队，维持治安，如战局需要，组成学生军以自卫，待局势缓和后再筹谋上课。第三，如果洛阳沦陷，河大势不能在潭头待下去，争取教育部拨款600万作为应急搬迁费用。至于搬迁地点，可将陕西眉县、周至作为备选地点。当日，王广庆将此设想电告教育部。

10日晚10点多钟，嵩县县长罗渭滨派人找到李秉德告诉他情况紧急，让他马上离开县城。李和省立一小的几个年轻教师连夜出县城西门疾行十余里，途中累得实在受不了了才在路旁的麦地边打个盹。5月11日天亮时分，大批难民从城中拥出，嘈杂声惊醒了李秉德，一打听，方知敌坦克第3师团已于午夜时分占领嵩县县城。听到这个消息，李秉德不由得惊出了一身冷汗，他要是再晚走几个小时，那就陷落敌手了。

占据嵩县的日军第12军于11日17时对所属第37师团发出组织卢氏挺进队的命令，在嵩县一带堵截从洛阳南撤的国民党军队，然后向西运动，最终实现夺取卢氏的战略意图。

与此同时，潭头校本部及各学院也将图书、仪器、药品、档案卷宗等昼夜整理打捆，从潭头及附近村庄雇用的300多名民夫带百余匹骡马和本校百十名校工、校警一起，择机将这些办学必需物资外运。未曾想，汤恩伯的退军涌进潭头，正如学校后来向教育部报告中所说的那样："数千人粮秣全无，地方逃遁一空，饥兵难民云集于此，枪声乱鸣，秩序已紊。"汤军逐户搜索，抓夫抢粮，河大雇好的民夫、骡马大部被抢，未被抓去的民夫也多避难逃走，原打算将学校物资运进山中的计划彻底泡了汤。

潭头乱成一团麻。

正当王广庆倍感焦灼之时，突然传来庶务组职员庞玉山被殴打的消息。庞玉山从嵩县转运物资返回潭头，路经下坪村时因持有手枪被

29军6名士兵带到潭头寨内，他出示证件并声明手枪是保护学校物资用的，士兵根本不予理睬，将其吊打至昏迷。闻讯，王广庆带着秘书杜新吾赶到该军部找到军长马励武交涉才得以放人。为了让马约束其部下，维持地方秩序，让河大师生免受惊扰，王广庆决定将学校储粮借给军队两万斤。

11日中午，王广庆召集教务长郝象吾、训导长赵新吾、总务长赵冠吾、文学院长张邃青、理学院长孙祥正、农学院长王直青、医学院长张静吾开会，后又请嵇文甫和生活指导组主任兼学生救济会执行干事徐正斋到会。大家一致认为潭头是日军西取卢氏的必经之路，河南大学已经到了最危急的关头。经校务委员会研究决定，5月12日河南大学撤离潭头。为分散行军和便于筹粮，男生到潭头东南方50里的大清沟，女生随眷属暂避潭头正南35里的重渡。因洛阳银行已他迁，教育部汇来的迁校款一时领取不到，会议决定先将学生救济会所存10万元钱拿出，按学生每人150元、教师每人300元计发旅费，通知各个食堂赶做馒头。王广庆告诉大家做最坏的打算，如敌情严重不能重返潭头，全校师生就到陕西西安的中州会馆会合。

日军发动豫西战役已有多日，飞机轰鸣和隆隆炮声不绝于耳，以前每当警报响起大家便离开教室到四野走走，权当课间休息，因为嵩县和潭头并非军事目标，但这次日寇当真来了。学校工友奔走于各村传达学校撤离决定，全校师生连夜整理行装带上干粮准备次日出发。携家带口的教职工上有老下有小，想想山高路险，前途未卜，不少人潸然落泪。

就在这紧急关头，郝象吾将装有果蝇的袋子揣进内衣口袋，张邃青将伏牛山考察的原始资料裹进蓝布小包，王鸣岐把外文工具书塞进箱子，朱芳圃用一块蓝布包着自己的研究手稿藏在身上，他们觉得，衣物丢了可以再买，而这些东西丢了就没法上课搞科研了。

5月12日清晨，部分有眷属的教职工奔赴重渡。学生携带简单衣物集合编队，由训导长赵新吾带领向大清沟出发，他们蹚过伊水，沿着山间小路行军，于当日下午3点钟到达大清沟。大清沟的大部分乡民都躲避到山中去了，训导长安顿大家在闲房中席地而卧。此时惊恐、疲惫、饥饿一齐袭来，同学们就掏出随身携带的麦子嚼了起来。大清沟富户牛培真、李德瀛均为河大校友，见此状况于心不忍，他们热情开仓放粮，拿出玉米20石以解燃眉之急，赵新吾说这些算作借粮。玉米分配下去，学生自行碾磨，来不及过箩筛麸，以糁熬粥，大家狼吞虎咽，方得温饱。

徐正斋赶到大清沟，发给每个学生150元钱作路费。

河大校友牛培真

河大师生度过了逃难中的第一个夜晚，医学院学生梁祖翼回忆说："当晚我就住在养牛马的窝棚里，这一夜睡得至感香甜，斯夜滂沱大雨……"

第二天，暴雨仍然下个不停，引得山洪暴发，伊河猛涨，大清沟师生无法继续南逃。徐正斋冒雨返回潭头，见学校各位领导仍在忙于转移学校图书仪器等诸多事宜。

大雨同样迟滞了日军的行动。据日本防卫厅战史研究室编写的《一号作战之河南会战·下》中记载：

5月13日，师团进抵嵩县时，因昨夜来的大雨（降雨量100~120毫米），道路泥泞不堪，大大影响了行军速度。特别是嵩县附近的伊河，河水暴涨，水面宽达400~500米（平时为30~40米），水深达1.5~2.5米（平时30~50厘米），流速达2~3米/秒。当时师团正在渡河，因水势太大而中断，致使部队无法联系，不得不分宿于伊河两岸。雨后三天，水势渐退，人马可以通行，师团始集结兵力于嵩县附近，开始实施挺进卢氏行动计划。

卢氏县为豫西南战略要冲，日寇进军卢氏，就是要毁掉卢氏机场，打通伏牛山至洛阳这块谷地的联结，截断中国军队从洛阳撤退西南的道路。日军设计的作战方案是：组织卢氏挺进队于14日晚由嵩县出发，沿嵩县、潭头、马朝营一线进入卢氏境地，利用夜间隐蔽接敌，形成合围后约在5月21日夜奇袭卢氏守军，占领县城，彻底破坏城内外的军事设施和飞机场。

日军第37师团占领嵩县以后，在城内处处可见的遗迹里，知道了此地曾有中国一所大学的医学院，令他们惊讶的是，这样一所大学竟然在他们的眼皮底下坚持了5年之久。日军深知要征服一个国家首先要摧毁其文化，所以查明河南大学的去向并消灭之便成了他们一个新的作战任务。

日军第37师团主力进入嵩县集结，以该师团步兵第225联队（镇目部队）两个大队和配属的第110师团步兵第163联队第2大队（斋藤大队）奉命扫荡嵩县以西的大章地区。

5月14日河南大学又一部分教职员撤离潭头。

《一号作战之河南会战·下》中记载：

今日清晨，先遣队在蛮峪街西南，击溃重庆军第117师、第29军的1个团、第19军辎重营的残兵约500人，随后追击逃敌到达旧县。此时雨仍未停，道路泥泞而又坡陡，行军极为困难。据说旧县的村庄入口，出口或岔路上，写有很多重庆军的师、团等的撤退地址，可见其撤退情况何其混乱。

在大章路上曾经发现写有'河南大学××先生宿舍'字样

《一号作战之河南会战·下》封面

的门牌。以此为线索找到其疏散地点，结果在仓库内发现有德国蔡斯公司制造的新显微镜52个，全部予以收缴。

日军所说的"在大章路上"，应是从蛮峪到大章之间，此地段并没有河大各院教师或学生居住，或许"河南大学××先生宿舍"的门牌是医学院从嵩县撤离时随仪器、药品、图书及生活用品一起转运出来中途坠落的。日军见到门牌，嗅到河南大学可能就在这一带疏散隐蔽，随即扩大搜索范围，于是在蛮峪村民宅中找到了医学院的显微镜。作者做过统计，抗战时期河南大学理学院实验室有各种显微镜共计52台，数目正好与日军记载相同，但日军第二天也就是15日才到达潭头地区，理学院住在党村，此时日军缴获的断然不会是理学院的显微镜，只是数目的巧合而已。

缴获了这么多台珍贵的德国造显微镜，日军精神大振，他们认为河南大学已距此不远了。当晚日军挺进队在大章到旧县的路上进行休整。

15日，留在潭头寨内护校的教职员工以及学生得到的消息是日军尚无进攻潭头的迹象，当天上午还有一支汤恩伯的部队从西开来，说是东进迎敌。李秉德于11日晚到达潭头后便托人将家眷送到重渡村，自己留在潭头收拾家当。中午李秉德和化学系教授徐墨耕约好到数学系主任樊映川家吃饭，饭后三位棋迷按捺不住棋瘾的冲动就布局对弈。谁知才下了半盘，就有人匆匆跑过来，慌慌张张地告诉他们，刚才过去的国军又折转回来向西开走了，原来昨天傍晚日军已经进占旧县。闻讯，正在下棋的三人也不由地紧张起来，赶快带着各自的东西离开潭头村。张静吾也领着夫人吴芝蕙、侄子张宏中、表弟化学系学生刘祖

张静吾与妻子吴芝蕙

望、同乡任锡云以及医学院学生李先识、李先觉姊妹逃往潭头以北三里许的大王庙村李少恪家暂避。

李秉德出潭头南寨门走了二三里路来到七七中学,这里地形较为隐蔽,南临伊河,向西有一条小路可通大山。当晚李秉德就住在了七七中学。

傍晚时分,文学院副教授张长弓和妻子带着6个孩子来到伊河边,他们拉着大的,抱着小的,冒雨蹚过不断上涨的河水来到对岸。天已黑透,河水满槽,兄弟姐妹们紧紧依偎在父母身旁大气也不敢出,熬过了紧张的一夜。

5月16日7时,日军第37师团卢氏挺进队从蛮峪、旧县出发,在旧县以西将国民党第13军约2000人击溃后继续向潭头开进。

清晨,李秉德起床后登高北望,潭头寨内一片寂静,不闻犬吠,不见炊烟,走到学校大门口,只见几个胆大的学生趁天不亮回到寨内,在原来住处拿了几件东西又跑了回来。他庆幸今日无事,于是准备生火做饭,突然枪炮声骤然响起,他顿觉不妙,立即吆喝众人拿起包袱跑出校园,沿小路隐入山中。

8时许,日军挺进队出现在潭头南汤营、石门岭、卡沟一带。9时,日军分两路侵入潭境,一路经汤营向北,由石门村直抵潭头寨内,一路从北进犯,从汪庄、纸房、石坼一线向南推进。潭头寨里冒起滚滚浓烟,党村农学院实验室也起了火。

听到枪炮声的张静吾等人急忙逃出李少恪

向北逃难的师生在北山与日军相遇,共有9位河南大学师生及眷属遇难

家，正巧被日本兵堵在大门口。日军对他们搜身，将值钱的东西尽数掠去，当从李先识、李先觉和刘祖旺身上搜出三民主义青年团团证时，便对他们拳打脚踢，随后便押着一行数人往山顶上走。

来到山顶，张静吾看到了另一队日本兵押着一群人走来，走近一看，竟然都是河大教职员工，其中有农学院院长王直青，教授段再丕、张金波，军事教官夏鸿烈，训导员李应坤，职员马振河、狄宗海、石如灿、刘书策，绘图员程步芳，还有校警队的吴锡芳、张书林、石香亭、杨福德、李凤庭、柳延祺、王伯龄、林二成等。

这20多人负责看护转移学校图书仪器，据河南旅碚同乡会给陈立夫的电报称这些人"以留连战时图书仪器之可贵，乔装农民，亲率工役，不避险境，从返抢取"而没有及时离开。日军进入潭头时，段再丕还背着一架经纬仪向北山转移，不料日军骑兵从东北面山上包抄过来而被俘。

日兵将两队被俘的师生排成一行，驾起机枪，准备扫射，千钧一发之际，突听有日本兵喊不要开枪，只见一日军军官匆匆赶来，叽里呱啦说着什么，又拿出地图指手画脚，张静吾会些日语，听出大意是说不要杀这些人，留着他们当挑夫。

日本兵押着这群人扛上军用物资先向潭头方向前进，一会儿转向洛宁方向，可怜被捕的河大师生，在日寇的呵斥毒打之下艰难前行。

此时，躲在大清沟的赵新吾和众多学生听着从潭头传来的隆隆炮声和爆豆一般的枪声，心中惦记着请假返回潭头拿东西的学生陈国

1949年6月农学院编印《国立河南大学农学院概况》有吴鹏小传：吴鹏，字梦飞，河南舞阳县人，本院森林学系第十六届毕业。君身材短小，忠诚朴实，有强干、硬干、实干之精神。广交游，善活动，对各种课程，均能悉心研究，尤以树木分类及造林二科，造诣尤深。忆其所作毕业论文为：《伏牛山森林植物之调查及研究》搜罗种类繁多……毕业后，供职鲁山县河南省烟草专卖局，未二月，即返校任森林系助教。不幸于三十三年五月十六日，日寇进袭潭头时竟遭毒害，实吾林业界之一大损失……吴君无昆仲，仅遗幼子，享年二十有七

杰、李华亭、王廷桢、王振亚及选修生辛万龄同学。

同样背着一架经纬仪的农学院助教吴鹏和理学院助教商绍汤、文学院学生朱绍先、辛万龄4人一起从大王庙村逃到石坷村小学后，被鬼子堵在院里。商绍汤、辛万龄和吴鹏被枪杀，朱绍先被刺刀捅出肠子，当时未死。鬼子退后，该村村民李永信和儿子李中贵将他抬回家中抢救，三日后含恨死去。后来李永信、姜德基等村民将他们葬在石坷村南面的马坪。

跑在吴鹏等人前面的文学院学生陈国杰听到凄厉的枪声后加快了步伐向石坷村边的山上狂奔，当跑到一棵大杨树下时，鬼子的一颗子弹夺走了他年轻的生命。

王直青、段再丕两位年已50多岁的老人各扛5支钢枪，其他人也扛着日军的武器弹药向秋扒村走去。王院长光着双脚，一步一滑地爬上山脊，刚想喘口气稍微走得慢了一点，便被日兵一顿毒打，吴锡芳把自己手中提的两筐鸡蛋交给王院长，自己扛起5支步

陈国杰，遇难时22岁，河南开封人，文学院文史系一年级学生

枪。面对敌人的暴行，王院长示意被俘的师生乘敌不备逃离虎口。他们冒雨走了30里山道，来到大路坡岭脊时王直青侧身跳下山崖，日军向崖下开枪，并投掷石头猛砸，日兵料王已死，便押着其余的人继续赶路。

第二天，当地一青年在路旁看见了王老扑岩时被风吹掉的礼帽，顺势南瞧，见岩下有人，随即跑下，后有一老人赶来，认出伤者是农学院的王院长，二人把王直青轮流背送到潭头养伤。

段再丕身负钢枪随着大队艰难行走，鞋子磨烂了，就用绳绑扎一下，后来绳断鞋烂就打了赤脚。据徐正斋回忆：

到洛河南坝，段要解大手，日军让他走进麦棵，前进的日军不停，后到的日军不知，段得以爬向坝南村中一常姓家中，在那里休息

两天,才知住村为卢氏县辖区。后遇农学院学生王克俊,扶到他家中,整整住了一个月。①

张静吾一家三口和刘祖旺等人被押在日军行军队列里。此间张静吾听出,眼前这股日本鬼子属于110师团的斋藤大队。行至中午,吴芝蕙和两位女生惊恐疲惫地行走在泥泞的山路上步步维艰,她们决意赴死,可一路走来却不见河流和水井。日军在张村吃完中午饭,又押着他们西行,当来到阳坡岭时天色将晚。张静吾在日本东京时知道日本人尊重医生,便用日语向一军官说,我是医生,我老婆已经不行了,让我们走吧。要不你就用枪把我们打死。

接下来悲惨的一幕发生了。事后张静吾写道:

该军官不但不听,反令敌兵用刺刀将静吾妻立即刺死,刀伤三处,一处在前额,一处在咽喉,一处在心部。小侄宏中脖颈前后被刺四刀,静吾见状急跑数十步,跌入山沟,匍匐侧卧于深草中。②

图为刘祖望和李先识1939年在内乡县的合影。他们遇难后的第二年,5岁多的女儿刘乃文也因病去世

剩下的任锡云、刘祖望和先识、先觉姐妹等人被日军胁迫继续西行,受尽凌辱。"行约十里至楸树林附近,李先识、李先觉姊妹二人乘敌不备携手投入路旁水井中。先识之丈夫祖望也随之跃入,敌人此时不但不加营救,反向井里连放数枪,

---

① 徐正斋:《河南大学农学院亲历杂忆》,政协河南省委学习与文史委员会:《河南文史资料》,总22辑,1987年6月。

② 《教授兼医学院院长张静吾报告敌人罪行呈文》,1945年,五-1993,中国第二历史档案馆藏。

其惨无人道有如是者。"①李应坤、石如灿等怒不可遏，欲上去救人，遭到日兵拳打脚踢，石如灿被打成重伤。

张静吾跳崖后，坠落中被树木拦挡才幸免于死，他趴在沟里一动不动装死，一直到日军大队过完，才爬起来越沟过河走上大路，夜宿农家，剃头改装。

当晚，日军在一个村庄宿营，俘虏被拴成一串围坐在一个场院里，这时，日军也是人困马乏疏于看管。任锡云见逃跑的机会来了，就暗自挣脱绳索，向村内的小巷深处跑去。一名日军发觉后，立即追了过去。任跑到一个院子里，端开落锁的房门，进屋后又照原样将门端上。日军进院后找不见人，便悻悻地离开了。任锡云在这间黑暗的空屋里，胆战心惊地度过了有生以来最漫长的一夜，黑夜里不时传来的战马嘶鸣声更令她毛骨悚然。天亮后日军离开该村，任锡云才逃出虎口。

被俘的医学院学生王廷桢、祖希弼扛着日军物资行至山上时，

2005年9月17日，河南大学潭头惨案纪念碑在栾川县潭头镇看花岭上矗立起来

---

① 《教授兼医学院院长张静吾报告敌人罪行呈文》，1945年，五-1993，中国第二历史档案馆藏。

寻机滚下山去逃离虎口,祖希弼膝盖被山石撞伤,导致髌骨骨折。以后又有李华亭、王振亚以及校警队的吴锡芳、张书林、石香亭、杨福德、李凤庭、柳延祺等人陆续逃掉。职员程步芳等其他人则到洛宁以后才得以脱险。只有王伯龄、林二成和在嵩县被国民党部队抓去的校警孙庆祥一直下落不明。

17日一早,张静吾来到张村附近的没门沟找到被当地人称为"仁义老张"的张凤祥和他儿子张荣妮,请求帮助寻找妻子吴芝蕙和侄子张宏中。

张宏中被敌连刺几刀倒在血泊里,日本兵以为他死了,就一脚将他踹进路旁小水沟里。宏中苏醒后见婶母已死,悲痛无助中跌跌撞撞地朝着东边有人烟的张村走去。张村的张荣宣做了饭让他吃,而食管受伤的他却吃不进去,当晚宏中被安置住在砖瓦窑里。17日早上,张宏中艰难爬起,独自一人向阳庄沟走去。张静吾和张凤祥父子找到张村,碰见张荣宣,四人一齐来到砖瓦窑,已不见宏中身影。他们沿着山沟继续寻找,终于在离张村18里的老虎沟一王姓人家中找到了张宏中。他们用树棍绑成担架,抬上奄奄一息的张宏中回到了没门沟。

18日,张静吾在张荣妮和另一位乡亲的陪同下来到吴芝蕙被害的地方,张静吾声泪俱下,肝肠寸断,拜托附近村民将惨死的妻子就地无棺无席草草掩埋。

在日寇肆虐潭头之时,当地人民给予河大师生极大帮助,甚至不惜牺牲生命。

家住石门村的张元父子在逃难中与河大一学生换了衣服,学生得以脱险,而张元却被追来的日军误认为是学生而射杀。农学院教授黄以仁与妻儿逃到潭头河南坡阎虎娃家隐居下来,正是青黄不接的季节,阎家拿出

2008年9月10日,张宏中及张静吾儿女一行四人,将记述张静吾先生坎坷人生经历的《九十年沧桑》一书赠给河南大学

仅有的杂面伴以糠菜做成黑馍给黄家人充饥。理学院院长孙祥正和教授李白鄂等人在小河村避难,还有不少来不及转移的河大师生也躲藏在潭头附近的百姓家。

张宏中食管被刺伤不能进食可急坏了张静吾。在老乡的陪同下,张静吾潜回河大化学系实验室,找到了一根橡皮管和漏斗,忍痛将管子插到宏中的胃里,再将流质食物一点一滴灌进去。日军撤后,嵩县县长罗渭滨派人将张静吾及侄子送到西峡口。张凤祥在吴芝蕙坟前立碑,以后其家人年年于清明节去祭扫添坟,直到1983年张静吾将亡妻骨殖起回郑州火化。抢救朱绍先的李永信、儿子李中贵和姜德基等乡亲一起将朱绍先、辛万龄、吴鹏三人葬在石坷的马坪,左冢为辛万龄,右冢为吴鹏,中间为朱绍先,自此姜德基和李中贵两家每年都要为三位亡灵上坟扫墓。

张静吾在回忆文章中写道：

李中贵跟随父亲李永信埋葬了朱绍先、吴鹏、辛万龄,以后每年的农历十月初一和二月初二他都要给三位死难的河南大学师生上坟,60多年来从未间断

在这次惨痛遭遇中,潭头农民对素不相识的我,给以生活照顾和协助逃避敌人以及对亡妻坟墓的维护,我除永远万分感激外,深觉山民淳朴忠厚,有助人为乐之义气,有爱国爱同胞之心情。"……"向潭头帮我逃难,维护我妻坟墓的各位老少同志致以衷心的感谢！①

河大人永远将潭头人民的深情厚谊铭刻在心。

滂沱大雨一连下了三天,当日军探

---

① 张放涛：《潭头岁月——抗日战争中的河南大学》,开封,河南大学出版社,1996年,第132页。

得河南大学师生已经渡过伊河向南逃难时，就几次试图渡河追击，但河水湍急架桥即被冲垮，有日兵尝试牵马过河，刚刚下水，就被冲倒再也爬不起来。

天助河大！如果没有这场大雨，日军向潭头的开进速度会大大加快，他们就会渡过伊河扫荡大清沟和重渡沟，那么河大会遭受灭顶之灾。

赵新吾认为，虽然天还下着雨，但毕竟不是那么大了。日军等雨停水退之后依然会过河追击的，必须尽快离开潭头这块已被日军占据的地方，但到底最后落脚何处，他心里也没有底，反正向南走摆脱后面的追兵再说。

5月17日晨，赵新吾率领数百人的队伍深一脚浅一脚地跋涉在泥泞山路上。

此时，雨停云开，山中水气蒸腾，云遮雾罩，大家相互搀扶着前行。山陵纵横，道路泥泞，幽谷深处遇不到几户人家。两个小时后来到一小河旁，河虽不宽，但山洪汇流倾泻而下，根本无法徒涉而过。文学院文史学系三年级学生孙芳藻率几个同学探得有两种方法可以过河，一是用溪中唯一一个竹排摆渡，一是逆流而上大约几里外有一座小石桥可用。于是赵新吾决定分两队渡河。

竹排每次仅能乘坐十来个人，撑排的人先是跳入水中推着竹排向前移动，待到深水区再跳上竹排撑篙划到对岸。队伍很有秩序，大家互相礼让，先过河的人在对岸静静等候。另一队人则直奔前方小桥过河。

全部渡河会齐以后，大队继续赶路。

就在赵新吾带领学生离开大清沟时，日军斋藤大队另一部兵力于7时开到潭头。日军望河兴叹，彻底消灭河大的图谋已经破产。

训导主任赵新吾

河大流亡队伍离开大清沟直奔西南方向，在离栾川寨10余里的一个小村扎营住下,和徐正斋带领的一行人会合一处。

原来徐正斋在日军占领潭头之前躲进了武胜沟,正巧与农学院教授张廼惠、萧位贤,助教阮殿元、高煜珠,理学院教授霍榘庭一家以及女生李爱英还有几位校工相遇。这支队伍里,高煜珠的妻子米廷珊刚刚分娩3天,霍榘庭的儿媳史萍怀孕9个月。徐正斋当即让校工去大清沟告诉赵新吾日军已接近潭头地区,让他赶快率队南逃,自己则带领这些教工及家眷到了重渡沟。5月16日,徐正斋起了个大早,饭也没来得及吃,就催促着部分能够和愿意立即转移的教师家属和女生向栾川转移,与赵新吾率领的大部队会合。

大家都知道栾川住有一个与河大关系不错的省府委员,于是就带着第二天进寨饱享一顿美餐的幻想入睡。

18日早晨6时,沾满河大师生和当地百姓鲜血的镇目部队及斋藤大队离开潭头返回嵩县,日军集合兵力准备转进武汉,其卢氏挺进队当日上午也从潭头出发,继续向西扫荡。

年轻学生体力恢复得快,睡了一夜后疲惫就一扫而光,集合队伍,大家兴冲冲地来到栾川寨外,孰料寨墙高耸,城门紧闭,大家吃了个闭门羹,没办法只有绕道寨南继续西行。

夕阳西下时,河大的队伍来到了外方山老界岭山脚下的一小村——陶湾。大家号房、打地铺、做饭,正准备好好地休息一下,突然传来了"日本人来了"的喊叫声,继而有人来报,说鬼子已经到了距离此地30里的三川。顿时,大家如惊弓之鸟,行李都来不及拿就拖着灌了铅似的腿连夜逃命,蹚过了一条水深齐腰、水流湍急的大河,于子夜时分来到老界岭下。

老界岭地处嵩县、卢氏、内乡交界,为伏牛山最高峰,山高涧深,桥窄路险,这时天上又落下毛毛细雨,山路湿滑,一不小心便会坠入无底深渊。一位男生提一盏灯笼在前面开路,老师和女同学走在队伍中间,大家相互搀扶牵引,攀藤援葛,一步步往前挪,累得实在受不了,就倚着石头坐在地上喘息片刻。饥饿、恐惧、疲劳一起袭来,被汗水、雨水浸湿的衣衫紧紧贴在身上,冷风一吹,人人直打哆

第八章 喋血潭头

嗦。

最可怜的是那些教授的家属们，年老体弱多病者走不几步就气喘吁吁，裹着一双小脚的老太太走平地尚且不稳，深夜一脚深一脚浅地走在泥泞山路上更是无比艰难。外科教授生景清的夫人雇用的挑夫扔掉行李自己逃命去了，急得她坐在河边的一块大石头上号啕大哭起来。

黄昏时分，大家再也走不动了，正好山中有一小店，赶快央求乡亲帮忙，把年

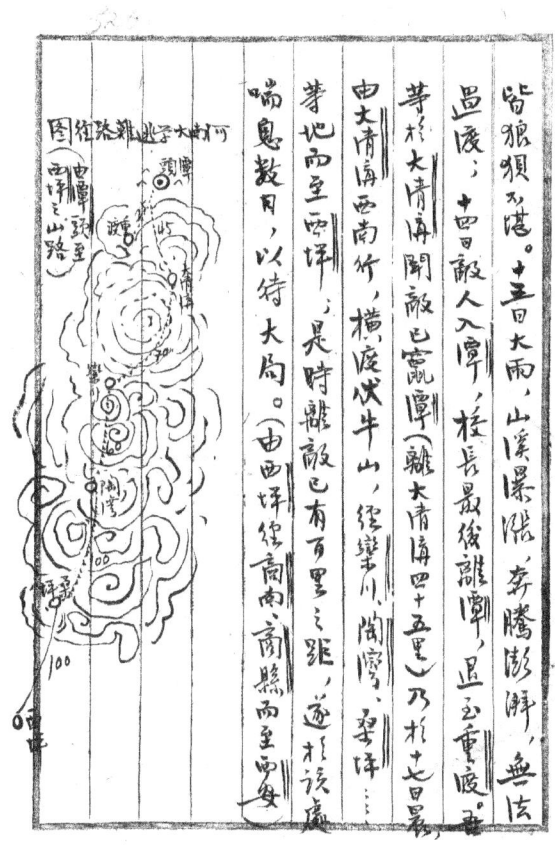

河南大学到达荆紫关后向教育部报告潭头惨案，其中绘有河大师生从潭头到西坪的路线图

老体弱患病者安置在屋里休息，其余人在房檐草棚下，草堆麦秸垛旁，或躺或靠，将就睡下，后爬上来的师生只有在山林草丛中打个盹。5月山上的雨夜寒气逼人，虽然小雨已停，但大家仍冻得无法入睡，只好点起篝火，围着火堆熬过黎明前的黑暗。

19日黎明，雨霁日出，河大师生从老界岭南麓下山，此时传来消息，昨晚是土匪扮作山民制造鬼子来了的谣言，趁机劫走了师生们的行李财物。

20日午后河大师生到达桑坪。

在桑坪碰到不少汤恩伯的败兵狼狈南逃，向他们询问情况，得知北面不到30里地就有日军，师生们来不及吃饭，赶快避开公路，寻小

道翻过一道道山岭，走到晚上10点，终于摆脱了日军，在一个小村寨前安营扎寨。

21日下午终于来到西坪镇。西坪时属淅川县辖，地处豫、鄂、陕三省五县（河南的卢氏、淅川、西峡，陕西的商南，湖北的鄂县）结合部，扼豫西南门户，当入陕公路要冲，是中原通往大西北的桥头堡。小镇原本炊烟袅袅，鸡犬相闻，安宁祥和，此时却塞满了退军难民，食宿极为困难。大队暂时休息，有关人员到镇公所打探消息，安排食宿。

除去提前放假返回家乡的和滞留潭头的少数学生外，此时在西坪的同学有500余人，在此即去西安者147人，其余人稍停便奔向荆紫关和西峡口。

不久医学院院长张静吾和农学院长王直青等人被俘和向北山逃避日军的教职员工死难多人的消息传到西坪。愤怒、惊恐、无助、疲惫笼罩着流亡的师生。

赵新吾让徐正斋找到在西坪第九兵站工作的原农学院同事蔡英生，让他帮忙请兵站借给河大15000斤小麦，以解饥荒，随后分电教育部、全国学生救济会、全国红十字会、省外各慈善团体，将潭头惨案公之于天下，控诉日寇暴行，急请救济。很快，收到全国各界复电11封和慰问救济款若干。

撤到重渡的几十户教师及家眷，由于拖家带口，队伍里老弱病孕均有，当徐正斋带队向南转移时，他们选择了暂避候命。

李秉德逃到重渡后找到郑孟芳。妻子就要临产了，而日寇近在眼前，随时可能渡河来袭，他决定立即和医学院教授朱德明、倪桐岗三家一起向南跑。谁知离开重渡沟才走了四五里到关沟时，李妻就走不动了，这可怎么是好！正在李秉德急得六神无主时，倪桐岗给郑孟芳吃了颗定心丸，他说："作为一个产科医生，我不能撇下你这个快要临产的产妇不管，等你分娩以后我们再走！"朱德明也表示要留下帮忙。倪、朱两家并没有拖累，他们完全可以立即南下，但在关键时刻选择了留下，其团结友爱互助的精神实在令人感动。

关沟是一条清澈的小溪，在这个小山沟里有三户人家，两家邻溪而居，一家住在半山坡。李秉德借居小溪北岸的孙姓人家。眼见得孟芳就要生产了，房东孙老汉心里有点犯愁，按照当地风俗，外人在自己家里生小孩是不吉利的，可是看见落难的李教授一家如此状况，让他们另找住处也实在困难，好心的孙老汉就想了个两全其美的办法，在自家屋后的竹林里，用毛竹、树枝搭了个茅草庵，放上一张木床，就成了临时产房。

5月19日、20日，日军继续在大章、潭头、东村、旧县一带扫荡。

日军卢氏挺进队于20日利用凌晨大雾突然渡过洛河向卢氏发起进攻，上午9时日军由东关破城，在城内进行大破坏，一时间卢氏县城爆炸声四起，黑烟冲天。

洛阳也危在旦夕。

国民党第一战区司令长官蒋鼎文早于5月6日就将司令部搬到新安，10日夜又带着幕僚和嫡系部队逃进伏牛山中，仅以豫西民团改编的第15军和川军94师孤守洛阳。守城官兵同仇敌忾，誓与洛阳共存亡，一万余名将士以血肉之躯与日寇的飞机、坦克和骑兵进行了英勇搏斗后退防城厢。24日拂晓，城厢争夺战全面展开，敌机对洛阳进行轮番轰炸，日军攻城兵力已增至35000余人。守军断然拒绝了日军的劝降，疯狂的日寇于中午发起总攻，日落后，全城进入混战状态。在敌我力量悬殊又无外援的情况下，洛阳沦陷。洛阳守军坚守21天，视死如归，奋勇杀敌，此壮举犹如空谷足音，实在难能可贵。至此，河南全境几乎被日寇全部占领，河南大学被挤在豫西南弹丸之地。

接替冈村宁次任日寇华北方面军总司令的冈部直三郎大将到洛阳巡视，他觉得洛阳对于日本这个"太阳旗之国"不吉利，于是就将洛阳改名为"福阳"。但不管他如何改，侵略者终归逃不出覆灭的下场。

日军占领洛阳的那天，在洛阳200多里之外的重渡沟，一名中国男婴呱呱坠地了，那响亮的哭声显然是在向世界宣告，中华民族是永远不会被征服的!

房东孙大娘高兴地就像自己的儿媳妇生了孩子似的,她一面念叨着这倪大夫是个教书先生,咋还会干接生婆的事情呢?一面从村里几户人家搜罗来了4个鸡蛋和2斤面粉,还有半斤红糖,在那个时候这已经是最好的营养品了。李秉德对孙家的热心帮助万分感激。

李秉德是洛阳人,家乡沦陷,儿子诞生,为了记住这个日子,他给刚出生的儿子起名,大号李重庵,乳名小洛。

李重庵1968年于北京大学毕业后长期工作在兰州铁道学院。1998年担任甘肃省副省长,2002年任中国民主同盟中央委员会副主席、全国人大常委。2008年他来到河南大学,他说:"对我来说,这是一次寻根,对河南大学,我有一种特别的亲切感、崇敬感、亲近感,有血浓于水的关系,所以更有一种感恩之情。"

就在潭头陷落的那天,王广庆告别住了5年的潭头办公室,想着河南大学仓皇之间踏上逃难之路,全校师生及其眷属还不知要受多大的罪,不禁老泪纵横。随后他带领部分校本部职员经重渡向南寻找河南大学安身立命的地方,历经多日来到西峡口。

西峡口系豫、鄂、陕三省交会处的"金三角"地带。向西经西坪可入陕,向南经淅川进入湖北。王广庆在此一方面收拢后来者,一方面筹款救济流亡师生,谋划学校办学地址。

时至5月下旬,赵新吾及几百名河大师生在西坪等候下一步行动的指令,一些师生曾到淅川县政府求助。教育部驻河南督学俞同龄赶来,找到王广庆表示慰问,并了解情况,随后向教育部发报:

河大学生400余名流亡各地,一部由训导长赵新吾率领,一部来职处请求救济。各方失去联系,请指定集中地点,由部统筹救济。

等待教育部指示期间,王广庆安排有关人员统计和计算所需服装、被褥、鞋袜及文具、医药的数量和费用。

国民党河南省党部致电中央组织部:

嵩县失守后，河南大学员生到处流亡，刻正商同教育厅设法收容，惟地方经费困难，可否商请教部酌拨款项。

教育部于5月24日接到俞同龄电报，同时收到国民党中央组织部的转函，立即研究并于25日致电淅川县政府，请代转赵新吾训导长，对于他克服重重困难率领学生抵达西坪甚感欣慰，河南大学"应集中西坪，已汇款五十万元于赵训导长济急"。当

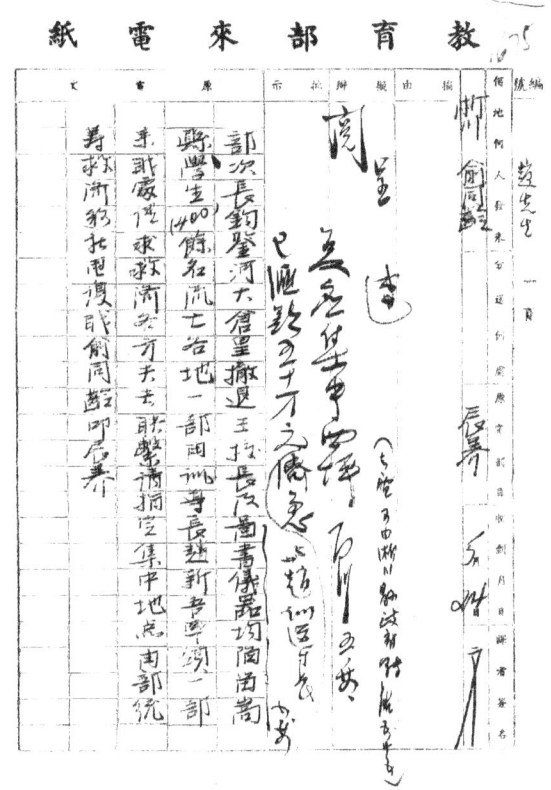

河南督学俞同龄向教育部请示河南大学安置和救济有关事宜及教育部的批复

看到复电时，河大师生犹如茫茫大海上的航船看到了航标灯，又像迷了路的孩子见到了母亲。

就在小洛发出响亮的啼哭声时，躲避在潭头附近山上的化学系主任李俊甫时刻关注着日军的一举一动。日军在占领洛阳和完成了对卢氏县城的攻击之后，于5月27日撤出潭头向蛮峪、任岭一带集中。李俊甫心里只惦记着化学系实验用的白金坩埚，化学系教学少不了这些宝贵疙瘩啊，现在也不知咋样了。想到这些，李俊甫全然不顾敌人距离潭头仅仅50里随时可能再袭潭头的危险冲下山去。刚遭劫难的潭头到处弥漫着恐怖气氛，李俊甫不敢马虎，在接近党村时他停了下来，屏神凝气观察着村内的动静，在确认没有鬼子以后，才一阵旋风似地冲进化学系实验室。他在废墟上翻呀找呀，终于找到了那些白金

坩埚，李俊甫当即将白金坩埚转移到山上隐藏起来。

初战告捷，李俊甫大喜，又找来化学系青年教师卢锦梭、陈西河及农学系学生臧镇亚等8位师生连夜返回潭头，收集理学院散失的图书资料和仪器药品，雇人运到西峡口。

王校长向李俊甫等人了解了陷落在潭头图书仪器等情况后，决定趁敌人还无暇再次对潭头进行破坏之时，立即组织人马重返潭头，抢救河大幸存物资。

到达西安青年招待站的学生于6月7日给教育部写信，在《国立河南大学逃难略述》中控诉日寇暴行："敌人占潭后，即将本校之办事处、藏书室、寝室、仪器室、实验室完全焚毁，其摧残文化，野蛮黩武，可以想见矣。"

考虑到潭头百姓为避日军四散于山中不易雇到民夫，王广庆请西峡口士绅代觅挑工200人，后又增觅600人，由学校职员带队，派校工50人参加，从西峡口、桑坪、夏馆等地分批赶往潭头。

与此同时，学校请求廖运周帮助医学院寻找丢失的物资，对于母校之请，廖立即应允，派兵护卫，教授张铭斋自告奋勇，率领多名同学辗转返回已经沦陷的嵩县。在当地人士的协助下，他们避开日寇和汉奸的耳目，采用各种办法寻找和收购遗留于当地的图书仪器以及学校物资。1944年11月10日出版的第4期《国立河南大学校刊》刊登标题为《一百一十师廖运周师长协助抢运医学院图仪并关怀母校一切》的消息说："本校预校毕业同学廖运周君现任一百一十师师长，驻扎前防，执戈卫国，医学院教授张铭斋先生日前赴嵩县抢运医学院图书仪器，廖同学极力协助，并对于母校一切情况，深为关怀云。"时为医学院二年级学生的邵志祥在《颠沛流离中的河大医学院》中写道："张铭斋教授率领诸同学，深入沦陷区，收购图书仪器，不仅是跋山涉水，受尽了辛劳，简直是出生入死，拼上了性命。其对于医学院的贡献，真是劳苦功高，值得大书特书。"

河大职员和部分青年教师在潭头各院住地清理点验幸存的图书仪器。会计姬志光在废墟中找到了散乱的账簿。图书馆馆长李燕亭从瓦砾中捡起一本本图书，当他找到宝贵的《道藏经》等书籍时，顿时心花怒放，立即将清理出的图书登记造册，指挥民工尽快打包启运。

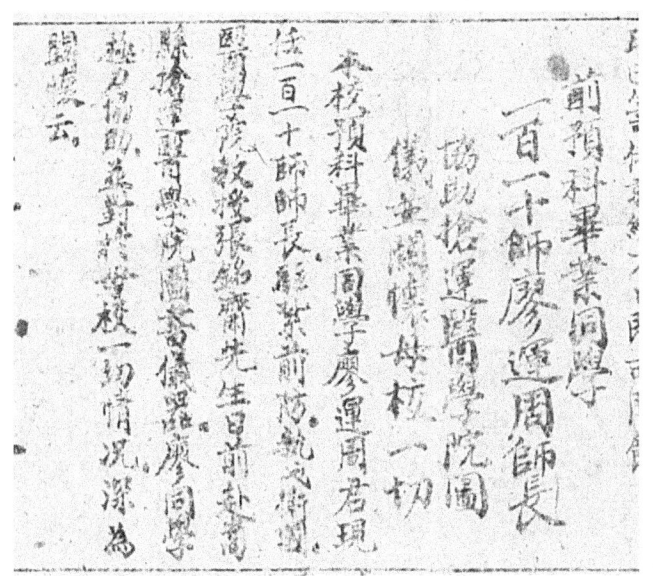

在荆紫关复刊的《河南大学校刊》报道了校友廖运周帮助母校抢救图书仪器的消息

经清点，医学院各种教学仪器设备药品损失惨重，6000余张教学挂图仅存100余幅。理学院被焚，物理、化学、生物仪器损失过半，图书损失殆尽。农学院图书被付之一炬，只有藏在大王庙村的仪器未被破坏。总馆图书尚余71125册，损失6841册。文书组除了带出的二麻包和五小包卷宗外，留在潭头的档案全部被毁或遗失，造成了河南大学民国时期档案长期以来几近空白的局面。学校存贮在潭头的数百石麦子，除嵩县县政府征用和借给29军一部分外，其余尽失。

与此同时，潭头党政处派专人协助河大回收物资，潭头百姓也积极参与寻找。

大王庙村的孙明化在日军占领潭头的当天晚上就与父亲潜回农学院实验室，在黑暗中摸索到8个小箱子，打开一看，里面竟是显微镜，于是便将这些小箱子一个个递出墙外，带回家中，埋在草屋的草堆下面。日军撤离潭头后，大王庙村群众代为看守农学院图书仪器，免受再次损失。所以农学院仪器比文、理、医三个学院的完整，不能不归功于大王庙村群众的协助。后来大王庙村群众又将显微镜等仪器送到荆紫关。党村的庄青山将捡到的河大枪支交给了潭头党政处后写信给河大，汇报了他拾枪、交枪的经过，河大领回了校警队的枪支。对乡亲们的帮助，河大表示衷心的感谢。

在6月上旬的那段日子，抢运大军络绎不绝地行进在潭头到西峡口的山间小道上。每个民工挑60斤重的担子，翻山越岭，每日行程50余里，由于尚未确定河大迁至何处办学，所以暂且选择西峡口北边60里的蛇尾沟存放抢回的物资。此处交通便利，接近西峡口，转运方便。直到7月上旬，才将全部物资抢运完毕。

暂避重渡的河大几十户教师也接到学校通知，向西峡口集中。到了动身的那天，各家携幼扶老踏上行程。李秉德的行李就是一副挑子，一头挑着被子，一头挑着刚刚出生的婴儿。他们心情沉重，拄着拐棍，默默地告别了重渡街，告别了三道观瀑布。就这样，河大最后一批人撤离了硝烟未尽的中原战场。

6月底，王广庆从西峡口来到荆紫关，但校址问题依然没有确定。

主张河南大学应留在河南的人士呼声极其强烈，他们认为：日寇已是兔子尾巴长不了了，河南大学在中原大地坚持了7年，一定能坚持到最后的胜利。也有不少人以潭头惨案为例，主张河大迁到省外，并提出迁校的上中下三策。其上策为：暂时迁到陕西凤翔的周公庙、甘肃天水的义国教堂，一旦河南战局稳定了，河南大学立即返回本省。中策是：将学校一年级学生留在本省办学，其余各年级迁到上述地点。如果不考虑实际情况而将河大留在河南是下策。两种意见各说各理，甚至有着激烈地交锋。在此期间还召开过非正式会议讨论河大去向，会上有人大声疾呼："为河南子孙计，河大不应该迁出河南！"

7月初，教育部打算将河南大学文理两学院迁到陕西城固与西北大学合作办学，医学院迁到陕西汉中与西北医学院合作办学。河南旅碚同乡会的河大校友周树声等人也认为，"今闻大学拟在荆紫关复课，该处逼近前线，万一敌军一有蠢动立遭波及，且聘任教授亦恐无人愿往，而学生日怀履临深渊之惧，欲其安心就学岂可得乎？"他们也建议河大迁到陕西城固。7月15日，河大造就迁移汉中的经费概算书，行程约2000余里，约需1750万元。

7月18日，学校以训导长赵新吾"于此次事变以前，率领男女学生八百余人跋山涉水，历尽艰苦，卒能脱出危险之区，达到安全之地，其劳绩尤足多也"为由，向教育部提交报告，"拟请优予奖励"。

河南省政府、国民党河南省党部以及地方士绅极力恳请将河南大学留在省境。到了8月，教育部令河大在豫选择合适校址。

陈重华找到王广庆，建议河南大学迁到淅川的荆紫关镇。陈重华是淅川地方自治领袖，名舜德，毕业于河南省立第三师范，后任淅川县简易师范学校校长，办学卓有成绩，被推举组织民团，剿灭匪患，进而与内乡别廷芳、镇平彭禹廷、邓县宁洗古结为宛西四县联防，创造出宛西四县地方自治的模范区。他说荆紫关治安状况良好，并能够为学校腾出公共用房以及民房办学。

王广庆校长决定继续南下到荆紫关办学。鉴于医学院图书仪器药品丢失损坏严重，院长张静吾、外科教授生明、内科教授朱德明、耳鼻喉科讲师马襄嶙、妇科教授倪桐岗、生理教授徐云五及大多数学生已在西安，医学院已不具备在荆紫关复课的条件，特批准医学院暂迁陕西西安。

"河南大学师生立即到荆紫关报到"的决定通过不同的途径传达到流落各处的河大人。

第九章　丹江水暖

在豫、鄂、陕三省交界处，有一条发源于陕西省凤凰山麓的丹江自西向东奔流而下，连通汉水和长江。在丹江北岸，沿山顺河有一条600多米弯弯的东西长街，这里曾经商贾云集，物资充斥，店铺成片，设有税局和电报局及军营，这便是荆紫关。因是通衢码头、商业重镇和军事要冲，历朝历代都派重兵驻守。战国时期楚王派太子荆前来镇守，将此地命名为荆子口。一代盛唐，更有大量物资从南方经丹江源源不断地运往都城长安。明朝人想，这里既是屯兵之地，应叫做荆子堡。清朝人看到

在豫、鄂、陕三省交界处，丹江自西向东奔流而下，丹江北岸，沿山顺河有一条弯弯的东西长街，这便是荆紫关

春天来临之时漫山遍野盛开紫色的荆花，又把具有军事意味的荆子堡改叫充满了浪漫色彩的荆紫关。

7月上旬，学校一千余名师生陆续到达荆紫关。

当地政府和士绅极为欢迎河南大学的到来，荆紫关的百姓对师生也表现出了极大的热情，他们纷纷腾出最好的房子安置来客住下。由于学校行政人员尚未到齐，日常事务便由学生救济会负责，学生们自

由组合，散居镇内民宅，镇公所组织百姓每天将馒头、大饼等主食送到学校临时办事处，再由学生领回去分发到人，如此长达4个月的时间。侠道柔肠，热情好客，淳朴善良的荆紫关百姓用温情抚慰着遭受严重创伤的河大人。学生华漫在《潭荆采薇》中写道："虽在难中，获得温暖实多，及今思之，尚是拳拳难忘。"

短时间开不了课，学生便在小镇及周边做社风民情考察，免得浪费了大好时光。

他们来到了小镇长街的入口处，一座建于1914年的古关门矗立眼前。关门为砖石结构，饰以精美雕花，正中匾额书写"荆紫关"三个魏体大字，黑底白字分

新中国成立前的荆紫关镇政府。在此门前，河南大学师生张贴壁报，举行集会和宣传演出，通过报栏的各种报纸了解时局

外醒目。透过正中拱门，街道两旁的古建筑一一映入眼帘。

由于荆紫关地处南北方交界，民居也多带有南北融合的样式，几进几出的院落，两厢对称排列，庄重大气，而屋顶建有江南特有的防火墙，高低错落，又给房屋平添几分古朴和灵动。

荆紫关古关门至今依然高耸在明清古街前

学生们沿着青石铺地的街道，来到那体量高大、建造精美的平浪宫前，大门两侧有鼓楼、钟楼各一座。荆紫关码头兴盛期，船商们在这里建立帮会，修平浪宫，取"风平浪静"之意，反映了人们对美

好生活和太平盛世的向往。

他们来到了道光年间，山西、陕西商人集资修建的山陕会馆前，在中轴线上，依次有大门楼、戏楼、过道楼、春秋阁、后殿、卷棚等建筑，庄重威严，雕绘精湛，檐下悬挂"麒麟望北斗"、"丹凤朝阳"、"雄鹰展翅"等透花木雕，当时盛极状况可见一斑。

在接下来的日子里，学生们又相继参观了玉皇宫、万寿宫、清真寺，就连离镇较远的法海禅寺也有同学用了一天的时间专程赶去拜访。

学生们登上荆紫关的制高点俯瞰古色古香的小镇，满眼绿色，举目远望，丹江碧水清波，田野阡陌相通。云开雾散之时，阳光照在江上，水面泛起金波，闪闪烁烁，宛如星星坠河，沙鸥点点，白鹭翔集，鱼跃虾游，酷似世外桃源。激动的男生忘情地冲下山坡，纵身投入丹江戏水打闹，畅游两个小时上岸后，衣服也在石头上晒干了。而在潭头受到严厉管制的女生来到荆紫关以后也享受到了"自由"，她们错开男生戏水的中午高峰，在傍晚时分来到河边，或嬉水或浣衣，晚霞夕晖将她们阿娜身影拉成长长的投影，引

比起河南大学在荆紫关办学时丹江的水少多了，但依然是一个山清水秀所在

得百姓驻足观赏"西施浣纱"图。

最令学生们感到新奇的还是离小镇四五里远，有一个只有十来户人家的小村。据校友回忆：

路中有条三岔分沟，上有一石板桥，是为豫、鄂、陕三省交界处，临街壁上，张贴五种告示，除河南、湖北、陕西三省政府外，尚

有第一战区,及第五战区二种。问居民,奉行法令,及出粮纳税情形,虽同村却各不相同,真是一件有趣事情。①

校长王广庆率校部职员来到荆紫关后,面临的首要任务是立即收拢学校人员,特别是教师。他派人将神情恍惚的王直青、两脚刺烂的段再丕以及昏迷不省人事的石如灿、两脚暴肿

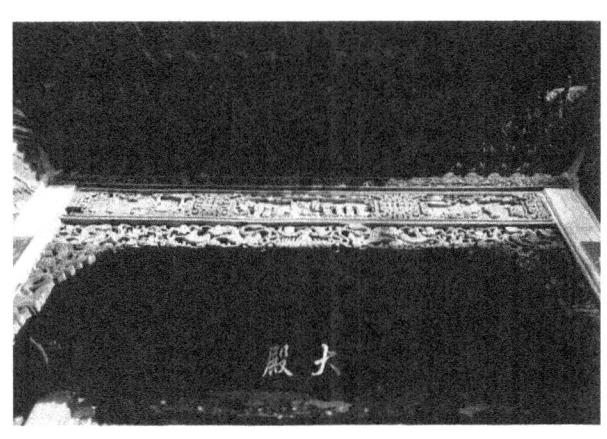

山陕会馆大殿的精美木雕向河大师生讲述着这里曾经有过的辉煌

的李应坤等人接到荆紫关。不久,在渡过伊河便与大队失去联系的教务长郝象吾辗转来到了学校。患病的黄以仁被潭头河南坡的阎虎娃雇人用担架送到荆紫关。张静吾在张荣妮的护送下,抬着受伤的张宏中赶到学校。

1944年度,河南大学计有教工257人、学生1110人。到达荆紫关教职员工有207人,校警及技术工人179人,除医学院二年级以上学生已在西安外,在荆注册的学生有700余人。经与地方政府商定,荆关镇划新旧两寨公私房屋500余间安置千余名师生员工。

校办事处设在马王庙,该镇第一中心小学全部作为各院教室,图书馆被安排在土地祠内。新寨及附近各村作为学生宿舍,其分布如下:理学院二、三、四年级男生住小寺及张村,文学院二、三、四年级男生住大圣庙、尹家湾和陈家仓,农学院二、三、四年级男生住店子村小学和该村部分民房。各院新生一律安排在河西魏家村小学、黄龙庙及该村部分民房。女生宿舍安排在新城南部、西部及西北部公房

---

① 华漫:《潭荆采薇》,《国立河南大学校志》,台北:1976,第128页。

或私房内。医学院虽暂迁西安,但该院附属产校和护校并未随行,借朱氏小学为产校教室,城隍庙为护校教室,两校女生住五圣宫,男生住汉王坪。一旦医学院安置停当,两校仍一同迁去。

经历了潭头巨变,河大人已身无长物,王广庆上报教育部请立即拨专款予以救济,不然待到天气入秋"寒威渐厉,身着单衣,榻无被焉,偎冷号寒,其情已实可悯也"。他派人到镇平县贾宋镇购买一批黑白线呢、白粗布,雇用24匹骡马运到学校做衣做被,分发师生以御风寒。经过潭头惨案的惊吓,逃难路上风餐露宿的折磨,感染疾病的学生不少,学校商请镇上宝斋医院为家在战区生活困难的学生疗伤诊病,不久经该院治疗的21名学生痊愈出院。

经历潭头事变后王广庆心情沉重,思前想后,萌生退意。7月21日,他向教育部递交辞呈:

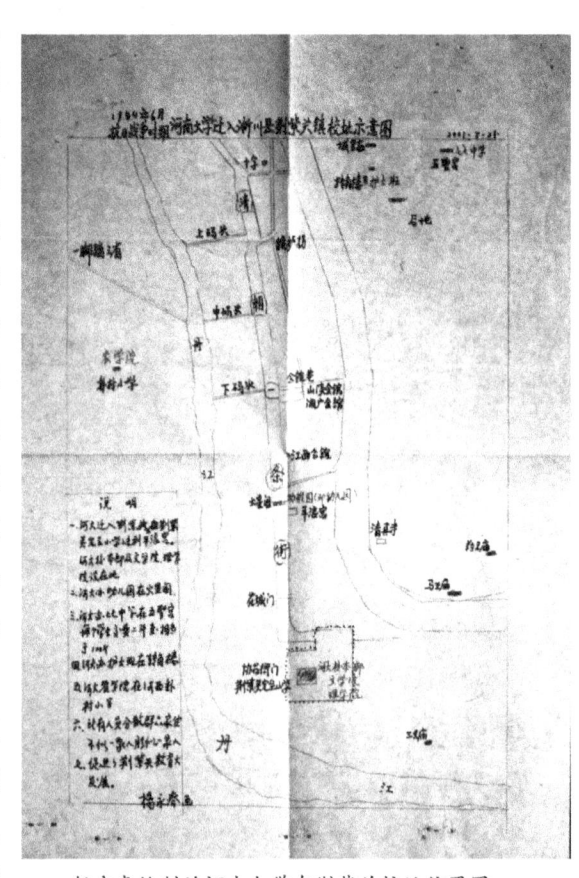

杨永春绘制的河南大学在荆紫关校址位置图

窃广庆猥以菲材,滥厕学府,光阴荏苒,六载于兹。平日深蒙钧座多方指导,及校中同人协力赞助,得免陨越,实属至幸。不意事变猝临,措置未周,致令公私损失不可胜计,员生眷工流离死亡,自维职负疚良多,清夜扪心,实觉无以对国家,无以对钧部,无以对全校师生，并无以对我河南父老子弟。

他在汇报了学校的图书、仪器、药品、档案均已运到蛇尾沟，全体教职员及大部分学生也来到了荆紫关，一切大致安排妥当的现实情况后，请教育部"另简贤能，速来接替"。

潭头惨案死难者的人数一直众说不一，传言牺牲的人数多达十几人，如文、理学院3个教授和学生张尔婉、张宏中被杀，文学院学生孔繁韬和另一女生被刺杀投入井中，王直青被碎尸等等。

王校长很快查清了确切的死难人数和详细情况。让我们永远铭记1944年5月16日长眠于潭头的河南大学9位师生与眷属吧。

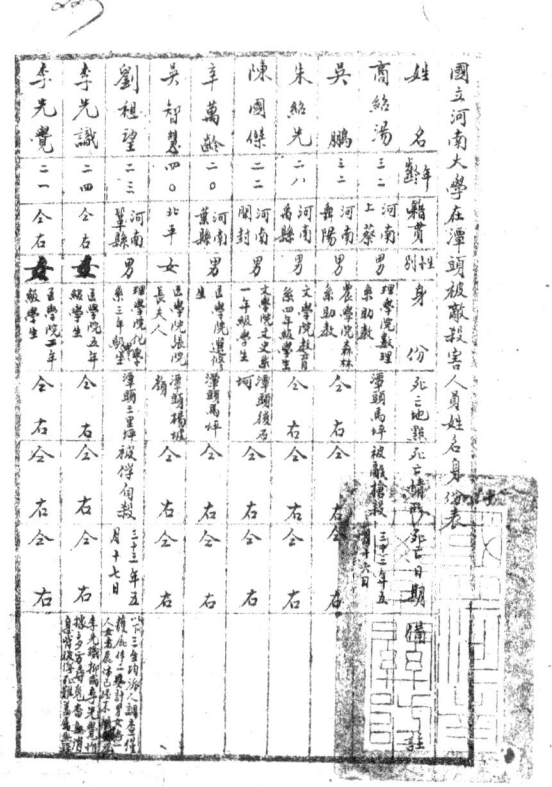

向教育部呈报《国立河南大学在潭头被敌杀害人员姓名身份表》，其中吴鹏年龄被误写为"三十二岁"，"吴芝蕙"被误写为"吴智慧"

商绍汤，32岁，河南上蔡人，男，理学院数理系助教，被杀害于潭头马坪。

吴鹏，27岁，河南舞阳人，男，农学院森林系助教，被杀害于潭头马坪。

朱绍先，28岁，河南禹县人，男，文学院四年级学生，被杀害于潭头马坪。

陈国杰，22岁，河南开封人，男，文学院文史系一年级学生，被杀害于潭头石坷。

辛万龄，20岁，河南叶县人，男，医学院

选修生，被杀害于潭头马坪。

吴芝蕙，40岁，北平人，女，医学院院长张静吾夫人，被杀害于潭头阳坡岭。

刘祖望，23岁，河南巩县人，男，理学院化学系三年级学生，被捕自杀于潭头三里坪。

李先识，24岁，河南巩县人，女，医学院五年级学生，被捕自杀于潭头三里坪。

李先觉，21岁，河南巩县人，女，医学院二年级学生，被捕自杀于潭头三里坪。

同事、同学、亲人惨死在日寇的屠刀下，每一个师生都沉浸在万分悲痛之中。学校一面让人加紧与死者家属联系，一面向省政府、教育部汇报潭头惨案始末，从应变费中给予死难的教师和眷属各10000元、学生各5000元的抚恤，张静吾之侄张宏中需要后续治疗，亦给医药费若干。

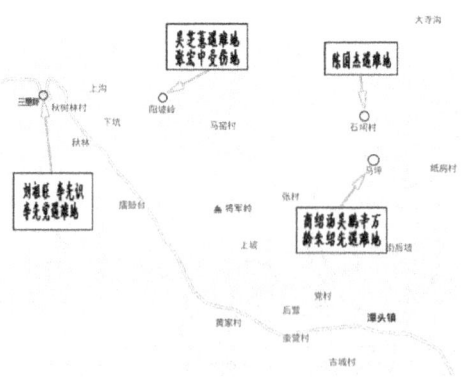

河南大学9位师生眷属遇难地点示意图

不久，黄以仁的病情更加严重。黄以仁毕业于日本东京帝国大学，是著名的林学专家，讲授树木学、植物分类、植物生态等课程，曾带学生到鸡公山调查林业状况，绘制成了该区林相图、材积分布表、森林植物分布图，设计了经营计划书，为鸡公山林区的开发保护利用提供了可靠依据。在潭头时，他不顾上了年龄坚持教学，多次率学生深入伏牛山进行实地考察，终于积劳成疾，又遭日寇侵潭，一路饱受惊吓风寒，来到荆紫关后一直卧床不起，不久，植物分类专家、《植物学大辞典》主编黄以仁含愤而逝，终年66岁。学校在其住处的大门外召开了追悼大会，将其安葬在城隍庙后坡上，立有石碑，左右植柏树两棵。

而此时又一个婴儿降生了，他就是理学院教授霍秉庭的长孙，经济学系1943届毕业生霍本诚的长子霍诗江。霍秉庭一家十口人，刚到荆紫关时借居镇上李姓人家，碍于当地风俗，不便在房东家里生孩子，霍本诚便和妻子史萍搬到较偏僻的一处孤房里生下了霍诗江，那是1944年6月21日。霍秉庭又得孙子，特赋诗抒怀："记得添孙喜赋诗，强开笑口破涕时。而今戎马仓皇日，绿竹新生又一枝。"霍诗江出生后便随父母和河南大学一起辗转搬迁，新中国成立后考入唐山铁道学院，毕业后在青岛四方机车车辆厂工作，退休后，有了时间的霍诗江对那段往事终日挂在心上，终于在2008年5月重走潭头、荆紫关，寻找自己出生地。

9月，郝象吾的儿子郝立中在荆紫关出生。他于北大毕业后，在西安工程大学从事飞机发动机控制软件系统的教学与研究直至退休。

逃难之中接连诞生的4个婴儿给河南大学带来了希望，河南大学后继有人，中华民族生生不息。

4个月后，河南大学在荆紫关基本安置妥当。前期一直由学生救济会负责的伙食总务等事务，也由校行政部门接管，他们将镇公所每日配送的食品账目进行汇总，然后转给学校会计室，由会计室与当地镇公所结算清楚。在大清沟承牛培真、李德赢两位校友开仓接济逃难中的师生，学校也以粮食折算现金，派专人送还并表深深谢意。

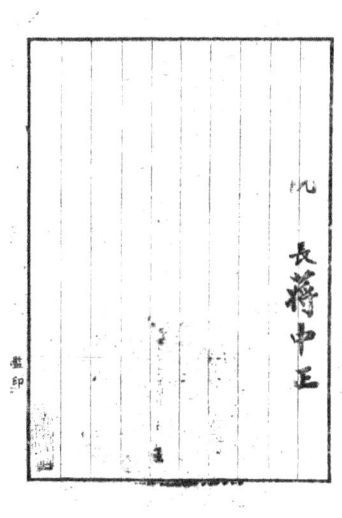
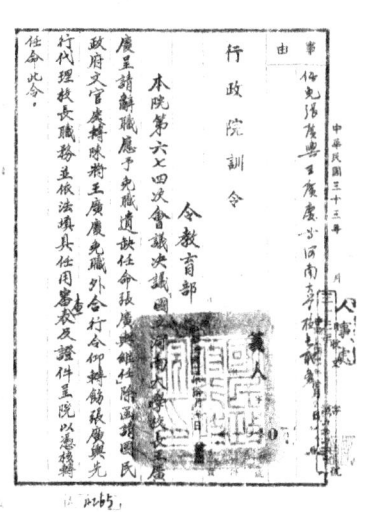

行政院通过决议并发布训令："国立河南大学校长王广庆呈请辞职应予免职，遗缺任命张广舆继任。"

王广庆去意已决,校务暂由郝象吾代理。

在抗日战争最艰苦的岁月里,王广庆带领全校师生始终坚守在抗日最前线,为保全河南大学,维护中原文化,培养抗战建国人才做出了贡献。在潭头办学的6个年头里,他极力稳定人心,诚聘名师,坚持按照部颁教学计划开设课程,因地制宜进行教学,结合山区实际开展科研活动,提倡爱国爱校,尊重学术自由,这一时期,河南大学在教学、科研及学生管理等方面都取得了优异成绩,省立河南大学改为国立,河南大学进入新的历史发展时期。

1944年10月3日,行政院第674次会议通过决议并发布训令:

> 国立河南大学校长王广庆呈请辞职应予免职,遗缺任命张广舆继任。

张广舆,名仲鲁,河南巩县人,15岁考入清华留美预备学校,后在美国留学获学士学位。1927年3月,担任河大前身——河南中山大学教务长,1930年担任河南大学校长,后曾去中央大学任总务长、教授等职,1933年第二次担任河南大学校长,1934年任河南省政府委员、省建设厅厅长,还担任了中原煤矿公司董事长。

张广舆(1895~1968),河南巩县人。1930年6月、1933年8月、1944年10月三次出任河南大学校长。1945年7月任民国经济部参事,1948年说服河南省政府主席张轸起义,加速了武汉的解放。1949年5月当选为全国政协代表,参加了开国大典。新中国成立后历任国家燃料工业部计划司副司长、全国煤炭管理总局副局长、河南省交通厅厅长等职

张广舆对学校情况自然十分熟悉,面对河南大学遭此空前浩劫心痛万分。他受命于危难之际,深感责任重大,唯恐有负重托,但为了使中原最高学府坚持在华北抗战最前线而弦歌不辍,他暗自下决心:"勤奋从事,悉力以赴。"

他在重庆临时住所思考上任后如何

开展工作，1944年10月12日他给教育部写信阐述河南大学亟待解决的诸多问题。

当务之急是确定校址。曾任建设厅长的他，熟悉河南境内的每条道路。日军距离南阳仅几十公里，朝发夕至，一旦战事再起，西坪通向西安的公路势必遭到破坏，荆紫关四面都是高山，河大转移万分困难，鉴于潭头教训，应未雨绸缪，尽早选定学校再次转移地址。张广舆考虑到教育部之前已经命令河南大学迁到陕西的城固、汉中，前任校长王广庆也曾将迁移费预算呈部核准，所以仍想循此办理。

第二件急需办理的事项就是尽快补充损失。战前医学院的各种设备还算完备，办学颇有成绩，但由于从嵩县撤退时损失惨重，除一、二、三年级一些课程可以利用理学院的设备开设外，高年级的临床课程已经无法开课。此时医学院一部分师生已离校到西安，住在西安军医分校，即便能与该校合作办学，也属权宜之计。因此必须尽快解决该院的仪器图书设备的补充等问题，仅靠其自身力量已无法在短期内恢复元气，必须向教育部申请援助。

第三个亟待解决的问题是，潭头逃难，师生们仓促起程，一路不堪重负，丢掉不少个人物品，不时遭遇的兵匪使仅存的衣物又被抢掠一空，到达荆紫关的师生们已属赤贫。天气一天天转凉变冷，如不尽快予以救济势必陷入难以生存的境地，更别说恢复教学工作了。

张广舆将上述考虑向教育部一一汇报，申请800万元以救河大当务之急。与此同时指示郝象吾等人，努力稳定人心，加紧复校各项筹备工作，争取10月上旬开学。

河大教授会给张广舆去电，盼望新校长早日到校开展工作。张校长回电说明了在渝办理寻求增添图书仪器设备和困难救济的进展情况，告诉大家月底可启程来校。

王广庆离任，张校长在重庆未到，又遇连绵阴雨，工匠难觅，教室修缮或新建都难以按期完成，教学桌凳不好凑齐，复课时间只好后延。

医学院院长张静吾等一批教授、同学在西安待命，有性急者干脆转到了其他学校就读。鉴于此，学校同意医学院尚在荆紫关的师生到西安会合，另觅合适院址。

1944年10月27日，50余名医学院同学在同学会和各班代表的率领下冒雨踏上路程。中秋月圆时节他们来到陕西商县，拜访了在陆军医院工作的校友萧协五，负责此次迁移的学生梁祖翼则意外地见到了该县税务局长贺崇升。贺崇升是梁祖翼的高中老师，夫妻二人都是共产党员。战乱之中师生他乡相见分外亲切，两人在贺的住处秘密会面。贺向梁介绍了豫西的战局，他估计半年之后豫西南定会有战事，河南大学在荆紫关待不下去还会再次搬迁。两人分手后，贺就返回老家洛宁县打游击去了，新中国成立后担任交通部副部长。

医学院一行人来到西安与学院会合，随即成立了学院学生的自治组织——管理委员会，学生赵炳文、王健梧担任正、副主任，梁祖翼负责外交。河南省政府驻西安办事处、陕西省政府和战区长官部以及张钫等人非常同情医学院的处境，从多方给予协助以寻找办学地址。

1944年10月5日，《国立河南大学校刊》在荆紫关复刊，每周出版一期，并规定周三、周四两日收稿，周五、周六编辑，周一印刷出版。

作者曾于2001年在南京大学第一次见到了在荆紫关复刊的校刊，不禁

河南大学迁到荆紫关不久就恢复出版了《国立河南大学校刊》

为出版组的诸位老师的敬业精神而深深感动。我的眼前仿佛出现了在荆紫关茅屋昏暗的豆油灯下，一位出版组的老师佝偻着身子，手握铁笔，在蜡纸上一笔一画地刻图写字。伴随着第一声鸡鸣，他用手揉揉干涩发痛的眼睛，推开钢板，小心拿起蜡纸，透空看去，一版饱蘸心血和河大人不屈精神的校刊在眼前展现，此时他的心情一定很激动，同时也为自己的杰作而沾沾自喜。第二天复刊的校刊便带着油墨的清香在河大师生手中传看，透过阴霾大家看到了希望。

在南京图书馆我请求管理员让我复印这些珍贵的河南大学校刊，但以纸张年久变脆而被婉拒，我只好以最快的速度，抄下了这张报纸的主要内容。

据校友曹世昌回忆，当时"学校的刊物有《学术丛刊》《农学与医学》《文史与考古》《社会科学》……都是极够水准的"。

在教务处长郝象吾的主持下，10月24日召开了迁到荆紫关后的第一次校务会议，参会的孙祥正、张邃青、宋玉五以及各系主任、教授及会计主任王庸等二十余人讨论了关于增置图书仪器设备和师生急待救济等多项议题，并决定11月5日正式复课。

校出版委员会也召开了第一次全体会议，张邃青、孙祥正、王金吾、张静吾、宋玉五、嵇文甫、段凌辰、樊映川、王鸣岐、鲁章甫、郭翠轩委员到会，讨论出版学术著作与创办刊物等事宜。

精美的"国立河南大学图书馆"篆书朱红印章盖在发黄的珍贵图书上彰显河南大学文化的渊博与历史的厚重

寨南门外的土地祠被作为图书馆馆址，图书馆立即将图书从蛇尾沟运到荆紫关。经清理，从潭头抢运回图书71125册，与1943年报部数77966册相比，损失6841册。由于仓促之间没有准备包装用具，只是将图书用麻绳捆绑运回，所以书籍受损严重，一些珍贵的线装书在运输途中函脱套毁，散乱成堆。土地祠狭小，图书馆职员精心整理修复的图书不能全部上架，故先将《四部丛刊》《四部备要丛书集成》

等20000册书陈列借阅。校图书委员会委托王鸣岐从西安购买哲学、历史、教育等各种新书数十种，价值10000余元，又向中国国际救济委员会申请订购物理、普通化学类理科图书达万元。

李俊甫全力主持理学院各实验室的恢复工作，他们借用民房安装仪器，新组建12个实验室，使化学系率先上课，带动了其他各系的复课进程。

医学院产、护两校定于10月21、22日开始招生，经入学考试，每校招收新生40人，河南省未沦陷的14个县每县可保送学生一人，另外陕西商南、蓝田等3个县，湖北竹山等5个县每县可送保送学生一人。

农学院在荆紫关租用土地20亩，作为农场研究用地。

荆紫关七七中学分校成立，秋季即招收新生176人，其中一年级140人，二年级插班生19人，三年级插班生17人。

河南大学依然参加了1944年的招生工作，计划招收新生320人、转学生87人。

新生入校后，为防止冒名替考，确保质量，每个人都立即撰写自传，然后由招生委员会的老师拿其与报考时的国文试卷进行笔迹比对，一旦发现不相符者，经查实后不予注册。接着，学校上报教育部：

兹已将本校三十三年度录取新生朱伯福等报考时国文试卷与入学后自传校对笔迹均相符合。

11月4日新生开始了为期两周的训练，学习的科目有：

（1）政治训练。学习三民主义、总理训示、国民革命史、抗战建国纲领等内容，由马辑五、张克勤、张邃青、嵇文甫、杜新吾、郝冠儒、王雨尘等讲授。

（2）修学指导。介绍科目性质、目的及其相互关系，各学科的研究方法，如何利用图书馆和实验室等，由胡梅邨、李燕亭、赵敏政、杨震华等讲授。

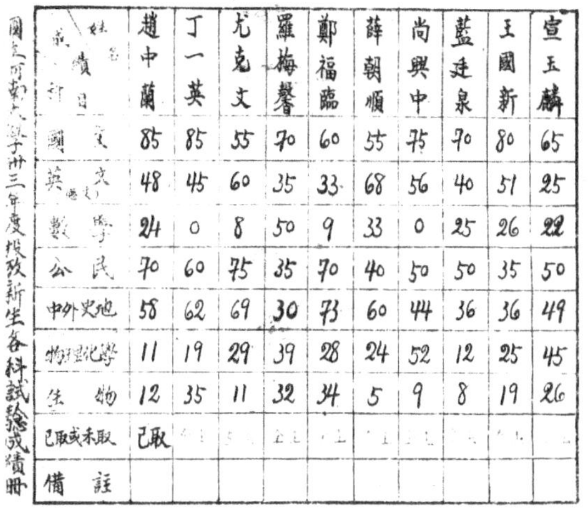

（3）本校历史、章则制度的学习。使新生了解本校校史、使命、办学宗旨、教务、训导规程以及校风、学校环境等，由郝象吾、赵新吾、宋玉五等担任主讲。

（4）音乐训练。内容为国歌及校歌的学唱。此外还有道德修养、体育训练、个别谈话等训练教育内容。

1944年投考河南大学新生各科试验成绩册

新生在荆紫关新寨西门内操场上进行紧张训练的同时，1944届毕业生也离校奔赴各地工作。文史学系毕业生牛佩珍、王善道响应政府号召，不惧艰苦，自愿报名到新疆工作，被录用为该省政府公务员，二人被誉为"本校参与开发大西北的先锋"。

11月10日，为调查河南大学潭头事变真相与损失，安抚河大师生员工，教育部派督学沈亦珍莅校视察。

沈督学到校后的第二天

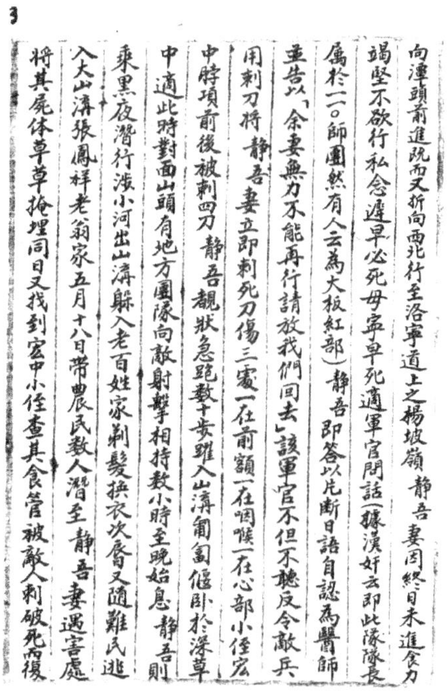

张静吾向教育部报告"日军罪行"中的一页

上午便出席在马家庙广场举行的全校国父纪念大会，下午3时召开了讲师以上教师及行政各组、馆、室主任80余人参加的谈话会。郝象吾主持会议，他代表学校感谢教育部的关怀，与会人员竞相介绍潭头惨案公私物品的损失情况、目前所处的境况、师生的情绪心理、复课急需的各种条件等等。沈督学不遗巨细，一一记录，并在会后立即向教育部汇报河大情况。

学校通过不同方式组织大家控诉日寇暴行，激发广大师生的斗志和增强抗战必胜的信心。张静吾、王直青等死里逃生的教授们以报告和撰文方式揭露日本帝国主义丧心病狂地杀害我校师生，妄图摧毁中华文化的罪行。王直青以切身经历告诉大家："国家落后就被帝国主义奴役！"

经过紧张筹备，在郝象吾的组织下，在教育部沈督学的指导协助下，在惊魂未定千余名师生的期盼和努力下，1944年11月5日，劫后余生的河南大学又在荆紫关开学了。

12日上午9时，循惯例进行的国父诞辰纪念大会在新城操场举行，沈督学、郝教务长及千余名师生参加。

13日上午8时，新学期第一次总理纪念周在新城操场举行，沈督学为了使大家尽快从战争的阴影里走出来，特意从一个人的立身处世、治学治事讲开去，希望大家树立远大的抱负，养成坚韧的自强精神，学会勤于治学的方法，有计划地去学习，以求调动师生教学读书做学问的积极性。

14日下午，由郝象吾主持，由张邃青、嵇文甫、王牧罕、陈仲凡、孙祥正、李俊甫、樊映川、王直青、王鸣岐、田淑民、栗耀岐、宋玉五、李燕亭、鲍熙若、郭翠轩等院长、系主任、教授参加的到达荆紫关后的第一次教务会议召开。大家就多项亟待解决的问题进行了讨论，例如，如何按照部颁标准且结合本校实际情况设置必、选修课；如何贯彻教育部方便学生从军，将毕业前最后一学期课程提前到本学期上；如何处理文史、经济两学系学生要求转到其他院系学习的要求。会议还通过决议，克服一切困难，从速购置图书仪器，尽可能多地将图书上架开借。为方便教师教学,借阅图书定为一次20种,兼任3门课以上者,可以再增加5种。

开学伊始,百废待兴,大家期待着张广舆校长早日莅校视事,教授会决定推荐张邃青、林瑞年二教授,同学会推荐时任河南公路局局长的李武乔等两位校友为代表,到张校长从西安来荆紫关的必由之路西坪镇迎接。

12月29日下午6时,张广舆到达荆紫关。31日学校举行欢迎张校长茶话会。

岁末年初,在西安的医学院同学分住青年招待站、陕西商业专科学校、西北中学、景龙小学等处。河南战区学生救济委员会日发40元救济费以维师生生计。

安置滞留西安的医学院师生成了新任校长张广舆亟待完成的任务。张静吾提出,在汉中的西北联大医学院院长侯宗谦曾表示愿意帮助河大医学院。汉中处于抗战大后方,借助西北联大医学院办学是个不错的选择,学校立即将此议案呈报,很快教育部批准滞留西安的医学院师生迁到陕西汉中复课。张广舆指定教授朱德明、徐云五、张铭

马家坝在汉中城东南10余里的南郑县,它的四周尽为稻田环抱,中间一个绿树掩映的长方形小坝子就是河南大学医学院师生生活与学习的地方

斋组成迁校复课委员会，代替校长行使管理职权，并从得通公司借到法币50万元作为迁校经费。同学的自治组织——管理委员会也随着更名为协助迁校复课委员会。全院400余名师生向汉中开进。

汉中位于陕西南部的秦岭和巴山之间，北倚秦岭，南临汉江，是由汉江及其支流冲积而成的阶地平原，气温较高，水源丰富，被称为陕西的小江南。

汉中是军事重镇，它前控六路之师，后据两川之粟，左通荆襄之财，右出秦陇之马。当年刘邦被封为汉王，王巴蜀、汉中，都南郑，以此为发祥地，打下了汉家天下。刘备从曹操手中夺了汉中，自立为汉中王，诸葛亮屯兵于此，实行耕战，六出祁山，北攻曹魏。汉中留下了大量的历史遗存，其中以三国时代为多，古栈道、古汉台、拜将台、武侯墓、武侯祠等最为著名。

七七事变后，国立北平师范大学、国立北平大学、国立北洋工学院合组的国立西北联合大学迁来，汉中学校云集，形成了南有昆明，北有汉中的办学格局。1944年春，蒋介石曾前来参加从洛阳迁来的中央陆军军官学校第一分校第十一期学生的毕业典礼。

1945年1月初，医学院师生长途跋涉近一个月后到达汉中。此时，位于城南的汉中机场正在紧张修建，数万名民工昼夜施工，使这里成为美B-29型轰炸机基地，陈纳德率领的美国飞虎队多次从汉中机场升空执行作战任务。

西北中学校长段子美安排他们暂住西北中学。汉中较荆紫关物价高出两倍，师生连基本伙食都无法维持，不得已先向西北联大借款40万元，又向西北中学借款20万元，才得以维持生活。

医学院在汉中马家坝办学遗址

医学院在汉中城东南10余里的南郑县马家坝觅得院址。这是一处不大的院落，四周尽为稻田，中间为长方形的小坝子，院内一侧旧有两排砖瓦房，稍加整饰便可当教室上课，另一侧再新建几栋草屋当办公室、饭厅，中间空地就是操场。晚上部分男生就睡在这里，另一部分男生散居在附近村中民宅，女生集中住在距教室约一华里之外的新建宿舍。

院长张静吾在西安为侄子治伤未到汉中，由朱德明、张铭斋等人组成委员会代理院务，教授们大多随院来汉，不久教学工作就开展起来，饱经战乱的学生们更加珍惜来之不易的学习机会，学习研究风气较以前更加浓厚。

初到时生活艰苦，多数北方同学不习惯这里颇似南方的饮食，不少人吃了大米饭都喊胃疼。当教育部拨发的膳费直接汇到南郑后，才少了断顿之虞，生活大有改善，从一日三餐尽是稀饭咸菜，逐渐增加为早餐有油条、豆浆和一个鸭蛋，中午、晚上有一荤一素两菜一汤，每周还可改善一次伙食。

医学院师生在马家坝这个宁静清幽的小坝子上度过了一个学期。

张广舆曾经三次执掌河大，办学经验丰富，做事认真，同学评价说：“张广舆和刘季洪都是言语不多，很沉着有为的人物。”为了加强管理队伍，他还专门从省建设厅物色了几位曾是河大毕业生的职员来校协助工作。张校长上任前留重庆多日，就是为了筹募经费及购置教学设备，这次来校，带来了400万元资金，随后教育部又汇来170万元经费和设备购置费230万元，一批仪器、药品和新版图书也相继到校，使学校资金紧张的状况得以缓解。至此，在停顿了半年之后，河南大学的教学科研工作全面恢复。

1945年元月26日、29日和2月2日，张广舆连续三次召开行政谈话会，与各院长、系主任及校部三长等人讨论河大面临的局势和应对之策。第一次会议讨论经费问题，决定立即恢复经济稽核委员会，由会计室主任王庸就经费问题作出详细报告，并要求以后形成制度，定期报告经费情况。会议号召全校开展节约活动，杜绝各个方面的浪费。

河南大学借用时称荆紫关第一中心小学（现河南大学荆紫关附属中学）作为上课地点

创建于清末的荆紫关学堂大门

第二次谈话会议讨论教学问题。期考将近，会议重申必须严格教学纪律，期中考试无故缺席者成绩按零计算，国文、外语考试不合格者不准毕业，坚决做到依部颁条例履行请销假手续。会议决定成立学术评议会，以加强学生学术研究会和学生课外作业的管理与指导。第三次谈话会主要讨论了学术研究有关问题。决定寒假期间举行论文比赛，拟定三个题目：《战后中国经济之建设》《战后世界大势之预测》《现代中国青年应有之人生观》，字数要求在3000以上，学生的论文完成后交由学术评议会评判，按等次发给500元至2000元的奖金。另对教师考勤、授课时数和年终考绩、交通费补助等项问题也做出了相应规定。

通过这些会议，大家统一了认识，明确了任务，增强了信心，使得学校各项工作渐次步入正轨。

尽管河大师生屡遭劫难，可以说已经到了身无分文的地步，但正如论语所说："日知其所亡，月无忘其所能。"广大教师始终不忘肩负的教书育人责任，安贫乐道，教不厌，诲不倦，而莘莘学子也是含辛茹苦，不怨天，不尤人，愈挫愈奋，孜孜向学。教室不够用，就在打谷场、大树下露天上课，没有桌椅就每人发一木板为桌、一竹凳为椅；没有教材，教师就口传心授，学生勤于笔记。各种测验考试按时举行，期终考试时为严肃考场纪律，教务处在考场以白灰画线间隔考生座位距离以防止作弊。这年暑假期间，依然按照1945年招生计划招生,张邃青等教授分赴各招生地点主持新生招考工作。

在坚持正常的教学活动外,学校还举办了许多学术讲座,这在一定程度上弥补了课堂教学的不足,活跃了学术空气,开阔了师生视野。河大举办学术会议或讲座的历史可以追溯到建校之初,这一风气一直保持。在潭头时,就由嵇文甫、张邃青、孙祥正、王直青等教授倡导发起成立了学术讨论会,各教授就其专业所长和研究所得,定期向学生进行专题演讲,学生反映收益甚大。到荆紫关后,大家一致认为学术研究不可一日松懈,于是随着课业的进行学术讨论会也恢复起来,其中规模最大的两次是张邃青讲"从丹江伊水说到丹朱伊尹"和嵇文甫讲"谈程伊川"。每逢举办学术讲座,讲堂总是爆满,听众聚精会神,进不了学校借用当地的大讲楼的听众则在外面跂足侧耳倾听,唯恐漏掉一字。每当讲到精彩处,场上不时爆出热烈掌声。大家忘掉了艰苦,忘却了战争,沉浸在学术的绕梁余音之中。

第一次学术讲座由张广舆和张邃青首讲。

张校长曾长期主持省建设厅工作,对地方经济建设颇有心得,在学术讨论会负责人李俊甫、王鸣岐、郭翠轩的邀请下,张校长为全校师生作了"经济建设"的演讲。他援以西方发达国家在资源、轻重工业的做法为例,阐述中国战后发展工业、从事经济建设应走的道路。指出要实现我国工业化必须:第一,加强科学知识学习。第二,加强技术训练。第三,培养管理人才。他特别强调战争结束以后,国家对于工业发展要有通盘计划,积极引进他国先进技术,开展工作竞赛,使各方面都有公正待遇能公平发展,要克服惯以中国地大物博之类的空谈,而不关心民间疾苦的坏毛病。这些道理对今日经济建设仍不无借鉴意义。

张邃青是研究河南地方史的专家,他在"丹淅人文"讲演中从"丹淅"二字解释开始,系统论述了丹淅范氏中范宁、范晔在经学、史学上的重大贡献。

2月17日和3月3日又相继举行了第二次、第三次学术讲座,分别由嵇文甫作"先秦诸子与尧舜禅让的传说"、郝象吾作"有机演化与

冯友兰（1895~1990），字芝生，河南唐河人，著名哲学家。1918年毕业于北京大学哲学门，创办《心声》，推动河南的新文化运动。1923年获美国哥伦比亚大学哲学博士学位。1923~1925年任河南中州大学文科主任，后任教广东大学、燕京大学，又到清华大学任教授、系主任兼校秘书长和文学院院长，抗战期间任西南联合大学教授兼文学院院长，1948年当选中央研究院第一届院士及评议会委员。新中国成立后历任北京大学教授、博士生导师、学部委员，全国政协常委，民盟中央委员等。撰著有《中国哲学史新编》《新理学》《新事论》《新世训》《新原人》《新原道》《新知言》等

宇宙程序"、樊映川作"天界现象"的讲演。

　　1945年3月20日，回南阳唐河老家为母亲治丧的冯友兰、冯景兰兄弟应邀回到他们曾工作的河南大学。此时的冯友兰在西南联合大学任教授兼文学院院长，他在中国哲学史研究上具有重要地位，是第一个把中国哲学和西方哲学进行比较研究的人，尽管在抗战颠沛流离的困难条件下，他仍完成了《新理学》《新事论》《新世训》《新原人》《新原道》《新知言》，后人称之为"贞元六书"。《简明不列颠百科全书》评价该书说："贞元六书，上接程朱理学，并与西方新实在论相通，构筑了富于思辨性的独特思想体系。"在西南联大期间，他还学习了《共产党宣言》等马列著作，思想有了一个新的飞跃。20、22、23日他分别向母校师生做了

冯景兰（1898~1977），字淮西，河南唐河人。1918年北京大学毕业后赴美国留学，获得哥伦比亚大学地质学硕士学位。1922~1928年在河南大学任教授，经历了河南大学由预校到中州大学、中山大学的演进。他在河大教学认真，重视实践，地质实验室的矿石标本有一千多种是他带领学生在河南各地采集的。后到清华大学和西南联合大学任教。新中国成立后在清华大学和北京地质学院工作，担任国家学部委员、中国地质学会副理事长。他是中国矿床学奠基人之一，提出了"封闭成矿学说"和"丹霞地貌"概念，主编有《矿床学原理》

冯淮西先生

"抗战之收获与建国途径"、"人生成功之因素"、"新旧道德问题"、"中国哲学之精神"的演讲。在教师的学术讨论会上作"理学与维也纳学派"的报告。在荆河大师生全体聆听，冯友兰把深奥的哲学问题用日常生活的常见现象加以解释，幽默风趣，易于理解，常常令人捧腹大笑，而从历史或现实中发掘哲学命题，条分缕析，著微见著，旁征博引，入木三分，令人佩服。

冯景兰此时任西南联合大学教授，同时兼任云南大学工学院院长和采矿系主任，他也向河大师生做了"地质学与古生物学"的学术报告。

24日冯氏兄弟离开学校。

广大教师在逃难中宁可丢掉财物也不愿意扔掉书籍和科研资料。到了荆紫关后，郝象吾又在做果蝇的繁育试验，王鸣岐和张邃青对在潭头考察取得的伏牛山第一手资料进行整理研究，任访秋在逃难中随身带着的《十三经注疏》这时又派上了用场。这些可敬可爱、贫贱不移的教授们在如此艰苦的环境之中，仍取得了丰富的科研成果。

前锋报社为任访秋印刷出版了《中国现代文学史》上卷和《子产》两本书。教育系胡守棻写成《现代教育思潮》一书，由重庆南方印书馆出版。李秉德完成第一部专著《民众识字教育》，对推行社会教育有着广泛的指导意义。郝象吾的著作《演化与优生》一书早已脱稿，但因为战时参考书籍难觅，一时难做进一步的考证，但对演化与优生问题感兴趣者求索不断，于是便先将书稿交出版组石印百余册，按印刷成本代售以飨读者。

校出版委员会决定复出《河南大学学术丛刊》，向全校教师和学生征集学术"鸿篇巨制"，截稿日期定于1945年1月底。

为了鼓励和指导学生开展学术研究，1945年2月1日学校成立了学术评议会，推举嵇文甫为该会主任委员，王牧罕、李俊甫等为委员，制定章程，每月召开一次常会，刚从经济学系毕业的陈方堃负责评议会的日常工作。该会的主要任务是指导学生的课外活动，评议学生的论文、壁报和演讲等比赛活动的成绩与名次，择优予以奖励。学生专题演讲、辩论比赛、时事座谈会不断举行，大家虚心向学，潜心研究，为文立论，掘奥探微，从理论和实际两方面互相切磋，敦品励学，养成从事实际工作的能力。

新中国成立后任西北大学校长的李秉德在他的回忆录中说道："在全国大部分地区烽火连天的日子里，在荆紫关却吹来这股学术空气，确实是很难得的。"

河南大学的社会教育工作在潭头时期开展得有声有色，这不仅是学校以科学文化知识回馈社会，而且还是通过实践验证理论、锻炼学生能力的绝好机会。来到荆紫关后，先是学生救济会组织学生自救，在镇上各个街道和村庄设立识字班，帮助当地小学扩充班次，增加招生名额，由学生担任教学工作，不收报酬。待学校安置稳当之后，社教工作全面恢复。

翻开《国立河南大学三十三年度办理社会教育工作报告》，我们看到河大师生在时间和财力都十分紧张的情况下，基于对社教工作的认识和热忱，将四类社教工作搞得有声有色。

第一，幼儿教育。与镇中心学校合办一个幼儿园，由张静婉兼任校务主任，于爱俭、董美珠、侯明堃担任教师。园址设在镇上南街路五圣宫对面，有教室三间，教师休息室一间，借用中心学校黑板、教具及手风琴等，招收当地3~6岁和本校教职员子女共35人。

第二，普通教育。成立暑期补习学校，帮助当地学生提高学业，由学生祁铭箴兼任学校主任，刘思诚兼任教导主任，周葆慧、郝立本等16人担任教员。补习学校招收当地高中三年级学生26人，初中三年级学生61人，小学六年级学生94人，分别成立4个班级，借用荆关新城中心学校为校址，从8月1日至9月27日，用两个月时间为高中生补习国文、英文、数学、史地、理化、生物课程，为初中生补习国文、英文、数学、史地、自然课程，为小学生补习国语和算术、常识课程。补习班学杂费全免。

第三，大力开展民众教育，提高当地百姓的文化水平。

河大女生姚秀兰带领大家到镇上福音堂借用临街房三间，开办了妇女实习学校，招收25名当地青年妇女，帮助她们识字学文化。姚秀兰、罗景新、阎希同、余慕兰、高素珍担任教师，开设公民训练、国语、国音、算术、记账、写字、音乐、常识等课程。在魏村、店子、张村、尹家湾四个村庄利用冬季农闲为村民开办民众学校。

创办民众图书馆。在荆紫关北街镇公所旁借用三间房，从学校借来书架、桌椅和通俗浅显图书300余册，订报纸3份成立了民众图书馆，每天上午8时到11时，下午2时到5时开放，任由百姓阅览。学生马安仁、韩国鼎、杜宗正、王春华轮流值班，每周出壁报一次，张贴于室内，宣传时政要闻，刊载普及文化短文。

恢复电化教育工作队。在潭头时期，该队有电影放映机三架、幻灯机一架、收音机两台以及其他电教设备，潭头事变中仅带出一台收音机，成了电教队唯一的设备。这台收音机派上了大用场，每天马星武和张振洲两位老师带着赵锡琴、张其平、翟成珠三位同学收听并记录新闻，然后经整理张贴于镇公所门前，这份抄件简直成了荆紫关日报，引得师生百姓竞相阅读。每到周日晚上，他们还带着收音机在各条街上公开放音任群众收听。

第四，举办学术讲座。这是为了提高当地未受过高等教育的公职人员的文化水准而特设的，由河大校长、训导长、教务长、各院院长、系主任以及教授共18人分别在每星期日作公开学术讲演，学生吴其敬、杜蕙林、杨鸿德、张艮担任主任干事和干事，负责日常事务工作。每逢开讲，荆紫关各机关职员、驻军军官、学校教员等纷纷到会，听众均在百人以上。

就在各项工作正常进行时，而张校长又在思虑着两件事，第一，远在汉中马家坝的医学院长期游离学校之外，毕竟不利于管理，非长久之计。第二，时局动荡，日寇随时可能发动新的攻势，河大下步棋该如何走。

从1944年4月到10月，日寇占领河南、湖南、广西、广东大部和贵州一部，逼近陪都重庆，中国赴缅远征军和各战区兵员物资损失极大，为补充兵员，把知识青年吸引进军营中去，国民政府发起了青年从军运动，蒋介石于10月14日发表《告知识青年从军书》，提出"一寸山河一寸血，十万青年十万军"的口号。河南大学立即成立了由校长、各院院长、训导长、教务长在内的知识青年志愿从军征集委员会，由校长担任征集委员会主任，张克勤担任总干事。

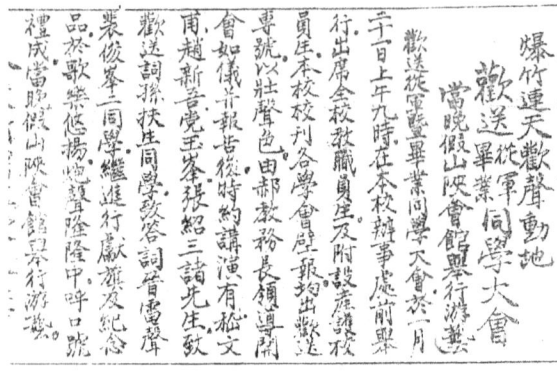

1945年2月5日出版的《国立河南大学校刊》报道了全校师生欢送从军和毕业同学大会的盛况

在10月底的一次集会上，征集委员会副主任王毅斋对全体学生发表演讲，指出青年报国之道莫若从军，他语句铿锵，激昂慷慨，声泪俱下，引起与会同学一致共鸣，大家以去年国立东北大学、四川国立十八中学的300名学生为榜样，矢志从军，保家卫国，一时间报名者踊跃。

1945年1月21日上午9时，河南大学欢送从军和毕业同学大会在校办事处前举行，全校教职员，包括医学院产校、护校在内的学生集聚一堂，各个学会都在会场周围布置了欢送专号壁报，各色标语贴满了墙壁和树身。当入伍和毕业的同学进入会场时，"爆竹连天，欢声动地"，军乐悠扬，口号声接连不断。此时，张校长到渝公干，由郝象吾主持大会，嵇文甫、赵新吾和新任秘书党玉峰等致欢送词，孙扶生同学代表参军离校同学致答谢词，学校向从军同学赠送了锦旗和礼品。当晚，在山陕会馆举行了丰富多彩的游艺活动。

入夜，宋景昌激动的心情久久不能平静，写下了《送同学上抗日前线》：

毅然投笔握刀枪，脱去青衿换战袍。正是时光今日好，同登富士摘樱桃。

2月10日是农历腊月二十八,自愿从军的36位河大热血男儿就要启程奔赴军营,学校全体师生和荆紫关百姓热烈欢送的队伍绵延数里,陈梓北指挥着学生高唱由他作曲、郭翠轩作词的《远征进行曲》,激昂雄伟的旋律催人奋进。民族危亡之际,从军同学放弃学业,效命疆场,救亡图存,患难与共亲如兄弟的同学就要分离了,大家眼中饱含热泪。不知是谁高声朗诵起岳飞的诗:

怒发冲冠,凭栏处,潇潇雨歇。抬望眼,仰天长啸,壮怀激烈。三十功名尘与土,八千里路云和月。莫等闲,白了少年头,空悲切。

靖康耻,犹未雪;臣子恨,何时灭。驾长车,踏破贺兰山缺。壮志饥餐胡虏肉,笑谈渴饮匈奴血。待从头,收拾旧山河,朝天阙。

余音未了,从军的同学紧接着高呼:"收拾旧河山,有我三十六天罡!"

中午11时,距荆紫关已经很远了,一些亲友和同学们仍不愿回去,一直送入伍的同学到西坪。在西坪工作的河大校友已持灯等候多时,安排好食宿,再叙友情,第二天将36名从军同学送上汽车,经内乡、丹水向湖北战区进发。

史载,这次青年从军活动全国学校共有12万人报名应征,编为9个师奔赴抗日前线。

新年来临之际,第一战区司令长官陈诚向教育部建议让河大立即迁校。元月15日,张校长又一次向教育部汇报了河南大学应急内迁的打算,认为荆紫关接近前线,必须吸取潭头教训,提前筹谋行动为妙。宝天铁路不久即可通车,甘肃天水造币厂可为备选地址之一,但距荆紫关较远,所需费用较多。鉴于医学院已迁汉中,河大迁到距汉中不远的城固更为合适。他预算,教职工生2000人的车船费,图书仪器装1000多个箱子约8万余斤的运费,总共约需迁移费用1700余万元。教育部将以上方案向行政院报告,2月5日,行政院令教育部:"河南大学迁移地点,应暂缓议。"

转眼寒假将到，学校召开了行政会议，除了安排期终考试外，还决定2月3日上午召开师生座谈会，对在知识青年志愿从军工作中做出成绩的有关人员进行奖勉。另外要求寒假中继续推进社教工作，新成立的民众剧社要编写剧本进行排练，以便日后演出；要编印《社教通讯》；学术讲座和通俗讲座仍要不间断地举行。

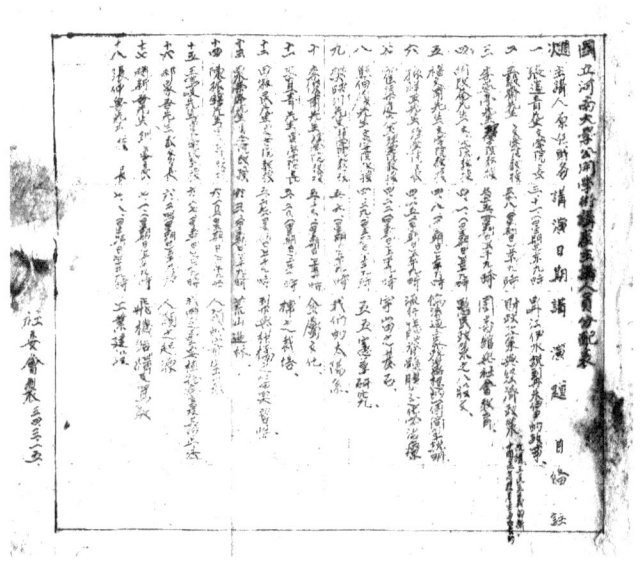

此图为1945年3月15日河南大学社会教育委员会制定的《国立河南大学公开学术讲座人员分配表》，从3月到7月一个学期的时间被学术讲座安排得满满的

为了弥补因迁校耽误了两个月的上课时间，张校长决定所缺课程要在新的一年开始时抓紧补课。凡属于半学年课程的，由教师指定参考书，让学生在寒假期间自学并写出读书报告。若为全年课程，教师要尽量加快讲授速度，赶在1945年春季学期结束时赶上教学计划安排的进度。

春节来临，为了调动师生们的情绪，鼓舞士气，学生组织的各种社团活跃起来，京剧社在马家庙前广场一连演出两天，文学院学生后到台湾任"选考部"司长的武濂波在群英会中扮演年轻气盛的周瑜，唱念做打俱精，吸引了不少民众观看。

河南大学背井离乡流亡办学已近8年了，战乱、疾病、饥饿、匪患、兵祸没有吓倒河大人，但他们却在担忧着国家的命运，学校的前途，思念着故乡的亲人。乙酉年正月初一，鞭炮在荆紫关不断炸响，郭翠轩遥望家乡偃师，想母亲音讯全无，不禁低声吟诵刚到荆紫关时写的《高阳台》。

恨事难消，闲情难诉，天风吹皱眉头，远望嵩邙，没人细说来由，生涯一晌飘零惯，念高堂酸泪悲流，更凄然冷落，庭园皓月当头。

寒光涌入亭皋去，怅星河乱点，羁旅淹流，夜夜而今，谁堪与话温柔，鸿飞断续边关外，纵相思，几日归舟，但销魂，目送丹江，不尽离忧。

3月12日是植树造林节，全校停课半天，师生们在中山纪念馆栽下树苗800余棵。15日，河南大学社会教育委员会也将这一学期的公开学术讲座时间、人员、内容等安排妥当。

时光进入1945年3月下旬。

位于豫西鄂北交界处的老河口机场对日军的威胁越来越大，中美空军联队第三大队的飞机经常由此起飞，前往袭击日军在华北、华中地区的铁路、公路、桥梁及军事设施。日军决心攻占老河口，占领南阳、西峡口，切断中国军队与西南大后方的联系。3月21日，日军从东、南、北三个方向向驻守南阳的黄松樵143师守军发起进攻。在潭头残害我师生的日军第110师团在坦克第3师团的配合下，一路向镇平、内乡、西峡口方向发起攻击。3月20日占领内乡后继续西犯，准备攻占西坪，进入陕西。

校友廖运周的110师立即结束在栾川的整补，按照战区部署占领老界岭，投入西峡口战役，并立即将战况向母校通报。

此时，张广舆校长正在重庆向教育部汇报河南大学的四件大事：第一，医学院独立在南郑办学，望能按独立学院标准将每年70万元的经费增加到200万。南郑米价昂贵，仍以荆紫关价拨发米贴贷金不敷生活。第二，王广庆在校期间730万元的超支款，望能按照补助粮米贷金而免予从其他款项中扣除。第三，申请在荆紫关为校本部修建草房200间，当地政府已同意协助工料200万元，请教育部拨建筑费400万元，家具费100万元。第四，教育部命令各校裁减校工四分之一，河大散居荆紫关，学生上课时宿舍必须有校工看守，情况特殊，望能改为裁撤八分之一。

就在张校长在重庆招待所等待结果期间，战局骤然紧张。

3月25日，日军已到南召李青店，27日占领淅川的李官桥，李官桥距荆紫关仅百里之遥。

教职工生代表立即召开会议，安排应急措施，决定全体学生由无家眷的教职员率领进入陕西，在今丹凤县龙驹寨待命，教授及家眷到荆紫关西南120余里的商南县赵川乡，看战局发展再到龙驹寨会合。另派几个校部职员到三四十里之外的汪家店等待教育部接济款到后再向西追赶大队。

会议决定：3月27日停课，28日清晨师生开始转移，图书仪器家具转运交接必须在31日前完成。

图书仪器紧急整理打包装箱，由于战局紧急军车难觅，挑

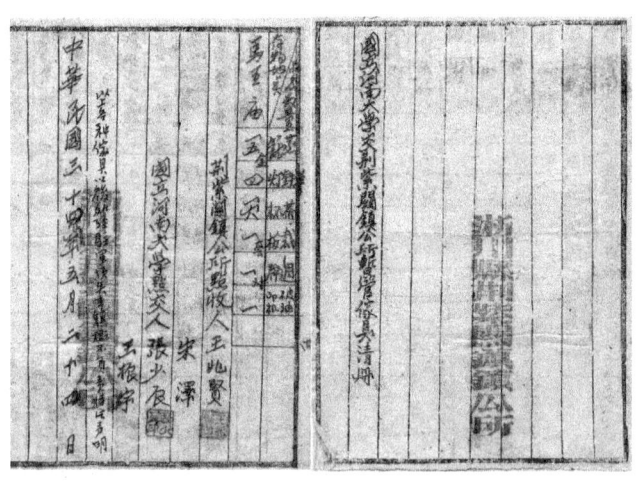

1945年5月24日，河南大学将大件家具委托荆紫关镇公所保管。图为交接清册之封面与末页

夫一时也难凑齐，只好请当地人士协助，先将图书仪器运往荆紫关北面20里之外的猴山，由学校留人和当地镇公所派人共同守护，等待部款到达再雇车运往新校址。至于不易携带的大件家具等校产，列具清单暂交荆紫关镇公所接收代为保管。

河南大学再次踏上搬迁征途。

第十章　渭河两岸

1945年3月24日，生活指导组主任徐正斋起了个大早，揣上5000元法币，去离荆紫关120里之外的赵川查看地形，联络河大出省后的落脚点，孰料当天下午就传来了淅川沦陷的消息。

日寇最后的疯狂迫使河南大学跨出了省境。

兵分三路。赵新吾率无家眷的教师和学生取道西坪沿公路直奔陕西丹凤县的龙驹寨。党玉峰率携家带口的教师到陕西商南县的赵川待命。徐正斋负责图书仪器等物资的转移。

学生们带着不多的行李横穿秦岭。山高沟深，不时见到有掉下深谷的车辆，一些不知番号的部队逆向东行，赶去增援激战中的中国军队。这时谁也没有了平日的儒雅，个个累得筋疲力尽，东倒西歪，只恨山高路长。但学生毕竟年轻，而且又是沿公路行走，所以很快就到了龙驹寨。

新到校的党玉峰秘书带领拖家带口的老师及家眷因怕遭遇日军，所以取小路进入湖北再奔赵川。

44岁的党玉峰是随张广舆校长来校任文学院副教授兼校长室秘书的。他是河南郾城人，1928年从河南中山大学毕业后在河南大学、河大附中、开封女师、北仓女中等学校任教师，还当过汝南中学校长、25路军总指挥部参议秘书、河南省驿运处科长、河南省

校长室秘书党玉峰

建设厅秘书，河南大学复员开封后担任总务长。著有《说文方言考》《古书释义举例续补》《吴梅村评传》《临池琐言》《两戈堂诗稿》等书。

战事正酣，要找交通工具非常困难，不要说是汽车，就连能代步的牲口也很少见到。郝象吾拖带着一家老少十余口人，抱着半岁的儿子，霍楳庭、李秉德、高煜珠肩挑着新生的婴儿，任访秋拽着发着高烧年仅10岁的女儿秋子，许多教授夫人年迈脚小，更是苦不堪言。走到丘陵高处，任访秋回首望去，前进的队伍断断续续，逃难的人们三三两两地沿着小路非常缓慢地蠕动着。"那蜿蜒曲折的人流，男女老少缓缓步行的情形，真是一幅目不忍睹的'流民图'"。任访秋感慨很深："一个国家不能自强，一旦遭到敌人入侵，人民的境况该有多么痛苦、凄惨。"

终于，走到了赵川。

赵川位于秦岭东段，属陕西省商南县辖，是鄂豫陕三省八县的结合部，刘邦、李自成都曾在此安营扎寨，贺龙、徐向前率领工农红军在此开创了鄂豫陕革命根据地。

赵川镇上住着党姓大户，他们依丘陵建起很多房屋，俨然像欧洲中式纪的城堡，其主人党飞武是这个乡的乡长兼民团营长。党飞武四十多岁，虽然文化不高，但却有豪爽侠义之气，他说，尽管安心在这里住下，我十分欢迎你们在这里办学。当大家为日寇可能的入侵而担忧时，党乡长说，不用怕，我在附近藏有几百条枪，敌人不来则已，来了，咱也有力量消灭他们！

党玉峰很快就与党飞武熟悉起来，因为都姓党，自然又添几分亲切感，颇像久别的亲戚到访，党飞武慷慨大方，安排教师分住各家。

一时没有下一步如何行动的消息，党玉峰劝大家暂且安心待命。任访秋每天给正在中学读书的党飞武的儿子讲授古文，也算是为地方的热情做点力所能及的回报。晚上，秋子烧得更厉害了，任访秋找到嵇文甫和张邃青，正巧他们带有感冒药，让秋子吃了药，又睡了一晚上，第二天才止了烧。

暮春时节，桃花谢后梨花跟着盛开，片片梨花白如雪簇拥在枝头，此情此景，不禁使流离失所的河大人想起了杜甫"国破山河在，城春草木深。感时花溅泪，恨别鸟惊心"的诗句来。

等了十来天，终于等来了消息，学校决定教师及眷属仍到龙驹寨集合。

赵川处于北亚热带与暖带的过渡地带，此时温度逐日升高，为了轻装翻越秦岭，人们都想处理掉已用不着的棉衣、被子，那些居家过日子必备的锅碗瓢勺此时也成了累赘，快走的那几天，赵川寨前小平地成了大市场，这些廉价处理的日常用品和衣被被当地农民买去。

滴水之恩，当涌泉相报，可当时河大确实拿不出什么贵重物品来表达感激之情，大家想到了赠送一块匾额。党秘书请飞武乡长帮忙用银杏木做了一块高1.05米、宽2.28米的大匾，上刻"维护文化"四个大字，每个字高48厘米、宽34厘米，黑底红字，庄重典雅，意蕴深厚。匾额右方题记为："乙酉仲春，同人避地赵川，赖飞武乡长急公好义，得保安全，谨赠匾额，永作纪念。"左方落款为："国立河南大学校长张广舆拜题 中华民国三十四年四月吉日立"。在匾额的正中下方刻有"国立河南大学教务长郝象吾、训导长赵新吾、文学院长张邃青、理学院长孙祥正、农学院长王直青、讲师徐正斋，教授宋玉五、李燕亭、栗耀岐、嵇文甫、田淑民、王鸣岐、段凌辰、王牧罕、马辅岑、陈振铎、李子纯、张绍三、康士品、黄屺瞻、任秋访、朱芳圃、杨震华、郭翠轩、张祥卿、张克勤，讲师鲍希若、张济华、张乃惠、张元龙、马星武、李藩生、赵天吏、郭田岱、袁惠民、阮殿元，教导员王子衡、代总务长王少甫、文书主任白惺农、出纳主任刘希彭、会计主任王守恒、注册主任寇作则、训导员刘宝民、训导员杨子国、庶务组员贾铭新、宗弟教授兼秘书玉峰仝敬赠"楷书小字。

这块珍贵的匾额是河南大学人对父老乡亲的深深感谢：感谢赵川人民在河大危难之中伸出援助之手，此种壮举使得濒危中的华夏文化得到了维护，一批文化人受到了保护。第二，这块匾额是河大人向人民做出的庄严承诺：尽管日寇威逼几近绝路，但我们誓死保住华夏文化的血脉,并使她发扬光大,永久传承。

多年以后,当我们见到这块保存依然完好的匾额时,也被它深深震撼并感动,无形中也感到了肩头沉甸甸的维护文化的责任,这是

岁月荏苒,风云变幻,60多年过去了,这牌匾仍完好无损地保存在陕西省商南县赵川镇黑沟村,它记载着河南大学抗日流亡办学的艰苦历程,记载着日本帝国主义侵华的罪恶行径,记载着赵川人民维护文化的光荣历史

历史赋予河大人的光荣使命!李秉德在他的回忆录中写道,"经过潭头、荆紫关两次仓皇搬迁,河大所有的就是一批难民般的师生。但是中国知识分子的韧劲儿和耐力是惊人的,大家苦撑着",① 向西,再向西,去寻找一块能放下课桌讲台的地方。

离开赵川的那天,党飞武派了几名家丁手持武器护送河大教授与家眷们上路。党秘书带领由107家组成的"河南大学家属大队"翻山越岭,经过因多竹而得名的丹凤县竹林关,于5天后到了龙驹寨。

龙驹寨过去与荆紫关一样也是重要的水旱码头,河大到达龙驹寨时,这里仍是通向河南、陕西、湖北公路干线上的一个大镇,有500多户人家,中国工农红军第25军北上抗日曾经路过这里,并在此开创了鄂豫陕革命根据地。

在龙驹寨,师生会合一起,学校宣布教师带有家眷,可视情况自行解决车辆问题,学生一律徒步向西安出发。

---

① 李秉德:《抗战后期河南大学的两次搬迁》,《河南文史资料》1996年第1辑。

纵穿村镇，商县、黑龙口、蓝田都被甩在身后。横越秦岭，千沟万壑均被踩在脚下。西安越来越近。

在潭头时，学校的课外活动内容丰富，篮球队以文学院和农学院两支球队实力最强，每次两队相遇，总是龙争虎斗，精彩异常。农学院的孟广益、许树梓、程立德、潘强禄、秦昭被誉为"五虎上将"。可到了荆紫关后没有篮球场，一顿能吃20个馒头的孟、许等虎将们没了用武之地。在荆紫关逃难前夕，孟广益、许树梓等人在女生宿舍前面张贴广告："日寇追来莫惊慌，小姐衣物细包装。若嫌累赘拿不动，交托店子驮子行。"谁知第二天便招来女同学回帖的奚落："日寇追来不要紧，小妹长有两条腿。店子虽然驮子壮，小妹不雇急死你。"但真的上路了，路远道险，望山跑死马，不少女生脚上打泡，腿走疼了，肩膀被行李勒肿了，这时男同学就有了表现机会，为女生背行李，充当保镖。也许是在潭头时，徐正斋管得太严了，男女同学没有机会在一起，逃难途中，大家朝夕相处，患难与共，情感交流，自由融洽。正如农学院校友华漫回忆的那样："一对情侣一怒而分散者有之，遇机救美，深获倾心者有之，坚邀谈心遭拒绝者有之，幽幽小径、沟谷、洞穴中，拥抱缠绵者有之，形成逃难者的无限美谈，苦中有乐。"

有一天，王直青院长带领农学院学生与东向增援鄂北豫南战场的国民党队伍相遇，其中一个年轻士兵肩负着沉重的武器装备走得气喘吁吁，他忍不住问相向而来的农学院学生李守孔："同学，什么时候才能见不到这惹人讨厌的山？"李守孔回答："同志，你要沉住气，忍得住，还有一两千的长途，很够你走上一些日子哩！"

由于没有接到教育部的迁移费，140箱贵重仪器及文书暂时存放在赵川小学，图书集中到附近的湘河，派专人看守，后来由党飞武垫支脚力费雇人将这些重要物品运到龙驹寨。

徐正斋在龙驹寨发愁没有钱雇车，不过转念一想，在荆紫关时就有陆军61师、新编第1师官兵协助装运图书仪器，在赵川、竹林关也得到当地驻军和乡绅的大力支持，这次也一定会有办法的。果然，远在西安的张伯英向中央银行行长吴维贤担保，准许河南大学透支借款，解决了转运物资的资金难题。

徐正斋立即四处找车，终于租到4辆从河南返回西安的军用空车，将图仪物资安全运达西安。

拖家带口的教师都在寻找合适的车辆西行。龙驹寨不愧是重要的交通枢纽，大家八仙过海，各显其能，或几家合租一辆车，或搭乘运输货物的卡车，或是与开公车、军车的人私下交易花钱搭车奔向西安。

1945年春天，河南大学从荆紫关向西安搬迁示意图

龙驹寨一带接连下了几场大雨，丘陵地带的土路泥泞不堪，车行不远就会遇上塌方或断桥，由于战时汽油奇缺，许多车以烧木炭甚至木柴为动力，要是碰上"老爷车"，更是常常熄火抛锚，乘客必须下来推着车走，遇到塌方，堵个一天半天是常有的事。无奈中文学院的老师将古人的诗"一去二三里，烟村四五家，亭台六七座，八九十枝花"改为"一去二三里，抛锚四五回，塌方六七处，八九十人推"来逗笑取乐。即便如此，乘车也比步行走得快。第一天到秦岭东南麓，在山脚下住一夜。第二天一早，汽车像老牛似地喘着粗气慢慢盘旋爬上山顶。下坡时就轻松多了，车速飞快，下午便来到西安东的灞桥。在这古代远征道别的地方，大家不禁想起"灞桥折柳送行人"的诗句，古人在这里送别，如今河大人逃难于此，"好景当前无意赏，漫天烽火尽离人"，大家唏嘘不已。当看到西安充满汉唐古韵的雄伟城墙和宽阔的街道时大家又像回到了家一样，一股安全的暖意流遍全身。

李秉德在《河南大学搬迁记》中回忆，图书押运到西安，因为校址未定，学校决定将图书暂存于西安火车站。那么多而珍贵的图书，全是河南大学几十年来积攒起来的财富，它们幸未被日寇全部焚毁，就更不能在逃难中损失。此时张校长公干在外，代校长郝象吾手中无钱，拿不出看护、食宿等费用，原来的图书馆长李燕亭已到陕西武功农学院任教了，一时找不到合适的图书馆主任人选。正当郝象吾着急的时候，李秉德主动提出自己出钱雇人看守，确保图书万无一失。该年秋天，李秉德以教育系副教授兼任图书馆馆长。

豫陕两省唇齿相依，人民过往甚密，历史上中原战乱或饥荒之年，豫人多西迁陕境避难。当河南大学刚刚踏上西迁路途时，陕西三原县陈子官、郭自兴、房仙洲、温宾阶、李文卿、李寿亭、张俊卿等19人就联名致电张钫：

> 西北冰窖张伯英先生转河南大学全体师生公鉴：去岁日寇入侵豫西，中原文物再被蹂躏，而贵校□祸之烈，为抗战以来所仅见……日寇又在豫西蠢动，贵校师生流离来陕，择地复课，三秦父老子弟无不寄以同情，而陕邑各界同人，更盼贵校迁至此间，俾能朝夕承教。[①]

张校长在重庆申请应变拨款后立即赶到西安与张钫会面，请他帮助解决学校搬迁地址问题。张钫为了稳定大家情绪，在新城广场召集流亡西安的豫省学生讲话。他声如洪钟，以诚恳和蔼态度，表示绝对尽自己一切力量，不使大家有冻饿之忧，勉励大家虽在流亡中不可忘记读书，要坚定抗战必胜，建国必成的信心。

随后，河大师生们被安排在河南会馆和西北中学暂住。西北中学是由河南人开办的学校，河南会馆当时是一家报社所在，同学们或挤在地铺上，或躺在印刷机旁，鼾声与印刷报纸的机器声共鸣。早上醒来，张钫已组织西安市民送来了馒头和大饼。

在等待的日子里，师生们不免走街串巷看看西安这座千年古城，一些老师也趁机走访在西安的亲朋故友，还有人遇到了校友樊粹庭率

---

① 《三原士绅电慰本校师生并欢迎本校迁往》，《国立河南大学校刊》，1945年6月5日，第3版。

领的戏班子，有幸观看了陈素贞主演的豫东梆子，更有一些学生怀着抗日杀敌的强烈愿望，到空军军官学校招考新生处报名参军。

西安党政军机关云集，难民众多，市井嘈杂，房舍难觅，三原县距西安不过30公里，也不是理想的办学地方。

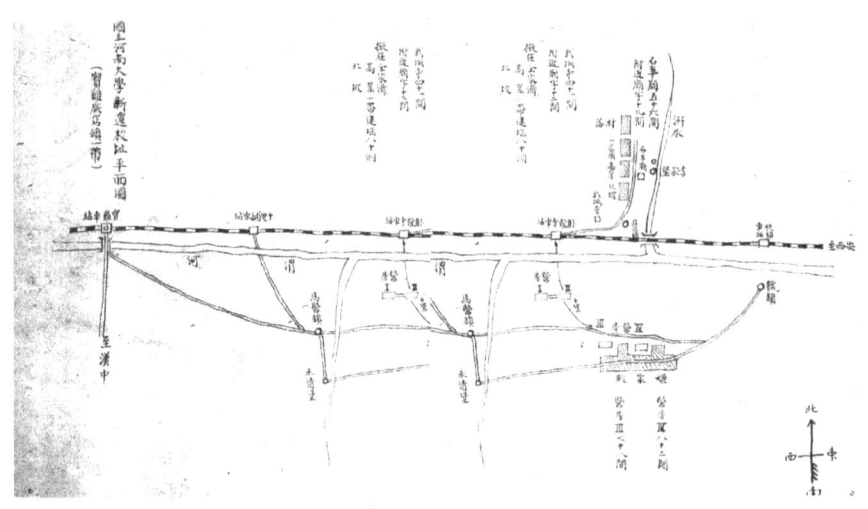

河南大学迁校陕西省宝鸡市底店、石羊庙、姬家殿一带平面图

教育部曾有过让河南大学迁到凤翔的打算，但那里没有集中连片的房屋可做校舍。张钫又与驻西安第一战区司令长官胡宗南、陕西省政府主席祝绍周协商，终于划宝鸡以东底店的石羊庙、武城寺一带为河南大学新的办学地址，胡宗南还命令宝鸡警备司令部刘司令将其位于渭河南岸姬家殿的第三、第四营房拨借河大暂用。

底店镇距宝鸡市二十余里，为黄土高原经多年冲蚀

卧龙寺火车站。1945年春，河南大学师生就是从这里下火车在附近办学，年底又从这里上火车胜利复原开封的

而成的小平原。经张广舆派去的先遣人员勘察，底店仅有武城寺和石羊庙两所较大的庙宇，共有庙产一百四五十间，姬家殿有可用兵营160间。他们又在附近租借庙宇民房或窑洞，加紧整修姬家店兵营损坏的门窗并添置家具，又修建教室、实验室40间，新筑160个窑洞当学生宿舍，建学生食堂38所。

在由西安火车站开往宝鸡途中的火车上，文学院教授张邃青向同学介绍起宝鸡的人文历史。他告诉同学们，宝鸡是周秦王朝的发祥地，秦末刘邦从汉中出兵，故意明修栈道迷惑项羽，暗中绕道奔袭陈仓，很快就占领了关中，为建立汉王朝奠定了基础，以后便有了借假象迷惑对方以达到某种目的成语"明修栈道，暗度陈仓"。这个陈仓便是我们要去的地方。

师生们在卧龙寺火车站下车，步行至现属宝鸡市陈仓区的底店镇，分赴各院指定位置。

校本部办事处和校图书馆设在武城寺，其他各院部和教室则设在距武城寺二华里的石羊庙。石羊庙山坡上有一富户，房屋较多，环境幽静，辟为张广舆校长的办公和住宿处，文学院院长张邃青借一农户的厨房起居，农学院院长王直青住在一间牛棚里，全校1000余名学生，500余名教职工及家眷散居在附近村落的民居或窑洞内。上课在石羊庙、关帝庙、火神庙、娘娘庙等处。

河南大学与中央银行南阳办事处签订透支协议

张广舆与中央银行南阳办事处签订透支协议，按照协议，河南大学在每月应拨经费未到之前，可以透支300万元，月息8厘，时间从1945年4月1日至9月30日止，这样就可以免除因部款一时未到而断炊的危险。5月1日,张广舆飞赴重庆参加5月5日至21日举行的国民党第六次全国代表大会,并向教育部汇报河南大学此次应变经过,校务由教务长郝象吾代理。

河南大学在陕西省宝鸡市的办学地点之一——武城寺

郝象吾连续几天到各院安抚人心,检查开学准备工作,并到虢镇、武功等处拜访国立西北农学院,看望合并去的原河大畜牧系教师,联络联合办学事项。返校后又于6月16日召开全体学生谈话会,就此次从荆紫关到宝鸡的迁校过程、选择校址的理由、开课时间与办法、学生住宿等问题与学生进行交流,以取得学生的理解与支持。

孤避汉中的医学院远离校部难以管理,经费周转费时常不能按时到位,而且西北医学院此时也迁到兰州,依托西医办学已无有可能,汉中也没有可供实习的医院,所以张广舆认为医学院应该迁到宝鸡姬家殿来。至于住房不成问题,长方形的姬家殿兵营四周的房屋可作男生宿舍,院中一排房子就能当教室使用,女生可安排在附近一处幽静的民宅里面。当地百姓对此项决定极为欢

医学院师生乘坐烧着木炭的汽车沿宝汉公路来到宝鸡姬家殿兵营,图为当年的宝汉公路

迎,因为医学院到来以后可为当地百姓带来福音。在渝开会期间,张广舆专门报告医学院迁回宝鸡一事,得到教育部的批准。

张校长立即指令总务处派庶务、出纳等有关人员到汉中协助医学院办理迁院事宜。庶务组牛组长带队来到汉中马家坝，他代表学校向医学院师生表示慰问，详尽说明两地办学的种种弊端，并说为迎接医学院师生的到来，学校已将姬家殿兵营整饰一新，只等大家去住了。最后牛组长还风趣地说："汉中气候温热，蚊虫飞舞，扰人清梦，是没啥可留恋的地方。再说吃不惯大米的同学们到了宝鸡每天都可以吃到稀饭馒头油条啦！"

在朱德明院长的率领下，医学院师生登上牛组长事先联系好的几部汽车，烧着木炭的汽车沿着当年诸葛亮六出祁山的西北公路北上。过褒城，夜宿庙台子（即张良祠），第二天抵双石铺，双石铺地处要冲，相传就是三国时代的街亭。

过了双石铺进入秦岭山区，公路盘旋而上，栈道悬空，路如蛇形，临渊近壑，处处心惊，两车相会时，扬起弥天尘土，时不时下起雨来又使公路泥浆四溅。车身侧滑颠簸，人们坐在上面东倒西歪，遇到坏路就下车步行，遇到陡坡就众人推车。即便如此，师生们也不觉得苦，反而更加体会到了秦岭的雄浑伟岸，何况大家还都沉浸在即将到家的幸福之中呢。邵志祥在他的回忆录《颠沛流离的河大医学院》中说：

沿途村落相结，鸡犬之声相闻，登临其上，胸襟大开，昂首四望，视野开阔，顿觉吾中华民族之基业雄伟也。

5月22日，与学校分开了半年的医学院回归建制。

截止到1945年5月底，河南大学各院学生绝大部分到校，各院院长以及嵇文甫、王牧罕、熊伯履、杨震华、王毅斋、王金吾、朱芳圃、任访秋等教授也先后到校。此时在宝鸡的教师有85人，职员31人，总计116人。

5月16日，郝象吾主持召开了校务会议，会上张邃青、樊映川、赵新吾、单德广、刘述先、郭翠轩、王国忠、田淑民、栗耀岐、王庸、张克勤、党玉峰、白文田、王鸣岐等人讨论了多项校务。会议决定于6月1日复课,毕业年级上课两周后举行毕业考试,其余年级一律上课到七月底。对校舍要进行调整,校

站在武城寺向南眺望,渭河、秦岭和关中平原、陇海铁路尽收眼底,医学院就设在河对岸的姬家殿

部仍设在武城寺,文理两院住石羊庙,农、医两院住渭河对岸的姬家殿兵营。会议决定,由总务处主持,吸收教师代表陈振铎、傅茂萱、王牧罕、单广德四位教授参加,加紧筹备全校师生的口粮。5月21日,郝象吾再次召开行政会议,集中讨论了教职工生的生活、安全等问题。为创造一个良好的治安和学习环境,除学校加强校警力量外,还请宝鸡市警备司令部派人协助维护治安。

6月1日,河南大学在经过了又一次长途跋涉和紧张筹备之后在宝鸡复课了!

恢复上课不久,在从潭头到荆紫关和从荆紫关到宝鸡的搬迁过程中立下了汗马功劳的赵新吾训导长不幸患脑出血客逝他乡,年仅46岁。张校长也因连日操劳经常腹痛难忍。此时学校各项工作既定,他提出辞去校长一职专心诊病疗养。

6月12日,国民政府行政院发布第699次会议决议:"国立河南大学校长张广舆呈请辞职应予免职,遗缺任命田培林继任。"7月23日,新任河南大学校长田培林到校视

田培林(1893～1975),字伯苍,河南襄城人。1946年11月离开河南大学升任教育部次长,1949年秋辞职去台,任台湾师范大学教育学院院长和教育研究所主任

在西城高中校园里一只石羊孤独地卧在草丛里,向人们诉说着石羊庙曾经发生过的故事

事,与张广舆办理了交接手续。

田培林是河南襄城人,1893年生,1916年毕业于北京大学哲学系。他曾在河南省立中学、开封师范、河南法政专门学校任教,此间他大力呼吁以契税作为河南教育专款和创办中州大学。1939年获德国柏林大学哲学博士学位,回国后在西南联大任教兼任公民训育系主任。他还担任过国民党河南省党部主任委员、国民参政会参议员、教育部督学等职。

田校长到任后,立即召集全校师生大会,宣布施政方针,他诚笃勤恳,机敏果断,处事干练的形象给人以极大鼓舞,师生掌声不断。

田培林与时任教育部长朱家骅私交甚深,到校后努力增加教职员待遇,提高学生公费,以应付急剧膨胀的物价,师生虽然生活艰苦,但均能以苦为乐,安心教与学。

田校长考虑到石羊庙地处偏僻,房屋分散狭窄,管理、教学与生活都极不方便。他想邀请张钫和他一起面见胡宗南要求另觅校址,张钫却说:"胡宗南还没有我

石羊庙现为宝鸡市陈仓区西城高中

熟悉西安呢。"于是他就热心地带领田培林一连几天在西安城里转悠,终未发现一处可以容纳大学之处。田校长回到学校以后号召大家因陋就简,克服困难,坚持教学。

学校与附近其他高等院校开展协作,互聘教师授课。农学院从西北农学院聘请沈学年、王绶、谌克终等教授兼任生物统计、作物育种与甘橘等课程,并组织学生到西北农学院参观,在其试验场开展农作物实验。参观考察一方面增加了学生的学识,更激励了同学们学习的热情,王鸣岐院长鼓励同学多到西农参观学习,借阅图书,还多次到西农联系借用教师和实习场地等事

在镇平时河南大学畜牧系并入西北农学院。河大迁到宝鸡以后农学院常组织学生到这里参观实习借阅图书。2005年作者来到位于陕西杨凌的西北农林科技大学时那感觉就像走亲戚一样

情。

李秉德此时仍为教育系副教授,兼任图书馆馆长。他在武城寺将图书一一打开整理,呈请学校添购方桌40张、方凳160个、图书文卷架120个,把教学急需的参考用书先行上架陈列,以便利用。

教室以医学院为最好,身处其中怡然自得。

宝鸡底店镇附近村庄示意图

其他各院虽没有兵营的条件好,但也都是选用较宽大的庙宇房屋当教室,只是一人发一块小木板,放在土墩上是座位,放在膝盖上就是桌子。白天上课,晚上回到宿舍,依旧就着油灯夜读。

教师们又开始了辛勤的教学与研究。

王鸣岐在经过赵川时就留心当地的小麦长势,发现靠近唐松草和小檗附近的小麦颗粒无收,据此找出了小麦叶锈病和秆锈病的转主寄主。来到石羊庙后,他仔细观察马尾松锈病,发现了三种在国内尚未发现的寄生虫。他在讲授真菌学、植病研究法、生物统计等课程的同时,利用一切机会和时间,多次组织师生调查了关中地区的植物病害,发现这一地区的植物病害有小麦粉锈病、大麦条斑病、马铃薯早疫病、芝麻腐萎病及瓜类绵疫病,编写出《陕西关中植物病害名录》,同时还为枣疯病病原、赤豆花叶病种子传染、猴头菌人工栽培、小麦黑穗病防治等研究积攒了不少原始数据,为今后形成科研成果做了大量准备。

刘葆庆在石羊庙租借一块土地,重新开始他的育种和栽培学研究,写出了《麦类分蘖之研究》《小麦肥料种类及施肥试验》《小麦综合性栽培试验》等论文。

李赋京是留德医学博士、国内寄生虫学权威,1945年,他应邀到医学院讲授解剖、胚胎、生理、病理等课程,很受学生欢迎。寄生虫一课医学院二、三、四、五年级合堂上,时值盛暑,室外骄阳似火,室内酷热难耐,但大家都为李赋京的精彩讲授所吸引。只听他声如洪钟,将课程内容条理清晰地一一道来。缺少教学挂图和标本,他就用粉笔在黑板上画图,将各种寄生虫的幼虫、成虫、宿主、中间宿主、传播途径及体内的游走路径讲解得清晰明了。李赋京一面讲授,一面绘图,使教学直观生动,同学们哪里知道,为了练就这手本领,李教授在德国留学时曾专门学了三个月的美术。

为了弥补因搬迁耽误的课业,学校决定当年暑假不放假,星期日也不休息,哪门课程误课较多,就抓紧时间补课,哪位同学的学分未修齐就赶快补上,以免误了毕业。

1945年河大招生考场分设于宝鸡和西安两地，报名的学生达两千人以上，考试、录取、校对笔迹等各项环节极为严格。

享受教育部1943年国内学术考察休假的张邃青于1944年6月10日接到教育部指令："因豫西战事正酣，考察工作应暂时停止，可先将邙洛冢墓、巩县宋陵及仰韶文化遗址等五项考察情况编写报告呈部。"如果不是鄂北豫西战事再起，按时完成考察任务毫无问题，无奈在赴巩县、渑池考察后，河大便流亡陕境，途中艰难跋涉又遭遇土匪劫掠，故衣物、书籍、资料多有散失。

张邃青利用在荆紫关短暂的安定时间撰写了巩县宋八陵和仰韶文化遗址等考察报告

1945年1月份，张邃青为了完成教育部进修考察报告，抓紧将逃难中倾心保存下来的历次有关河南文化古迹材料进行整理研究。暑假期间，张又尽力搜寻记忆，整理考察资料，编写成了两项考察报告——《巩县宋八陵考察报告》及《仰韶文化遗址考察报告》。他在给教育部的报告中简述了宋陵和仰韶遗址考察的经过，介绍了宋陵与仰韶遗址出土文物的情况，详细论证了这些文物对于研究历史的重要价值和遗址发掘研究对于传承中原文化的重要意义。在报告中，张邃青充满信心地说，"抗战即将结束，河南即可收回"，到了那时，他发掘研究中原文化的学术理想一定能够完全实现。

世界反法西斯战争取得辉煌战果。先是墨索里尼被处决，接着希特勒自杀，5月8日德国宣布无条件投降，而日本内阁在7月7日召开会议决定拒不投降。8月6日和8日，美军在日本广岛和长崎接连投下两颗原子弹，苏联对日宣战，其军队攻入东三省。8月15日，日本宣布无条件投降。

当天深夜，正在熟睡的师生突然被宝鸡方向传来的鞭炮声震醒，第二天一早所有报纸均发表号外，"日本鬼子投降了！"闻此特大喜讯，全校师生欣喜若狂，激动的泪水喷涌而出。八年了，河南大学师生们含辛茹苦，辗转搬迁，流血牺牲，坚持办学，始终坚守在抗日战争的最前线，勇于担当，甘愿奉献，为培养抗战建国人才，为维护和传承中原文化做出了应有的贡献！

任访秋回忆当时的心情说："我记得日本投降的消息在一天凌晨传到我们所住的乡村，一时鞭炮齐鸣，我当时也有杜甫在四川听到官军收河南河北消息的心情。"

李秉德到宝鸡办完事情，忍不住棋瘾上来便到一位棋友家下围棋，棋至中盘，外面响起了震耳欲聋的鞭炮声、欢呼声，正纳闷时，忽听屋外传来兴奋地呼喊："日本投降了！"李秉德推开棋盘，满心欢喜，"在抗日战争这盘大棋中，中国终于成为胜家"。

刘家骥和几位同学一头扎在一家小饭馆里，喝酒庆祝，跟随学校艰难求学的场景在脑海里一一回放，醉意朦胧中唱起了《流亡三部曲》："九一八，九一八，从那个悲惨的时候，离开了我的家乡……"

不用埋怨那天无人上课，不要责怪同学跑到宝鸡疯狂逛街，不要取笑平时甚是斯文的老师此时醉酒的失态。八年的痛苦，一旦铲除，怎能不高兴欲狂呢！高兴中怎能不夹带着追忆死难师生的痛哭呢！

9月1日，日本大本营通令武装部队全体投降。2日9时，日本投降典礼在东京湾美国密苏里号军舰上举行，中、美、英、苏、澳、加、法、荷、新九国代表接受日本投降书。

全校师生齐集石羊庙，召开庆祝抗战胜利大会，嵇文甫发表演讲，指出抗战胜利的重要意义，强调胜利是凭借世界人民的正义力量而取得的,而不仅仅是原子弹的威力,理学院教授霍秉庭向师生们介绍原子弹的有关知识,文史系教授段凌辰则把庆祝大会的气氛推向了高潮,高声诵咏杜甫的《闻官军收河南河北》诗:

剑外忽传收蓟北,初闻涕泪满衣裳。却看妻子愁何在,漫卷诗书喜欲狂。白日放歌须纵酒,青春做伴好还乡。即从巴峡穿巫峡,便下襄阳向洛阳。

掌声响起,鞭炮声大作,忽然全体师生喊出了一个共同心声:"即从宝鸡到长安,便下潼关向洛阳!"

又过了几日,大家欢庆胜利的喜悦化作浓浓的思乡之情。田培林校长从重庆开会回来,在石羊庙广场召集全校大会,会议进行中,突然有学生举起一个牌子,上面用粉笔写着:"我们要回开封!"田校长看后不禁大笑:"我比你们还想早点回母校,不过总得做个准备!"

就在田校长筹备迁回开封的同时,全校各项工作有条不紊地进行着。

新生入校后,被安顿在姬家殿医学院旁边的另一处兵营中进行入学训练。在营区外的篮球场边有一座戏台,为欢迎新生,学生社团组织了文艺演出,武濂波同学担任导演,组织上演了《女起解》《贺后骂殿》《上天台》《祭东风》等剧目。

田校长非常重视学生自治活动,鼓励学生自我管理与约束,培养独立的研究及创造能力。采用学校指派和学生推举相结合的方法,由刘绍敏、李守孔、王凤吾等15人组成学生自治会筹备委员会,6月4日该会正式成立。由于组织健全,同学热情高,活动非常活跃,就连全校性的纪念周田校长也有交给学生主持的计划。学生把理论与实际相结合,创办刊物、壁报,文学院的《大学论坛》月刊办得最有成绩,刊载教授和学生的研究心得或习作,常常有校外人员慕名索取。

教务处召开第三次教务会议,集中讨论了在荆紫关缺课来陕后又误课学生的学习成绩与学籍问题，为严肃校纪，决定不给这些学生学籍和成绩。此次会议还对各个学院专业课程的设置进行检查，使之尽量与部颁课程相符合。

会后教务处向田校长汇报了近期教务工作的情况与今后的构想。田校长当即以学校名义向教育部汇报。第一，河南大学由豫迁陕时间不长，不像其他高校迁移后经营多年已成规模，虽借用民居、兵营，新建草房，修缮旧屋而坚持开课，但图书仪器等仍难展开。现在战争结束，请准予河大先于他校复员，并垫发旅费和修缮费用，以便寒假东迁。第二，法律学系于暑假前恢复且招收了新生，明年学校准备再增设政治学或社会学系，并将现隶属于文学院的经济学系移出，成立法学院，恳请教育部在编造明年预算时予以增列。第三，河大原有土木工程系，十年前并入北洋工学院，现如今私立焦作工学院并入西北工学院，河南一直缺少工程教育专业，计划从1946年起，先于理学院增设土木工程系，待发展后再成立工学院。第四，河大文学院原有英文系，后因战争教师不易聘任而裁撤，现恢复设立英文系，并拟于1946年招收新生。

河南大学无论何时何地，都以传播科学文化知识为己任。在抗战取得胜利的时候，为推进建国方略，提高百姓文化水平，保证政治、经济建设顺利进行，大力推进社会教育事业显得更加重要，因此，在到达宝鸡后，就立即制定了1945年度的《国立河南大学兼办社教实施计划大纲》。由于社教工作范围的扩大，社教推行委员会由原来3位干事增设为4位，文、理、农、医各学院都有1人，另设助理干事2人，由学生担任，负责该会的事务、文书工作。委员会每两周召开一次会议，研究社教具体工作。自此社教工作又轰轰烈烈地开展起来。

在底店集上设立民众阅报处，提供《通俗日报》《华北新闻》《正报》等报纸，使民众及时了解国内外新闻。

在底店北坡戏楼上开辟两个教室，从当地已停办的小学借用校具创办补习学校，招收7~12岁以下失学儿童40名以及本校部分教职员子女入学，补习国语、算术、常识、唱歌游戏等课程，教员分别由张梅岭（兼校主任）、袁克荣（兼教务）、刘耀南（兼训导）等11位同学担任。

在底店北四里的仝家沟村，借用民居窑洞三处，创办仝家沟补习学校。由学生易淑恺（兼任校主任）、任世阜（兼教务）、王守仁（兼训导）等13人担任各科教员，招收当地失学儿童50人和部分本校教职员子女，分高、初级两班进行教学，开设的高级课程有国语、算术、历史、公民、地理，初级课程有国语、算术、常识。

协助宝鸡县政府开办该县教育人员训练班，为期一个月，由文学院院长张邃青，文史学系主任嵇文甫，教育学系主任陈仲凡，文学院教授陈梓北、郭翠轩、郝冠儒、杨震华担任各科课程的主讲。

协助宝鸡县政府创办宝鸡实验小学。该校的建立一是为了提高当地的小学教育水平，另一方面也是为了使教育学系学生有一个实验实习的场所。县政府发出特别聘书，由陈仲凡、陈梓北、杨震华、郝冠儒、李子纯、胡梅邨、马星武组成设计委员会，规划该校各项事业。聘任教育系应届毕业生王雪仙、邰汶滨、梁桂馨分别担任校长、教导主任和托儿所主任。

协助中国工业合作协会西北合作辅导委员会办理工合复员人员训练班，由农学院教授王鸣岐、刘祝宜，文学院教授梁祖荫、李子纯、马星武授课，为时一个月，参加受训人员36人。

时光转眼到了1945年10月。金秋时节，河南大学师生迎来了一位尊贵的客人，他就是以后与河南大学结下深厚友谊的李约瑟。

李约瑟生于1900年12月9日，英文名字为约瑟夫尼达姆。他曾在剑桥大学基兹学院学医，获博士学位，不久当选为英国皇家学会会员，31岁就出版了《化学胚胎学》，随后又写出《生物化学形态学》和《胚胎学史》，被誉为"化学胚胎之父"。

1939年，李约瑟夫人罗茜·莫耳（中文名字李大菲）的中国学生鲁桂珍不断向李约瑟介绍中国古代科学与文明，原来一直是"西方中心论"者的李约瑟对中国文化产生了浓厚兴趣。

1942年，李约瑟担任英国驻华使馆科学参赞和英国驻华科学考察团团长，在重庆建立了中英科学合作馆，通过这个组织提供物资，交流信息，把中国教育界与世界联系起来。他经常来往于川、滇之间，走访了不少高等院校和学术研究机构，实地考察使他更加深了对中国文化的认识，他在以后的回忆中说："命运使我以一种特殊的方式皈依到中国文化价值和中国文明方面来。"

这次他同刚刚来华的妻子和作为秘书、翻译的曹天钦博士由川入陕。

曹天钦生于北京，1938年考入燕京大学学习化学，1941年辍学，转由开封、郑州，在陕西宝鸡参加了由路易·爱黎成立和指导的中国合作运动，1943年燕京大学在成都复校，他回校完成学业后即于1944年夏赴重庆参加李约瑟组织的中英文化交流工作。新中国成立以后，长期从事蛋白质化学、植物病毒分子生物学研究，并担任学部委员。

身着中国知识分子常穿的大衫的李约瑟

学校指定李俊甫（相杰）、王鸣岐、樊映川接待李约瑟，石羊庙广场四周贴满了欢迎的标语，附近教室、宿舍整饰一新。在举行了隆重的欢迎仪式以后，李约瑟向席地而坐的河大师生作了"科学与民主"的演讲。他的报告不仅鼓舞了在战乱中坚持教学和科研的河大师生，而且也给期盼得到国际学术交流机会的河南大学带来了新的学术信息。

李约瑟还参加了校方安排的与学校教授举行的座谈会，据曹天钦回忆说:"我津津有味地听着李约瑟同化学系教授们促膝长谈。他们讨论的是魏伯阳的《周易参同契》。"

从1943年夏到1944年秋,李约瑟和随员开着一辆2吨半的卡车,在中国的西部、西北部、东南部和西南部进行了考察,行程达2.5万公里。通过考察他发现:"哪里萌发了科学,哪里就会寻觅到道家的足迹,无论你在哪里发现炼丹术或古代化学,你就能在哪里发现道家的影子,他们总是在那炼丹屋里进行着世界上最早的科学实验。"在到达河大之前的8月份,曹天钦等人陪同他深入终南山的楼冠台访道,与道人谈《道德经》,在秦岭南麓的张良庙,他看见道士们用山中的褐铁矿和树枝炼出灰口铁。

李约瑟在秦岭南麓的张良庙看道士们用山中的褐铁矿和树枝炼出灰口铁。

但这些都使急于探讨道教文化在中国科学技术史上地位的李约瑟感到"不过瘾"。所以当他在河南大学武城寺图书馆里看到了成箱的《道藏》时惊呼:"这绝对是一座金矿!"

这套《道藏》是1923年到1926年从上海商务印书馆购买的明代《正统道藏》和《万历续道藏》的影印本,共127函1400卷,尽管学校经过多次搬迁,这套《道藏》在图书馆工作人员的精心呵护下还是完好地保存了下来。

李约瑟如获至宝，恨不得把这些神奇的书籍统统装进脑海。他与化学系主任李俊甫相见恨晚，彻夜长谈。李俊甫向他介绍了《道藏》中的古代炼金术和中国化学史的研究内容、研究方法和取得的成果以及《道藏》的主要内容。

离开河大以后，李约瑟经常给处在宝鸡山区的河南大学提供图书和科研信息，帮助购买实验仪器。1946年，他担任联合国教科文组织科学处处长，出于对河南大学的热爱，他在不同场合宣传和介绍河南大学，使河南大学成为中国为数不多的在联合国备案的大学之一。进入2000年后，联合国拍摄了介绍中国10所著名大学的电视片，其中就有河南大学。

1948年李约瑟回到剑桥大学，仍念念不忘与李俊甫的秉烛夜谈，是在河大图书馆里，让他有幸目睹了《道藏》，阅读了《道藏》，了解了《道藏》，因而他的道教情结更加浓厚，坚定了撰写《中国科学技术史》的决心。开始他计划写7卷7册，但从第4卷开始，他发现一卷一册已经容纳不了中国古代这么丰硕的科技成果，于是决定写成7卷34册。

他在《中国科学技术史》的序言中写道：

> 有一些巧遇是传奇式的。在陕西宝鸡时，有一天我乘坐铁路工人的手摇车沿着陇海路去武城寺，这是当时河南大学最后的疏散校址。河南大学利用一个很精美的旧道观作为它的一个校舍，这个道观坐落在一个黄土岗上，大致在汧水从北面流入渭河的地方，隔着渭河（中国文明的摇篮）向南可以看到秦岭山脉。

倾注李约瑟一生心血的《中国科学技术史》

我花了一个下午和李相杰教授一起看了图书馆。这个图书馆原来有很多藏书，可是连续几次疏散使图书馆受到很大的损失。图书目录已经找不到了，书籍堆在那里，许多还成捆地放在古老的神像脚下，就像刚由汗流浃背的搬运工从扁担上卸下来似的。就在这样的环境中，李相杰向我这个剑桥大学的生化家介绍说，在《道藏》（历代道家的经典）中包含有大量从公元四世纪以来的炼金术著作，他们饶有兴味，而且是其他国家的化学家所完全不知道的。李相杰对我所作的这番介绍，是我终身不能忘记的。

李约瑟与河南大学的联系一直保持到他去世。1987年，李燕亭的儿子时为河南大学化学系副教授的李丙寅到英国参加国际学术会议，会后他在预约电话中告知李约瑟的秘书，他是1945年曾聆听过李约瑟演讲的河南大学学生时，李约瑟立即安排会见。难忘的岁月，亲切的回忆，大家心情格外激动，很快20分钟过去了，李丙寅邀请李约瑟再访河大，李约瑟表示等《中国科学技术史》完成后一定再去。李丙寅向李约瑟赠送了开封汴绣，手帕上一只可爱的熊猫让李约瑟爱不释手，当看到印有河大美丽校园的明信片时，他再次表示一定要去河大开封校园看看。作为回赠，李约瑟用英文写下"最热烈地向中国人民致敬"！

1993年底李约瑟的秘书写信给李丙寅，说李约瑟已经摈弃一切事务专心赶写那七卷巨著。1995年3月24日李约瑟去世。李丙寅事后回忆说："我内心十分沉痛，同时，也深为李约瑟博士未能再访河南大学而遗憾，我珍视李约瑟博士的题词、信函和合影，但在我心里更珍视李约瑟博士亲切教诲和他与中国人民包括河大师生的友谊。"

让我们将目光转回到1945年。

9月22日，郝象吾主持召开第三次招生委员会会议，决定为适应抗战胜利后急需医疗人才的需要，医学院增加招生30人。新生入学以后的复试一律采用笔试方法进行，考试时间定为9月26日，为时一个小时，允许其他考区的录取生到本校参加复试，对于个别学生要求免予考试的请求予以拒绝。

就在师生们紧张上课之时，田校长派张邃青带领李秉德、徐正斋等人先回开封，接洽和筹办学校复员各种事宜。那些天，在

1987年4月，李丙寅到英国参加国际学术会议后到剑桥拜会了河南大学的老朋友李约瑟博士

学校办事处的布告栏里经常张贴开封校园筹备进展情况，如大礼堂的铁椅被日寇拆去造炮弹了，现正在重新安装座椅。南郊繁塔干河沿一带农学院被部队占用，现正在敦促部队早日腾出。六号楼、七号楼、各学生宿舍正在加紧修缮等等。

按照教育部统一部署，全国高校于1946年5月才开始复员，因为复员经费要经行政院审定才能下发。水、陆、空运输需经中国两个航空公司，船舶调配委员会，公路总局筹备调配，三者协调颇费时日。同学们思乡心切，不断向学校询问何时能回开封。田校长召集全校大会，介绍当前国内形势、交通状况、复员费的争取、学校校舍的修缮进度等等。他提出两种方案：第一，提前放寒假，不等开封校园修缮完毕和陇海铁路完全修通就立即返回开封，于1946年春季在开封开学。第二，待到明年暑假，那时学校一切安置妥当，陇海铁路也可修通，再迁回开封自然方便舒适许多。

多数同学愿意不辞艰苦早日返汴，田校长顺从民意，做出加紧赶课，年底复员，1946年春季在开封开学的决定。

各位教授利用一切时间赶授课程，就连星期日也不休息。田校长向教育部报告，计划于12月上旬结束全部课程举行期终考试，12月中旬开始东迁，12月底迁移完毕，并申请复员经费。教育部复电曰："该校拟于寒假东迁一节，应予照准，并垫发复员费三千万元。"

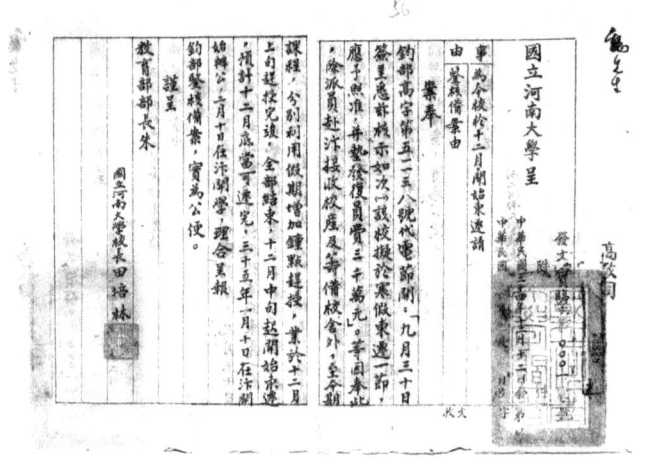

田培林校长向教育部报告河南大学十二月份开始东迁的呈文

结束了考试,学校立即开始东迁,铁路部门给予特别照顾,全体师生兴高采烈地登上东进火车胜利凯旋,每个人心中都充满了兴奋和激动。

火车穿过八百里秦川,在西安站也不停,直奔河南,进入阌乡站,再往前因战争破坏铁路就不通了。学校在出发之前就规定集体行动到此结束,师生自行结合,各想办法返回家乡,待春节过后回开封报到。

于是大家或以班级或以同乡结队而行,多则三五十人,少则一二十人,一起踏上返乡之路,与历次搬迁的心情不同,要回家了,大家心中都充满欢乐和轻松。归心似箭。

从阌乡镇到洛阳沿途桥梁、道路破坏严重,大家乘汽车,雇马车,间或步行,各种交通方式接连转换,可谓集古今中外各种交通工具之大观。

任访秋一家下了火车,于第二天雇到一辆马车向洛阳进发,每天走七八十里路,途经崤山时任访秋还不忘向家属和随行的学生讲《左传》中秦师伐郑的历史故事。崤山地形险恶,沟壑万丈,一行人不敢麻痹,车把式连抽几鞭,催促驾车的骡子加速前进。

李守孔和他的同学们来到函谷关时,"天寒地冻,我们通过蜿蜒数十里,窄狭凸凹不平,只能通过一车一骑,难得见到一线天日的函谷关,也看到浊浪翻滚一望无际的黄河,到家乡时已是冬残岁尽,没几天就过年了"。

1946年3月30日,田培林向教育部汇报河南大学复员开封的情况:本校"已于上年十二月开始分批迁移,本年元月到达开封,二月十日开学,十三日至十七日注册,二十日正式上课"。①

河南大学抗日战争八年流亡办学至此结束。

---

① 《呈报本校迁移开封情形》,1946年3月30日,五-5336(2),中国第二历史档案馆藏。

第十一章 又见铁塔

1946年2月2日是农历乙酉年大年初一，河南大学师生在流亡八年之后终于回到各自家乡与亲人团聚，开开心心地过了个春节，随后即在浩荡春风的吹拂下来到开封，回到母校。

八年流亡，多少离别伤心泪，一朝胜利，不尽复员激动情。

白发苍苍的教授们回到校园，眼前呈现的一切是那样的熟悉，一砖一瓦，一草一木都倍感亲切，物是人非，风霜染白了双鬓，岁月催人老矣，然而胸中依然激荡着教书育人的豪情壮志。

在迁徙流亡中入学的学生们初次见到自己的大学竟是如此的美轮美奂，牌楼式的大门，中西合璧的六号楼、七号楼，巍峨的大礼堂，真如像进了宫殿一般。特别是看到大门背面的"明德、新民、止于至

复员开封后，河南大学对遭受日军踩躏了八年的校园及建筑进行了大规模整修，使校园面貌焕然一新。图为修缮大礼堂工程预算表

善"的校训,看到巍然屹立在校本部被日军炮击腰间弹痕累累的铁塔和南关二院的繁塔,心中对学术的崇敬和历史责任感油然而生,更立下扎实学习上进,砥砺双塔精神,做一个响当当的铁塔牌河大人的坚定信念。晚上躺在四人一室的斋房,聆听铁塔的风铃,没有了日机狂轰滥炸和逃难时的惊惧惶恐,那种感觉真好。

2月20日,河南大学在开封校园里开学了。

各项重建和恢复工作继续加紧进行。

学校组织人力日夜赶工整理维修房屋,购添桌椅、教学设备、宿舍卧具、食堂炊具。收回了散布于城郊原属学校的农场用地,又几经周折,甚至通过司法程序,全盘收回日军占领开封时在城南繁塔、干河沿一带修建的后又被国民党68军占用的营房。

繁塔所在地是河南大学第三院

复员后的河南大学共分四个校区,即位于城东北隅的校本部,位于城东南角繁塔一里许兵营的第二院,繁塔所在地的第三院,位于市中心相国寺街(现寺后街)的附设产校和产科医院。

进入校本部沿大门到大礼堂的中轴线西侧、七号楼的南边多了两座平房,那是日军占领开封后修建的日军司令部,现在成了校长室、教务处、训导处和总务处的办公地点以及会议厅。

大礼堂的铁椅早已被日寇拆去化为铁水造成了炮弹,空旷的大礼堂曾沦为日军的马厩,学校从20亿的复员修建费中拨出7100万元用于大礼堂的修理整饰,安装座椅。

河大不仅成为驻汴日军的大本营,还成了日军焚尸场。东城墙

位于开封市禹王台公园内的原河南大学农学院图书馆旧址

向西一带如今小桥流水，杨柳依依，过去曾是火化场，焚尸炉紧贴着东城墙，无论是战死还是病死的日本人都在这里火化。由此向北，一条小路的起点立着两个水泥做成小亭子似的亡灵塔，小路直达城墙，日军在上面修建了神社，供奉侵略者的亡灵。医学院学生李广溥在《忆抗日战争时期我在前国立河南大学医学院上学的经过》一文中说："开封沦陷期间，河大校园成了日军的兵营，走进校园后，映入我们眼帘的是一片荒凉景象和残存的日军亡灵碑、亡灵塔。"现如今这一切早已不在，唯存一个亡灵塔放在文博馆北面的草坪上。

清理了鬼子的神社坟冢，铲除了满地荆棘，植树栽花移草，近代建筑庄

放在河南大学文博馆北面草坪上的亡灵塔是日本帝国主义侵略中国的铁证，"开封铁塔钢铁厂"字样是1958年加上去的

严瑰丽，千年古塔巍然屹立，还我一个生机勃勃的河大校园。

复员后的河南大学设6个学院、15个学系，医学院仍不分系。文学院院长张邃青、文史学系主任嵇文甫、教育学系主任陈嘉昆、外

阎振兴(1912～2005)，字光夏，河南汝南人。曾就读于河南中山大学理预科，清华大学毕业后赴美国爱阿华大学攻读水利专业，获博士学位。历任南海工程局工程师、西南联合大学教授兼昆明水工实验室主任、水利部黄河堵口复堤工程局工务处处长等职，1947年1月任河南大学工学院院长。1949年到台湾后曾任高雄港务局副局长兼总工程师、台湾大学工学院院长、省教育厅厅长、成功大学校长、"教育部长"、清华大学校长、中山科学研究院院长、台湾大学校长、"行政院"青年辅导委员会主任、"行政院"原子能委员会主任委员、"中央"研究院评议员、院士等职

语系主任陈治策，全院有教授20人、副教授以下教师36人、学生445人。理学院院长孙祥正、数理学系主任樊映川、化学系主任李俊甫、生物学系主任傅茂萱，全院有教授11人、副教授以下教师20人、学生238人。法学院院长王牧罕、法律学系主任熊伯履、新成立的政治学系主任司徒尹衡，经济学系主任由王牧罕兼任，全院有教授9人、助教4人、学生470人。农学院院长王鸣岐、农学系主任彭谦、森林学系主任栗耀岐、园艺学系主任田淑民，全院有教授14人、副教授及以下教师20人、学生212人。

河南大学初创时期提出的创建工学院的设想这时也得到了实现。教育部批准

严恺(1912～2006)，1912年8月10日生于天津，1933年毕业于交通大学唐山工学院，1935年赴荷兰德尔夫特科技大学留学获土木工程师学衔（相当于副博士学位），1940年任中央大学水利工程系教授，1946年任河南大学土木工程学系和水利学系主任。新中国成立后历任华东水利学院副院长、院长、名誉院长，河海大学名誉校长，是中国科学院、中国工程院院士，为中国的水利教育和建设做出突出贡献。发表学术论文和报告40余篇，主编多部专著，获国家科技进步一等奖等多项奖励。2006年5月7日凌晨在南京逝世

将国立黄河水利专门学校并入河南大学，成立水利工程学系，由赵敬生担任系主任。土木工程学系亦予恢复，由严恺担任系主任。新成立机械学系，系主任位置虚位求贤。该院院长由丁观海担任，有教授9人、副教授及以下教师18人。土木、机械两系自1946年开始招生，土木学系有学生34人，机械学系有学生65人，水利学系3个年级有学生274人，全院共计学生373人。

医学院院长由张静吾担任，共有教授17人、副教授及以下教师23人、学生250人。

图书馆由已晋升为教授的李秉德担任馆长，他指挥员工迅速将长途迁徙历尽劫难的图书开包清查整理、修复，将72904册图书搬至六号楼，编目上架，开始借阅，同时新订杂志130种，并筹划8000万元用于购买新书。在医学院、二院、三院设有三个分馆。

化学、生物、物理、心理各种实验室相继建立，仪器、药品等积极采购。

医学院附设医院经半年整治也像模像样了，设内科、外科、眼科、小儿科、皮肤科、产科，有病楼两座，病床130余张，购置了X光机，每日来问医求药住院治疗者络绎不绝。附设医院成为护校70名学生最好的学习场所。

位于市中心鼓楼旁边的产科医院设备完善，设病床30余张，天天床位爆满，产校三个班60名同学见习实习忙碌其中。

除此之外，学校还附设有大学先修班、各种培训班、高级

郝象吾撰写《国立河南大学复校纪念碑》文并勒石立碑，惜该碑今已不存

工程职校、附中以及代办的医学专科学校等。此时，全校师生员工达3000人，其中大学部教师201人，本科学生1988人，占地2000多亩的河南大学成为华北地区院系最多，校园规模最大的高等院校。1946年河南大学招收新生420人。

1946年11月，田培林校长升任教育部次长，著名蒙古史学者姚从吾接任校长。为了铭记历史，激励后人，姚校长请预校第一次英文科毕业生，在抗日流亡办学过程中做出重要贡献的教务长郝象吾撰写国立河南大学复校纪念碑文，并刻石立碑。节选碑文如下：

……自民初留学欧美学校树立善良学风于前，中州大学因之开拓规模，增高标准，继与法政、农业两专门学校合并，于是科目渐趋完备，设置渐趋充实，全校师生以及关心中原文化之社会人士，正在热烈期待本校之发展中，不幸天祸华夏，倭寇内扰，因而流离颠沛，历时逾八载。其间迭为临时校址者，有鸡公山、镇平、嵩县之潭头镇、淅川之荆紫关及宝鸡之武城寺，而以在潭头历时五年为最久。值乾坤板荡之际，避地于万山丛中，抱残守缺，勉尽讲习进修之职责，以保存中州学术之一线命脉，可谓风雨如晦，鸡鸣不已者矣。当敌骑过潭头时，师生及眷属因避难弗及而遇害者九人，仪器图书及其他公私用品之损失，不可数计……①

让我们回首再看看河南大学抗日流亡办学的足迹吧。

抗战初期，由于政府对于抗战的艰巨性和长期性认识不足，缺乏对抗战时期教育的通盘考虑，大敌当前指令全国各级学校要力持镇静，以就地维持课务为原则。随着战局的失利，遂又作出"于战事发生或迫切时，务予转移"的规定。这种带有应急性的政策措施，导致各个学校对自己的前途进退甚为迷惘，所以亦多采取就近就便、临时躲避的措施。结果每当局势恶化，这些学校便不得已继续进行搬迁以

---

① 《国立河南大学复校纪念碑》，《国立河南大学校刊》1947年3月1日，第4版。

避战乱。据不完全统计,全国迁校3次以上的高校有19所。

台湾陈明章主编的《学府纪闻——国立河南大学》中指出:"河南大学是我国创办较早的大学之一……当时长江以北除北京(民国十二年仍沿旧名为北京)之北京大学、天津之北洋大学外,以河南大学为最早。"当全国高校都举校迁到大后方时,仅有的一所公立综合性大学不仅对发展河南一省教育起着重要作用,而且对周边省份学子亦提供极多求学之便利。王广庆校长曾于1942年6月给教育部写信说,华北前线只此

文学院教授牛庸懋做《西征杂诗》,以写实的手法记录了河南大学搬迁办学的艰难经历

一所大学,收纳冀、鲁、苏、皖、晋、陕、东北各省流亡学生有逐渐加多之势,河南人力、物力、军事贡献于国家者极大,目下大学教育集中在西南、西北,鉴于此王广庆呼吁:"中央政策上有提高文化水准及救济战区青年之必要","务请在可能范围内予以支持","以便河南大学能为抗战建国培育人才上做出应有贡献"。

河南大学在抗战前7年中坚守河南境内,始终处于抗战最前线,经历了武汉会战、中原会战和豫南鄂北会战,有时离战区仅百里之遥,成为北方抗日爱国民主运动的堡垒,有9位师生及眷属光荣牺牲,直到1945年3月才迫不得已迁移入陕。

一位老人告诉我,河大之所以没迁出河南,默默承受了8年流亡的苦难,是因为河南大学对河南这片热土爱得深沉。

河南大学流亡迁徙办学伴抗战之始终。校本部和文理法学院经历开封—鸡公山,鸡公山—武汉,武汉—镇平,镇平—潭头,潭头—荆

紫关，荆紫关—西安，西安—宝鸡，宝鸡—开封8次搬迁。

医学院经历开封—镇平，镇平—嵩县，嵩县—潭头，潭头—荆紫关，荆紫关—西安，西安—汉中，汉中—宝鸡，宝鸡—开封8次搬迁。

农学院经历开封—镇平，镇平—潭头，潭头—荆紫关，荆紫关—西安，西安—宝鸡，宝鸡—开封6次搬迁。

尽管河南大学经历了多次搬迁，但由于事前精心准备，事中周密安排，全校师生不惜以鲜血和生命保护了学校的图书仪器等财产。

河南大学以7万余册图书在当时省立、私立甚至国立大学中名列前茅，而仪器设备也为不少学校所艳羡。据教育部1942年5月出版的《全国专科以上学校要览》介绍：到1939年底，东北大学仅余价值1000余元的物理仪器和1万余元的化学仪器。四川大学农学院有高倍显微镜2台，计算机1台。广西大学采矿冶金系有德国产偏光显微镜1台、农学院有显微镜18台。而同时期的河南大学理学院有显微镜52台，医学院也有普通显微镜18台，油浸装置显微镜19台，切片照相放大显微镜1台。

无怪乎医学院的学生惊喜地说："做实验时，每个学生一人一台显微镜。"

无怪乎当李约瑟看到武城寺河大图书馆里收藏的《道藏》时惊呼："这绝对是一个金矿！"

抗战前夕，河南大学积极添置实验设备，理学院和农学院分别采购了一批显微镜河南大学在八年流亡过程中不仅保全了自身，保存了中原文化，延续了黄河文明，而且流亡办学5000里路的流动就像一支文化大军远征，沿途播下了科学、民主思想和文明进步的种子。在镇平，在潭头，在荆紫关，甚至在陕西省赵川，无论是军政界首脑还是地方士绅、一般百姓，都热切希望热烈欢迎河南大学留下办学，以此推动当地各项事业的发展进步。河南大学在潭头办学时间最长，为当地经济建设的发展，文化水准和生活水平的提高做出贡献，因而潭头成了豫西人才的摇篮和仓库。嵩县人民至今感念河南大学附设医院为当地百姓防病治病带来的福音，当年河南大学医学院以及产校、护校所在县城东北角的财神庙，已被列为嵩县文物保护单位，潭头河南大学校本部及周边村落正在申请国家重点文物保护单位。

流亡办学的河南大学像一股汹涌澎湃的洪流，所到之处总要激起抗日救亡的滔天巨浪，宣传发动民众，组织各种活动，鼓舞民众的抗战士气。范文澜、嵇文甫、萧一山创办的河南大学抗敌训练班服务团由北向南开进，沿途宣传抗日，培训民众，影响广泛，以至于惊动了国民党的最高权力机构。河南大学医学院部分师生在郭鑫斋的率领下在开封火车站救治前线转运下来的伤病员，后又随军南下，转战疆场，救死扶伤。在潭头在中共地下党支部的坚强领导下，团结了一大批进步教授和学

文学院教授段凌辰以突出的科研成果获得教育部1945年著作奖

生，开展各种形式的抗日救亡活动，有力呼应和支援了抗日根据地以及国统区其他高校的抗日爱国运动，并向抗日根据地输送了一批抗日革命的知识青年。

流亡办学的河南大学虽然身处战区，不断地搬迁干扰了教学科研的正常秩序，但流动的河南大学无论何时何地都始终不忘自己肩负

的培养人才的重任，条件再艰苦也不废教学与研究。她每到一地首要的工作就是延揽教师，尽快恢复教学，尽量使课程设置与部颁标准相吻合，同时开设与抗战有关、与地方经济建设有关的课程。诸位教授借深入伏牛山区之机，调查河南省境内的环境、矿产、动植物资源以及各种历史遗存，取得了大量的第一手原始资料，真正做到了理论与实践的相互印证和结合，为抗战胜利后经济建设提供了决策的依据和资源开发的原始数据。学校将军训课列入教学计划，军事教官带领师生锻炼身体，训练杀敌技能，进而有了紫荆关时期广大学生踊跃报名应征入伍，誓与日寇血战到底的义举。河南大学一直以开发西北为己任，并从学术层面上进行研究探讨，号召毕业生到甘肃、新疆等西北地区工作。

流亡办学的河南大学像一座烈火熊熊的大熔炉，锻造出了无数建设祖国，保卫祖国的栋梁之才。莘莘学子从四面八方汇集到河南大学，十分珍惜在四周炮火连天的环境下能有安放课桌学习的机会，他们沉下心来，耐住清贫与枯燥，一头扎进知识的海洋探索未知的世界，经过四年的磨砺终于成就学业，渐次成为某个方面的专家。1946年台湾回归祖国怀抱后，曾是河大农学院院长的赵连方任农林部台湾特派员兼任台湾行政公署农林处处长，他立即召唤河大农学院毕业生孟及人、戈福江、王茂轩、方霖、杨海涵、王泳等人赴台，后又有李守孔、冯汶波、王耀槐、郑秉权、李振宇、师宗熹、张振中、任应瑞、管守严、雒熙曾、叶泽普、程立德、李新民、李蔚中、孟广益等40余人纷纷投入宝岛建设，对台湾的经济复苏和各项事业的发展做出重大贡献。

河南大学流亡办学的过程就像一条璀璨的银河，一颗颗明星划过历史的天空，留下了熠熠生辉的运行轨迹。

范文澜1940年春节前夕取道西安到延安，担任中央研究院副院长兼历史研究室主任，文史兼通的他组织人员精心编写了在中国史学史上具有划时代意义的《中国通史简编》。新中国成立后他担任中国科学院历史研究所第三所所长、中国社科院哲学社会科学部学部委员，是第一、二、三届全国人大代表,第三届全国人大常委和第三届全国政协常委,中共八大、九大中央候补委员和中央委员。

尹达到延安以后着手撰写《中国原始社会》一书,成为"结合考古实物资料运用马克思主义研究中国古代史的第一人"。新中国成立

台湾光复后,360多名河南大学师生来到宝岛,他们在政治、文化、教育、科技、农业等各项事业中做出突出贡献,促进了台湾的经济起飞。如今在台的河大校友仅余40多人,但他们的后代积极参加校友会的活动,时刻关心母校的建设与发展

后任中国科学院历史研究所第一所副所长、中国社科院哲学社会科学部学部委员和常务委员、中国考古学会副理事长等职,他还是全国人大代表、全国政协委员。

罗章龙从河南大学开始了教学生涯,他离开鸡公山南下武汉,后在多个高校任教。几十年来他潜心研究学术,教书育人,著有《中国国民经济史》等书,总计达百万字。中共中央十一届三中全会以后调任北京,被增补为全国政协委员,担任中国革命博物馆顾问。耄耋之年他又有《椿园载记》《椿园诗草》问世,发表各类文章500多篇,1991年7月,国务院向他颁发了政府特殊津贴。

邓拓奔赴华北抗日前线后,于1944年主持编辑和印刷我国首次出版的《毛泽东选集》。新中国成立后他担任《人民日报》社社长兼总编辑、中共北京市委书记处书记、中共中央华北局书记处候补书记等职。著有《论中国历史的几个问题》《燕山夜话》《三家村札记》等

著作。他去世后,《邓拓诗词选》《邓拓书法选》《邓拓散文选》也相继面世。

马可来到延安后,进入音乐创作的高峰期,他创作的歌曲《南泥湾》《咱们工人有力量》,秧歌剧《夫妻识字》,歌剧《白毛女》《小二黑结婚》等,成为民族音乐的经典。新中国成立后,马可担任中国音乐学院副院长兼中国歌剧舞剧院院长、《人民音乐》主编,著有《冼星海传》《中国民间音乐讲话》《时代歌声漫议》等著作和200多篇论文。马可是我国当之无愧的优秀作曲家、音乐家和音乐教育家。

嵇文甫自20世纪30年代起就一直在河南大学任教,长达20多年,是我国著名的教育家、史学家和哲学家,先后任教授、系主任、文学院院长、校长等职。八年抗战,他与河南大学师生风雨同舟,患难与共,通过课堂教学、学术讲座等各种形式向学生传播科学知识,宣传

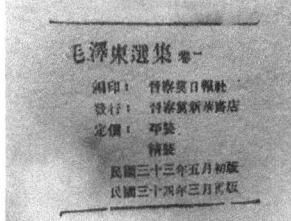

邓拓担任晋察冀日报社社长兼总编辑时,组织出版了《毛泽东言论选集》。1944年1月,中共中央指示晋察冀分局编辑出版《毛泽东选集》,邓拓是首部《毛泽东选集》的主要编辑者,选集共收文章29篇,46万字,分为五卷,聂荣臻元帅在《回忆录》中称赞说:"邓拓同志在抗战后期还编纂了《毛泽东选集》,这是全国第一本系统编选毛泽东同志著作的选读本,为传播毛泽东思想做出了贡献。"

马列主义和爱国主义,成为河南大学进步师生的精神支柱,深受广大师生的爱戴与欢迎。解放战争时期,他率领河南大学进步师生100

马可创作的《南泥湾》《咱们工人有力量》《白毛女》《小二黑结婚》等作品,成为民族音乐的经典

果卓著。新中国成立后,他到复旦大学任教授兼生物系主任,被评为一级教授。王鸣岐著有《微生物学》《粮食微生物手册》《植物病毒学》《基础微生物学专题选》《普通病毒学》等著作,他的成果获得过全国科学大会奖、国家科技进步二等奖,他本人享受国务院颁发的政府特殊津贴。

樊映川1941年来到河南大学,教学科研成果斐然,抗战胜利返回开封后,他又不断对《高等数学讲义》进行完善和修改。

多人投奔中原解放区,受到刘伯承、邓小平、陈毅同志的热烈欢迎,并奉命参与创办中原大学。新中国成立以后嵇文甫任河南大学校长,全国政协代表,全国人大代表,中南军政委员会委员,河南省人民政府副主席、副省长等职,并当选中国科学院哲学社会科学部委员。

王鸣岐在抗战最危难的时刻来到河南大学,历次搬迁中他总是临危不乱,坚持教学科研,开展调查研究,不废著书立说,成

樊映川的《高等数学讲义》于1958年由高等教育出版社出版,截止到1983年上下两册印数近千万册

1950年他调到同济大学工作，创办了应用数学专业，填补了该校专业设置的一项空白。他的《高等数学讲义》于1958年由高等教育出版社出版，成为适合中国国情的理工科数学教材，获得全国优秀科技图书一等奖、全国高等院校优秀教材奖，截止到1983年累计上下两册印数近千万册，开创了理工科教材中国化的先河，堪称中国科技书籍出版史和中国高等教育史上的一座丰碑。

还有朱芳圃、胡守棻、李俊甫、任访秋、阎仲彝、刘葆庆、张长弓……都在教学和学术研究方面取得了突出成就，在该专业领域占据一席之地。

如今战争的硝烟已经散尽，当回首70多年前那段往事时，我们所看到的不仅仅是河大前辈们流亡办学的种种艰难，更从他们瘦削羸弱的身上看到了河大人的担当精神。

一个集体如果没有这种担当，就难有贡献于社会，一个人如果没有这种担当，就无以在世上立足。担当是历史赋予的神圣职责，河南大学在腥风血雨中自觉担起了那个时代赋予的重任，用自己的铁肩扛住即将倾倒的文化大厦，在华夏文明将被腰斩时，用自己的血肉之躯维护文化，接续血脉，传递薪火。

这种担当，并不是人为的强加，而是出于中国知识分子对于国家、社会强烈历史责任感的自觉行动。许多教师可以去安全的大后方任教谋生，河南大学也可以一劳永逸地迁到四川万县，然而，"为了河南计"，为了河南周边省份沦陷区的学子，河南大学毅然选择留在了抗日战争的最前线坚持办学而弦歌不绝。

于时今日，我们已无必要再纠结于河南大学留省的对与错。艰难困苦，玉汝于成，八年流亡办学，河南大学凤凰涅槃浴火重生，经过血与火的洗礼，河南大学精神的内核被提纯和升华，逐渐以校训、校风、教风、学风等等这些看似无形的东西展现在世人面前，融进河大人的血液中去。我们需要的是发掘埋藏于抗日流亡办学过程中闪闪发光的这些精神遗产，从中汲取力量，接过先辈手中的薪火并代代相传下去。

纵观河南大学发展史，从第一任校长林伯襄开始，便着力培养优良校风。

预校第三届英文科学生黄玉璋在《河大回忆录》中对敬爱的林校长作了如下回忆："留美学校头两届受林校长影响很大，林校长为人正派，热心校务，听课查斋，对学生要求严格，甚至脖子纽扣不系也不放过。他虽不召集学生讲话，但时常和同学接谈，着重身教，同学们都对他亲而敬之，为留美学校树立了严肃的校风。"吴志昊校友称林校长为"有铮铮风骨的廉士"。他说，记得林校长"生活非常俭朴，经常是身着蓝布长衫，脚穿黑粗布鞋，常被人误为校工。学校离大街较远，他从不坐洋车。在他的倡导和示范下，预校的学生普遍崇尚俭朴之风，学习踏实，许多学生毕业后考上国内外名牌大学。1918年底数十名河南留学欧美预备学校德文科的学生考上了上海同济医工专科学校，他们统统身着长衫，因而得名'蓝布衫队'"。20世纪30年代来校任教的教授多穿长衫。姜亮夫穿一身灰色棉布长衫，高亨是蓝布长衫不离身，嵇文甫、范文澜也常着长袍长衫，更有郭绍虞在北京沦陷时坚决不做伪教授，飘然一袭长衫的他被外国友人称为"中国君子"。

林校长为人正派、刚毅宁静、崇尚俭朴、勤奋踏实的表率成为河南大学校风的滥觞。

以后继任的每一位河南大学校长都以培养优良校风为己任，号召大家自惕自励，猛进不懈，培养有高雅兴趣的生活习惯，生活上要整饬刻苦，精神上力求振奋与向上，遵

1948年范文澜担任中原大学校长时仍身着一袭长衫

守纪律,潜心用功,以养成良好的校风。即便学生毕业以后,也要求他们用河南大学的优良风气去影响社会、改造社会。

张广舆校长在1934年欢送毕业同学的典礼上向毕业生和在校生发表演讲,号召大家"要脚踏实地,力戒虚浮,凡事要从大处着眼,小处着手,为社会而服务……希诸位出校后,要有切实把握向前干去的精神"。①

刘季洪校长是教育学专家,他深知"优良校风的形成,是教育成功的第一步",所以上任后不久就在全校庆祝河大成立八周年纪念大会上专门讲了校风。他说:"所谓校风,就是学校一般人的习惯与风尚,普通常说'习俗移人',校风也是如此,校风形成后,不管学生的来源如何复杂,到校以后,受了学校风尚的影响,就都具有特殊的风格。譬如我们觉得刻苦勤勉急公好义是我们现在很需要的德性,我们就应当尽力提倡,互相勉励,使这种德性,也就是校风形成。"②他在任职期间大力整饬校纪,订定规则并严格执行,调整人事,裁撤冗员,赏罚分明,提倡敬师尊教,同时组织训育委员会,请教授担任导师指导学生开展各种社团活动。其效果不久就显现出来,校风为之一新。

1936年刘季洪按照许心武、李敬斋两位前校长的设计兴建了河南大学校门,他将《礼记·大学》中的"大学之道,在明明德,在新民,在止于至善"凝练为"明德,新民,止于至善",取代了中山大学时期提出的"明德,至美"作为校训,书

1936年河南大学大门建成以后,就用"明德,新民,止于至善"取代中山大学时期提出的"明德,至美"作为校训,悬挂于大门北面门楼之上

---

① 《张校长报告毕业情形》,《国立河南大学校刊》第49期第1版,1934年6月25日。

② 刘季洪:《本校简史》,河南大学校刊编辑部编:《河南大学讲演第一集》,1937年,第3页。

写于大门北面门楼之上,号召大家彰明美德,启民心智,修身育人,达到完美境界。

在抗日流亡办学的岁月里,河南大学优良校风经过血与火的淬炼得以光大和发扬。

身处伏牛深处,战局险恶,生活艰苦,校舍简陋,讲义设备缺乏,消息闭塞,但这丝毫没有影响师生们教与学的积极性。在潭头入学的1939级学生后成为著名眼外伤专家的张效房说:"尽管生活学习条件很艰苦,但是同学们学习非常努力,中国受到日本的侵略,大家都很气愤,国家兴亡,匹夫有责,同学们都想着要努力学习,要让中国强盛起来。""同学们下课以后不是看专业书就是学习德语。打扑克,打麻将在学生里面是没有的,吸烟的,喝酒的也没有。""一切浮华奢侈之习,早已屏弃净尽,所剩唯有读书一事。"师生埋首学问,淳朴无华,实事求是,不喜张扬,治学认真,艰苦朴素,"朴、诚、勤、俭"风气根植人心。在逃亡路上,师生互助,男女相帮,生死与共,同甘共苦,处处洋溢着团结友爱精神。

温柔敦厚而不愚疏通知远而不诬广
博易良而不奢絜静精微而不贼恭俭
莊敬而不烦属辞比事而不乱具兹六
經之效兼具科学管理自然之精神願
與諸同學共勉力以赴

郝象吾

1946年11月28日,郝象吾在《国立河南大学校庆特刊》中题词与同学共勉

河大的教授们在长期的学术生涯中养成了实事求是,以道救世,学以致用等治学思想,深刻影响了学子们,也逐渐奠定了严谨认真求是的优良教风。

教育系罗廷光教授提出做学问的八字经:"博学、深思、存疑、

求证",他要求学生多接触实际,广博知识,深思熟虑,善于抉择,不盲从,不武断,经过对大量的资料的论证和验证,进而获取新的知识和研究成果。这也是严谨学风的一种体现。

最近在嵩县发现的"明德"徽章,目前尚不能确定该徽章与河南大学校训有无联系

文学院长萧一山认为,史学研究的目的,不仅是对名物训诂的考释,更重要的是通过对历史的研究,总结出历史发展的规律,能够"盱衡天下",预示历史发展趋势,以指导当代社会的前进方向,他在抗战初期创办《经世》战时特刊,大力倡导"经世"理念。

正是秉承求是经世思想,河南大学无论身处何时何地,都在不断地探索客观世界发展的规律性,同时以自身的优势为社会服务。

笃厚朴实,力戒虚浮,大处着眼,小处着手,艰苦奋斗,团结友爱,视校为家,朴实勤奋,宁静刚毅,凛然正气,百折不挠,坚忍不拔,自强奋进,视野开阔,胸襟宽广,海纳百川,严肃谨慎,实事求是,尊重人才,敬师尊教,急公好义……这些河大人所特有的优良品质和作风弥散于学校教学、管理、服务、生活的各个方面,浇筑在学校的每幢建筑中,流传于学生宿舍夜半的窃窃私语里,口传心授,耳濡目染,滋养人心,润物无声,假以时光的过滤和雕琢,终于形成河南大学的精神支柱。

让我们牢记河南大学的校训:"明德,新民,止于至善"。

再次感受河南大学的校风:"团结,勤奋,严谨,朴实"。

永远发扬河南大学的精神:"前瞻开放,面向世界;坚持真理,追求进步;百折不挠,自强不息;兼容并包,海纳百

开封师范学院印章

川;不事浮华,严谨朴实"。①

正是秉承校训,沐浴校风,血管中激荡着河大精神,河大人才撑起了华北抗日前线的文化天空,学校得以保全,黄河文明的火种得以保存,中原文化得以发展,河南大学在抗战胜利以后迅速发展成为华北地区校园面积最大、学生最多的国立大学。

尽管新中国成立后经过多次院系专业调整,河南大学的医学院、农学院、行政学院独立建校,理学院调至新乡,财经系、水利系、畜牧系、植物保护系纷纷调往中南地区有关院校,河南大学由国立大学成为省属院校,由综合性大学改为师范院校,最少时仅有中文、历史、外语、地理四个系。但河大人没有一蹶不振,没有自暴自弃,反倒更加激发出奋发向上的斗志。河大人一以贯之地踏踏实实做好眼前的事,能为河南乃至中南的高等教育事业做出贡献实在是一种荣耀,体现了河大人的担当和奉献精神。

于是这所师范院校培养出了大批铁塔牌教师,他们分布于河南省的各级各类学校,默默无闻,甘愿奉献,教书育人,促进了河南省教育事业的发展。

时光如梭,风云变幻,转眼到了20世纪80年代。河南大学已经建校70多年了,从这里走出的每一位校友,时刻都没有忘记自己是一个河大人,河大精神已经融进他们的血脉,河大校风已影

屹立于校园北侧的千年铁塔是河大精神的象征和河大人的铭牌

---

① 河南大学校史修订组:《河南大学校史》,郑州:河南大学出版社,2012年,第12页。

响着他们的言行举止,每次返校,大门、礼堂依旧高大雄伟,而学校却几易其名,"恢复河南大学校名"一时成了海内外校友的共同心愿。1984年2月11日,经历了河南大学—河南师范学院—开封师范学院—河南师范大学的更迭之后,"河南大学"得以恢复,时任中共中央总书记的胡耀邦题写"河南大学"校名。

经历了改革开放30多年的艰苦奋斗,河南大学重新崛起,现如今已经成为一所拥有文、史、哲、经、管、法、理、工、医、农、教

1984年,时任中共中央总书记胡耀邦题写"河南大学"校名

育、艺术12个学科门类,34个学院(部),92个本科专业,42个一级硕士学位授予学科,20种硕士专业学位授权类别,12个一级博士学位授予学科,10个博士后科研流动站,4200多名教职工和6万余名全日制在校生的综合性大学。①

每当客人来到河南大学,她那古色古香,中西合璧,典雅庄严的建筑总是让人眼前一亮,进而河南大学厚重的历史文化积淀和河大师生身上所散发出来的特有

1999年,曾于抗日战争时期在嵩县、潭头求学的部分学子回到母校,在六号楼前留下珍贵的合影

---

① 《河南大学概况》,http://www.henu.edu.cn/html/xxgk/1.htm。

气质和精神让他们激动和着迷。

李大钊的长孙、全国政协委员、浙江省政协副主席李清来到六号楼李大钊塑像前，他仔细地看着碑文，又绕六号楼走了一周，在祖父向河大师生发表演讲的三楼大厅里说："以前对祖父在开封的活动不太了解，作为他的后代，这次我是来朝圣的。"

马可的女儿、中国歌舞团副团长马海莹率团来河南大学慰问演出，她深情地凝望着大礼堂舞台，在校史馆父亲照片前她流下了激动的泪水，写下《参观校园、校史展有感》：

2002年90周年校庆前夕，"明德、新民、止于至善"8个金光闪闪的校训重新悬挂于大门之上

父亲走了吗，
眼前这片热土上分明布满了他的足迹；
父亲走了吗，
他的歌声依稀还回荡在这小院里。
校训依旧，
世纪学府培育着千万至诚至善之人；
师生依旧，
百年老校更洋溢着时代的青春活力。
面对这庄严的校门、肃穆的礼堂、
古朴的斋房、活泼的操场……
父亲，我又感觉到了你：
你就活在这精神的河大，
活在河大的精神里！

李秉德之子，民盟中央副主席、全国人大常委李重庵向河南大学捐赠了父亲的论文集和照片后动情地说："在这百年的办学历史中，无论处于战争年代，还是和平年代，无论是处于顺境还是逆境，河南大学都坚持办学，为国家培养了大量人才，同时也熔铸了大学精神，这是大学的根本，非常可贵。"

香港中文大学教授陈小章访问河南大学后写下《造访河南大学有感》：

在这之前，我不知道中国有这样一所大学，更不知道古老中原大地上的这所大学竟是中国近代史上的一所先驱大学。她那古色古香的校园，融中西风格为一体的典雅建筑叫我欣喜若狂，流连忘返，而她坎坷历程和变迁却叫我黯然神伤，感慨万分。就是这样一所大学，叫我神往，激动，让经历过无数次演讲的我第一次站在讲台上语塞。这样一所我前所未知，却又让我为她如此

2004年7月，时任中央军委主席的江泽民视察河南大学并题词："与时俱进，开拓创新，把河南大学办成全国一流高校"

动情的学校,她的名字就叫河南大学。①

　　河南大学的建设和发展一直受到各级政府和领导的关心和重视,近年来,习近平、李克强、江泽民、贾庆林、李长春、吴官正、李岚清、陈至立、蒋正华、罗豪才、王文元、张思卿等国家领导人先后来校视察。2004年7月江泽民为河南大学题词:"与时俱进,开拓创新,把河南大学办成全国一流高校"。《河南省国民经济和社会发展第十一个五年规划》明确提出要"把河南大学建成全国一流高校",最近这一目标又上升为国家发展战略。

　　中共河南大学第九次代表大会制订了学校今后一个时期的奋斗目标:"到2020年,全面提升人才培养质量,科学研究水平,社会服务能力以及教育国际化程度,综合实力显著增强,办学特色更加鲜明,在省部共建的基础上,争取进入国家重点高校的高水平大学行列,到本世纪中叶,建成国内一流,国际上有一定影响的综合性、研究型、国际化高水平大学。"

　　河南大学的宏伟目标一定能够实现。

　　让我们再一次高唱《河南大学校歌》:"嵩岳苍苍,河水泱泱,中原文化悠且长。济济多士,风雨一堂,继往开来扬辉光。四郊多垒,国仇难忘,民主是式,科学允张。猗欤吾校永无疆!猗欤吾校永无疆!"

　　猗欤吾校,永——无——疆!

---

① 陈小章:《造访河南大学有感》,《光明日报》2012年7月30日,第6版。

附录　抗战亲历

忆河南大学抗敌训练班①（节选）

范文澜

在河南大学教着书，卢沟桥大炮响了。尽管你老先生紧抱双耳，却掩不住敌人的大炮口，终于不得不承认中日战争的事实。长久掩口不言的我们，似乎也相当可以说话了。在许多文化人(我也跟在后面呐喊)"大做文章"动员群众以后，河南先进青年，都感觉到学习救亡理论和技术的必要。河南当局以及一般朋友们帮助我，教我办短期的训练班。不久成立了一个河南大学抗敌工作训练班。青年们投考的踊跃，学习的热心，使我们确信中国决不会亡，抗战必然胜利。训练班主要课目是中国问题(嵇文甫先生担任)与游击战术(马致远同志担任)，这两位台柱子撑起训练班的"金字招牌"，声名很好，在青年群中起着颇大的影响。那时候我们的预定计划是挑选一部分学生沿平汉线(重要城市)办短期训练班，兼做民运工作，联合当地青年，广播救亡种子，最后目的到信阳去打游击。

训练班一个月毕业，我们决定从开封步行到许昌，路程240里，作为毕业考试的试题。这在住惯城市的人看来，确是一个难的"试题"，可是应试的几乎是学生全体（约200人）。我们经费经验都很

---

① 本文是范文澜自传性散文《从烦恼到快乐》的第八节，原标题为《被误认为游击专家》，记述了他抗战初期在河南从事救亡活动的一些情况，系作者抗战初期抵达延安时所写。原文载1950年1月开封出版的《新文萃》第2卷第3期。

缺乏，只能允许70个学生（应试），名称改为河大抗敌训练班服务团。团长嵇文甫留开封做统一战线工作，免得顽固分子造谣捣乱，我们在许昌办了一个两星期的训练班，收获不坏，虽然也有不少想破坏我们的人，但当地官绅教育界以及驻军某军团长却给了我们许多帮助。正当阴历年底，90人的服务团，浩浩荡荡向舞阳县进行了。

我在开封曾编了一本《游击战术》，两个月销售到5000册，因此，我被闻名不识面的朋友们误认为游击战术专家了。我到许昌第二天，就被某中学校长"敦请"去讲游击战术，他对学生介绍，肯定我是国中著名的游击专家。（我虽当场否认，他们还恭维我谦虚）豫西南某地方当局，跑到开封找嵇文甫先生，指名要我去教游击战术，嵇先生哈哈大笑，说你们要请范文澜教游击，等于要我教一样的笑话。我深切感觉到虚声浮名，误事不小，此后随时警惕不要做抗战阵容里的"招摇撞骗者"。

我们大队到了舞阳，驻军某师长表示欢迎，师部参谋政治工作人员更相处很好。某夜服务团内话剧团在城内演剧（团员大部在乡间工作），公安局请我到舞台后面讲话。他说县长奉某军长面喻，限贵团明天离舞阳境。我说，好，明天再见。演剧完了，我们回到寓所，我向团长报告，大家不由得愤恨起来，我说："我们应该有在中华民国土地上作救亡工作的自由，舞阳难道不是中国土地吗！我决计不走，我决计到舞阳县监狱里找中国土地去。"团员们叫起来，"我们一起去。"第二天清早（不等公安局来），我先去请教某军长，什么理由要我们走。某军长完全否认，说那是县长传话错误。师部人员办了几桌酒席慰劳我们，我用坦白豪爽态度，和他们痛饮酬酢，宾主都醉了，而我尤其醉得凶，倒在床上呻吟。在断断续续激励团员们的言语中，几乎全体哭泣，不能仰视。师部人员也陪着愤慨，某参谋拔出手枪，声称去县政府枪毙那个县长，团员们拉住他，他还对空连放几枪，表示义愤。我第二天醒来，团员告诉我，"好事者"还把这一场闹酒起个名，叫做"范先生大闹舞阳城"。我很惭愧，不敢再喝醉。

我决计办训练班，舞阳青年会会员二三千人，愿意轮流进城受训。某军长出面阻止，某校暗中捣鬼，使我们无法进行，我去武汉想找人疏通，却被某某顽固机关压迫我上鸡公山——河南大学新迁的校址所在。我考虑轻重利害，只好上山重当"教书匠"。服务团改称战时教育工作团，依然不顾环境困难，继续活动。

我的历史回顾[①]（节选）

王国权

1928年，北伐军打到武汉，有位同乡学友康永奇从黄埔军校给我来信，让我去黄埔军校学习。当时我很想去，但因河南与湖北交界的武胜关把守很严，没有去成。康永奇在黄埔毕业后，跟国民党走了，当了国民党的旅长，在同我军作战时被俘，特赦后，现在家乡务农，因本人表现较好，还是县里的政协委员。

在这种情况下，我只能留在开封继续读书。在黎明中学上了3年，从黎明中学毕业后，我投考了河南大学预科。当时我是贸然去考的，因为原来感到家境贫穷，考上了，也上不起，不料，我却考了理工科第3名。这对我是一个很大的鼓舞，坚定了我继续上学的信心。

家乡的家族长辈也都支持我上大学，可是，在大学几年却使我由于无钱交学费和买书而大伤脑筋。理工科的书籍多是英文原版，价格相当昂贵，根本买不起，上课时，只有看着别的同学的书学习。但是高等数学、物理、化学等许多原理和公式需要多练多读，手里无书，实在学不下去，不得已又转入生物系。生物系的书也多是英文原版，我还是买不起，只好又转到了社会学系。社会学系由学校发讲义，便可以不买书了。

这个时期我精神很苦闷，感到无出路，家里不寄钱，上学交不起学费，吃饭付不起饭费，欠了一堆账。河南大学对我还比较照顾，几年没交学费也没追要。我刚进河大时，校长姓黄，是位数学家，后来

---

① 选自《王国权回忆录》，中国社会出版社，1996年。

是许心武，据说是CC分子。许走后，就是张仲鲁当校长。张是巩县人，有进步思想（当时不清楚），对进步同学态度比较好。因我和张是巩县同乡关系，大约是1933年我从沁阳教书回开封，在开封创办大陆书店时曾向他募捐，他捐了几十元大洋，还曾经很恳切地劝我说："你们开书店、办刊物要注意，他们（指国民党当局）不会让你们办的。像我这样的人（张是国民党员），尚且站不住脚，你们行吗？"当时听了他的话，只以为他是出于对同乡的一片好心。后来书店被封，我为了逃避国民党的追捕决定去日本，张仲鲁先生又帮助我办了出境手续，还请我吃了一顿饭。我出国时，他已调到南京，在中央中山大学任秘书长，那时我才认识到他是一位同情革命的进步人士。

在河大时，饿肚子对我来说是司空见惯的事。我为逃避逮捕，离开河大去日本时，还欠着为我们包伙的杜师傅十元的饭钱。杜师傅是河南滑县人，在黎明中学读书时，他就给我们做饭，以后又随我们到河大包伙。临别时，他慷慨地说："小康，你走吧，将来有钱时再说，你放心地走吧！"新中国成立后，我曾多次托人找过他，都未找到，至今想起来仍是满腹遗憾。我永远忘不掉这些曾在我最困难时支持和帮助我的老朋友。

转入社会学系后，日子比较好过了，可以不买书了，由学校发讲义。平时为了消愁解闷，学过吹箫，也学过拉胡琴，弹琵琶，但大量的时间是埋头读书，读了一些社会科学方面的书，也读了几本关于马列主义的书和介绍马列主义的进步刊物，对社会现实问题也开始进行思考和研究。如果说几十年来读了一点马列主义的书，其基础主要是在这个时期奠定的。比如《国家与革命》《科学社会主义》以及郁达夫、蒋光慈的著作都是那时候读的。

"九·一八"前后，我们对民族存亡忧心如焚，常和一些进步同学一起合计如何进行革命斗争，拯救国家和民族。当时，军阀割据混战，中原一带是他们"拉锯"的主要场所。土民团利用手中的武装可以称霸一方。那时，河南境内的土匪武装很多，如樊老二、蔡老八的土匪集团，还有张治功的半正规军等。邓县的地主武装势力更强大，有的实际具有农民起义性质。我认为在这样的环境下，不掌握一定的武装，什么事也办不成，因此曾同几个知心学友计划过组织民团，甚至计划通过上山参加土匪武装掌握枪杆子。我的老战友彭寿松的父亲是南召县的一个乡绅，办了一所小学，掌握了一部分民团。彭寿松曾到家乡当了区长，也掌握了一部分民团武装。我们曾想借助他的影响，闯开一个局面。当时江西井冈山、湖北洪湖、大别山等地已经建立了红区。

我的这种思想认识在一篇作文中有所流露（当时在预科），被在河大教我中文的讲师张晨羲先生（早已病故）发现。他私下找我谈话，对我的想法表示同情和支持，并告诉我，他也是穷学生出身，为生活所迫，曾给一个土匪头子当过勤务兵，后来这个土匪头子看他挺聪明，便给了他一部分钱，让他回家继续读书。他是河大毕业后留校当讲师的，他以自己的亲身经历劝我继续读书。

我开始比较有意识地进行政治活动和组织团体也是在1931年"九·一八"事变前，我与河大同学彭寿松、宋一涵等在开封组织了"西北研究会"。组织这个研究会主要是出于爱国主义热情，希望为祖国、为民族做一些有益的事情。研究对象主要是大西北，因那时冯玉祥先生在西北，据说他是同苏联有关系的，因此想在西北地区找到一点出路。研究会得到了河大教授王毅斋先生的支持。王先生当时任河大经济学教授，是个经济学博士，曾留学德国，早年给直系军阀刘镇华（曾任陕西省长、安徽省主席，巩县人，是刘茂恩的哥哥）当过家庭教师。王先生去德国留学就是刘镇华资助的，回国后，在刘的手下做过一任县长。他为人正直，热心政治，遇事敢讲话，人称"王大炮"，是个爱国主义者。全国解放后，曾任河南省政府副主席，"文革"中遭受迫害致死。

"西北研究会"组织起来没多久，即发生了"九·一八"事变，王毅斋先生挺身而出，在河大每周一次的纪念会上公开发表演讲，号召组织抗日义勇军开赴前线参加抗日斗争。那时已听说东北长白山区有义勇军活动，吉鸿昌将军在古北口一带同日寇打起来了。某次在学校周会上，王先生发表了讲话，第二天即被河南省反动当局软禁起来。当时的河南省政府主席刘峙极为反动，他一面软禁王先生，一面亲自到河大讲话，鼓吹读书救国，不准同学们搞政治活动，并派人到学校监视进步师生活动。学校里的"蓝衣社"的学生（实际是国民党特务组织）很活跃，他们专门监视进步师生的活动。因为我和王毅斋先生的关系十分密切，加上当时已有进步同学被捕，同学们劝我躲一躲。当时不少同学想到北平也许能找到工作，生活出路多一些。正好当时不少同学预科毕业后，到北平投考其他学校本科，我也借机离开开封到了北平。这是1921年暑假期间的事。

当时，我从思想上已初步认识到，只有走马列主义和共产主义的道路，中国才有出路。尽管那时的革命觉悟还不高，认识还很肤浅，但正是基于这样的觉悟，促使我到处寻找进步组织，促使我追随中国共产党，并开始在党的指导下，从事革命活动。当时我已参加"社联"、"反帝大同盟"和"左联"。"社联"的领导人是谢中峰，"反帝大同盟"领导人是张新铭，在"社联"我认识了省立师范的梁雷、汪宗之等一批进步学生。到北平后，与北平的"左联"取得了联系。经过北平"左联"青年部长张玉琴介绍，我正式参加北平"左联"，参加了他们的组织活动，记得还在协和礼堂听过一位进步教授的讲演。那时我还和一些同志酝酿过从秦皇岛乘船去苏联，但因条件不具备而未成。

当时在北平通过革命组织可以读到很多进步书籍，在东安市场的个别小书摊上还可以悄悄地买些这类进步书刊，如《反杜林论》《国家与革命》等，在开封就没有这个条件。

那时的北平驻军是张学良的部队。日寇占领东北，张学良的父亲张作霖已被日寇暗杀，张学良被逼退到北平，管制较松，因此左翼活动在北平开展比较活跃。几所有名的大学如：北大、北师大、民国大学等都办得较为开放，其中像李达、侯外庐等一些进步教授起着很好的作用。那时，许多校外的学生可以到课堂去听课，学习的气氛较好。我当时住在一个学友买希飞（又名买鸿治）的宿舍里。买是回族人，很耿直，很讲义气。他父亲是个中学教员，家庭经济并不富裕，却主动承担了我的一切生活费用。我原想在北平住下去，因为我与北平"左联"发生了组织关系，除了认识张玉琴外，还有王黎夫等同志。但有两个原因使我决定仍回开封。一个原因是，我家不能接济我的生活费用，老让买资助不是长久之计；另一个原因是北平的"左联"希望我能回开封开展工作，并派共产党员周熙亚同志到开封工作。由于我早已身无分文，回开封的路费也是买希飞将他父亲刚给他买的一件呢子大衣送到当铺里换来的。去当铺是我们一起去的，那时才看到当铺是个什么样子，柜台高高的，抬眼望去，里面阴森森的，像只张着大口的魔鬼要把进来的人连同财物一齐吞下去似的。大衣当了十几元钱，老买全给了我，接过这十几元钱，我心里热乎乎的，又沉甸甸的，好像有很多话要说，但一句也没说出来。就这样我离开了北平。买鸿治同志后来毕业于辅仁大学，新中国成立后在建筑科学研究院工作，现已离休了。因为路费仍不足，我的火车票只能买到郑州，下车后天色已晚，便在车站附近的一个小旅店里住下。旅店的房间里有几张床，但只有我一个客人，睡到半夜，突然有一个青年妇女叫门，我感到不妙，估计是妓女晚上出来拉客，幸好我把门从里边上了锁。她在门外又喊又叫，甚至哭哭啼啼，最后见无效果，只好离开了。这样，我才避免了一场麻烦。当然这些妓女多是被迫卖身的可怜人，拉不到客人，回去可能是要挨打挨骂的。这都是黑暗、腐朽旧社会造成的，我作为一个穷学生，无力帮助和解救她们，但我当时曾想，只要我们能推翻这个不合理的社会制度，建立一个像苏维埃联邦那样的新社会，这些现象是不会再有的。

第二天，我在郑州找到一位原在河大读书的姓刘的同学，跟他借了几元钱，才算回到开封。到开封后，张新铭很快就来找我，他是开封地下"反帝大同盟"的领导人，在河南省立师范读书。通过他，我与开封"反帝大同盟"正式接上了关系，并把周熙亚介绍给他。当时，我国东北三省已沦陷，中华民族处于严重危机的形势下，国民党对日采取不抵抗政策，大批东北同胞流亡到关内城乡街头，

"九·一八"的救亡歌曲响遍祖国大地。特别是北平,那里有张学良的部队和东北大学的学生,他们更是一面唱,一面哭,不愿做亡国奴的中国人纷纷响应中国共产党的号召,奋起抗日。作为一个爱国学生,我深深感到国家与民族唯一出路是跟着共产党走,跟着毛泽东走。于是经常和一些进步同学和朋友如河大的彭寿松、姚雪垠、韩克信、苗化铭、际超频、赵毅然,还有赵一萍等,在一块讨论问题,交流思想。赵一萍是从西北军回至开封的,是由赵毅然介绍认识的,因为他同赵毅然是同乡。赵一萍当时可能已是共产党员,是位革命诗人,抗日战争中担任鲁西北区党委宣传部长,在一次日寇扫荡中,由于负伤,被日寇抓住绑在一棵树上,活活烧死,死得很壮烈。梁雷同志在抗战期间曾任山西偏关县县长,也是在与日寇作战中英勇牺牲。彭寿松同志后来在他的家乡"文化大革命"中被整死了。

回到开封后,1933年秋末,我因无钱继续上大学,经河南大学同学介绍去河南沁阳(县长是宋宜铎)县立师范学校教书。这所学校无校长,当时沁阳县教育局长是河大毕业的同学,他要我兼任校长,每月工资40元。这个学校原来受革命影响是比较大的,有一批学生曾在党的领导下闹过"豫北暴动",在太行山南麓建立过短时期的豫北革命根据地,后来失败了,其领导人郭大斧据说被捕叛变后不久就死去了。我到任代理校长后,又约了傅孤侣、梁雷、王衡儒等几个进步青年去任教,对那时的学生也产生过一定的影响。学生的思想开始活跃起来了,他们开始读进步的书籍,写宣传进步的标语口号和黑板报等。我在这个学校工作了半年多,引起了该县国民党党部的反对。暑假时我回到开封,打算再聘请几位进步同学去沁阳,也曾想以这里为基地,多联系一些进步青年,更广泛地开展革命活动。但不料回到开封后,沁阳来电报,说国民党县党部下了驱逐令,不让我再回沁阳了,我只好回到河大继续读书。对于这所学校,我至今还是很怀念的。该校后来也有一批学生投身革命,不少人表现很好。我在开封办大陆书店时,店里的工作人员邢啸天同志就是当时沁阳师范的学生,他曾参加过豫北暴动。

就在这年暑假的一个夜晚，我同张新铭一起在鼓楼街东南面第四巷街附近用粉笔在墙上写过革命标语。那天王衡儒从沁阳回到开封，住在这条街的一个旅馆里，我和张新铭去看他，出来时已是夜里面1点左右，街上比较僻静，写标语也不易被发现。

就在这个时期，1933年3月，我们曾在河大图书馆6号楼的三层楼上举行一次不定期秘密会议，从苏区参加苏维埃全国代表大会归来的王国华同志报告了苏区的情况。这个报告对我启发很大，我一直记在心上。

1933年夏，江绍文（即江闻道）同志到河大任教，任日文教员，我与他来往甚密。他当时是开封地下党的市委书记，当然也领导"反帝大同盟"，"左联"组织也在他的领导下。在王毅斋、嵇文甫两位先生的支持下，1934年3月我募集了几百元钱，在开封组织了今日社，创办了大陆书店，出版《今日杂志》和《大陆文艺》。姚雪垠同志是《大陆文艺》的主编，《今日杂志》由宋一涵同志主编。由于怕目标太大，书店办起来后，我未兼任何职务，但每天几乎都要去书店。书籍是由上海一个进步书店供给的，书店存在一年多时间，刊物出版了两期，即被国民党当局查封，具体负责书店工作的郭伯荣、邢啸天等同志被捕，当时在西北中学教书的宋一涵同志也同时被捕。西北中学的同学很快秘密通知我和姚雪垠马上转移，当晚我们躲在江绍文同志的屋里，决定暂时回家乡巩县隐蔽一下，天未亮，我们就离开了江绍文的住处。在我离开河大不久，江即被捕，一直到日本投降才被释放。我曾到上海看他，他说在河大时他以为我是党员，所以未发展我。在离开开封前，我和姚雪垠改名换姓到监狱去看望了宋一涵同志。监狱的墙上有个小洞，我们隔着小洞同他打了招呼，他用手暗示我们赶快离开。

我和姚雪垠立即离开开封，到我家乡躲避起来，我们在家乡住了两个月。在我上中学的时候，父亲就给我订了婚，女方叫张凤娥，是一姓张的富农的独生女。这次我一回到家里，父亲就要我结婚，我不同意。姚雪垠劝我说，我们是从开封逃出来的，这时既不是寒假，也不是暑假，别人问起难说清楚，不如趁机结婚还可掩人耳目；况且，我们这些人将来还是浪迹天涯，结婚对我们也无所影响。听了姚雪垠的话，我便坐花轿（河南的地方风俗，结婚时男子乘坐花轿去女方家迎新娘）吹吹打打地结了婚。结婚第3天，我就离开了家。直到锦州解放，我同家乡有了联系，父亲到了锦州见到我，告诉我说张凤娥还在家里等着我，我这才与她办理了离婚手续。

我在家乡的几天时间里也不失时机地积极宣传革命思想，曾于夜晚到村头写标语。现在回想起当时的做法感到真有些幼稚，因为到了自己的家乡，男女老幼都认识，可以做大量的宣传工作，又何必用写标语的方式呢？

在开封创办大陆书店的同时，我曾帮助王毅斋先生创办私立大同中学和大同小学。1932~1934年我曾几次协同王毅斋先生到杞县勘察校址和检查筹备情况，并由我介绍了一批进步同学去大同学校教书，如梁雷、傅孤侣、王衡儒、赵一萍、周熙亚、郭晓棠、唐汉英、唐汉成等同志。历史证明这些同志都是我党的优秀党员、优秀干部。当时，这些同志都是义务或半义务教书，校方只管吃住，基本上无薪金。多数同志已经参加过革命活动，他们都明白自己的工作是为革命培养人才，并不计较薪金多少。

大同中学对豫东、皖北一带的革命运动起了积极的作用，培养了不少革命青年。如新华社社长穆青同志就是那个学校的第一期学生。大同中学因国民党反动派的镇压而曾改过名，新中国成立后正式经河南省政府批准，恢复了大同中学的名称。现在大同中学在河南省仍然是一个有名气、具有光荣革命传统的中学。

河南大学回忆记略[①]（节选）

刘季洪

河南大学是我国设立较早的大学之一，校址在河南省会开封。我是1935年六月接长河大，当时正值对日抗战前夕，全国上下奋发图强，各项建设突飞猛进，也正是我国大学教育积极发展的时期。1937年七七事变发生，全面奋起抗战，开封不久沦为战场，学校先作种种应变，终于一再迁徙。所以本文所述是以河大在抗战前夕和抗战初期的状况为主。

河南于民国初年就设有省立预备留学欧美学校，培养优秀人才，出国深造。1923年由该校改组为河南大学，先设文、理两科。1927年省立法政专门学校改为河大法科，省立农业专门学校改为河大农科。1928年又增设医科。以后各科改称学院，所以我接任时，河大就有文、理、法、农、医五学院，其中法学院各系逐渐停止招生，准备并入文学院，学生一千余人，当时也是国内规模较大的一所大学。

河大的校舍具有相当规模，校本部原为留学欧美预备学校，是前清贡院的旧址。改为大学时又向四周扩展，于是"南近曹门，北及铁塔，东依城垣，西环惠济河"，校园颇为宽广。文、理、法、医四学院都设在校本部，农学院在城南繁塔。此外，医学院附属护士学校、产科学校、产科医院及第二门诊部均在鼓楼大街，农学院除本院农场外另有棉作试验场在豫西灵宝。校本部的校舍多为新式楼房，所有教室、实验室、礼堂、图书馆、教授宿舍、学生宿舍都达相当水准。而宫殿式礼堂的宏伟，以及牌坊式校门的堂皇，在当时各大学中要算首屈一指了。

河大最初成立时，各省多在北洋军人统治之下，财政都很困难，教育经费更是捉襟见肘，河南独有余力创办大学，这是由于该省自十一年起就有教育经费独立的制度，我国过去有两省维持教育经费独

[①] 选自《台湾教育》第307期7月号，台湾省教育会1976年编印。

立，一为江苏，一为河南。江苏教育经费的主要来源是屠宰税，河南教育经费的来源是契税，均有专设机构负责经理，保持专款专用。因此，两省的教育事业较为安定，也较为发达。河大在省教育经费中有独立预算，有时还可向省府请拨专款，例如大礼堂建筑费就是省府特别设法拨发的。我在校时，并向教育部及中英庚款管理会领取补助费用，所以河大除在抗战期间外学校经费一直没有太多的困难。

我的前任校长是杨震文先生，曾留学德国，在北大任教，原籍河南，回省服务本属人地相宜。惜其本人缺乏行政经验，自二十四年三月到校至六月仅三月余，就使学校发生不少困难。我本籍江苏，与豫省素少渊源，当时被邀接长河大，可能部分原因是由于需要一位超然的新人，来解决学校所面临的难题。

我接受任命后，只身前往开封，于六月下旬到校，首先和校内各院长、系主任、处课主管以及教育界人士多方晤谈，广询意见，以明真相。因而明了学校当时重要问题有二：一为前任校长在短期间添用不少额外人员，下年度发出超额聘书更多，如此将使学校经费支付人事费用外所余无几，势将严重影响一般校务的正常进行。二为前校长对学生完全采取放任政策，校规多已无法维持，也破坏了学校生活的正常秩序。

明了问题所在以后，第一步就是要设法大量裁减人员。为此首先商请各院系及各处课主管分别拟具最低需要的教职员人数及研究设备与一般行政经费，合并编为学校总预算。依此预算，发现前校长已聘及预员须减少五十余人，方能使学校经费收支相符。此时省府与校内同人以及社会舆论对此问题都盼望从速彻底解决，同时各院长、系主任发起退还前校长所发下年度聘书，于是就由新校长依照学校实际需要对教职员重新聘派。当时停用的人数虽多，但并无严重困扰发生，今日视之，实为难得。

其次的问题是要重新整顿学校风纪。在抗战前，国内各大学的行政组织并无统一规定。河大当时于各学院外，行政方面设教务处、秘书处及图书馆，置教务长、秘书长及图书馆主任。教务处分注册、训育、体育三课，秘书处分文书、庶务、会计三课，各课设主任。训育课既属教务处，其内部人员不多，主任外仅训导员三人（其中二人分住农、医两学院），职员二人。此一组织实难担负积极辅导学生的重责。因此，特另组织训育委员会，由校长及教务长分担正、副主任委员，训育课主任担任秘书，聘院长、系主任若干人担任委员。会中并分学术、康乐、体育各部门，请教授担任导师，指导学生组织各种社团，从事正当活动。此外又在开学前将校内各种规章一一重新检讨，分别修订，准备开学后认真施行。

我到校后对校内各单位的人事也稍作调整。河大教授阵容，原以留学欧美预备学校出国留学的人才为主体，再加多年各方延揽的专家学者，师资相当充实。我在校数年，对教授也陆续有所补充。二十四年起各学院院长为文学院萧一山先生，理学院孙祥正先生，农学院郝象吾先生，医学院张静吾先生，法学院由政治系主任王希和先生兼顾。教务长先为孙德中先生，后为罗廷光先生，秘书长为沈子善先生，图书馆主任由李燕亭教授兼任。训育主任虽属教务处，但责任重大，特聘请新自美回国之张金鉴教授兼任。我在校数年，获得同人合作，人事甚少变动，故能在安定中以求进展。

二十四年至二十六年是学校最安定的时期，一切都在顺利中进行。在教学研究方面，教授认真教导，学生勤勉治学。又经洽请教育部补助设备费六万元，中英庚款管理会资助研究建筑设备费十五万元。当时物价低廉，河大全年经费仅四十余万元，有此二十余万元额外经费，对于研究工作大有裨益。此时各学院进行的学术研究项目很多，其中与河南地方有关部分，就记忆所及，似有以下各项：（一）河南通志馆设于河大，校长兼馆长，另设总纂一人，由河大讲座教授胡石青先生担任。文学院师生经常协助采访编辑，曾完成河南省新通志稿若干篇，抗战期间胡先生曾携往四川，不久胡在川病故，以后不知存于何处。（二）河南省立博物馆收藏古物甚丰，并经常进行发掘工作，多由河大文学院师生协助整理研究。所作研究报告，在考古方面甚有价值。（三）医学院李赋京教授研究河南各地儿童体内寄生虫病及西南山区居民缺碘甲状腺肿大病等,推广治疗方法并散布药品,颇有成效。(四)农学院彭谦教授曾对河南各县土壤进行分析,指导种植改良,我在校时似已完成二十余县。(五)农学院除在本校农场进行各种作物试验外,另在豫西灵宝设有棉作试验场。因豫西产长纤维棉,可纺细纱,特设场试植各类品种,由上海银行贷款推广运销。此外,各院教授个别进行的研究工作很多,例如心理学教授蔡乐生先生所作动物行为研究,实开我国实验心理学的先河。以后蔡先生至美国大学任教,并曾来台在政大、台大担任客座教授。其研究工作颇受国际重视。在设备方面,这几年对于图书仪器尽力增置。并曾多方设法将图书馆中外杂志多种以前短缺各期为之补齐,使其完整,甚为可贵。闻以后在潭头战乱中颇有损失,不知确否?

关于学生生活方面,积极辅导与正当管理同时并重。张金鉴先生担任训育主任,勇于负责,贡献甚大。在其所著《明诚七十自述》一书中,曾将二十四年初到校时训育工作推进情形有所叙述:

训育活动的经常项目是:(一)上课情形的考察。每堂派人点名,防止学生缺课逃学。(二)课外活动的指导,配合学系组织学生会社作学术研究并推动体育、社交与康乐等活动。(三)学生生活的管理。寝室、饭厅、教室秩序的维持,清洁的检查,饮食起居的管理等均属之。(四)学生品行考核。对学生的生活,思想,行动等随时加以注意与考核,如发现其不良倾向,及时予以纠正或作个别辅导。在约一年的训育活动中,值得回忆的事情,计有下列诸端:(一)"双十"国庆,指导学生举行话剧公演,无论剧务,票务,总务,招待都做到井然有序,秩序良好,表现优越,为前所未见,赢得全校师生的赞佩。这是我的领导能力的成功表现。在学生心目中建立起信仰,对以后训育活动的开展,大有裨益。(二)整饬规纪,校风丕变。河南大学前任校长杨震文,系一文学家,行政能力较差,对学生生活亦采自由放任政策,以致校风不良,学生风纪不免流于废弛,刘校长季洪接事,力谋整顿,我本此政策努力订定规则,严格执行，信赏必罚，校风丕变。（三）升旗早操，精神振作。在中学中举行升旗早操是件普通的事，在大学中要这样做，是相当困难的。学生原均持反对态度，经加努力疏通与劝导，总算做得通了。这确是很不容易的事。在升旗早操前我常至学生寝室巡行催促，甚而高声呼喊。（四）在校风未整顿前，学生为开夜车，在寝室中有通宵不关电灯者，甚而借此灯光有偷着打牌者。这无论在安全上，安静上，秩序上均属不该，学校决心加以禁止，乃规定自每晚十时起关闭电灯的总电门。第一天关电门时，有学生二十余人，气势汹汹找到我的寝室对我严行诘辩，来意甚为不善。我一向修养不够，易发脾气，但这次我却能心平气和地应付他们，善加说服与开导，未致发生事端。这次事件的处理，自觉颇为满意与成功。（五）在校风废弛的情形下，学生外出有午夜以后始返者，殊属不宜，对此决心加以整顿，大门每晚十时落锁，钥匙则存在我手中。如有学生于十时后返校，必须由校工自我手取钥匙，且要登记学生姓名。初犯者申诫，再犯者记过。因之，学生均能于学校大门落锁前返校，非有坚毅的魄力与决心，这种整顿亦不容易办到。（六）为反抗日本对我国的压迫与侵略，学生常有罢课，集会，游行，示威等群众爱国活动。这些行动有些是政府许可的，有些则不然。学校对此所持立场与态度，在宽严取舍之间颇费踌躇，太宽可能酿成事端，不为政府所谅解。太严则有不民主反爱国之嫌，将会引起学生的反对。相机应付，因势利导，能宽严得宜，未引起问题，事非易易，衷心欣慰。在许多次的群众大会及游行示威中，我均随同学生一起参加，以便随时了解情况及应付问题。因为我当学生时当过学生联合会会长，搞过不少游行示威的爱国运动，任山东省党部委员时亦有不少民众运动的经验，故应付这一问题，尚不生疏，每能得心应手。（七）训育活动之一在指导学生成立会社，从事学术研究，并邀请校内外名流学者作专题讲演。有时所请之人，届时未到，我就临时补缺，自告奋勇作一次讲演。有一次历史学会请人演讲，主讲人未到，听讲者纷纷离去，只剩下五、六人，我就接手作专题讲演，题目曰"政府行政的历史发展"，并集中力量，全副精神以赴之，并不以人少而稍有松懈，因此博得听讲者的敬佩与称赞。且由此使我做事负责认真的精神亦传遍了学校。（八）训育工作重在考核学生品德及了解学生生活。要达到这一目的须能与学生打成一片。因之，春秋季节常与学生结伴作郊游，在很自然、无拘束的情形下，去了解学生，考核学生，并借此与学生们联络感情。

张教授所述训育活动中，学术讲演是一个重要项目，因为开封无其他高等学术机构，学生见闻不广，所以需要常常邀请外埠学者到校讲演。如陶希圣、张忠绂、李书华、马君武诸先生都曾远道应邀来校讲学。

改进学校风气注重辅导工作外，我于到校之初，首先提倡敬师。这是由于国内各大学在五四运动以后，尊师传统已渐不重视。回忆民国十年我在北高师读书时，所选无机化学一科先由吴承洛先生讲授，上课仅二周，同学不满，请系主任改聘汪泰基先生担任，数周后又不满意，因无他人可聘，又请吴先生再来讲授。当时深感学生对老师竟挥之即去，呼之即来，师道何存！所以我到河大在开学初就再三向学生说明，学校对老师必须慎重聘请，但在学期中途不得要求改换教师。但在上课后不久，仍有一班学生要求改换老师，否则罢课，当即严加制止，并告知如有罢课行为，必将导致退学结果。后经张金鉴先生开导，化归无事。另有医学院所属医院郭鑫斋先生规定医学院女生必须参加护理实习，其中包括病人大小便的照料，全体女生提出反对，并集体绝食，以示决心。当时除拒绝要求外，并俟其绝食大半日后，于晚饭前召集训话，恺切说明护理经验对医生的重要。最后告以"绝食更为无知行动，现餐厅饭已备齐，我将陪往共餐"，各生当即欣然随往，事亦结束。自此以后，数年间从未再有学生反对老师的事件发生，各院系每年亦自动对师资作必要的调整，以重学生学业。

学校另外发生过一件意外的事，是一位德国客座教授的遇害。抗战以前，中德邦交敦睦，德国曾资送教授数人来我国大学任教，其中狄莱士教授由教育部介绍至河大讲授德文。狄教授教学认真，对人和蔼，极受师生欢迎。住校教授宿舍，课后常至校外铁塔附近城垣散步。在二十五年夏某日晚忽发现在城垣上遇害，身上财物并无损失，学校及社会均极震惊。经妥为治丧后，由德国驻沪领事接回国安葬。此案始终未能侦破，有人推测系日本间谍所为，意图引起中德纠纷，但亦无法证实。在这件不幸的事件发生以后数日，又有一件意外的插曲：一天晚间，有一位自称戴笙的人，携带伪造当时外交部长张岳军先生的信求见，说是政府对德籍教授遇害极为重视，深恐影响中德邦交，特派军统负责人戴笠之弟戴笙前来协助处理。当时我就怀疑为何不先与地方调查机关人员联络而独自前来？彼并称自京带来工作人员八人均已到达，暂住旅社，用费由中南银行汇来，明日方能取出，拟先向校借款临时开支。因开封并无中南银行，更觉有诈，但仍予三十元，并派一租用汽车送走，当即询问司机知其至马道街下车，遂通知治安机关，次日查获，证明为一骗局。因其乘人之危，进行诈欺，结果法院予以一年徒刑。

河大在这两年间，由于全体同人共同合作，再加各方面多予协助，学校发展颇为迅速。二十六年七月七日日寇忽发动卢沟桥事变，我国奋起全面抗战。不久，开封常有敌机侵扰，学校遵照政府决策，力求镇定，除照常上课外，并积极展开各项战时服务，其中最有成绩的是伤兵救护工作。开封常有伤兵过境，因火车拥挤，有时需在车站停留一、二日，学校师生组织救护队，每日在车站为过境伤兵换药治疗，前后达一万六千余人。另在学校成立一临时伤兵医院，收容重伤五百余人，照料医治均较一般伤兵医院为优。迁校时伤兵不愿离去，遂由军方商请学校改为军政部所属正式军医院，并商借河大附属医院院长郭鑫斋教授担任院长，偕同河大医师护士七八人共同工作。后战事转移，开往湖南常德一带，直至抗战胜利为止。

再数月后，冀鲁军事吃紧，省府决定令学校准备迁移。最后决定将文、理、法各院迁往豫南鸡公山，农、医两院迁往豫西南镇平。鸡公山为避暑胜地，新式避暑房舍颇多，当时无人居住，大部分由校租用。镇平与内乡、淅川三县为联防自卫区，治安良好，经商、借当地官舍庙宇，并租用一部分民房。两地物价低廉，战区学生每月有教育部所发公费，所以学校迁移后，师生生活并无困难。

学校于十月间开始迁移，先将学生集中在开封接受战时训练，于学校迁定后到校上课。校中图书仪器及教职员与眷属分批起程。不能移动的校具及实验用具，均登记保管。最后征得职员一人及工友数人同意，志愿长期留校看守，并预发足供二年需用的留守费及食粮。我在全部迁离完毕，又亲巡学校一周，然后怀着很沉重的心情离去。

二十六年至二十七年前方战事虽甚激烈，豫南豫西尚属安定，因而学校在两地仍能照常上课。二十七年夏战事逐渐接近武昌外围，中央决定迁都重庆，从事长期抗战。豫南岌岌可危，校中同人再三筹商，决定建议迁校万县，并先派人筹划校址。当时省政府对河大前途亦无其他善策，对于迁校万县并不反对，遂将鸡公山文、理、法各院先移武汉，借住武昌省立女中，是时教育部及河南省政府均已改组，教育部部长由陈立夫先生接任，省政府由战区司令官程潜兼任。陈部长表示如河大迁川，教育部在经费方面可予协助，程主席则表示河大远迁后，省府将无法照顾。同时河大士绅张伯英先生建议河大以迁往豫西山区为宜。在此情形之下，我以为学校如留豫西山区，将有不少教授势将离校，学校前途亦将困难万分，如坚持迁川，又不得省府支持，个人不便负此重责。不得已乃向省府请辞，后经核准，并派王广庆先生接任。经与洽商，决定学校先集中镇平，于是又将留武汉的图书仪器由水道运往南阳，同人及眷属愿去者陆续前往。我本人也于二十七年十月初亲至镇平移交。

二十八年战事继续扩展，河大又西迁嵩县潭头镇，完全进入山区。当时我在教育部任职，三十一年到陕豫视察教育，盛暑之下，不顾道路艰阻，特往潭头与河大师生相见，患难重逢，悲喜交集！此时河南正遭受空前大旱灾，饿殍遍地，省府财政十分困难，我回部后立向陈部长报告，遂将河大改为国立。以后多年没能再到河大校园，但心中永远是怀念着的。

在河南大学求学时期的回忆[①]

王锡璋

1936年河大概况

1936年夏，我从天津南开中学毕业，到北平考大学。当时河南大学在北平设有考点，我报考了河大经济系，幸被录取。

8月底，我到开封河大报到，被分配在大礼堂东北的平房里住宿，和姚肇平、邢海然、李慕宾三人同室，他们也都在经济系一年级。

当时的河大有文、理、法、农、医五个学院。农学院在开封南关的繁塔寺，和校部不在一起。医学院也在校部外边，不过相距较近，只隔着中国国民党河南省党部。各学院的学系设置，大概是：文学院有文史系、英文系、教育系等，理学院有数理系、化学系、生物系等。经济系属法学院。1937年法学院结束，经济系并入文学院。全校学生约六七百人。经济系一年级只有一个班，30多人。

河大的校舍还算不错，学校校门好像一座高大的牌楼，雕梁画栋，很雄伟。牌楼正中写着校名。左右两侧，一边写着"在明明德"，一边写着"止于至善"，都是金色大字，非常醒目。大礼堂、教学楼（即七号楼）是宫殿式建筑，十分壮观。特别是大礼堂，宏伟高大，金碧辉煌，直到今天在河南的高等学校建筑中仍然是首屈一指。从校大门到大礼堂有一条相当宽的南北大道，是学校的主干道。大礼堂后边东北部有一排平房，是一年级同学的宿舍。再后，在围墙的外边，就是全国著名的宋代铁塔。主干道以东，大礼堂的东南部，有六座小楼一字并列，叫东斋，是高年级同学的宿舍。东六斋以南有一个小院，是女生宿舍，也叫女生院。主干道以西，大礼堂的西南部是七号楼，各系的教室和理科的实验室都在这个楼里，七号楼的西部

[①] 《河南文史资料》1992年第1辑。

有两座小楼，叫西斋，住有少数教师。多数教师和职工是在校外租赁民房居住。西斋往前，主干道的西南部，有一部分平房，是学生伙房。同学们吃饭就在伙房附近的一些平房和一个大棚子里。食堂虽然简陋一些，但吃的却还不错。那时，学校不负责办理伙食，社会上有很多人在学校里边包伙、办食堂，学生也可以自找包伙的人来起伙。一个伙少的十几人，多的几十人。在一个伙吃饭的，大都是关系较好的同学。伙食费每月大概就是四五元或五六元，可以分几次交钱，没钱时还可以欠上一段时间。这个伙不好，可以下伙转到另一个伙上去。包伙的人互相竞争，都想多吸收一些学生，因此就不得不注意饭菜的质量。食堂附近还有一个澡堂，学生洗澡不用到外边去。总的说来，那时大家在生活方面还是满意的。

学校的图书馆在主干道东南部，离大门不很远，是一座三层高的楼房，记得还有地下室。楼的西边有一个报纸阅览室。学校办公的地方在图书馆南边，是一个单独的院子，院里全是平房，训育处、教务处、校长办公室等都在这个院里，东六斋和女生院以东，直到东城墙根，有一片很大的空地，是学校的操场。

当时河大的校长刘季洪，他的后台听说是二陈（陈立夫、陈果夫）。训育主任是李逸生，他是著名的"老法"，即法西斯分子，当时大家对"复兴社"的人都称他们为"老法"。教务主任大概是罗廷光。几个学院院长是：文学院萧一山，理学院孙祥正，法学院王希和，农学院郝象吾，医学院阎仲彝。经济系的主任大概是罗仲言，即罗章龙。

我在经济系一年级时，学习的课程除英文、国文等基础课外，还有经济学、政治学、法学、簿记学等专业课，此外还有军训、体育等。任课的教师，记得教国文的是涂公遂，他也是著名的"老法"，教簿记的是沈筱宋，教政治的是王希和，教经济的是刘星辰，教法学的叫熊伯履，是一位律师。教英文的大概姓杨，名字记不得了。教体育的是王子龙。军训教官名字也记不得了，但是他的模样给我的印象却很深，记得他脸很胖，身穿黄呢军服，脚蹬长筒马靴，肩佩武装带，腰挎"护腔刀"（即短剑，也叫"军人魂"，当时同学们痛恨军训教官，把他们所佩的短剑叫"护腔刀"），上课时威风凛凛，动不动就训人。国民党不仅通过军训向学生灌输反共的思想，而且通过军训教官来监视学生，并在学生中发展复兴社的组织。为了强迫推行其法西斯教育，特规定军训不及格的就得退学。我对军训一向不在乎，上操时吊儿郎当，第一学期教官给我打了五十九分半，想把我赶出河大，后来学校按四舍五入统计，算我及格了，得以继续学习。

河大对学生的管理很松，上课一般不点名，有时点名，也不让学生应"到"，不去上课也没人追查。考试更是马虎，有些教师为了讨好学生，把考试的范围限得很窄，甚至把试题暗示给学生，在考场上看书、抄书一般也没人干涉，所以功课很容易应付。有些学生，平时不上课，到外边逛大街，或者到校外打麻将。河大附近有些住户设有牌摊，专供学生去赌博玩乐，他们抽些"头钱"。

我在学校也往往不上正课，喜欢自己钻研，经常在上课的时间到图书馆看书。那时看到进步的杂志和社会科学书籍，我总要尽力去买或设法去借，弄到手后就如饥似渴地读，有些书虽然看不懂，也要硬着头皮看。后来我所以懂得一些马克思主义的常识，主要是这一时期打的基础。

河大的民先

河大的政治情况很复杂，军统掌握的复兴社和二陈控制的CC派，在师生中都有很大势力。他们之间明争暗斗，互相排斥，但对主张团结抗战的进步力量，却都视作仇敌。当时"老法"在学校的势力较大，气焰很高，CC有刘季洪为后台，也不示弱。他们都拼命在一年级同学中寻求发展对象。因为一年级同学刚从中学出来，政治上比较单纯，进大学后，有些人为了将来在社会上立足，也有找靠山的要求。但是当时的形势，对进步力量的发展却更为有利。1936年下半年，日本帝国主义的侵略越来越凶猛，亡国的危险威胁着各阶层人民，抗日救亡的呼声越来越深入人心，有些地方的爱国军民已经自动起来和入侵的敌寇展开了斗争。国民党蒋介石坚持内战、对日妥协的政策，日益遭到人民的反对，已成为众矢之的。在这种形势下，进步力量很自然地也就一天天活跃起来。

我自"一二·九"后，逐渐参加了一些救亡活动，接触了一些进步同学。南开高中毕业后，这些同学分散到各地，但有些人还经常联系。和我联系较多的是吴祖贻同学。1936年夏，我和吴一起在天津反对会考，搞罢考运动，但未成功。罢考失败后吴离南开到了上海，我到了开封。他不断从上海给我来信，告诉我一些救亡运动的情况，并给我寄进步的书刊和宣传资料，对我帮助很大。到河大后又非常凑巧，和我住同屋的三位同学，有两位思想都很进步，是开封学生运动的积极分子，他们向我详细介绍了开封学生运动的情况和河大的一些进步同学，如党吉臣、彭寿松、刘维城、张文杰、乔毓秀等。我们相识后，很快就团结在一起，开展起救亡活动。

1936年秋，姚肇平介绍我参加了中华民族解放先锋队（简称民先）。记得一个下午，姚肇平、彭寿松带着我一同到学校后边的铁塔附近，在一个僻静的树林里举行了我的入队仪式。仪式很简单，姚肇平先讲了几句话，接着我就举手宣誓，宣过誓仪式就算完成。

从1936年秋到1937年春，河大的民先组织发展很快。可是由于民先的组织是秘密的，互不发生横的联系，所以民先的全部情况我不了解。我只知道我们小组的同志有姚肇平、邢海然、杨鸣岐几个人。姚是组长。在工作中先后和我发生过民先关系的有党吉臣、彭寿松、张文杰、胡得龙、杜达、张慧如等。河大民先的负责人是姚肇平。姚曾领我去找过邓子健（即邓拓）一次，邓当时也是河大的学生。从我们会面的情况看，邓好像比姚还更负责一些。

民先领导下的一些活动

我们的一项主要活动是出壁报。壁报的名字叫《时事壁报》，内容主要是剪贴报刊杂志上的进步文章。我们自己每期也写一些，不过比较少。壁报的篇幅每期是一大张牛皮纸。每个月多的出四期，少的出两期，贴的地点就在图书馆对面，学校办公院外边的墙上。由于内容进步，加之在标题和编排上搞得比较活泼、醒目，所以很引人注意，每期一贴出，就有很多人去看。1936年11月傅作义部在绥远抗战，击败了日伪军的联合进攻，我们在壁报上曾接连发表文章，呼吁开展援绥运动。1936年12月西安事变时，我们曾表示拥护张学良、杨虎城将军。训育主任李逸生为此曾向我们发出警告，我们没有屈服。

组织时事研究会，通过时事讨论发现和团结进步同学，也是我们的一项经常活动。研究会大体上是每星期开会一次，坚持了很长时间。每次开会讨论的题目和开会的时间、地点都是事先发出通知，欢迎同学们参加。当时大家都很关心时事，每次开会到会者多的几十人，以至百人以上，少的十几人。参加讨论会的大都是比较进步的同学，有时也有一些"老法"或CC，他们之中有些人是想了解我们的情况，有时他们也发言和我们唱反调。遇到这种情况，我们就和他们辩论。时事研究会除开会讨论时事外，还翻印散发过一些抗日救亡的宣传品。领导和主持时事研究会工作的是民先的几位同志，也吸收了一些进步同学参加。通过时事研究会，我们广泛宣传了抗日救亡的主张，也团结了很多进步同学。

后来，在时事研究会的基础上，我们又办了《时事研究》专刊。这个专刊是利用《河南民国日报》的副刊办起来的。《河南民国日报》是国民党河南省党部的机关报，但是它的总编辑冯新宇、编辑刘国明却都是进步人士，很倾向我们。我和刘国明是同乡，家庭又是世交，到开封后我曾通过刘的关系，不断在《河南民国日报》上发表一些小文章。河大时事研究会为了扩大影响，想办一个刊物，我就和刘国明商量，请他帮助，刘答应在《河南民国日报》副刊开辟一个专栏，定名叫《时事研究》。它每星期或两星期出一次，每次半个版的篇幅。稿子、编排等都由河大时事研究会负责。内容主要是时事研究会上比较好的发言，也有约人写的专题文章。记得胡得龙写过一篇关于帝国主义的论文，连续登了几期。《时事研究》办了多少期，已记不清，只记得1937年春我到南关参加集中军训之前，还编了一期，参加集训后就停刊了。

除编《时事研究》外,我还通过新乡旅汴同乡会的关系,编了一个杂志,叫《新新乡》。《新新乡》名义上是新乡同乡会的会刊,实际上我是想通过这个刊物来宣传抗日救亡。当时开封是河南的省会,很多县在开封设有同乡会。新乡县同乡会的会址在龙亭附近,大约有一二十间房子,供来开封的同乡居住。我到开封时适值同乡会改选领导人,我被选担任了一个职务(职务的名称忘记了)。我和民先的同志商量,利用自己的职务办了这个刊物。为了争取合法,我请当时的河南名人、新乡同乡郭仲隗题写了刊名,请杨一峰写了发刊词。里边的文章大都是请河大民先的同志写的。第一期除了我写的两篇文章外,还有胡得龙等写的几篇。河大化学系的苏容甫写了一篇化学方面的科学论文,也登在第一期。苏是新乡人,我们常在一起。《新新乡》是不定期的刊物,十六开本,铅印。经费一部分是向在开封经商的新乡商人募捐,一部分是请新乡县教育局赞助。这个刊物只出了一期,民先组织被破坏后没有再出。

1936年12月西安事变时,我们抓紧时机进行了停止内战一致抗日的宣传。记得是一个星期天的早晨,我还在睡觉,邢海然兴奋地告诉我,蒋介石被扣住了。我当即从床上跳了起来,真是说不出的高兴。学校的"老法"们则愁眉苦脸。西安事变后没几天,吴祖贻从上海给我寄来了张、杨的八项主张。我和民先的一位同志在深夜将它贴在了学校的水塔上,第二天轰动了全校。与此同时,我们还在《时事壁报》上发表文章,拥护张、杨的主张。12月25日晚,我正在图书馆看书,忽然听到外边敲锣打鼓,鸣放鞭炮,出来一看,原来是一些人在庆祝蒋介石被释放。当时我们对释放蒋介石想不通,还纳闷和苦恼了一阵。

抗战前夕的逆流

1937年上半年,在抗日战争爆发前夕,开封和河大校内发生了一股小小的逆流,使我们的活动出现了短暂的低沉。

首先是国民党对高中和大学一年级学生进行集中军训,通过集训加强了对学生的控制。国民党政府把对高中和大学一年级学生进行集中军训定为教育制度,必须参加。这一期不参加的,下一期要补训,不经集中军训不能毕业。集中的地点在开封南关演武厅兵营,时间是三个月。我们这一期是4月初开始,七七事变后结束的。集训时过的完全是士兵生活,每人发一套军装、一支步枪,睡兵营的土炕,吃士兵的饭。集训总队的负责人是陈春霖、萧作霖,他们是河南军统和复兴社的头目。总队下边设大队、中队、分队。队长和教官大都是从保安部队抽调来的。训练的内容有学科、术科、精神讲话等。精神讲话主要是灌输法西斯思想,进行反共的教育。他们还散布国民党已经腐败,需要复兴的论调,为发展复兴社组织制造舆论。为了控制学生思想,他们还进行思想测验,出一些题目叫学生回答。记得有一次出的题目中有一个是:你最佩服什么人?有的同学回答专家学者,还有人答胡蝶之类的电影明星,把那些教官们气得咆哮如雷。精神讲话一般是在大队、中队进行,由大队长、中队长讲。有时找更大的头头在更大的范围内向大家训话,这些人讲起来又臭又长,使人厌恶至极。当时曾流传一句顺口溜:天不怕,地不怕,就怕教官来讲话。学科是讲军事条令和部队的规章制度,术科就是立正、稍息、分列式、打野外那一套。教官要整人就叫你拔慢步或跑圈子。每天早起要整理"内务",把被子、军毯搞得平平整整,有角有棱,床单上不准有皱纹。为了保持内务的平整,休息时不准往炕上躺,只能坐在炕沿上。夜晚睡觉前要集合点名,有时还要训话,睡觉后有时还要紧急集合,把人搞得筋疲力尽,劳累不堪。集训期间,复兴社在同学中大量发展了它们的组织。那些教官经常找人个别谈话,对同学们进行威胁利诱和拉拢。集训前我们经济系一年级进步力量占优势,民先有什么号召,班上同学响应很快,集训时班里的不少同学被拉去参加了复兴社,有几个人还当了小头目。他们回到学校后非常神气,处处和我们作对,给我们的活动增加了不少困难。

再一件事是开封民先组织被破坏。破坏的原因当时不清楚,后来听说是北平民先总部派来接头的人出了问题。记得在我们集训之前，河大的女生乔毓秀被捕了，乔是不是民先当时我不知道，为什么被捕也不清楚。这时我还不很在乎。受训期间，有一天姚肇平在军训营里突然被抓去，不久听说开封女师的民先负责人赵玉婷、开封高中民先的负责人朱文昭也都被捕了。后来又听说河大英文系的同学杜希唐和女生金璧华、王翠云因学世界语、新文字也都被捕。这时，在集中营中受训的几个民先同志党吉臣、杨鸣岐、邢海然和我已经受到监视，教官们对我们的一举一动非常注意。记得有一天中队长遇到我，不让我走，他上上下下打量我半天，想找我的岔子，但又找不到什么毛病，最后说我的胡子太长，不符合军人要求，把我训了一顿，才让走开。我们这时已作了被捕的准备，想了一些对策。集训营规定星期天放假，可以外出。我趁星期日外出的时候，回河大找了彭寿松，问他应该怎么办。彭交待我们暂时停止活动，行动要特别谨慎，但也不必离开集训营去外地躲避。他估计国民党可能不会再搜捕民先的一般队员。根据彭寿松的意见，我们就继续在军训营受训。

三个月的艰难岁月终于熬过。军训结束的那一天，听说发生了七七事变，日寇进攻卢沟桥，我军奋起还击，抗战的炮声已经打响了。我们怀着兴奋激昂的心情，像出笼的飞鸟，离开了集训营，投入了抗日救亡的新高潮。

民先恢复活动

军训结束时已是暑假，同学们大都回家去了，我也回到了老家新乡，在新乡搞了一段抗日救亡的宣传活动：编了些抗日小调，教小学生们歌唱。

暑假没有过完，我就返回学校。这时我已经是二年级学生，有了住小楼的资格，被分在东四斋，和姚肇平、邢海然同住一间宿舍，姚是暑假前被释放出来的。

回校不久，我接到吴祖贻的来信，说他不愿继续在上海，想到开封，要我给他找个适当的地方。当时河大有借读的制度，我请嵇文甫先生帮助，给吴祖贻办了借读手续，很快吴就来到开封，成了河大的借读生。吴在开封，住在他母亲那里，每天到河大来。他在河大很少到教室听课，实际是做救亡工作。

吴祖贻到河大不久，就和我及民先的几个同志商量，恢复了民先的组织和活动。恢复后的河大民先由吴祖贻负责。民先恢复后，发展很快，除原有队员外，又增加了很多同志，我知道的有蓝长汀、吕印璋、王麦秀等。这时姚肇平表现仍相当积极，恢复后的民先，有些活动仍让他参加。

抗日高潮中的宣传活动

暑假以后，抗日救亡运动日益高涨。这时民先不仅搞宣传，而且发动同学下农村，上前线，参加实际的抗日斗争，不仅限于校内，而且走向社会。

宣传工作的主要形式是歌咏、话剧。

抗战前开封很少演话剧，记得医学院的同志曾在河大礼堂公演过一次，但内容不是抗日救亡，我曾在报纸上对其提出批评。1937年暑假后，河大的一部分同学和北仓女中的同学联合在河大礼堂演出《阿比西尼亚的母亲》，这是一个反抗侵略的话剧，北仓女中的曾佩兰（现名曾克）任主角，我也参加了演出。记得学校的一些"老法"在上演前曾企图破坏，但未得逞。在这次演出的基础上，我们又联合了更多的话剧爱好者组成了大众话剧团，还组织了唱救亡歌曲的怒吼歌咏队。这两个文艺宣传团体，不仅有很多进步同学参加，还吸收了一些平时不大注意政治的同学，如后来成为音乐家的马可。他原是河大化学系的学生，一向信奉基督，但爱好音乐，也参加了我们的歌咏队和话剧团。过去不大参加救亡活动的经济系三年级同学王璈也和我们一起唱歌演戏。

不久上海救亡演剧二队、一队先后来到开封。二队的人员有洪琛、冼星海、金山、王莹、田方等，一队有宋之的、马彦祥、崔嵬、贺绿汀等，他们是著名的作家、戏剧家、电影明星，在群众中素有声望。

这两个救亡演剧队在河大礼堂和相国寺人民会场公演了多次，极大地激发了人们的爱国热情，把开封的救亡运动推向了新的高潮。他们不仅向群众演出，而且积极向音乐戏曲爱好者传授技术，进行辅导。我们的大众话剧团和怒吼歌咏队向他们学了很多东西。值得特别提出的是冼星海，他积极热情，诲人不倦，夜以继日到河大对怒吼歌咏队的同学进行指导。因为教歌和指挥用力过多，他的嗓子哑了，胳膊也肿了。冼星海同志的这种精神，真是使我们感动。马可就是这时和冼星海相识，并在冼星海的鼓舞和帮助下开始进步乐曲的创作的，记得马可写的第一首抗战歌曲是《游击队歌》，当时大家唱得很有劲。

抗日游行和农村救亡服务团的建立

北平、天津沦陷后，大批平津同学辗转来到开封，并建立起平津流亡同学会。上海等地也有一些同学到来。汇集在开封的这些同学都是爱国青年，其中很多是我学生运动的骨干和积极分子，还有共产党员、民先队员，也有作家、艺术家。他们大都是河南人，和家乡有着密切联系，一到开封就和各个学校及社会上的进步人士结合起来，形成了一支强大的力量，对开封的救亡运动起到了很大的推动作用。

蒋介石的嫡系将领，豫皖绥靖主任刘峙在保定指挥对日作战不战而逃，一夜之间败退八百里，引起全国人民的愤慨。当时大家都把刘峙叫做"飞将军"和"长腿将军"，以示讽刺。为了表示群众的抗日意志和决心，推动国民党抗战，开封各校和平津流亡同学研究会准备在10月10日举行一次抗日大游行。当时开封有一个国民党领导的"河南省抗敌后援总会"。为了标榜民主，后援总会也吸收了一些进步人士参加，河大的嵇文甫、吴祖贻都是委员。为了把游行的规模搞得尽可能大些，使参加的人员尽可能广泛一些，原计划这次游行由抗敌后援总会出面号召。后来嵇文甫、吴祖贻告诉大家，刘峙从前线败退后，受到各方指责，心情很坏，他不让搞这类活动，由抗敌后援总会出面号召和组织恐难以办到。大家对刘峙的这种顽固态度非常气愤。几经商讨，确定由同学们自己组织领导，并提前行动。记得当时有人曾说:"刘峙越不让我们干,我们偏要干。""反正抗日无罪,看他能把我们怎样!"根据这一意见,大家就分头到各校串连。记得我是分工到开封女师,找的张国媛。

游行的日期大概是9月18日,也就是九一八事变的六周年。记得这天早晨,河大和平津流亡同学会的一些同学,大概有一二百人,从河大出发,先到了河大西边的现代中学。该校学生正准备上课,我们一号召,大家就跟着出来了。接着又到开封女师,女师的同学们已经整装待发,可是被校方阻止在院子里出不来。我们一到,就把她们接出来了。从开封女师又到北仓女中、静宜女中等校,和这些学校的同学汇合起来。在大街上我们遇到从四面八方来的各校同学,一批一批地加入到游行的行列,队伍越来越大。我们一路高唱救亡歌曲,高呼抗日口号。街上的很多行人和观众,也跟着呼口号,唱起歌来。游行的路线大概是从南、北土街转入鼓楼街、寺后街,再向北经中山路入西大街、东大街,最后在开封一中门前开了个大会,有几个学校的同学在会上讲话,我也讲了几句。大会决定成立"开封学生农村救亡服务团",号召各校同学到农村去,发动群众,参加抗日救亡运动。这次抗日大游行比较顺利,效果很好,国民党的军警特务没有敢和我们捣乱。游行之后,农村救亡服务团就在各校同学中展开了工作,经常组织同学利用星期天到禹王台或郊区农村进行宣传活动。有些也在市区或校内演街头剧、活报剧,唱救亡歌曲。农村救亡服务团组织的救亡宣传活动,有几次规模很大。农村救亡服务团的活动,坚持的时间也很久。1938年初,我在南召时,吴祖贻还经常给我寄服务团印发的宣传品。

开封学生农村救亡服务团的领导人是吴祖贻和开封民先的负责同志,日常工作河大民先的同志搞得多些。

到前线去,到游击队去

抗日救亡高潮一浪高过一浪,许多进步同学已经不能安心在教室上课,纷纷要求走出课堂,到前线去,奔向民族解放的战场。这时除一些同学个别地往延安和抗日部队外，1937年秋开封民先还组织了三十多个青年学生集体到华北抗日根据地，河大民先去了两人，即杨鸣岐、蓝长汀。

在日寇大肆侵犯，国民党正面部队一再失利的时候，八路军在敌后展开了游击战争，打击了敌人的气焰，鼓舞了群众的斗志。正在这时，河大教授范文澜编印了《游击战术》一书，轰动了开封。八路军公开代表马致远（即刘子厚）在开封的出现，更增强了人们对八路军的崇敬，对游击队的向往。

1937年秋，中央军将领汤恩伯建立了一个十三军游击队。平津流亡同学会的王景川、陈冰之想利用十三军游击队的名义搞一部分抗日武装，他们和开封民先接头，请开封民先动员一部分青年到这个游击队去。王景川、陈冰之都是郑州以西的汜水县人。王经常在报刊杂志上发表文章，笔名魏伯，在文学界有一些名气。民先向同学们动员时说，汤恩伯的十三军想组织一支游击队，来扩大自己的实力，我们去后可以把这支游击队掌握住，使其成为真正的抗日武装。这时大家对游击队的兴趣正高，民先一动员，就有很多人报名，最后确定了四十多人。这四十多人主要来自开封的各个学校，其中有一部分是河大大众话剧团怒吼歌咏队的人，还有一部分是开封基督教青年会话剧团的人。青年会话剧团虽然戴着教会的头衔，但成员都是进步的，他们愿与河大的同学合作，于是就以这两个话剧团的同志为基础，组成了一个十三游击队话剧团。所有去的人都以话剧团团员的身份前往。我和党吉臣一同去了。临行前，吴祖贻把开封女中高锦云同志的民先关系交给了我们，我和党吉臣、高锦云在那里建立民先组织。

十三军游击队的领导机关就在王景川、陈冰之的家乡汜水县。我们到达时，他们还没部队，也没有正式的办公地点和牌子，只有田涛、碧野、刘敏几个青年作家在那里。我们到后，就住在汜水车站旁边的窑洞里，每天给附近群众演剧、唱歌，搞救亡宣传，以后又到附近村庄去宣传。

到汜水不久，王景川、陈冰之就让我和党吉臣往新乡，去看看在豫北能不能收编一些土匪或杂牌武装，去时给我们一些空白委任状，让我们相机使用。我们在新乡大约住了一个来星期，看着没有什么希望，就返回汜水了。

回汜水后，听游击队的负责人郑桓讲过两次话。他讲话时对马克思主义和辩证法总是有些批评指责，我们听着很不是味。当时托派在河南活动得很厉害，我们就怀疑这个人也可能是托派。同时，这时大家除给群众演戏外，又没有其他事情可做，维持生活也很困难，于是我就和党吉臣商量，给开封吴祖贻同志写了封信，说明了我们在汜水的情况，问他如何办理。吴祖贻回信，让把开封去的一些同学动员回来。于是我就和大家商量，大家也都同意回去。这样，我们就又离开十三军游击队，返回开封了。我们在十三军队游击队大约有二十多天。从开封到十三军游击队的这批人，现在记得的有党吉臣、高锦云、刘维城、方西、贺煌、晏勇、阎庆梅、刘调荣、刘一、曾佩兰、于黑丁、窦伯祥等。

加入中国共产党

从十三军游击队返回开封后，我又回到河大。没几天，1937年的11月，我参加了中国共产党。介绍我入党的是胡得龙。入党的手续很简单，只写了一个申请书（也可能是志愿书），没有举行仪式。和我同时入党的有党吉臣。入党后，我和党吉臣都受胡得龙领导。胡得龙是汝南县人，河大化学系学生，比我高两班。他沉默寡言，在公开活动中很少出头露面，但实际工作（如写文章）却做得很多。以后他病逝在四川。

入党之前，河大的党组织就有意识地对我培养。除通过民先对我教育和考验外，还给我文件让我了解党的方针政策和主张。记得是在1937年的秋天，河大的一位同志曾给了我两本党内刊物，让我阅读。毛泽东的著名文章《反对日本进攻的方针、办法和前途》，我就是这时看到的。

前往豫南

入党后没有几天,胡得龙就通知我,说组织决定,调我、党吉臣和他一同去豫西南的南召县,开展工作。

1937年11月一天的早晨,我和胡得龙、党吉臣一起离开了开封,告别了河大,奔向伏牛山区。带领我们前往的是袁宝华,他是平津流亡同学会的同学,家就在南召。离开开封时,我根本没有想到什么时候还能回来,当时心情上很有一些"风萧萧兮易水寒"的味道。

到南召后,胡得龙改名胡子云。中共县委建立后他任县委书记。我在南召工作不到一年,1938年夏,党组织把我调到镇平,任镇(平)内(乡)淅(川)中心县委委员兼青年部长,主要做学生工作。1939年初中共豫西南地委学生工作委员会建立后,我任学委书记,兼镇内淅中心县委委员。

1938年夏我到镇平的时候,开封及豫北、豫东、豫南许多地方的学校都迁到了豫西南。河南大学的各学院迁到了镇平。为了便于工作,也为了便于掩护,豫西南地委确定我到河大复学,以河大学生的公开身份来做迁到镇平、内乡、淅川的各个学校的工作。于是,我就在1938年的暑假后回到河大经济系。

迁到镇平后的河南大学

重回河大后,我没有正经地上过课,在校住宿的时间也比较少,经常在外边跑,实际是搞镇平中心县委和豫西南学委的工作。河大在镇平为时也很短,1939年春便又搬走了。因此当时河大的许多情况我都不甚了解,有些事情虽有一点印象,也十分模糊,像学校的组织和人事,各学院的分布和地点,甚至连我所在的经济系,许多事情都想不起来了。

我记得当时的校部是在镇平城里离东门不远的一条南北街上,校长已换成王广庆。王是豫西人,据说和张钫的关系比较密切,是河南的名流、士绅。秘书长是杜新吾,也是豫西人。经济系的主任是沈筱宋。

镇平时期学生上课和居住都比较分散，经济系上课是在东门外新盖的草房里，住宿是在城里延寿寺一带。我就住在延寿寺内。院里有三四座平房，我住的那座房子是三间，同屋的有七八位同学。我住的房子后边，是镇平中心县委委员周汉臣同志的家。中心县委开会、接头，一般都在周的家里，这对我的工作是一个非常有利的条件。

在镇平时，学校管理更松更乱，学生上课与否谁也不管。1938年底我离开镇平去确山竹沟参加河南省委召开的青年会议，在省委住了一个来月，走时没请假，期末考试也未参加，回校后也没人过问。

我们在镇平召开过几次规模较大的座谈会，除河大同学外，还有外校学生、教师和社会人士参加。有一次王毅斋先生在会上讲话，慷慨激昂，全场轰动。我们还请人作时事报告。有一次请嵇文甫教授讲形势。嵇在露天广场上讲了很长时间，效果很好。这一时期，我和刘国明继续保持联系，通过刘的关系，利用《河南民国日报》（当时该报在南阳）化名发表了一些文章，尽可能地宣传党的主张。

在镇平时，过去的民先队员和进步同学大都离校，分散到各地去了。这时我们又新发展了一批民先队员，并建立了党的组织。新发展和新转入的民先队员，现在记得的有腊以琴、赵炳环、于壮生、白长和、陶建昌、张志专等。1939年春，民先解散，这些同志都转到党内成为党员了。我曾兼任河大党支部的书记。

1939年春郭海长来到镇平，转入河大读书，地委书记李炳之同志通知我，要我和郭保持个别联系。

河大在镇平时，我们曾抽调了一些党员到中共河南省委所在地确山竹沟学习，并动员了几个同学到根据地去，但名字已想不起了，只记得住在竹沟学习的有白长和。

1939年四五月间，敌人向豫西进攻，南阳告急。河大当局确定把学校迁往豫西深山区的嵩县。豫西南地委鉴于开封等地迁到镇平浙川的学校大都未离开南阳地区，决定我仍留豫西南，继续负责学委工作。这样，我就没有跟着学校往嵩县，又一次离开了河大。

上边谈到的一些往事，距今已将近半个世纪，记错和记得不够准确的地方在所难免，希了解当时情况的同志加以纠正补充。

河南大学学生运动亲历记①

沈东浦

"九·一八"事变后的河南大学

一九三一年"九·一八"事变后，转瞬间东北四省尽沦敌手。全国人民一致要求政府抗日御侮，挽救危亡。青年学生更是义愤填膺。全国各大专学校都组织了抗日救国会，唤起民众，要求政府出兵抗日，收复失地。河南大学也成立了抗日救国会。成立大会是在席棚搭的礼堂里举行的（当时河大的学生已超过五百人，六号楼讲演厅容纳不了）。校长许心武对于学生的爱国运动是极端反对的。但是在群众情绪激昂的形势下，他也阻止不了大会的召开。为了防止他临时上台破坏，便组织了几个同学站在他的身旁，我便是其中的一个。如果当时他敢上台阻止，立即会对他饱以老拳的。同学周汝唐是这次大会的主席。他报告了大会筹备经过，通过了大会宣言，并宣布抗救会不另选举委员，即由学生自治会的代表兼任执委，立即开展工作。最后自由讲演，教授王毅斋慷慨陈词，听者动容。许心武在会场后面气得直喷喷。

在大会后的执委会上，通过了出版抗日救国的宣传刊物，定名为《河大抗日救国旬刊》，选举我为河大抗救会的对外代表，任务是代表河南大学出席省抗日救国联合会，和各校的抗日救国会进行工作上的联系。十月间，在省抗救会领导下举行了一次省会各校学生的示威游行，并向省政府、国民党省党部请愿，要政府立即出兵东北，收复失地。

一九三一年十一月全国抗日救国学生联合会代表大会在南京召

---

① 《河南文史资料》总第2辑，1979年11月。

开，河南省学生抗联选出了我(河南大学)、张承先(水利专门)、席文珂(第一师范)、李红蓼(第一高中)、吴宝珍(一女师)五人为代表赴南京参加。

十月底我们到了南京，住在成贤街一家旅馆，当晚就有国民党中央党部的王星舟、训练部干事黄某到旅馆对五位代表极尽扰拢之能事。这位王星舟以后还不断到旅社找个别代表进行秘密活动，还组织了国民党的党团在大会里面进行操纵。

一九三一年十一月三日大会在中央大学大礼堂举行开幕典礼，出席的有来自全国各省市的代表八十余人。国民党中央党部的王星舟，还有其他几位要员（名字已不记得）也赫然在座。大会的执行主席是中央大学的代表袁其炯，大会发言时河南代表团推举吴宝珍发言。吴是代表团中唯一的女性，口齿非常流利，一口相当标准的普通话，容易让人听懂。在酝酿发言人的时候，首先提出她代表发言。吴宝珍原是青年协社社员，她的爱人是河大同学，我们之间早有联系。吴宝珍不负所托，在发言中义正词严，慷慨激昂，声泪俱下，坚决要求政府停止内战，出兵抗日，收复失地，博得全场掌声。

她这一番讲话大大出于张、李等的意料之外，会后不满之意，露于言表，但又不便公开反对。不过以后他们就运用多数，提出改由张承先为代表了。

大会共开了三天，会议期间还向国民政府及国民党中央部请愿，通过了几项议决案，对外发表了大会的宣言和通电，及告全国同学书、告全国民众书。由于多数的代表被收买利用，大会的文件措词极为温和委婉，可以说是没有能够反映全国学生和广大人民坚决要求"停止内战，团结抗日"的愿望。

这几个河南学生代表回到开封，分别向各校同学报告了大会的经过，结束了这次任务。

一九六四年八月十二日

十年漂泊记[①]

任访秋

1939年我在河南省立洛阳师范任教，为了躲避日军的飞机轰炸，学校于1938年迁到四面环山、洛河萦带的卢氏县涧北村。这个村的居民有几十户，大半姓莫，民情淳厚，人们对到那里的洛师师生和家属，都非常地热情。对生活上的问题，尽量帮助解决。所以洛师师生员工不论是工作和学习，都非常安心。

到了1940年1月，学校开始放寒假的时候，我接到了河南大学文学院文史系的聘书，让我去那里任教。河大当时已迁到豫西的嵩县，医学院在县城，其余文、理、农三院在该县潭头镇，离县城还有100里的路程。我同我的一位堂兄冠五（当时也在洛师任教）商量说：不能贸然去河大，因为对该校情况还不清楚，不如先把家属送回南召老家，过了春节，我一个人到那里去。他非常赞同。于是我和妻儿由冠五陪同，一起离开卢氏，在春节前到了家乡。

春节过后，我只身由一个仆人陪同，去嵩县潭头镇。路上有时坐汽车，有时坐人力车，走了四五天才到学校。接着就到我在河南省立第一师范读书时的老师嵇文甫和张邃青两教授家里看望。他们见了我，都很高兴，通知学校为我安排了住处。我担任的课程已确定，共两门课：一是古代散文选，一是中国文学史。

刚从中学到大学任教，自己担心能不能胜任，能不能站住脚，心中还没个底，不过要全力以赴。文选课选的篇子大半是魏晋文人的作品，如嵇康《与山巨源绝交书》、陆机《文赋》之类。文学史我在洛师已教多年，并且已有印出的讲义。上了一段课，同学们表示满意。

1942年春，学校发生了教师罢教的风潮。当时河大校长王广庆，河南新安人，与张钫有旧。先生是治国学的，没有进过大学，也没有到外国留学过，对新学比较陌生。师生对他有时讲的外行话，不免传

[①] 《河南文史资料》总第28辑，1988年11月。

为笑谈。当时教务长刘海蓬，在北京的大学任过教，校中有部分教师同他比较接近。这样，他认为王在校不孚众望，便产生了取而代之的想法。适逢当时物价暴涨，部分工资较低的讲师和助教，以请求增加工资为理由，举行了罢课。后来由几位院长从中斡旋，风波才得平息。

我在这次风潮中，深感到学校内部有激烈的派别斗争，风潮虽暂时平息，将来是否还会再爆发，尚未可知。我于是给城固西北联大的原北京师大教务长、中文系教授黎劭西老师去信，告诉他我想离开河大的打算。不久暑假到了，我就回到了南召老家。9月份开学后，我和在河大数学系读书的同乡褚君走山路去潭头镇，途中过河跌跤摔着了腿，由褚君搀扶，勉强步行了一段，后来找到牲口代步，才到了学校。

暑假中我在家已接到了黎劭西先生的信，约我到兰州西北师院任教，并告诉我路费到校后可报销，并说在城固的原北京师大师生不久也将会全部迁到兰州。我将离开河大之意，告诉了文甫及邃青两师，他们都不同意，并说兰州离家太远，将来搬家也很困难。我当时思想很矛盾，加上我摔伤的腿还未痊愈，于是我就写信给黎师，辞去了他的邀请。由于春天的学潮，校当局自然不能善罢甘休，在暑假中对刘教务长及其追随者，都予以解聘的处理。从此河大文、理、农三院，成为王校长与留美派合作共治的天下。校当局为了平息部分工资较低的教师的不满，根据各人的学历与教学成绩，提升了职称。我也由讲师提为副教授。

在潭头，较大的教师宿舍，位于西寨门里的一家大院，大家都称之为"十六号"。院中北房为上房，南房临街，并有东西厢房。我住的是东厢房。教师是在校部搭伙，刮风下雨，极不方便。后来教育系陈仲凡教授带去了一个厨师，于是院内就有了一个小灶，大家都很满意。尔后住在附近的老师，凡是家属没带去的，都到这里搭伙，这里就更加热闹了。每当晚饭后，同事们三三两两都到西寨外沿着一条向东的大路散步，天晴时，西边的落日余晖，映出一片灿烂的晚霞。周围群山非常地静穆,南边的伊河蜿蜒自西向东流过。在那烽火连天的年代,在这里不能不令人有"世外桃源"之想。不过学校外表上的平静并不能掩盖内部的尖锐矛盾。曾有一个时期,校当局为了消磨同学们的时光,由同学中喜欢戏剧的人,不断地演出节目。南阳曲剧、豫东梆子等,都登上了舞台。当时演的次数较多的有陈铨的话剧《野玫瑰》、曲剧《白蛇传》等。而扮演主角的一两个女同学也名噪一时,成为当时师生谈论的中心。

当时进步的同学组织了笔会,举行鲁迅逝世纪念会及具有进步意义的理论演讲。那时最受进步同学欢迎的老师为嵇文甫先生。他用马克思主义的科学方法来讲授中国社会史和中国学术思想史。正因为这样,当时反动势力嫉之如仇。抗战期间,国民党发动了几次反共高潮,河南省自不例外,而河大尤为当局所特别注意。部分进步同学逐渐逃离了学校,最后嵇先生也遭到反动派的逮捕而囚禁于洛阳。后经多方营救,反动派迫于舆论的压力,不得不予以释放。

40年代初,我的朋友李静之在南阳创办了民营报纸《前锋报》。他给我写信,要我为这个报纸撰文,同时也约了嵇先生。我因当时的教学情况,除备课和从事科研外,还有一点余暇,于是不时为《前锋报》撰文。那时该报的副刊主编先为傅恒书,后为李蕤(赵悔深),他们都是我相识已久的友人。我当时为该报副刊所写的文章,内容多结合我教的中国文学史、中国现代文学史中的学术问题。后来曾把发表在《前锋报》副刊上的这些文章,部分收入到我较早印出的论文集《中国文学史散论》中。

此外,我每逢寒暑假,即回南召老家。暑假假期较长,静之往往约我到南阳他的报社,为该报撰文。当时除为副刊撰文外,间或也替静之写些社论一类的文章。现在回忆起来,当时发表的文章涉及的范围相当的广。除一部分学术论文外,还有论道德修养,以及评论社会风气的。我还记得有一年暑假,南阳地区一部分县的管教育的官到南阳开会,他们要和我会会面,我深感不安。他们可能出于一时敬慕的动机,但我觉得自己才疏学浅,实在惭愧。

1944年前后，我在《前锋报》社接连出版了两本书，一是《子产》，二是《中国现代文学史》上册，这都是在潭头写的。《子产》一书是我在教先秦文学时，阅读《左传》，一时对子产生平、思想及其政绩产生了兴趣，加上子产又是河南人，于是参考有关史料，写成了这本书，并请文甫师审阅后写了篇序。

当时系里有一门现代文学及习作的必修课，让我担任。我就借此机会，为同学们讲授现代文学史。当时河大图书馆在潭头寨外的上神庙，我费了几天工夫把散乱堆积的旧杂志加以翻阅，居然找到了五四时期全部的《新青年》《新潮》以及当时倡导新文化运动的陈独秀、胡适、鲁迅、周作人、刘半农等人的著作。此外，20年代文学研究会的《小说月报》、创造社的《创造季刊》及《创造周报》，还有20年代后期创刊的《洪水》《文化批判》，语丝社的《语丝》等，30年代左联的《萌芽》《文学月报》以及提倡第三种人的刊物《现代》，提倡"民族主义文学"的刊物《前锋月刊》，提倡小品文的刊物《论语》《人间世》等都居然找到了。这样就为我写《中国现代文学史》提供了最主要的资料。

我把这门课讲了一年之后，将讲义第一、第二部分，即从五四到20年代前期，誊写出来，又请文甫师审阅，他又为它写了篇序。后来写信，商之《前锋报》社的静之兄，他慨然答应，愿意由他那里印行。这部书应该是最早出版的《中国现代文学史》，时间是1944年5月。该书的主要内容共分三编："文学革命运动的前夜""文学革命运动""新文学的萌芽与成长"。当时印了2000册，销行如何，我不大清楚。下卷因为形势变化未能印出。新中国成立后，我又担任了这门课，1956年由河大函授部发行了我的《中国现代文学论稿》。

在潭头生活期间，我们每周到汤营洗温泉澡。汤营离潭头约七八里路，那里温泉水的温度约摄氏80度，据说把鸡蛋放进去，过一个时候，就能煮熟。由于有这么一个天然沐浴的好地方，学校师生往往三三两两结伴到那里洗澡，一般都是每周一次。每当春天到来的时候，山里杨柳垂绿，野花呈艳，别有一番况味。

还有重渡，离寨子约30多里，位于南边的山中。有一年的春假，我曾和同事前往浏览。经过漫长崎岖的羊肠小路，最后到了目的地。这是两山之间的一个盆地，村落并不大，一所讲究的宅邸，据说是潭头大户王家的庄园。我们进到一所比较高的大门楼里，有王家的仆人在接待我们。这里有山有水，比较令人注目的是布满了青翠的竹林。这里的竹子，不但很粗，而且很高，微风吹来，沙沙作响。这样的景色，是我平生第一次见到的。在那里住了一宿，第二天即遵原路返校。

1944年春，日军从东边渡河（当时黄河已改道，从花园口向东南方向流去。这是1938年中央军扒黄河，以御日军西进所采取的措施）进攻洛阳。经一番战斗，洛阳沦陷，豫西大为震动。接着日军又分出一部分兵力进攻嵩县。在该县县城的河大医学院师生，纷纷逃散，其中一部分来到潭头。于是人心惶惶，学校也停了课。我因家在南召，这时大路已经不通，只得走山路回去，临时将一部分常用的书籍，像《辞源》《十三经注疏》、前四史以及《昭明文选》等，雇一个脚夫担着，陪我到合峪一个小学校的孙校长家里。这位校长是我在洛师教书时的学生。

从合峪动身，仅我一人，因为这条路曾走过多次，所以也无须找向导相陪。经过嵩县的车村，再翻一座大山，就到了南召的马市坪，再经过李青店，就到了我的家乡梁沟。抵家后不久，就派人去合峪小学取书。去人回来说，潭头沦陷后，合峪去了些军队，大肆抢劫，书籍完全损失，只带回几本零散的《十三经注疏》。当时深悔没把书带回家中。

过了一两个月，接到了逃到荆紫关的河大友人刘纵一函，谈到敌人到潭头时，河大师生纷纷逃难的情况，有不少人只身逃出，什物损失一空。另外就是校中一些教授向教育部控告王校长"玩忽职守"，使学校遭此大难。教育部免了王的职务，另任命张广舆接任。张氏30年代曾作过河大校长。

暑假中又接到学校友人来信，说学校在荆紫关正筹备开学，于是我不能不去学校。这时我们那里也不大平静，一些杂牌军队分驻在许多村庄。在我去荆紫关时，把大女儿秋子和大儿子光带走，家中由我妻照顾二女儿和小儿麟。当时交通工具很困难，我雇架子车，经过南阳、内乡、淅川到达豫陕边境的荆紫关。

荆紫关是淅川县一个大镇，商业相当发达。荆紫关附近也有较大的村庄，当时教职工多住在镇上，同学们住在附近乡村。我被安排在一个生意铺后边的两间屋内。没有公共的食堂，吃饭须自己做。好在食品都很好买，同时一位南召同乡郑学康君是经济系的学生，他同我们在一块做饭，这样凑合着解决了吃饭问题。这年寒假，因为妻子的病，我须回家乡去。当时，大女儿秋子已上小学，因为假期短，我不想带她回去，把她留在荆紫关，住在邃青师家里，由他来照料。我带着小的光儿，回到家乡。到家后，才晓得妻结核病发，卧床几个月，幸喜调养得好，已见痊愈。春节过后，打算带她到南阳让西医看看。同时家中还有三个孩子，都留在家里，我的外甥媳妇也照顾不过来，于是又把光儿带走。到南阳后，把他同他母亲留在南阳朋友家中，我乘汽车去荆紫关。

到校不久，听到日军进攻南阳的消息，这时学校师生又慌成一团。校领导开会商量，认为荆紫关临着由南阳通往西安的公路，如果敌人大举西进，前途是很危险的。学校不西迁，无别的路可去。但如果都循着公路去，交通工具又很困难，不要说汽车没有，就连能代步的牲口也很少。经过一番商讨后，决定同学和没带家属的教职工循着公路向西安出发。至于有家眷的教职工，绕道走竹林关，最后到龙驹寨。如果敌人到南阳后，不再西进就更好。如果继续西进，那我们也可以躲开敌人的前锋。大家同意这样的安排，于是分头出发了。

我因带着10岁的女儿秋子，跑路不行，于是决定随同带有家属的老师们，采取绕道走的办法。

在这一次逃难的途中，我感慨很深的是，一个国家不能自强，一旦遭到敌人入侵，人民的境况该有多么痛苦、凄惨。当时，没有交通工具，许多老太太、小孩子都得步行，道路并不平坦，虽没有高山，但却有不少的丘陵。前进的队伍，断断续续，三三两两沿着小路，非常缓慢地行进着。当你走到丘陵的高处，回头一望，那蜿蜒曲折的人流，男女老少缓缓步行的情形，真是一幅目不忍睹的"流民图"！

我们走到赵川，到了一家姓党的庄园。主人是地方政府的一个头头，他的庄园，俨然像欧洲中世纪封建贵族们的城堡。部分校领导被接到他家客厅里住下，我和大女儿秋子也随着住了进去。

主人党某约四十几岁，是当地豪绅，听他的谈吐，文化水平不高，但颇有几分豪侠气概。他对住在他家的客人招待得非常周到。他留大家多住几天，看看时局动向再作定夺。他说他在附近的山里藏有几百条枪，敌人不来则已，即令来，也有力量消灭他们。他有一个上中学的儿子，让我给他讲一点古文，这样个人心中觉得总算不白吃他家的饭了。

在赵川党家庄园住有一个多礼拜，校领导决定动身到龙驹寨去。临走前，因交通工具困难，同时天气渐暖，有些人觉得棉衣棉被都已成了包袱，还有的出来时还带有不少家庭灶具，如锅碗盆勺之类，于是决定把这些卖掉。由于人数多，一时间在村庄前面几乎成了大市场。这里土地集中，贫农佃农较多，加上不产棉花，比较廉价的衣服、被褥，买的人还不少。这样持续了几天，东西出售得差不多了，就开始出发。

出发时已是暮春天气，桃花已谢，而梨花正开得如雪片一样簇拥在枝头。此情此景，不能不令人想起杜甫的"国破山河在，城春草木深。感时花溅泪，恨别鸟惊心"的诗句来。女儿秋子上路那天，跑了五六十里路，晚上竟发起高烧来。我心中非常担忧，这样明天怎么办？跟不上大队，怎么好？后来把情况告诉文甫、邃青两师，他们带有治感冒的药片，给了我几片。所幸她服了药，休息一个晚上，第二天不烧了，于是又继续随着大队前进。

这样走了约三四天，才到龙驹寨。龙驹寨是临着河南到西安公路的一个大镇。沿途往来有不少的大卡车，运输货物，同时也带客人。所以到了龙驹寨，并未多停，就搭上汽车向西安进发了。

第一天就开到秦岭东南麓的山脚下。次日早饭后,汽车爬山,越过高峰,在下坡的路上如飞一样,下午就到了灞桥。这里是古代离开长安远行的征人们的亲友送别征人的地方,所谓"灞桥折柳送行人"。我们正在逃难,想到古人在这里送别,不禁感慨万千。

西安街道宽阔,气势宏伟壮丽,还多少留有汉唐古都的气派。学校早已派人在河南人办的西北中学给我们安排了落脚的地方。我带着孩子随着其他同路的到那里略事休息,即去甜水井街看望我妻马鸿毅的大哥马晓钟。幸喜他在家里,没有外出。他非常热情地接待我们,并问鸿毅为什么没有一块来。我告诉他,我们是从荆紫关随着学校同仁跑出来的,鸿毅带着光儿在南阳养病,不知道他们现在是否回到了南召家中。晓钟大哥表示非常遗憾,并为他们的安全担心。

学校决定迁到宝鸡石羊庙,我们并未在西安多停,即随学校其他同仁乘陇海路火车西上。在西安时,得知我的表侄女的丈夫韩某在宝鸡工作。到宝鸡后,因为石羊庙离城还有一站,而学校短时间还不能把老师安顿下来,至于何日上课,为期更是渺茫,我便找到了韩某的家,暂时住在那里,我当时感到,战争结束,还遥遥无期,而家乡早晚终有被日军占领的可能,妻儿在那里,的确不安全。于是,我决定在河大短期还不能上课的这段时间,回到家乡,把他们接到宝鸡来。主意既定,我把秋子留在亲戚家中,就动身回家乡了。临行时,遇到南召同乡袁家安,系友人袁峻峰的本家侄子,他要回南召,我们就结伴同行。

根据我的推断,从灵宝经卢氏、嵩县,到南召,日军不可能在那里呆。我们就决定走这条路线。从宝鸡乘车到灵宝下车,即开始步行。我因多年来在潭头教书,寒暑假都是步行翻山回家,可以说在走路上是锻炼有素,一天步行百里,毫不成问题,和我同路的袁君总是落后。在途中心里最不宁贴的是鸿毅和光儿,当日军进攻南阳时,他们正在那里看病,不知后来是否跑脱了。杜甫在《北征》一诗中写他从凤翔请假去鄜州一带看望妻儿时,用"苍茫问家室"的诗句,我当时深有同感。很巧,我在从嵩县车村向马市坪行进中,碰到了与我家往得不太远的邻村的人，他告诉我，我妻和孩子早已回到了梁沟家中。这样我才把心放下。到了李青店，已经是下午，袁君已到家，只剩下我一人，离家还有四五十里。袁君要我休息一下，第二天再走。我坚决要走，快到家了，走的速度很快，但"心急路转长"，觉得几十里地也很难走。晚饭前终于到了家。鸿毅还有我的母亲见我回到家，真是喜出望外。季节已过了小满，很快要收麦了。据说敌人在进攻南阳时，曾从我们县经过，但没有停留，就南去了。而当时国民党的县政府人员，在日军没到之时，早已逃之夭夭了，我们县已成了"真空"地带。不过时时传来一些谣言，说日本人还可能来，于是往往不免闹些虚惊。

战争究竟何时能结束，谁也推断不出来。当时日军占据着南阳，是否还会西进，不得而知。日军是否还会在南阳增兵，派一部分到南召来，谁也不敢说这个不可能。我到家后，带着鸿毅和三个孩子出去，是早已决定了的。有些亲友想跟我一块到陕西去，当时准备与我同行的有黄文煌君，他的爱人秦女士是河大医学院学生，他要我带他去。另外还有一位本家侄子，在宝鸡经商，他的媳妇也要跟着一块去。其他还有几位中学生，他们听说陕西有几所收容河南流亡学生的中学，也要去上学。出发的人员加上雇的牲口和挑夫，形成了一行长长的队伍，自然我无形中成了这支"远征军"的领队。我们做了些分工，譬如到了一个地方找宿处，雇牲口及挑夫等等分头去做，还有晚上何时休息，早晨何时上路的规定。在我离校时，由学校办了一个证明身份的护照，这个护照在路上发挥了很大的作用。因为途中经过一些关卡，还有晚上住宿的地方，都必须有证明。我因持有大学教授的身份证明，所以沿途关卡都给以特别照顾，所带行李都不检查，并优先予以放行。同时在住宿和雇脚夫方面，也都很顺利。经过几天的跋涉，最后到了淅川的西坪镇。想不到遇见了我在洛师任教时的学生李更夫君，他当时在政府工作，正在那里等待一批政府人员。看到多年没见面的老师，他异常热情，不但赠给路费，并代我们解决了住宿与购汽车票等问题。

西坪镇为陕豫交界的一个大镇，从这里循着公路越过秦岭，不用一天的时间，即可到达西安。我们乘上了汽车之后，觉得轻松多了，尤其我，感到担子快要放下了。路途上还算顺利。这是在较短期间，第二次又到西安。到了西安之后，所有同行的，都各自找自己的有关亲友去了，我带着妻儿到亲戚马晓钟家去作客。

在西安没多停，即去宝鸡。由在那里的亲戚派人到石羊庙附近一个村庄找到两间房子，算是把家安顿下来。这时学校在流亡中，一切都是从简。在石羊庙也算上了一段课。

我记得日本投降的消息在一天凌晨传到我们所住的乡村，一时鞭炮齐鸣，我当时也有杜甫在四川听到官军收河南河北的消息时的心情，所谓"剑外忽传收蓟北，初闻啼泪满衣裳。却看妻子愁何在，漫卷诗书喜欲狂"和"即从巴峡穿巫峡，便下襄阳向洛阳"。我们则是"即从宝鸡到长安，便穿潼关至洛阳"。

这一令人兴奋的消息，真使所有河大师生喜笑颜开。学校当局开始筹划迁回开封。这时从宝鸡到开封的铁路还没有全通，但由于集体行动，路局也给以特殊照顾。从石羊庙附近的一个车站上车，路过西安，很少人下车。当天就到潼关，再向东，火车就不通了。这时我一家六口同陪我们一起回开封的小同乡褚君金栋一块行动。褚是中文系学生，由他陪同照顾，一路雇车、住宿，以及一切琐碎事务，都由他来奔走。今天回忆起来，还不能不对他表示由衷的感激之情。

到潼关的第二天，就雇到了一辆马车，向洛阳进发。经过阌乡、灵宝、渑池、新安等县，每天大约走七八十里。途中经过崤山，使我想起幼年时读的《左传》上讲的，秦师伐郑的史事。当时秦国的老臣蹇叔，反对穆公此举，遭到穆公的斥责。当秦师出发时，蹇叔的儿子与师，他送他儿子时说："晋人御师必于崤，崤有二陵焉，其一，夏侯皋之墓在焉，其一，文王之所避风雨也。必死是间，余收尔骨焉。"结果不出蹇叔所料，秦国的几员大将都是在这里被晋军俘虏去的。由于了解过去的这段历史，这地方特别引起了我的注意。

到了洛阳，因去开封的铁路已通，所以没停留即搭车东去。这时黄河还没有恢复故道。火车到中牟黄河西岸，须下车渡河。然后，再乘东岸火车去开封。抵开封，已是下午。暂时到学校住了几天，才托学生阎季昌君在辇子街租到三间南屋，房子非常破旧，四壁的墙用手一摸，就纷纷落下土来。但一时找不到较好的房子，只好住下了。在这里过了春节，后来在延寿寺街有两间东房，一间南房，因系朋友所住，他要离汴去北平，于是转让给我。这房子离学校近，并且较新，只不过略小一点，我决定搬去了。

这时胜利伊始，开封出现了不少报纸，有的是原有的，如从豫西南迁回来的《河南民报》《河南民国日报》。也有新创刊的，如《青年日报》（后改名《正义报》）。《河南民报》的总编辑为傅恒书，他过去曾任《前锋报》总编辑，所以我们比较熟，他就约我写稿。《青年日报》系新创刊的小报。负责人之一李更夫是我过去在洛师任教时的学生，他约我为该报编一文艺副刊，我共编了十余期。后来该报改为《正义报》，副刊就停了。

1947年国民党当局发布"戡乱"命令。内战的烽火燃遍了大河南北，抗战胜利初期下跌的物价，这时又猛涨起来了。学校每月发的工资买不到几袋面粉，生活又再次紧张起来。这时外县有不少富家子弟，为逃避国民党的兵役，来到开封考大学。由于名额少，报考者多，有许多落榜学生留在开封，想找一个补习的机会。当时有位叫景中天（邓县人）的，看准了这个机会，在河大南边的眼光庙，开办了一个大学补习班，聘请河大教师任教，待遇是每月按规定时间送几袋面粉，作为报酬。景由朋友介绍，约我去兼课，并希望我介绍文史系别的老师及其他系教师来兼课。大家兼课对生活不无小补，也就答应了。景的目的实现了，他后来还逐渐发展，在眼光庙附近的空闲地皮上又盖了几所教室，接着就挂出了"嵩华学院"的牌子，并请了南阳的胡某（与中央教育部长田某有关系）任该院院长。1948年开封第一次解放，该校随着形势的变化而停办了。

在1947、1948两年，由于学生李君组织报社之便，河大教育系、外语系几位同仁郝冠儒、陈梓北、杨震华、武柏林、孙应康、王殷若）组织了"师友社",发行《师友》月刊,我为主编,而筹划奔走发行的为郝君。《师友》以谈教育问题为主,也发表少量的论文学的短文,也曾发表过般若的几首新诗。刊物维持了一年多,还出了几本个人著作,作为"师友丛书",其中有我的《中国文学史散论》,郝的《新道德学》。以上诸位,目前大半健在,只有郝冠儒、杨震华两君墓木已拱,令人不胜悼念。

1948年6月,开封第一次解放,接着解放军即离开开封。当时河大校长姚从吾决定将学校迁往苏州。这年8月,我随学校经南京去苏州。文学院在沧浪亭上课。我与友人郝冠儒两家,最初住在仁孝里,由于孩子们上小学,与附近从云小学的主持人施剑翘女士相识。施校长早年曾因报父仇,在天津某佛堂刺杀孙传芳而闻名全国,并且因此入狱,抗战后才释放。这时她已信佛,与灵岩山寺院的高僧有旧,并且陪同我和郝君往见,因而趁机游览了古刹的宏伟建筑与周围的明丽风光。

我在大学读书时,曾致力于公安派袁中郎的研究。袁以写抒情状物的小品文而著称。他在中进士后,曾任吴县县令。在他任职期间,以廉洁明敏,为人民造福,盛称一时,后因病辞官。在他的集子中有不少刻画吴中山水的诗文,可惜当时我虽居胜地,但因生活窘迫,无兴致游览。国民党由于政治、军事的失败,经济也濒临崩溃,物价飞涨,后来由于限价,市面一无所有。我们当时从粮店中买不到粮油,六口之家眼看着要饿肚子,没办法,用囊中有限的几元"袁大头"托学生在苏州乡间籴了几十斤大米来糊口。

1949年解放大军渡过了长江。南京、上海相继解放。解放军到了苏州,军管了该地,师生生活问题得以解决。这年7月,河南省人民政府派河大校友郭海长到苏州迎接河大师生返回开封。从抗战开始,到解放战争的十余年间,随河大迁徙流亡的生活,从此宣告结束。

抗战后期河南大学的两次搬迁[①]

李秉德

抗日战争期间，原在开封的河南大学曾先后搬迁到信阳鸡公山、镇平、嵩县潭头镇、淅川荆紫关和陕西宝鸡的卧龙寺五个地方。其中从潭头到荆紫关和从荆紫关到宝鸡这两次搬迁所遇到的困难和危险，都是当时国内其它大学所不曾有过的。这期间，我在河大教育系任副教授。现在把当时的亲身经历略述于后。

河南大学是1939年夏天从河南镇平迁到嵩县的。嵩县县城位于洛阳西南160华里，河大医学院就在这里留了下来。校本部及文、理、农三学院则迁到县城以西70华里伏牛山腹地的潭头镇（今属栾川县），这中间要翻越大小七个山岭。河大搬迁到这里后，平静地度过了五个春秋。

1944年4月，日军渡黄河侵占郑州。报上连日登载的战讯几乎是一个模式，即与敌交战获胜，毙伤敌人若干后向南转进云云。我看情况不妙，找校长王广庆问："几天来战况日紧，不知道咱河大有何打算？"他那时正在为别人写一条幅，一面写，一面带着沉着的口气回答我说："敌人已成强弩之末，何足道哉？"我听后仍不放心。当时我的全家老小都跟我的妻子、省立一小校长郑孟芳住在嵩县城里，于是第二天我便请假进城，以备不测。在我离开潭头的前一天，潭头还一切如常，一点动静也没有。

我从潭头走出不到30里，便遇到迎面而来的大批军队。我问一个士兵："这是怎么回事？你们从哪儿来，到哪里去？"他回答我说，他们已经在山里行军三天了，一直往西撤退，最后还气愤地说："哪怕见见日本军队，打一阵子再走，也比这样没日没夜一个劲儿地跑强些。"

我到嵩县城后，听说日军已经到新郑、禹县一带。嵩县人心惶

[①] 《河南文史资料》总第57辑，1996年3月。

惶。我当晚与家人商定，第二天就请人先把已怀孕八个多月的妻子送到潭头，然后由我四弟护送父母及两个孩子，到离城三四十里的一个村庄里暂时避难。我和省立一小的几个年轻教师仍留在城里观察动静，筹备一些粮食，然后再往潭头。就在这一两天内，医学院师生也都逃往潭头去了。

嵩县县长罗渭滨和我是河大同学，我找他搞辆牛车准备拉点粮食，他答应了，可是过了几天也没找来。5月10日夜10点多钟时，罗派人给我送信说，情况很紧急，叫我马上离开县城。我得此消息后，立刻就与省立一小的几个年轻男教师出西城门，朝潭头方向走去。走了10里多路，已经疲惫不堪，就去路旁麦地里躺下，打了一个盹。一会儿天明，便见许多人从城里跑了出来。上前一打听，方知敌人已于11日凌晨两三点钟时进入县城，这时间离我们出城还不到四个小时。

晚上到了潭头，知道河大单身教师和学生都已翻越伏牛山往南走了。潭头只留下几十个教师和眷属。都是因为老的老，小的小，一时走不了。也有十几家就近先搬到潭头西南18里的重渡村等待。我到潭头的第二天，仍像在嵩县县城时一样，先托人把我妻子送往重渡，我暂留潭头，准备带些东西，然后去重渡相会。

5月15日上午，忽传县城以西的日军又向西开动。此时从西也过来一支中国军队，说是要东进迎战。队伍过去后，人心稍稍安定。这时化学系徐墨耕教授约我去数学系主任樊映川家吃饭，饭后我们三个棋友还说："这会儿我们可以安心下盘棋了。"谁知棋才下了半盘，便有人慌慌张张地跑来说："情况不好！刚过去的队伍又折回来了，而且过潭头时连停也没停就又径直往西开走了。"我们听后，就各自带着一些随身的东西，急忙离开潭头寨。

我出南寨门到七七中学停了下来。这学校离潭头寨只二三里，地形隐蔽，南临伊河，河那边是大山，无路可通。往西是一条山间小道，可由此进山。当晚我就在七七中学过夜。第二天清晨，北望潭头寨，不见任何动静。有几个胆大的年青人就又进入寨内，没见一个人，便拿了一些东西出来。大家正准备做饭，忽然听到很近处有接连不断的枪炮声。这说明敌人已经到了潭头。于是各人就都沿着上山的小路跑走了。后来才知道，有些人往寨里拿东西的时候，敌人已从东、北、西三面把潭头寨包围起来。敌人怕寨内还有中国军队，所以先行炮击，当断定这个寨是空寨时才敢进寨。

大概与此同时，逃到寨北的医学院院长张静吾及农学院院长王直青等人被日军俘虏了。张静吾的妻子吴芝蕙及河大几个没逃出的学生被敌人杀害了。张的侄子是个十来岁的小孩，敌人向他的颈部戳刺刀，食道被刺伤了，不能进食，后来经过手术才活了下来。这一天是1944年5月16日。

我到重渡后，即与孟芳商量，决定要和医学院教授朱德明、倪桐岗夫妇一家一起住在离重渡街四五里路的关沟，暂时不再往南跑了。因为孟芳挺着大肚子，已无力翻越伏牛山，最安全的办法是紧随产科名医倪大夫。朱、倪一家并无什么拖累，本来是可以南逃的，但他们情愿留下来，和我们住在一起。倪大夫对孟芳说："作为一个产科医生，我不能撇下你这个快临产的产妇不管。等你分娩后我们再走。"这话实在令人感动，因为这话不仅表达了深厚的友情，更可贵的是它表现出了倪大夫高尚的医德。

关沟是一条清澈小溪流经的小山沟，一共住着三户人家，半山坡一家，溪的两边各一家。我们就住在溪北的孙家。我万没想到，孟芳的大肚子给孙家带来了一个大难题。一天孙老汉找我说："按我们这里的风俗，是不能让外人在自己家里生孩子的，这对房主不吉利。不过你们现在也没别处可去，我想了一个办法，就是在对面竹林后搭个草庵，里面支一张床，将来可以在那里生下来。搭草庵的人我已替你找好了。至于草，我这里有的是。"我对孙老汉说的话表示理解、同意和感谢。就这样，不到一天的功夫就把草庵搭起来了。

5月25日，一个男婴出世了，大家都很高兴，但马上又发愁要给产妇吃些什么。还是房东孙大娘在村里搜罗到了四个鸡蛋和二斤面粉，另外又在别处弄到了半斤红糖。这些就是产妇所能吃到的全部营养食品。当时我的老家洛阳也沦陷了，为了纪念这个日子，我给这个婴儿起了个乳名叫"小洛"。为了纪念他出生的这个地方——重渡附近的一个小草庵,就又取名"重庵",作为学名。当年的那个婴儿今年已经51岁了,在一个高等学校里任教授。

6月上旬,学校派人来给滞留重渡的几十户人家送信说,学校已在淅川县荆紫关看好校址,要各家都到荆紫关集中,准备开课。

动身的那一天,各家扶老携幼,队伍相当庞大,可是行李都不多。我家的行李只是一副挑子,一头是被子,另一头便是新生的婴儿。当时摆在这支老弱队伍面前的最大难题是要翻越高大的伏牛山,行程需要几天,大家心里是很沉重的。记得离开重渡街,只走了几里地,便看见有名的"三道观瀑布"。我在潭头四年,几次想到此地一游而未果。今天路过此地,却毫无稍停一下欣赏这瀑布的心情。我看别人也是如此,都是默默无声地拄着拐杖一个接一个地往前慢慢走。就这样,河大最后的一批人离开了嵩县。

荆紫关在淅川县西北角,位于丹江之畔,是豫、鄂、陕三省的交界处。这地方虽穷,但山清水秀,仍算是可以暂时停下来读书的好地方。

这时河大校长换了人,新校长张仲鲁办学很有经验,做事也很认真,经过一阵紧张的筹备工作之后,河大便在荆紫关开课了。开课期间曾有一次较大的学术活动,那就是趁冯友兰从昆明西南联大回河南唐河奔母丧之机会,请他到荆紫关讲学多天。在全国大部分地区烽火连天的日子里,在荆紫关却吹来这股学术空气,确实是很难得的。

在荆紫关落脚不到一年,日军又向豫西南、鄂北地区大举进犯了。河大这次接受在潭头的教训,及早有组织地进行疏散。单身教师和学生很快地取道西坪镇,沿公路奔向西安;带家属的却不敢走这条路,因老弱行动太慢,怕会遇到敌人。学校决定:带家属的教职工都到陕西南境内的赵川集中待命,由秘书党玉峰去赵川为各家做安排。赵川寨里其实只住着一家大户,户主也姓党。党秘书原先虽与户主毫无瓜葛,但他就凭着这同姓的关系,与户主一家拉得非常近乎,好像他们真是一家似的。这户主也很慷慨大方,热情接待各家。他听说河大当时要找新校址，就向党秘书表示，欢迎河大迁到赵川。党秘书婉言谢绝了。

在赵川住了十来天后，学校派人送信说，河大已在陕西宝鸡选好新校址，要大家离开赵川，前往宝鸡。经过党秘书与户主的周密安排，河大这个家属大队就由党秘书带队，在户主所派的几名家丁带枪护送下，离开赵川，五天后到达龙驹寨（今丹凤县）。这里已走上公路，党秘书的任务完成了，各家可以自己解决行路的问题。从荆紫关到龙驹寨这段路程，骑自行车一天也要不了，但当时我们这个家属大队却翻山越岭，绕道赵川，走了几乎一个月。

经过潭头、荆紫关两次仓皇搬迁，河大所有的就是一批难民般的师生了。但是中国知识分子的韧劲儿和耐力是惊人的。就在这种困难条件下，大家还是苦撑着，在宝鸡卧龙寺开了课。

河大的图书当时在全国大学中还是数得着的。从潭头逃出时，所有的书籍都摆在图书馆的书架上没动，当时敌人只要用一根火柴就可以把全部图书烧个精光，幸亏这些日本兵对图书不感兴趣，它们方得以幸存下来。日本兵过潭头后，河大的部分教职工又回到潭头，冒着生命危险，以顽强的意志和毅力，克服种种困难，设法把这批图书一挑一挑地挑了出来，后来了又千方百计运到宝鸡。

在宝鸡还有一次颇有纪念意义的学术活动，即请英国科学家李约瑟博士来讲学。他对河大的旧图书很感兴趣，特别是关于道家炼丹术的文献记载。

1945年9月3日，我因事由卧龙寺去宝鸡县城，晚饭后到一位棋友家下围棋。正在下棋的时候，忽然听到外面响起了鞭炮声，震耳欲聋。我心想：这不可能是哪家办喜事，可又不是逢年过节，到底是怎么一回事？正纳闷间，有人进来说："日本投降了！"我听了半信半疑，要立刻出去看看。可我的这位棋友却一定要我把这盘棋下完。我已经是心不在焉，最后当然是推盘认输。当我确知是日本投降后，真是高兴得要发狂。因为在抗日战争这盘大棋中，中国终于成为胜家。没过多少天，河南大学就开始了第六次搬迁，全体师生员工满怀喜悦的心情，回到了开封。

河南大学旧事漫录[①]（节选）

孟志昊

范文澜老师

范老师在河大教书时，已40多岁了。他是一位文雅学者，身着长衫，潇潇洒洒，学习教课都很努力，且思想进步，抱负也很大。来河大之前，他在北平各大学教课，最忙时每周上课30小时以上。他曾编《大丈夫》一书，痛斥国民党政府对外卖国、对内残害人民的罪恶，提倡团结抗日，挽救民族危亡。他在北平被捕两次，经北大校长蔡元培及各大学校长、教授们联名营救，都得获释。

1936年他在河大教中国上古史、中国文学史、《文心雕龙》等课，受到学生欢迎。1937年"七七事变"后，创办《风雨》周刊，又创办抗战讲习班，亲自讲课。1938年他脱下长衫，穿上短装，随新四军在信阳一带开辟游击区，又在第五战区做统战工作，长期奔波于桐柏山中。1969年7月29日老师病逝北京，未及目睹今日改革开放盛况，惜哉！痛哉！范老师治学讲书，实事求是，不妄言胡语，给青年学子留下好影响。

南关军训

自从"九一八"事变爆发以后，全国人民愤慨，爱国学生向国民党政府请愿，要求出兵，还我河山，而不抵抗者总是想法拖延和阻挠。1934年暑假，汴垣大中学生奉令集中于南关营房，受绝对服从的军事训练，岂知青年爱国志气愈挫愈坚。我当时是河大一年级学生，参加了那次军训。

---

① 《河南文史资料》总第43辑，1992年9月。

学生进入营房，首先打乱花编。每班派两个老兵任正副班长，以监视学生，跟着拆学生们头上的"洋楼"，强迫一律推光头。同学们说："添了这么多电灯泡，黑暗营房该照亮了。"院中路口、连部门口都设岗哨，派学生站守，而大门口却不派学生去站。每次上操，最难受的就是"下科目"，得钉半天。一次科目，三次重演，连长讲了，排长翻板，班长再翻板。学生说："不怕烈日晒，就怕科目派。""不怕太阳烤，就怕科目冲耳朵。"最可怕的是吃生蒸馍，喝泥水。过了几日，各校校长和老师们来看望学生，只见学生眼睛大了，颧骨高了，脸型长了。校长们安慰有加。学生们诉说："为了抗日，啥苦都能吃，这生馍污水，不啻替敌人放细菌！哪里是锻炼，简直是摧残！"校长老师们痛心万分，叫学生们安心，有的说："先把咱校水缸拉来！"

学生们忍无可忍，终于一天晚上我们连里反抗了。我们的住房与连部对门，连长常说我们房檐下的洗脸盆顺横成行，想把我们训练得如同脸盆摆啥样就成啥样。谁知当夜脸盆"暴动"了，一个一个飞上天空，直打到连长的住室，连长吓得跑到营长室内。一会儿，连长的护兵和两个班长拉住张德芝同学的皮带，拥到营长室里，诬说张德芝是领导"暴动"的。张德芝说："报告营长，我是站岗的，就没睡觉。"营长是河大军事教官，知道张德芝从来是个好学生，就问打连长的是谁，张德芝说："报告营长，我是在那边站岗的，不知道。"问连长怎么样，张德芝很敏捷地说："报告营长，我们连长是好连长。"连长也说："这个学员是个好学员。"营长叫德芝回连了。次日更换了一个新连长。没过几天，训练提前结束，发给学生坐火车的免票各自回家。

开封车站卧轨请愿

1935年12月23日晨，我们几个同学，早起到操场锻炼，刚回到斋楼门口，就听见一支学生队伍高呼口号，进了河大校门，高喊："欢迎老大哥，我们一齐去请愿！"待他们走近一看，是我母校开封高中的学生，响应北平学生"一二·九"运动，义不容辞，我们当推郭质同学出面，他也不推辞，即叫打钟工人打紧急集合钟。打钟工人抗日情绪很高，也不向学校请示，即当当当地打起来了。河大同学在楼上的纷纷下楼，住后排的急急前跑。集合之后，郭质向大家说去请愿，大家一致表示同意，郭质即叫干训队（河大学生组织的抗日干训队）荷枪（没发子弹），在大队前开路。而高中队伍当我们打钟集合时已辞别去发动他校了。全市万余学生齐集行宫角河南省政府门前，请求出兵抗日。市学联决议：三日内不切实答复，即赴南京请愿。25日，国民党军警阻挠学生在大街宣传抗日。27日早上，又是万余学生齐集省政府门前，对省府秘书长方其道的答复不满意，即奔赴火车站。河大学生打着横跨铁路的长幅白布横额，上写"河南省开封市大中学生赴京请愿团"。一小会儿，从西边来一趟火车，河南大学的校旗就插在火车头上了。站房成了市学联赴京请愿团的办公室，郭质被推举为团长。河大干训队担任警戒，队长贾云松、张德芝等责任心很强，规定凡请愿团学生出入，必须有郭质批准盖章的条子。各队员责任心也很强，自始至终，没有出过岔子。

当局派军警封锁车站，妄图饿散学生，而学生以绝食抵抗，顶住了。28日，军警撤去。当局又以"阻碍全国交通"的罪名来威吓学生，学生岿然不动。当局又迫使学生家长到火车站强拉学生回家，家长们听了学生的陈述，看了学生们的正义行动，深叹自己也应知道"国家兴亡，匹夫有责"。大多数家长感动得热泪盈眶，因而都成为支持者了。于是送食品、送棉衣、送棉被的络绎不绝，更有工商各界送的慰劳品。尤其是小学生们冒着风寒，踏着深雪，抬着食品来慰劳，扯着童腔高呼："拥护老大哥赴京请愿！""打走日本鬼子！""收复失地！"使得大中学生们听了，都流下热泪。

雪地冰天，寒风冷轨，同学们经历三天三夜，南京国民政府的大员才来到开封。当局又玩弄了个调虎离山计，使万余大中学生从南关火车站徒步十里，集合到城西北角的华北运动场。答复是老调子，"等待"，"准备抗日"，使人不满。而各学校派来迎接学生返校者开始活动。赣声中学当权者简贯三打着校旗,领着学生首先离场回校。接着其他学校跟着学校领导人陆续回校,河大学生是由郭质等领着零零散散回校的。随后,请愿学生代表被拘入狱。全市学生又上大街游行示威,要求立即释放被拘学生代表。及至代表们获得释放,河大学生代表郭质等还把绝食馒头从监狱带出来让我们看,上边写着"绝食抗敌纪念"。

祖父嵇文甫的一生①(节选)

嵇立群

六

1928年,白色恐怖笼罩着中国。祖父回到中国,先到北平,又绕道青岛、上海,辗转回到开封。在大革命陷于失败的情况下,河南的中共党组织遭到严重破坏,从此,祖父和党失掉了联系。虽然他一时沉默了,但正如他自己所说,他内心里"一直都未曾忘记党,而且思想上一直都是和党在一起的。"在此后多年里,他身处党外,主要是在思想文化战线上做了对革命有益的工作。

祖父在开封经过一个时期养病,1928年底到北平,在北京大学任教,同时在清华大学、燕京大学、女子师大等校兼课。当时,革命正处于低潮,但学术界却非常活跃,正围绕中国社会史问题展开一场大论战。这一表面是学术问题的论战,实质上关系到"马克思主义是否适合中国"这一尖锐的现实政治问题。祖父投身于这场大论战中,一连写了《周末社会蜕变与儒法两家思想上的斗争》《老庄思想与小农社会》《仁的观念之社会史观察》《伟人领导群众呢,还是群众领导伟人》等文章,虽未用马克思的词句,却宣传了历史唯物主义的思想。

---

① 《河南文史资料》1992年第3辑。

"九·一八事变"后，民族危机日益严重，救亡运动逐渐开展起来。《北大学生》杂志请祖父、范文澜等人为编辑顾问。北平各大学进步学生所组织的社会科学研究会邀请祖父作了《封建社会的本质及其发展的诸形态》《从阶级观点来分析清初诸大师的政治思想》等报告。祖父还支持和帮助进步青年。张香山（建国后曾任中央广事业局局长）在《失书记》中记述说："九一八后，国难当头，……我同几个朋友办了一个叫《开拓》半月刊的文学杂志，主编是傅恒书，得到了北京大学教授嵇文甫先生的支持。"

1932年，祖父的第一本著作《先秦诸子政治社会思想述要》出版，这是我国较早用马克思主义观点较系统地研究中国思想史的著作。他还发表《评陶希圣中国社会史著作》等文章。听长辈讲，陶希圣在那前后曾到家中拜访，摆出一副"煮酒论英雄"的架势，但祖父不为所动。

有一段时间，祖父与一位著名的唯心论教授在每星期的同一日在北大讲课，两人的课堂形成了唯物论与唯心论的对台戏。听长辈讲，祖父的课堂，听讲者十分踊跃，教室里挤不下，不少学生就在门口、窗口和过道上听。

当时，国民党在北平进行高压统治，宪兵三团疯狂地迫害进步人士。"侯、马事件"（侯外庐、马哲民被捕）发生了，祖父的好友范文澜先生也被捕了，祖父在学术活动中所表现出的鲜明色彩也引起国民党特务的注意。知内情的朋友给祖父递信，告诉他已被盯上，要他警惕。在北大，胡适提出"哲学关门"。险恶的环境使祖父难以正常工作，终于，他决定离开北平。哲学家贺麟在《两点批判，一点反省》一文中回忆说：当时，胡适取消哲学系的目的虽未达到，但当时"唯一用新观点讲'左派王学'，相当受学生欢迎的嵇文甫先生却被迫离开了北京大学。"

七

1933年暑假后，祖父回到河南，在河南大学任教授兼文史系主任。在这一时期,他写了《左派王学》《船山哲学》和《晚明思想史论》等著作。

1935年底,"一二·九"运动由北平扩展到河南,万余学生在开封龙亭后体育场开会,声援北平学生的斗争。祖父在会上讲了话,那时没有扩音器,他执喇叭筒演讲。祖父以北宋面临金兵南侵时发生在汴京(开封)的太学生运动来暗示和称颂学生们的爱国行动。

祖父曾经给进步学生以多方面的帮助。如王国权当时是河大学生(当时名康午生,建国后曾任中国驻波兰大使、国家民委副主任等),由于进行革命活动遭通缉,不得不避难日本。行前,祖父给他以资助,嘱他一路小心。多年后,王国权提及此事,还念念不忘。80年代初,王国权到郑州,还专程到黄岗寺烈士陵园祖父墓前凭吊。

抗日战争爆发后,全国奋起。1937年9月,在中共党组织的支持下,祖父和范文澜、王阑西、姚雪垠等人在开封创办了《风雨》周刊。"风雨"二字,先是以鲁迅先生遗墨拼成的,后请林伯渠题写,因而从第15期后,"风雨"二字就改为林伯渠的墨迹了。《风雨》上除发表一些文化界进步人士的文章外,中共河南省委书记朱理治、宣传部长刘子久、秘书长危拱之等经常为该刊撰文。不久,《风雨》即成中共河南省委的机关刊物。《风雨》刚出版时,估计在开封顶多可售五六百份,但实际上,两千份杂志在一天内就被抢购一空,后来最多发行到1万份,流传在大后方兰州、重庆等地。据龚依群说,他在延安也见过《风雨》。

是年12月,祖父和范文澜在开封举办了一个"抗敌工作训练班",开封的大中学生及平、津流亡学生踊跃参加。中共河南省委十分重视这个训练班,动员河大的秘密党员参加,还派马致远(即刘子厚,当时是共产党的公开代表,建国后曾任中共河北省委第一书记)参加训练班工作。范文澜在《从烦恼到快乐》一文中回忆说:"训练班主要课程是中国问题(嵇文甫先生担任)与游击战术(马致远先生担任),这两位台柱子撑起训练班的'金字招牌',声名很好,在青年群中起着颇大的影响。那时候我们的预定计划是挑选一部分学生沿平汉线（重要城市）办短期训练班，兼做民运工作，联合当地青年，广播救亡种子，最后目的到信阳去打游击。"

抗训班在河南颇有影响，一些慕名者专程从数百里外到开封请教。范先生讲过这样一件事：因当时他编了一本《游击战术》，因此，"豫西南某地方当局，跑到开封找嵇文甫先生，指名要我去教游击战术，嵇先生哈哈大笑，说你要请范文澜教游击，等于要我教一样的笑话。"

首届抗训班结业后，祖父他们从中挑选了70人，组成河南省抗战教育工作团。战教团由开封出发南下，一路上演讲、演出，进行抗战宣传，起到了动员民众的作用。然而，这一活动却为国民党所不容，"终于，国民党教育部下令逼范文澜同志和我回到学校来了。"而战教团辗转到了湖北襄樊，后于1939年到达共产党领导下的抗日根据地确山竹沟，实现了当初预定的"上山打游击"的目的。

在那些日子里，祖父暂时丢开了学术研究，一连写了许多宣传抗战的时论和杂文，如《扫除一切阴霾》《在全面抗战中知识分子能贡献些什么》《恐日病的消除》《给当政治教官的诸同学》《一切救亡力量配合起来》《怎样取得民众的信任》等。他还写了多首鼓动抗战情绪的歌词，如《农民战歌》《献给祖国》《走出象牙塔》《你莫忘记》等。

祖父的活动受到了中共领导人的关注。王阑西在回忆录《驰骋中原》中说：1938年初冬，刘少奇到确山竹沟主持新成立的中原局的工作，刘少奇同志要各地党组织在宣传中原各地的抗战形势时，特别注意进一步团结进步的和中间的上层知识分子，如嵇文甫、胡石青、徐旭生等。

在八年抗战中，祖父随河南大学离开开封。河大辗转迁徙，由信阳鸡公山到镇平，由镇平到嵩县潭头镇，由潭头到荆紫关，最后到陕西宝鸡。在艰苦的日子里，祖父和千百学生共命运，在深山峡谷中坚持了教育阵地。

在豫西，祖父任河大文学院院长。大敌逼近，河大在迁徙中常遇到种种危险和困难，祖父为文学院师生的安危殚精竭虑。小时候听祖母讲，有一次，日军深入豫西，情形十分险峻，学校再次迁移（大约是1944年离开嵩县潭头），出发前夕，祖父闭门整整考虑了三日，几乎不与家人说话，也极少吃饭，最后选定了一条路线。祖父的主张被采纳了，事后证明，他的选择是正确的，对大家来说是幸运的，因为走另一条路的一群人随即与日军遭遇，死伤了一些人。

还记得祖父给我们讲过在豫西南转移时与"山大王"周旋一事。他说，有一次路过某县境，那是一个叫"×司令"（记不清其姓了）的称霸一方之地，大家很担心，认为搞不好会有麻烦，祖父他们不得不与这个"司令"联系、周旋。这个山大王向来不轻易让别的"队伍"过他的地盘，经过一番工作，到后来"司令"高兴了，竟慷慨地宴请了祖父这群文人学士，口口声声说要"交个朋友"。次日，河大的大队师生路过该地区，这位司令还派兵护送（因附近另有土匪队伍）。

1941年皖南事变后，蒋介石发动了第二次反共高潮，特务们四处搜捕共产党人、进步人士和革命青年，祖父也上了黑名单。10月，祖父被捕，他被押解到洛阳，关在北邙山的一个窑洞里。关于此事的起因，文强在其回忆录《戴笠其人》中披露："一九四二年底（原文如此，似有误），汤恩伯与戴合谋，利用延安整风运动中的空子，勾引八路军驻洛阳办事处袁晓轩公开自首叛变，将由他负责联系的统战系统的党员和爱国人士张振寰、嵇文甫教授等80人出卖。汤命令其副参谋长万建藩派人逮捕，受株连的那就更多了。"在这次事件中，祖父经受了严峻的考验。由于有人供出了祖父过去的组织关系，祖父坦然承认自己是大革命时期的共产党员，但对于他所知道的共产党人的情况只字不露，保护了党组织和同志。在狱中，祖父曾写下这样的诗句："坎坷何足道，磊落互襟期。羑里坚贞日，龙场悟彻时。精金须百炼，健马终一驰。默数平生事，飘然壮志飞。"他借周文王被商纣王囚于羑里和王阳明被贬于龙场的典故，抒发了自己的信念。

祖父的被捕在河南文化教育界引起震动和义愤。河大学生以罢上军事课表示抗议，一批进步教授向有关方面发出函电，争取社会舆论的支持。祖父的老师、年逾七旬的李敏修先生为此事寝食不安，急嘱门生刘镇华（曾任安徽省主席，当时在陕西养病）相助，刘向国民党中枢的贺耀祖、张治中发出函电。经各方面的大力营救，当局迫于舆论压力次年3月将祖父释放。祖父返校的那天，河大数十名师生到数十里外去接他，到校后又燃篝火放鞭炮欢迎。祖父曾说，他与"几千个学生是骨肉相连的。"

河南大学打算迁万县①

李丙寅

《河南大学忆往》一书中记有："当时（1937）的校长是刘季洪先生，他洞察当时形势，高瞻远瞩地拟将学校一劳永逸地迁至四川万县，并曾派人筹划校址。"（见该书193页）并评价后未迁成是"遗患无穷"，即造成嵩县潭头遭大劫难，而后迁荆紫关未一年又西迁宝鸡。《河南大学校史》（90周年）第83页亦记："不如一劳永逸，迁至四川万县。""河南省……对于迁校万县并不反对。""对迁校万县众议，陈立夫（教育部长）愿意支持。"

上述"曾派人筹划校址"，所派之人印有先父李燕亭先生。因他是图书馆主任，图书仪器的安排是一大要事。当时的先遣人员还有朱德明、李赋京、张孝宗三位医学院的教授。因为他们与万县人士王贵竹是师生关系，可以托她帮忙寻觅校舍。当时因已确定迁万县，故我家与李赋京教授全家亦同行前往。时在1938年6月，我通过高小毕业考刚拿到毕业证书。一行人从镇平乘架子车出发，经穰东（一集镇）、邓县城外、林扒（一较大集镇，有一陕西会馆）、孟楼（大集镇）到达老河口。在那儿换木船到襄樊，换乘大一些的篷船，即帆船，因船家忌讳"帆"同"翻"不许说帆船。这船体分三四个舱，前

---

① 《河南文史资料》2013年第3辑。

边的宽大供客人住，最后一间小的为船家住兼作厨房。船家免费供顾客炒菜，大米饭，天天有鲜鱼（来自汉水上的小渔船）。睡得也很舒服。我们乘轮船沿长江西上至宜昌，再换乘小一些的轮船经过三峡到万县。在万县码头，王贵竹女士一方面说我们的住处已安排好，一方面拿出学校电报说不迁万县了，说即回镇平去嵩县。当时先父认为携家带口的难以立即回去，故把我家留在万县。他即买了返程船票回河南，一年后又去万县接我们去嵩县潭头。我家在万县住了一年。我觉得那是一个中等城市，水陆码头交通方便，还有水上飞机传送邮件，住房也宽绰，我家住一独院，住房5间，厨房2间，吃的东西便宜，米面均有。夏天经常下雨，天气不算热。冬天不冷，无雪，穿两件单衣即可，当地人还打赤脚，小街及乡间小路均为石板路。只是冬天很少晴天，故有"蜀犬吠日"之说。

  我在刚迁去的金陵大学附中上了一年学，地址在郊区的杨家花园，这个地方除容纳六个年级约12个班五六百学生食宿上课外，还有教职工住宿之地。学校在半山坡上，它上边还有一个兵营，是一个团的，番号叫补充二团。它下面有一个小集镇，上下路程均不到5分钟。从万县往西的公路通过那集镇，山坡上除梯田外还有桂林、竹林。校园（杨家花园）门口有一株高大的丹桂，好几棵金桂。我入学时还值桂花飘香，给我留下深刻而美好的印象。所以，时至今日我仍钟情桂花，每闻到桂花的清香，便想到当年在万县的校园生活。

  金陵大学附中是教会学校，很重视英语，初一的英文课堂上就不说汉语，课本名为直接就是法英文。教师是整句地教，从不教单词的拼写及词义。植物学、动物学的平时成绩视学生上交的标本多少来定，故很能引起学生的学习兴趣。有胆大的学生还捉了小蛇上交。该校抗战胜利后复员回南京，新中国成立后改为南京十中，现复名为金陵中学，成为名校。

  我之所以多描述了万县的一些情况是表明万县在当时是可以容纳河大这样一所大学的。其交通、生活条件及子弟上学均远比嵩县好，且可免去多次迁移之苦，尤其是潭头之劫难。

我参加革命前的求学和教书生涯

陈仲凡

1940年夏，嵇文甫院长约我来河大教育系当教授兼教育系主任，薪金320元，到这年暑假我就应聘来河大了。

在河大我教的是哲学概论、伦理学和教育哲学，最初还教过逻辑学，过一年就把这一科目让给赵敏政了。从1940年起到1947年止，我所教的各科，都是把我所理解的马克思主义的学说，作为每章每节每题目的结论。

来河大的第一年，由于郭海长等学生的倡导，文学院学生很活跃，组织了各种读书会，出了墙报，我也参加了他们的活动。那时比较进步的教师有嵇文甫、李俊甫、王毅斋、关梦觉、邢润雨、苏金伞等人，我和他们的来往最多。

1942年9、10月间，我同爱人郭瑞从汝南家乡回潭头河大，路过嵩县县城，住省立一小郑孟芳校长处（因她是我的汝南同乡，她的丈夫李秉德是我系副教授）。一天夜里我被捕了，捕我的人后来才知道是伏牛山工作团的负责人王寿山，当夜把我带到嵩县伪县政府，到那里我看到了陈梓北、陈方坤、李定中等人，才知道被捕的不只我一人。后来就把我们拘禁在伪县政府中一个房子里，让我们写自传。我记得我在自传上把我自己描写成一个自由主义者，承认我在城固西北联大曾与沈志远来往（因为我当时知道他在香港），未承认与其他进步人士来往过。后来工作团的人个别审问我们，审问我的人据说姓纪，他问我："你参加过共产党没有？"我说："我没有。"他又问："你为什么对学生讲马克思主义？"我说："因为它是世界上的一种哲学。"他又问："你为什么不批判它？"我说："我没有批判的能力。"他又问："你赞成阶级斗争吗？"我说："斗争的事实我是承认的，辛亥革命以来都在斗争，但是不是阶级斗争我还怀疑。"当然他问我时，还说许多威吓利诱的话。

审问以后，我仍被拘禁在原处，过了十几天，把我们从伪县政府押送到河大医学院图书馆（当时医学院在嵩县城内）。这时河大秘书和伪党团负责人杜新吾常到我的拘留处来，他说，他和学校正在设法保释我们，我们也催他快把我们保释出来。过了几天，杜来说："准保释，但需要写悔过书。"我说："我无过可悔。"杜说："别执拗了，随便写些什么都可以，你不写，人家凭什么放你呢？这还不是走过场？"我听了他的话就写道："我以往未做过危害国家人民的事，今后还不做危害国家人民的事，假若做了，甘愿受最严厉的处分。"这以后，我们就被释放了。

我们被释放的当天晚上，王寿山又把我和陈梓北叫去，和我们拉交情，拿出他所藏的古画来让我们看，并跟我说："当一辈子教授没啥意思，如果能给我们做些工作，前途远大……"我说："我是李逵，不适于做你们这种工作。"他问我："你可以和我通信吗？"我说："通普通的信可以，让我报告些什么办不到，因为我是教书匠，各方面的事都不了解，没啥写的，假若完不成任务，还是受处分，因此，我不愿和你通信。"谈到此处，我爱人郭瑞来了，王笑着说："大嫂害怕，你回去吧。"我就走了。

我回省立一小后，当晚雇好牲口，第二天天未明就起身到潭头去了，这是因为我怕王再来缠我。至于我被捕的原因，我不清楚，大概是因为我讲马克思主义。

1945年河大迁回开封。1947年，河大教师为要求提高待遇而罢教，接着学生也罢课了。我当时是教授会里的委员之一，伪校长姚从吾以留德同学关系，把王毅斋和我叫去，让我们把学潮平息下去，我们拒绝了。但在运动高涨时，我却因怕连累自己，临阵脱逃，回汝南了。我从汝南返校后，学运还在高涨，进步学生请我作过《人权主义和民权主义》的讲演，大意是权不是赠予的，而是争得的。后来学生七十余人被捕。我和李俊甫、段再丕等人去慰问过被捕的学生，就因为如此，我和王毅斋、段再丕等人被解聘了。

回忆八次迁校[①]

梁祖翼

自1937年12月日寇铁蹄践踏到黄河流域，豫东、豫北沦陷，开封吃紧，母校开始迁校，至抗战胜利，学校又迁回开封，其间共有十次。我是1941年7月考入当时在河南嵩县母校的医学院，1947年7月毕业，经历了八次迁校，备尝艰辛，回忆往事，感慨不已。

一

第一次迁校是1937年，由开封迁至鸡公山和镇平，当时的校长是刘季洪先生，他洞察当时形势，高瞻远瞩地拟将学校一劳永逸地迁至四川万县，并曾派人筹划校址，又将暂迁鸡公山的图书仪器运至武汉。河南省对河大前途亦无善策，对于迁校万县，并不反对。教育部陈立夫部长又愿意支持，眼看迁校万县已是水到渠成的事。孰料好事多磨，新到省长程潜及地方绅士极力反对，不愿让河大离开豫境，致使痛失良机，遗患无穷。刘校长亦感失望，不愿担此重责，请辞后，到教育部担任新职。以后事实证明，一步走错，步步被动。从今天的观点看，就叫地方保护主义害死人。

二

第二次迁校是1939年5月下旬河大搬迁嵩县和潭头。这时由王广庆先生接任校长，在他的率领下，徒步北越伏牛山，行程六百余里，才达嵩县县城，决定医学院留在县城，校本部和文、理、农三院再西迁距县城100华里大山深处的潭头安顿下来。在这十多天的长途跋涉中备尝艰辛，所幸并无人员伤亡和物资损失。只是换得了暂时的平静，随着战局的恶化，厄运随时都会降临。人无远见，必有近忧。现实生活就是这样无情。

[①] 此文为河南大学医学院1941级学生梁祖翼于母校90年校庆时撰，原文标题为《回忆解放前的八次迁校》。

三

第三次迁校是局部性的。1944年春我在医学院三年级时，日寇大举西犯，威逼嵩、洛地区，继之临汝失陷，5月4日，日军逼近嵩县，5月9日晨，院方突接校本部紧急通知全院师生，即刻自行赴潭头校部，候期复课。当日上午即仓促登程，我当时考虑可能在那里上课，还背了书籍和学习用品。出了西关，师生已争先恐后地奔波在拥挤不堪的崎岖西行山路上。当天下午抵大章镇，因久不走山路，再加上背着沉重负担，两脚已打起了血泡，真是苦不堪言。翌日上午跋行着赶到潭头镇。初到那里，人地两生，校部已乱哄哄地找不到接待人员，幸遇文学院同乡，热情接待，暂挤在他们宿舍，才解决了食宿问题。到潭头不久，惊魂未定，日军已占据嵩县县城，潭头已危在旦夕，何去何从，同学们都在焦急等待中。

这次迁院，因事发突然，仓皇出逃，同学们衣物损失殆尽，院部仅抢出一小部分仪器，运至潭头，所余大部图书仪器，致遭损毁，令人痛惜。这次迁院事前既无思想准备，临时又来不及周密计划，致使各自逃亡，教训是惨痛的，更惨痛的事情还在后头呢！

四

第四次迁校，是从潭头迁至荆紫关，这是最悲惨、损失极为惨重的一次逃亡。

1944年5月11日，获悉敌人已距潭头30里，学校紧急通知：全校师生一律于12日晨离开潭头。当时亦未讲向何处去，在什么地方会合。我初到那里，也不知向何处逃比较安全，只好跟着人多的地方，心想这样不致迷路，二来不会遇到野兽或坏人伤害。即令敌人追来，在深山老林，也便于躲藏。出镇向南，渡伊河，循山路，行约50余里到达一个山村，天色已晚，饥渴交困，实在走不动了。这村有个大户，得知是河大逃难来的，热情开仓放粮，做好热饭免费招待大家，使我内心非常感激。当时也不知这家主人姓名。当晚我就住在养牛马的窝棚里，这一夜睡得至感香甜，斯夜滂沱大雨，直到天明，醒来后我才知晓。放在身边的行装，因棚漏被打湿，打开一看，笔记本、书和衣服都湿透了，被迫轻装，只留下衣服和医学院同学会的一颗长方形木质印章，因当届我负责同学会总务工作，印章一直由我保管。只有等到下届改选时，才能交出，直到1946年母校复员开封后，我才把它交了出去。这次读寄来《校史》时，我才知道，那个村庄，叫大清沟，行善的大户，正是母校农学院同学李德瀛的家，他们乐善好施，救人于危难之中，高风亮节，令人感佩，我将永志不忘。因雨，我在那里待了三天，方才离开。这场大雨，伊水暴涨，阻挡了敌人入山搜索，才得以逃脱那次魔劫。随后，辗转数日，历尽艰辛，才到达荆紫关。

医学院院长张静吾、绘图员程步方被俘；张院长的夫人吴芝蕙女士，被杀害于杨坡岭，侄儿张宏中被敌人刺伤颈部，伤势严重；女生李先识、李先觉姐妹二人和理学院学生刘祖望等，为免受辱均投井自尽；逃往北山的师生数十人，不幸与日军骑兵遭遇，师生中有六人饮弹身亡，20余人被俘；助教商绍汤、吴鹏和法律系学生朱绍先、辛万龄，奋勇反抗与敌搏斗，壮烈牺牲；文学院学生孔繁韬（孔未遇害，新中国成立后任郏县中学校长——编者注）和一位女生痛斥日寇暴行，日寇用铁丝把他俩串在一起，刺杀后投入深井中；农学院院长王直青教授、段再丕教授与该院20余名师生被日寇罚做苦役，稍有怠慢，便遭毒打，王院长不堪忍受，跳下山崖，身负重伤，幸亏附近乡亲营救，月余始达荆紫关；医学院学生祖希弼，被敌人追赶，跳崖，髋骨骨折，死里逃生，来到荆紫关。惨案中，师生遭日寇屠杀16人（实为9人——编者注），失踪25人（最后核实为3人——编者注）。黄以仁教授，年已古稀，一路饱受风寒恐吓，抵荆，竟一病不起，含恨而逝。接连不断不幸的消息传来，令人胆战心惊，悲痛不已。

这次迁校，由于学校领导对潭头形势的剧变认识不深，思想上准备不足，仓促之间做出暂时躲避的决定并未解决河大的去向问题，尚存一旦局势平定还回潭头的念头。若能先将妇孺老弱，转到安全地带，也不致造成如此损失，教训是惨痛的。

五

第五次迁校是在特殊情况下，由医学院同学会部分成员及各班级的代表磋商后共同领导的河大医学院的迁院行动。这次迁校冒着被开除的风险，因当时并未得到校方的同意。但后来被事实证明这样做是正确的、有远见的，对学校是有益的，而被新来的校长张仲鲁所肯定。

当时迁校到荆紫关后，医学院的情况是院长离校到西安去给侄子治病，短期不能到校视事，其他主要教授亦多离荆他往，同学们有办法者，已转学他去，还有回家未到校者。各年级在荆不足半数。视此情况，一无教师，二无设备，三无医院，暑期后无法开课，不如到西安，另想办法。

1944年10月27日，医学院留荆部分同学约50余人在同学会及各班代表共同率领下，冒雨登程。我在沿途持盖着同学会印章的文件找县政府帮助解决住宿问题，待往处安排就绪，然后和王健梧同学（他也是同学会的成员）到街口去接掉队的同学。雨天女同学走得慢，经常天黑以前，赶不到住宿地，我总要等大家到齐后，都有了住处，才放心地去吃饭。晚饭后，再根据当天行军的情况，以决定次日行程计划，征求大家意见，在何处住宿合适。这是一件非常细致而繁琐的工作，过去未干过，事情逼来，只能硬着头皮去把它干好。

中秋节我们赶到商县，天也放晴，同学们离开荆紫关一直在下雨，穿着草鞋，把脚都磨破了，希望休息一天，萧协五学长在这里陆军医院工作，有的同学想去看看他。就这样定了下来，明天不走。

我在街上看到税务局的布告，局长是贺崇升，使我感到惊奇，我知道他是中共地下党员。我在读高中的时候，他们夫妻俩都在中学教书，被特务发现追捕中，摆脱了特务的追捕，逃到我们家躲藏起来，逃过了那一劫。自从那次分别后，一直不知道他们的下落，未想到躲在这深山里。我到税务局去看他，接待的人告诉我，他出差了，我告诉他我是他的亲戚，从远方专门来看他的，他不在家请你领我去见一见他的太太，我告诉我的名字，请他先电话联系一下，他去了不久，回来告诉我，请我到他家里去，他送我到背街一所深宅大院里见到了面。崇升告诉我，你来得真巧，如果你明天来，咱们就见不着面了，我已收拾好行装，明天就回老家打游击去。他也问了我们的情况，他分析了豫西的战况，说你们先走一步有远见，估计半年后，豫西南会有战争，河大怕还要再次逃难。临别他送我一件棉短大衣，这真是雪中送炭，我就靠那件大衣熬过了那年的寒冬。他是洛宁人，还在该县中教过书，他知道同行中有不少同乡，嘱我注意保密。1975年我到北京去旅游，那时他已经从交通部副部长位置上退了下来，我去看他，提起往事，感慨不已。

离开商县，经蓝田，顺利到达了目的地——西安。这么大的城市，却没有我们的安身之地。怎么办？先找我们的家——河南同乡会，经它介绍我们先住在西关一所旧兵营房内，借了一些生活费，借了一个大行军锅和一些必要的炊具，吃住问题都解决了。为了管好今后的事情，我们开会重新推举了几位同学组成管理委员会，我记得有赵炳文、王健梧、刘传润、李金铭、郑承钧、梁祖翼，还有一位我想不起他的名字了。前两位班级高，担任正副主任，其他委员都分了工。我分工管外交，没钱花就找我。我找过张伯英、郭芳五，他们都很同情我们的困难，批条子到同乡会找具体人解决，但母校那边，一直对我们这一群人不闻不问，我总是心里忐忑不安，担心学校真要把我们开除了。这情况一直持续到1944年年底，新任校长张仲鲁指示：留西安的师生，立即组织起来，将医学院迁至汉中复课，否则下学期多数教授接收其他学校专任聘书，医学院即无法存在。对此师生热情很高，立即推举朱德明、徐云五、张明斋三位教授为迁校复课委员，在校长授权下，代替学校行使职权。我们将管理委员会改名为协助迁校复课委员会，推选郑承钧、赵炳文为正、副主任委员，梁祖翼为交际组长，刘传润为总务组长，李金铭为会计组长。委员会成立后，首先向得通公司借款50万元（法币）作迁校经费，同时进行各项准备工作。

在这第五次迁校中，对迁校问题，还有过一场争论，1998年《河南医科大学校史》叙述如下：

1944年6月下旬，校长王广庆到达荆紫关，拟就该处着手复校。7月初，突接教育部急电，令将文、理学院迁城固与西北医学院合作。当时省府、学校当局及地方士绅认为：合作即合并、撤销，故均不愿执行。后经校长王广庆、教育部驻豫督学俞同令、教育厅长鲁荡平等以洛阳失守，西安渐趋吃紧，西迁不但图书、仪器运输困难且学生多系豫籍，不愿远离乡井为由，于1944年6月10日联合致电教育部，请准于暂在荆紫关待命复课。医学院因大部分图书、仪器均惨遭损坏、丢失，复课殊为困难，地点亦不甚适宜。后经教授及诸多同学研商再三，提请校当局同意乃暂集中于西安另觅院址。

六

第六次迁校，也是一次局部性迁校，将医学院由西安迁至陕南汉中市。虽然很苦，但精神上轻松愉快。院方规定，在迁汉时，教授和家属乘长途汽车，一日可达。学生们（雇三辆马车拉行李），一律步行（510华里），约需一周左右。

决定行期后，学校还派我和王健携款到宝鸡去，迎接褚葆帧教授。我们俩到那里后，好容易在一条小街非常简陋的住处，找到了他们一家人。他们一家逃难到这里为了访亲，因未找到，生活已到了山穷水尽的地步，当听了我们说明来意并将赴汉旅费和生活费用交清之后觉得这真是绝路逢生，喜从天降。褚教授教我们细菌学，讲课认真，深受同学们的爱戴与尊敬。我来之前，同班好友司德修兄听说我到宝鸡去，对我说了一件趣事，褚老师记同学名字的本领很高，你问问他还记得我不？见到老师后，先自我介绍，他高兴地说，记得，记得。他当即指出，你是秋三班（秋季大学三年级），他是秋四班。我又顺便问了一句，您可还记得司德修。他说，记得，他和你同班，皮肤黑黑的，个子高高的。说得大家都笑了起来。约好他们动身的日期，并告诉到汉中时有人去汽车站接。完成任务后，当晚乘车，赶回西安。这样可以省了再在宝鸡住一夜旅社，翌日尚有许多事情去处理。

从宝鸡回来以后，第三天就出发了。因为行李不多，车上还可以腾出一些位置，因此让女同学和身体弱的同学轮换着坐。这次比上次迁校舒服得多了。肩上的担子轻多了，没有了精神负担，走起路来都觉得一身轻。路过秦岭上坡的时候，老司原来是在车上坐着的，现在下来赶上我，我问他你怎么啦？不在车上享福。他说你摸一摸我的裤子。他只有一条裤子，秦岭上积雪尚未消尽，寒气逼人，触景生情，轻吟："云横秦岭家何在？雪拥蓝关马不前！"我对老司说，韩老夫子可是你的同乡，当年被贬过此地，在马上冻得受不了，有感吟了这首诗，我想他绝不会只穿一条单裤吧？未料到一千三百年之后，情况比那时还糟，但愿我们的儿女们，将来能坐着火车过秦岭。老司苦笑了一声轻轻地说，但愿如此！

从宝鸡到汉中，整整走了七天，到了那里后，先住在汉兴中学，随后又搬到距汉中东南10华里的乡村马家坝。这里有个庙宇，男生都集体住在庙内，女生、教授和家属住在村内，在城内汉兴中学上课。虽然每天要跑20里的路，只要能学习，同学们毫无怨言。

七

第七次迁校，是由汉中迁回宝鸡。这是最舒服的一次迁校，不用同学们操心。因为学校派了专人来接我们。这时母校已再次逃难迁校来到宝鸡，就住在医学院对面渭河北岸山沟里。

1945年5月，师生享受到同样待遇，乘汽车回到宝鸡，把医学院安置在市东郊渭河南岸一个小乡村——姬家殿（现今属宝鸡县八渔乡）。这里有许多营房，房舍宽敞，很容易就把大家安排好了。这次迁校，大家都很满意，不到一周就恢复上课。

八

第八次迁校是由宝鸡至开封，当时叫做"复员返汴"。1945年8月日寇宣布无条件投降，八年抗战终于胜利了。消息传来，欣喜若狂。同学们都盼望早日返汴，纷纷到校本部那边探听消息。这时接到校部同学会的通知，要求派代表次日上午到校内讨论复员事宜。那时我班正在补课，请李赋京教授讲寄生虫课，谁也不愿误课去开会。李老师上课，一面讲，一面在黑板上画图，一次课下来，好几黑板的图，不听讲你是无法把课补起来的。

次日传来了两种复员方案：1.待陇海全线通车开封校园修缮完毕再走，1946年秋季在汴开学；2.争取年底返汴，1946年春季开学。八年离乱，个个归心似箭，这一急、一慢方案，其选择结果，可想而知。当我坐火车到了洛阳，前边黑石关大桥尚未修通，日本军队降兵一营人在赶修中，须步行通过那里，到对面乘车赴汴。在经过日本兵身边时，可看出他们面部仍残存着一种不服输表情，强装着"虎死不倒威"的架势，令人对其失去了人性的"兽性"仍感不寒而栗。若不警惕，这群野兽，还会卷土重来。看了这些，心里总有一种沉重感觉。回到校园，看到满目荒芜，"国破山河在，城春草木深。"之感又袭上心头。

母校由荆紫关迁宝鸡和从开封迁苏州，我未参加，不了解情况，就没有发言权。更何况《校史》中，已说得很详细了，毋庸我再赘述，就此结束。

抗战初期河南大学播迁杂忆[①]

郝守勤

1937年7月7日卢沟桥的炮声揭开了中国人民全面抗战的序幕。留

---

① 《河南文史资料》1988年第27辑，1988年8月。

在平津准备参加高等院校入学考试的高中毕业生纷纷整装绕道南返，开封河南大学报考人数突然成倍增加。这年下半年，我成了河南大学文学院英文系一年级学生。还记得当年考试的情形：河南大学新落成的礼堂里坐满了考生，外面下着雨，房顶漏雨，考生在桌上来回移动考卷，以避免淋湿。下雨倒使答卷者的心情平静和踏实，因为敌机在这种气候下是不可能出动轰炸的。

当时，河南大学四个学院中的农学院设在改名为农林实验场的禹王台公园西墙外的繁塔下面。医学院及附属医院在大学西院。文理学院在校本部。文学院英文系主任高福德及英国文学史教授罗素英（女）等皆澳大利亚人，该系所聘外籍教师独多，中国教师仅两三位。罗素英的修道服装给课堂平添了严肃的气氛。

为适应非常时期需要，学校安排文学院教授轮流在大礼堂担任讲座，每周定时、定人、定题目讲形势，谈看法。记得当时讲课的有公开主张联苏的胡石青，有认为中国军队会一退再退，劝告大家作长跑准备，设法多交西藏朋友的文史系主任余协中等。

师生在不安的气氛中度过了1937年的下半年。寒假期间，学校发出1938年1月文理学院在鸡公山、农医学院在镇平上课的通知。鸡公山是当时与庐山、北戴河并称的国内三大避暑胜地之一。学校要求报到的日期恰是隆冬时节，山上的洋房别墅、旅馆饭店大都空闲。河大包占了山上多座空房和鸡公头旁边的公安饭店。公安饭店由鸡公山管理处和公安局分别占用，其名称可能是因在公安局直接保护下而得的，河大校本部即设在该饭店中，荷枪警察既守卫管理局又保护刘季洪校长。公安饭店是鸡公山的权力中心。山顶的教会区属外人势力范围，单独建有电厂、学校和教堂等，他们享有治外法权，管理局是管不住他们的。

学生大致按文理科分住到湖北（或河南）某某号北墙爬满常春藤的欧式套房中，在镶嵌地板上垫稻草打地铺就寝。山高奇寒，大家黄昏即钻入被窝取暖。深夜出外小解，山风砭人肌骨。

因报到人数过少，开学推迟，我们先来的学生开始在这旅游胜地消闲起来。生活还能过得去，吃的是包伙饭店，三四个人最低标准是四盘菜一个汤，米饭、馍随便吃不计价，与平原城市大众饭摊米面为主、小菜无偿搭配相比，价钱是贵了些。这时的鸡公山银装素裹，漫山遍野的苍松翠柏，顶雪而立。我们踏雪登攀山坡，抗战歌声回荡山谷。

　　一天吃饭的时候，学生们议论着饭贵了，菜少了。年近50岁的胖老板操着信阳口音说，南逃路过信阳的人越来越多，军运繁忙，靠火车运东西靠不住，并说前些时从开封押韩复榘赴汉口时，平汉线火车全天停开。我们又问韩复榘的事，老板说："鹿钟麟在武汉主持审判，韩被打死在楼梯上。"

　　一天中午，下着大雪，一阵锣鼓唢呐声传来，不久，在鸡公山宴月楼食堂门前走过一列送殡仪仗行列。但见纸钱与雪片齐飞，数十人招龙头凤尾灵柩前行，蓝轿两乘随后，市场上的人群屏息观望。当时，还不知道这是韩复榘的葬仪。不久，消夏园丛林朝阳的边缘，面对南山头处凸起一座一公尺的"小别墅"，前面竖立一块一尺见方的青石碑，上刻"韩公向方之墓"几个字。傍晚的时候，据说是东北中学的学生用石块在墓前摆了"汉奸"两个大字。消息灵通的人说殡葬活动全由孙连仲主持。

　　一再推迟的开学日期终于到来。学生中讨论成立大伙的事，根据应交伙食费多少，形成两种意见，一派主张说："我们是来逃难的，应按最低生活标准计算。"另一派反驳说："我们是来上大学的，须照顾身体健康和饭菜油水。"最后决定，由学校供给厨师和炊具，学生自己轮流管理伙食。学生时时刻刻估计着自己的腰包，学会了精打细算，亲自跟打杂人员上街赶集。挤过熙熙攘攘的人群，摸遍了一担一担的大米，认真地还价。柴菜购买与佐料使用皆经亲自过目并有严格规定。这方法惹怒了掌厨人，年长的伙友背地指点说："算了吧，厨子不偷，五谷不收！"

　　日军侵占黄河以北河南大部分地区的时候，政府规定了战区学生施行贷金制度。开封划为邻近战区，原规定给该城学生半数贷金，待填表申请批下时，已改成全数了。学生心情的轻松与将来归还本息的忧虑交织在一起，但随着战局的吃紧，皆迅速丢诸脑后。

报到的学生仍很少，每个系每个年级的学生数从2～3人至7～8人不等。女生每班平均不到1人，且多系教授亲眷。许多教授皆未跟来，英文系只来了何乔森一位中国教授，包了一年级的全部课程。高年级课只好缺如。何教授的人缘好，他鼓励学生："现在教会区等处还住有100多家外国人，到这里来就等于出国留学。"

北街的两间门面房改的教室里，涂公遂教授按照自己的手表准时到达，为等学生，他坐在一张课桌后面抽纸烟。最后赶来了三个学生，跺掉靴底的雪，围坐在教授的身边。涂教授用富于感情的声调，吟诵起两句诗："蜡烛有心还惜别，替人垂泪到天明。"他开始讲课了。那时的国文课既缺乏课本，印刷讲义又有困难，教授可以随心所欲地选材。涂教授讲课很注意针对学生心理，适合学生口味。

文理各科学生都觉悟到多接触外国人，可提高英文会话能力，所以经常三五成群地去找外国人。大家最常去的地方是靠近南街的温斯楼家。他是一位肤色、容貌、体躯都很标准的盎格鲁撒克逊人，年纪不过30多岁。来访者横坐在长形办公桌旁，温斯楼手持《圣经》，站着讲。他的英文说得慢而清晰，差不多每个学生都能听懂。

另一个去处是教会区朱依斯老头那里。他的眉毛、胡须都白了，看上去已70开外。他是有名的中国通，和中国人谈话总不忘插上一句"我的朋友冯玉祥"。他从不向来访的青年学生讲《圣经》，只像对付美国小学生一样教你美国格言，还煞有介事地印发页子，如：早起，早睡，使你健康、富有和聪明。可能是由于年届耄耋头脑失去灵活，教训人时用中国话竟说成："我老了，你小了！"

名叫尹金尼尔的美国青年是一漂亮活泼的小伙子，他住在教会区瑞典学校的附近，待客殷勤极了，又是端糖果，又是倒香茶。他看了几次壁炉架上的收音机，可能是怕影响谈话，不便打开。他几次试着用汉语和客人谈话，都被英文给堵了回去，显然他想学汉语和中国学生想学说英语同样迫切。

又一场纷纷扬扬的大雪，弥漫着整个天空。考虑到缺乏替换的衣物，下课回寝室的大学生夹着书本加快了爬坡的速度。三四个外国孩子正使用橇斗轮流俯冲滑雪，每人只穿了一套简单的毛衣裤，安然在雪堆中翻滚，无忧无虑。

星期日的早晨，天朗气清，鸟雀争鸣。何乔森教授领着一群学生走上教会区瑞典学校工字楼群前的广场，碰上几个外国孩子正在凛冽的寒风中打雪球仗。为了想和他们的父辈搭讪，何教授眯细眼睛笑着赞扬道："唔，你们玩雪！"近旁一位外国人转脸应对，简短的英语交谈，鼓起了学生们的勇气。钟声催人从四面八方进入礼拜堂，满屋清一色的外国人，中国人被让到讲台左前方的一排靠背长椅子上，女教友集中坐在右前方。讲台下的火炉烧得通红，中国仆役还往炉口里倾倒刚端进来的焦炭。室温接近暮春，外国人早脱掉大衣，中国人的棉袍捆在身上，脱去甚不雅观，只好用手绢不停地揩拭额角和脖子。开始站起来唱赞美诗了，女教友席中的女高音简直要刺破房顶飞向极远的高空了。散的时候，朱依斯老头留住中国人用汉语说："听不懂的，下次就不要来了！"何教授的眼神失去了光彩。他离开大伙，孤零零地，一个人用拐杖轻击着途中的雪团。

将出农历正月的时候，在开封担任过翻译的诗人于赓虞接替罗素英讲英国文学史课，上第一堂课学生就哄开了。

"不懂！"几个学生先后提出。

"罗先生讲，你们怎么懂？"他愣了一下，问。

"因为她是用英文讲的。"

于赓虞喘了口气，被迫读了一段英文，吞吞吐吐用英语解释了两句。当然没有外国人说的自然、流利。

"不懂，不懂！"下面又嚷开了。

他的脸色变白，坐在椅子上，两手抱住肩头，半天没有吭声。

于赓虞就这样被哄走了。他是著名的"魔鬼诗人"，曾向学生讲过旅游意大利时，看到罗马帝国时代被当作便器使用的奴隶们的头盖骨，还在古老的厕所中放着。对于他所遭遇的这次不幸，刘季洪校长没有丝毫反应,萧一山院长也没有露面。

刘季洪自开一门"欧美教育名著选读"课。选课学生共三人,每周一个下午到公安饭店校长室上课。师生围坐一起,教师讲几句启发学生阅读的话,然后借给每人一两本美国教育家的论著,让拿回去自己读并记笔记,下次向教师提问题。书名与作者都不相同,彼此没有在一起讨论的余地。译文句子长得要命,且不通俗,真苦煞了不惯读外文书的人。考试前出几道具有共同性的题,让在下面自找时间做,给分很马虎。

教育系主任余家菊的课在学生中引起了争议,他主张中国社会需要改革或革命,但反对暴力和战争,鼓吹效法英国搞资产阶级民主,制造新的社会意识。有学生说他在发汉奸言论。他依然名士派头,长大褂下面趿拉着一双布鞋。对于课堂气氛的异样,他是很敏感的。他手握课本,故作镇静地站在讲桌一侧,宣讲自己的哲学思想,"要养成独立思考的习惯,凡事要像胡适说的,先问一个'为什么?'……冲锋陷阵打敌人,不怕死,说'牺牲光荣',你被打死了,再光荣,你还知道吗?……但是国难当头,我们应该挺身而出,勇敢地为国家做点事情,没有这点胆量,那你只好回家抱黄面婆婆,啃老米饭了……"满腔爱国热忱的青年学生听到他这些言论,真有些晕头转向。但因他是学者,会引经据典,思想自成体系,谁也不敢当场反驳,唯恐辩论失败,自讨没趣。

台儿庄战事方酣期间,正是鸡公山喧闹的春天。学生们卸掉棉衣,穿上草鞋,拿起藤杖,携带午餐到万花谷、泄洪涧和避暑山庄春游,一路上放声高唱抗战歌曲《打回老家去》。万花谷令人销魂的紫罗兰花,泄洪涧壮丽的瀑布,真使人陶醉。

报上发表了台儿庄大捷的消息,这是抗战的大胜利。消息传来的那天上午,风和日丽。范文澜教授身着蓝布大褂,脚穿便鞋,站在公安饭店南山墙外,戴着高度近视眼镜极目远望。学生们谈论教授时,一致推崇范文澜,认为他学识渊博,品德高尚。文史系的学生和某些教授称他为研究《文心雕龙》的专家。他主张抗战到底。

还能记起学校的文艺排练,那是在暮春时节,山泉汩汩流过的竹林深处,一座最长的教室里,台子上出现一位东北人模样的少妇扛着一个竹篮,正踽踽独行。由于身材过高,旗袍、头巾颜色过于鲜艳,早被大家看出是男同学扮的,大家都在笑他,突然从幕后传来一曲悲切动人的《卢沟晓月》,是孙材英的歌声,清脆凄婉,全场为之动容。大家对这次简单的排练印象极深,久久难忘,都关心他们下一步到何处去演出。闲话中许多人认为孙材英(河大理学院院长孙祥正之女)这位院长小姐肯在这种场合放声伴唱,可算是相当开通的姑娘了。

课余,假日,几位利索的小伙子,抛开藤杖,攀援着鸡公山头的青色岩石到达称为"报晓峰"的顶端,饱览日出和日落的奇景,在当时尚未开辟路径的情况下,被呼为"勇敢的壮举"。被认为是老教书匠的张邃青教授穿过南街,牵着未及学龄的儿子的手,向山口处散步。他穿着长衫马褂,头戴礼帽,后面跟着家庭妇女装束的夫人,拍下照片,的确像一幅中国传统的天伦之乐图。

一天上午,接到通知,全体学生整队登上靳家大楼广场,等候冯玉祥将军莅临讲话。微风轻拂,大楼红色屋脊上的哨兵却在布置机关枪。一位身躯高大的军人由护从人员送进场子,大家一眼就认出他就是仅在照片中见过的现代怪杰冯副委员长。他笔直地立在讲桌前,用目光扫视一周,然后开口讲话。

"丘八诗人冯玉祥来了。"作过自我介绍后,他简单分析了当时的全国抗战形势,要求全国同胞在抗战中做到"全部精神的贯注"。他风趣地批评某些战场上的做法是"肉包子砸狗,一去不回头",引起一阵笑声,缓和了会场的紧张空气,接着他朗诵起自己的几首丘八诗。其中一首是歌颂一名妇女为伤兵喂药、送汤、洗脚的事。他非常恼恨韩复榘。他知道韩正躺在这个山头那一端下面的园林中长眠,斥责韩欠了祖国的债。冯玉祥的诗是写给当时中国士兵和具有与他们同样水平的全国父老兄弟姐妹们的,他们都能听懂,从中受到教育。爱挑剔的大学生面对抗战形势,谁也没有用"艺术"的眼光对之说东道西了。

公安饭店前后连成一片的黄花浓香扑鼻，有的说是雏菊，有的说是万寿菊，有人则认为是从美国移植来的名花。古人折柳送行人，两位学生那天早晨从这里折了两束黄花准备赠给即将离别的一位当上了游击司令的朋友。下山送行的人中除唱《卢沟晓月》出名的密斯孙及其小姑外，还有几个擅长音乐的男青年，拉胡琴的、玩锯琴的，和一位爱修饰打扮、口袋中经常装着口琴的。他们都模仿远行人的样子，头顶大沿粗草帽，脚穿草鞋，两位女的系着一色素雅的短裙。途中共赏离人手中的两束黄花时，有谁说了句"战地黄花分外香！"轻松的空气立刻严肃起来。

中央要人潘公展一天上午来山上讲话，学生都在广场的烈日下站着聆听。讲桌放在靠南的阴凉处，他操着南方口音一字一板地说开。首先说汉口这几天热起来，中央机关的要人都渴望来鸡公山清闲清闲，因公务繁忙离不开。他要求学生读书期间不要忘记道德修养。刘季洪校长上台总结了训话要点。刘又说到学生们唱的抗战歌曲，许多是由陕北传过来的，不注意会上当受骗，是很危险的。

那次讲话后，山上的抗战歌声少了，仿佛战争已经过去。形势真令人捉摸不定。南京、徐州接连失守了，还在搞兄弟阋墙。

盛传开封沦陷。隔了数日之后，南山北坡的阅报室中围聚了许多人，争看新的《河南民国日报》，头条大标题是《开封陆沉》，小标题是《丈余洪水围城》。一位青年一屁股蹲在门外石级上，昏迷了好半天。

消夏园消夏亭芳香清凉，是引人入胜之地，如今时局发展恼人，其魅力已难绾住破碎了的游子之心。学校准备迁四川。

6月底，学生随行李车南下，过武胜关后已黄昏，大雨滂沱中不知由谁起头唱开《流亡三部曲》中第二部，"泣别了白山黑水，走遍了黄河长江！"歌声交织着雨声，稻田的蛙鸣，铁轮有节奏的滚动声，令人魂销。

到了汉口，住进放了假的江岸中学教室。校门面对一个大操场。

当天下午，一位一年级学生站在路边看军人操练，走过来一个老兵，扬起皮带，不问青红皂白对其进行抽打，跑出来一群同学，才将其解救出来。

学生寝室里悄悄地争着传看一份《新华日报》，版面上有平型关大捷的报道和几位传奇式人物的介绍，很能鼓起读者对抗战胜利的信心。第二天、第三天，等着能继续看到《新华日报》，找到各繁华大街，找到法租界，都落了空。

酷暑、空袭，加上缺乏纱帐，食宿皆不正常，消瘦、疾病在所难免。候轮船已经一星期了，仍然杳无消息，挨到第10日，刘季洪在大饭厅召集开会，他讲到包船困难等的沮丧话。我和几个学生又偷着回了鸡公山。

鸡公山人去楼空。中午，我们几个人躺在公安饭店一个房间的地板上休息，望着天花板悬吊的华贵枝灯。过了一会，进来一位青年，喘息着说："蒋委员长上山了！"我们当中的一位同学说："啊，我明白了，河大奉令下山行动为什么这么快。"

不久，文理学院奉令迁到镇平，宣布河大刘季洪时代的结束。1938年9月，文学院和农、医两院一起在镇平上课。校长换成王广庆，他是河南人，老一代文人，在监察院担任过监察委员。他重视书法，一天，与代文学院长嵇文甫商量各年级添书法课，嵇院长回答说："大学不能开书法课，你可以在课外办个书法研究会。"他听了不大高兴。

文理学院新到镇平，县城余房无多，市民的仓库和一些牲口房、厨屋都改作学生的寝室、教室和食堂，又临时搭盖草房数栋，以供急需。办公与开会场地比之在鸡公山可谓窝囊完了。

第一次纪念周在一处庙院内举行，那里早摆好了一排一排的长凳，王广庆校长主持会议。他着长衫便鞋，走起路来颇像上了年纪的坐柜商人，衣着堪称朴实的表率。听同学宋铭忠说，会前安排座位时，王校长竟把女同学说成"家眷"，惹得在场者当面掩面强忍，背后捧腹。

英文系一个教师也未来到镇平，学校临时调留学英国的经济系林庆丰教授，又新聘一位留学工程师到英文系任课。

嵇文甫常坐在书店横骑门槛的条凳上，专心地浏览新旧书籍，因此被目为书呆子。

初冬11月份，传来西北联大招收借读插班生的消息，要求开成绩单转走者数十人。我和九位同学一起到西北联大就读。

潭荆采薇[①]

华　漫

迁嵩县黉宫入深山　居潭头梅花沐春风

河大因应战争环境，选迁安全地带，乃勘定嵩县城与潭头镇为医学院及校本部校址，虽然迁校之初曾发生蛮峪岭阻拦，因而教育系主任郑竹庐，经济系教授沈小宋，以及同学李振华、郭洪川、汪洋、胡绍瑗、郑诚等共同离职与转校的遗憾事件。然终于安定了五年，树育实多。嵩县西潭头镇四面环山，南枕伊水，属小盆形丘原，面积约十方里，正中有土寨，寨东、南、西三面均有河，唯南面之伊河较宽阔，而常有水。寨东三里有石门湾，南三里有古城。西三里有党村、西北三里余有桥上，正北三里有大王庙，环绕而成梅花形。各村及寨内房舍颇多，且均为砖墙瓦屋，宽敞明净，配上幽美静谧之自然环境，真是读书的好地方。五年时间，一因交通不便，二为同学大多来自战区，多无处可去，不论学期、假期，宿舍与图书馆中，总是热闹非常，处处琴韵笑语，春风洋溢，真现世桃源。

上神殿左设道坛　火帝庙内扎大营

寨北门外有上神庙，前后两进，正殿巍峨宽大，前有广场，左有

---

① 《国立河南大学校志》，台湾：河南大学旅台校友会编，1976年。

旷地。就在此处开建校园，正殿为总图书馆，前殿为教员休息室。于左侧空地上建长方形教室院，教室土墙茅顶，冬暖夏凉。课桌是宽二尺长六尺之素面木板。条凳宽约八寸，长亦六尺。木料坚硬、厚宽，四年来仿佛未见损坏过。

南门里有火神庙，较上神庙还大，前院，左为训导处，右为教务处，过庭为秘书处，后院左为总务处，右为文书室，上房为校长室。庙前广场甚大，并有戏楼一座。节庆聚会，及各种游艺均在此处举行。庙左后为女生一宿舍，右后为女生二宿舍。教职员则居住各街巷内，是神经中枢地，门牌为南门里一号。陷区同学通讯，多写潭头南门里一号广庆粮行，以代校名。

改国立际逢联招　补缺额创制试读

三十一年秋，母校改制国立，该届新生，教部令参加西北区各国立院校联合招考，计有西北大学、西北农学院、西北师范学院、西北医学院及母校等五单位，考区分设城固、西安、武功、洛阳等地，洛阳区由西大教授段子美主持，办事处设省立洛中旧址。每生只填两个学校志愿。而录取时，似乎以地域为优先考虑。很多河南籍学生虽远赴城固、武功应试，而填为西大或西农，为第一志愿者，皆被分入母校。为此甚多新生未来报到，造成各系缺额现象。而同时似有几个教授的子女及与学校有微妙关系的学生，未能取得就读学籍。于是用人情包围王校长，一月之内，曾三度集会研商补救办法。最后以招收试读生方式，续招新生四十名。但当报部核备时，一再遭受批驳。幸医学院寒假可以单独招生。部分试读同学参加入学试，在医学院就读一学期，于次年暑期再转入自己喜爱的学系。一部分持续一年，经过两次严格期考以成绩优良，再报请教部追认学籍，而随原届续读或转院系。教部也以只此一次，下不为例，姑予赐准的通融下，承认其合法地位。这是三一年母校的创举，也是全国教育史上唯一的范例。至于三十一年西北区各国立院校联合招生，仿佛也是国内的创举，为今日台澎地区大学联招的镐矢，只不过规模较小，方式简单，学生不像现在一填就是百几十个志愿罢了。唯该项联招，是教育部为体恤学生千里跋涉之苦而行之，与今日台湾联招纯为各校方便，不顾学生志趣的方式，甚不相同。当时分发虽未能尽入理想学校，而选系的志愿是被尊重的。

斋监原是徐正斋　包先本来不姓包

学校或许是预防学生无事生非，对学生之生活起居管束甚严。女生宿舍设女管理员同住，绝对不许男宾进入。男生宿舍，各村都设教官管理。除此之外，每夜均由生活指导组主任徐正斋先生携同校警一名，持一玻璃油灯，到各宿舍点名，不管阴暗落雨，风雪纷飞天气，亦从不间断，每次需行近三十里，其精神，真是可佩。学生未入校之先均闻徐正斋大名，入校之后又都怕他，有些人也讨厌他。因而有人出主意整他，闻一次某宿舍见他来查斋，用一盆水放在门头上，他一推门，就淋一头冷水。又一次冬夜，他穿一件新袍查斋，同学故找话题，与之拖延，而将桌下火盆用脚推到袍下，将新袍摆角烧去。

潭头水果很少，同学常借散步去园艺系实习场摘番茄吃。实习场由袁惠民先生管理，常劝阻而少假通容。他面色黑，为人正直，同学均呼他老包。当地人习惯称某先生为某先，同学多模仿，而以包先呼之。园艺系同学新生时，由袁先生带其田间实习，以为他真是包先生，呼曰："包先，包先"。先生气得脸色青黑，对他们说："你们要是尊敬我，就称呼一声袁老师，不然就叫袁先生，何况我本不姓包哩。"大家从此才知道他是袁先生。

密县绵纸文房宝　汤店香烟书斋云

战时百物奇缺，连光面纸张都买不到，时密县出产一种白绵纸，表面细致，反面粗糙，其中屡有涂料，写字颇能抓墨，在当时算得上是上等货色。每当开学时期，集上、店中、堆积如山，每人都采购数刀，钉装各科笔记本，成为文房最珍贵物品。

物质享受，更谈不上。同学提精神，助文思，也没有好烟香茶，只有近处汤店出产的粉纸五十枝大包装香烟，是瘾君师生最好恩物。一室中，若有一二位抽烟者，则彼递此让，相对吐吞，满室云雾，香气氤氲，浸润其间，乐也融融。

一棍残照阡陌上　四围青山讴吟中

体育活动，只有寨内一个篮球场，又离宿舍甚远，很少机会运用，同学们晚饭后，都提根青刚木，或花栎木棍到村子四周、地头、畔边散步。问稼穑，辨草木，为经常事体，捕虫豸、觅病株，亦必然工作，近处发掘净尽，渐向远地摸索。顶夕阳，披彩霞，不计路之远近，直至日暮方归。途中解疲劳，破岑寂，尽情歌唱，放声欢笑。看四围山色苍冥，满天星斗闪灼。晚风栉发，夜露沾衣。顿顿飘飘、心怡、身疲。至斋，一倒入梦，犹是欢甜未已。潭头四年，虽少场上竞驰，赖有山隈水畔之徜徉，故人人身体强健，少有病患发生。清晨，大家比着早起，手捧笔记簿或讲义夹，选山旁河滩清静之处，高声朗诵，拖腔吟哦，与山雀相唱和。直至红日三竿，功课背熟。吸足新鲜空气，返斋早饭后，结队联群，齐驱上神庙听课去也。

南郊耘烟花锦绣　东山造林云苍茫

园艺系实习场，设在南门外，春秋开学之始，男女同学大忙特忙，挖土、整地、划畦、播种。级中分组实习，于是各级各组，竞强比胜。每每日落黄昏，犹在圃中灌溉，拔草呵护备至，旬日之间绿盖大地，月余以后锦绣满园，白日逗引蜂蝶飞舞，晨昏招惹学生徘徊，男生偷果，女生折花。南郊从此多事，包先因而张忙矣。森林系之苗圃设在大王庙东隔河之山坳间，路较远，又不花哨，平常外系同学很少去。但每年植树节，则必全校师生登山栽树，四年下来，东山已苗木成林，郁郁苍苍，绿云满山，冈峦风光，已大非昔比，春暖、夏蒸时候，涉水登山人群，也渐渐活跃起来。

蔷薇装扮黉宫　病虫惊动人神

教室院为长方形，空旷广阔，原无树木花草，1943年春季，开始美化，由园艺系副教授张愚先生规划。各型花坛，图案美丽，诸色花葩竞艳弄姿，霎时院中如铺盖锦绣地毯。无奈灌水不足，管理靡易，不久花萎叶凋，红颜老去。唯独各色蔷薇生长旺盛，入夏以后，踏入上神庙大门，劈面就是数丛黄椒十姊妹，笑颜迎入。再进教室院，则红、白、黄、紫、高、矮、肥、瘦各种蔷薇花，摇曳生姿，与顽蜂彩蝶挤眉弄眼，和教授学生隔门斗法，使师生教学，觉得春日苦短，夏昼不长。

春夏之交，风传北乡麦垄，发生黄疸病，潭头农民惊慌非常，夏末豫东蝗虫西来，洛嵩一带官民惶恐万状，中央特派大员刘淦芝先生返豫督治。学校先后请王鸣岐教授讲解"锈病之成因"，淦芝先生讲"蝗虫防治方策"。全体师生于焉明了植物病虫之重要，而农民村夫则惊慌神鬼之降灾。病虫害组同学出壁报，阐说发生原因与治防方法，且从此介绍病、虫与人生之关系常识，于是每周在教室院前介绍"一病一虫"，展示实物标本，配合图解说明。大家颇感新奇有趣。

冷柿冻梨泌肺腑　薄皮绵瓟话衷情

潭头地方狭小，物产稀少，水果尤其缺乏，故而同学都向往园艺实习场，去偷番茄。但潭头周围山上出产柿子、胡桃、沙梨甚多，农民将柿子、沙梨追熟冷冻，从秋后一直卖到初春。潭头寨东门外为市集，离上神庙不远，同学乘空堂时间到市上溜逛一趟，购点纸张针线。遇见柿子、沙梨，必买些带回宿舍与好友分享。柿色深红，梨皮黝黑，都是外形瘪皱软趴，轻轻捧托放在唇边一吸，一团胶蜜下肚，又凉又甜，满腹冰凉，真是过瘾。胡桃、薄皮的是绵瓟种，拿两个在手中轻轻一握，皮破瓟出，初采下的，水分多，嚼在嘴里，一股清香，隽味无穷；夹瓟种，略大，皮厚褶深，必须用石头镐锤，皮才会破，而瓟肉深嵌皮褶中，尤需用签、针等物剔着吃，油质较重，少股清爽味。这些，闻都是山中自然生成，价钱均便宜，是穷学生最好的恩物，买些回舍，慢剖、细嚼、共话款曲、齿香话永，悠然自得。附近山中，还产一种山珍猴头，集上常有出售。假期能回家的同学，往往带几个送给亲友。

待宾朋炖煮大锅菜　谈恋爱礼让一百一

寨四周男生宿舍，相距都有六七里路程，平日除上课时间相遇，稍事寒暄外，若要探讨学问，倾诉衷肠，必于星期假日，才有足够时间，作长时盘旋。主人例必杀鸡（向房东买），割肉一锅炖烂，名为大锅菜，团围一圈，大快朵颐，吃饱以后，胡琴、梆子齐鸣，皮黄、曲子都唱，其乐无穷。若有雀战雅兴者，也可假房主家摸八圈。

男女同学，若有情意，也不敢单独约会，更不用说手携双双。不管哪方造访必偕同伴而往，对方亦与同伴相迎，同室斋友，见此情景，略事应酬，借辞他往。留下四人，聊谈游戏。当时风行打一百一桥牌。于叫友、洗牌、分送、要分确定后，为博伊人欢心，必自多所误出。赢上几次一百一，乐得前仰后合，渐至头幌躯摇，间杂尖叫狂笑。眼噙清露盈盈，靥飞红霞朵朵。懈矜持之态，遣放纵之意，偷底换张，借点牌以触手，帕掩肘遮，为寻叶而牵袖，心怀骀荡，情意斐然。至豆灯初上，怕点名依依不忍去，乘星光满天，假护送窃窃订后约。潭头男女同学社交情形，大率如此。

负大石砌堤修路　拔野草制作牙签

潭头期间，都吃军麦，但战区与半沦陷区学生可以享受贷金，分甲、乙两种，贷金生，每学期须劳动服务，约二十至四十小时，劳动项目，则由生活指导组厘定。最惬意而轻松的，莫过于跑龙套。当碑立一会，扮猪爬半圈，都可抵销十数时，很多人视为优差，而钻营之。1942年秋季，发动大建设两项：（一）修建潭头寨至石门湾，与至当村大路。（二）修筑伊河北岸堤防，前为文、理两院范围，后是农院工区，路约四公尺宽，把线内的巨石，都移排道旁，次大石子移出路外，路中留下小石粗砂，不足之处，再由线外运来填满，修成一条广阔平坦横穿河滩的大道，上课来往颇为舒适。农院筑堤，可就苦也。一则堤在寨南伊河边，住在寨北，离工地有五里多远，再则砌堤要用大石，还得高、宽符合标准，就地哪有许多材料？得向别处负运，石重路远，好不痛苦。两天下来，晒得背紫面赭，累得腰酸腿痛，几经修正统算合格，全长三百余公尺，高二公尺，上面宽亦二公尺，整齐壮观，的是不凡。但无多日，伊水夜涨。等水落复漕后，则雄伟长堤，亦为大水淘尽了。

次年，生活指导组不再做筑堤傻事。有人异想天开，叫学生到山坡河滩，拔取草秆，都截成二寸长，百根一捆，白纸封装，作为牙签。一次王校长宏先公赴洛阳公干，携带许多赠送给一战区公署与省方要员，闻博得不少赞誉，接洽各事，亦获口角春风，顺利圆成。

此外尚有其他零星工作。只要有证明，亦可算作劳动服务项目，如整理实验室，帮老师整理资料，给图书馆抄目录，替学校腾录邙山出土古人墓志墨拓等等。多为室内工作，尚不感觉太苦。

麻油香渍洛阳站　麦糁苦饥大清沟

战时生活简单，享受低微日常必需物品，面、菜、柴、盐外，油最重要，每餐必吃，夜夜点灯，都是麻油。河南黄豆、棉籽产量亦丰，但很少食用豆、棉油。潭头麻油都从外来，一遇缺货，便生恐慌。

潭头只有三等邮局一所，学校经费都汇到洛阳，派人取现。携行三百余里，虽从未出意外，总是十分担心。于是当局试贩麻油，甚为安妥，渐向西北转贸，颇获利润。三十三年3月，例向洛阳取款贩油，不料战事突然恶化。车站集油无法运出，遂为难民贫氓取食，渗沥纵横，遍地渍污，油尽损失，学校周转，因而失灵。4月11晚，情况恶化，非得离潭不可，仓促中，每人只领到小麦10余斤。连夜情商居民让换干粮些许，12日上午起程逃难。书桌、床铺摆设一如平时，同学仅拎着干粮，背负小麦而走，仿佛远足模样。傍晚至大清沟，午、晚餐都用干粮果腹，入夜大雨滂沱，经日未止，不能前行，无处得食。寻磨推麦，又无萝筛麦，只好煮糁止饥，少菜、无盐，实难下咽。大雨中，发现墙外有苣莒半畦，拔取几棵，就泥水冲涤。在房东床下，寻得柿醋小半罐，醮点佐食。夜半身冷肠辘，苦况难言。

次日雨停，始悉李德瀛校友家，招待师生就食，并开仓借麦济助，同学获惠实多。李校友早已作古，感念一饭千金之义，实不胜怆然。而学校所借之粮，闻在荆紫关复课后，始予折价清偿云。

桃湾惊讹传夜翻老界岭　栾川欲饱餐晨吃闭门粥

雨阻大清沟三夜三天，直到放晴才南行。早晨出发，约二小时后，至一溪畔，虽不太宽，因山洪未退，不能涉越，只有一个竹排摆渡，再一途是缘溪而上，数里高处有小石桥可通过，于是就分作两队并进。竹排只能载十余人，冲排人把裤子脱去围在腰间，裸露下体，跃入溪中推排前进，到水深处才跳上排用竹竿拨撑。女生都掩面，或仰天遥视而过。如此次次接渡，前队缓缓等待后队赶来，至黄昏时才到外方山老界岭麓下桃湾小寨。入住民家，打铺造饭，刚要安息，忽传敌人追来，大家也无从辨析真伪，又仓猝收拾逃走。在外寻食迟归的，返见人去空室，行李不在，以为是同伴带走，匆匆赶上，询问之下，才知又遭一次劫运，荡然一身，反倒一路轻松。当闻警匆促上路时，约晚上七八点钟，正飘小雨天黑路滑。向前就是伏牛山最高峰——嵩县、卢氏、内乡交界之老界岭，山路蜿蜒崎岖，又多深涧窄桥，险峨万状。闻领头同学手提一盏灯笼，背后一个一个接踪跟进，女同学陈嵩显与妹妹勤华，还夹在同乡刘守裕、曾纪泽、马国俊等中间。她本身体单薄，走在一条山涧边，脚滑跌落，幸亏曾纪泽紧随身后，一把揪着，后面又一同学跨前一步，二人协力，把她拉起，衣裳浸湿一半。另一组栗鸿兰推部脚踏车，由宋平、王克俊轮流推拉，车上装有他们及我四人的简单行李。我一出潭头就感冒发烧，是夜夜半，大家行至山中一过路小店，均疲惫不堪，挤在室内及檐下，躺靠休息。栗鸿兰向屋主要把谷子，煮碗水予我发汗。黎明、雨霁，闻悉昨晚系桃湾人故意造谣，驱逐我们。后既无追兵，大家也就心情放松，慢慢上路。

次日由山巅南下，夜宿离栾川十余里之农村，获悉栾川系某省委住家。他与本校且有密切关系，早餐必获妥善安排，大家怀着希望欢悦心情入睡，两日夜疲劳，暂获充分安眠休息，翌晨慢慢起身，轻松上路。栾川寨东三四里有一道河，清澈见底，深约及胯，水流甚急，大队为热烘早餐吸引，已快过尽。鸿兰推着车子，我因身体软弱，随后缓行。当涉渡中流拟踏大石而过，以免沾湿衣服，脚未立稳滑倒河中，顺水冲下十余公尺，时汝南李风坡刚过对岸，遥见，即转身踏水，将我拉起，牵扶上岸，因全身湿透，不能随队同行。见河上左边有小村，即入村内一小学教员家，说明缘故。蒙其粥菜招待，生火烘衣，歇至半晌，辞谢而行。日暖风和，路又平坦，鸿兰骑上铁马，带着我追赶大队。及至栾川，见寨门紧闭，墙内传言，不许入寨，一律绕南门转西而行，过寨五里许追上大队，见众人怒容满面，声声恨愤。不仅未得早餐，连买馍买稀饭处也无有。大家饥肠辘辘，只有向前迈进，寻找食物，我们二人倒反因祸得福了。

一路顺风，不日来到西平镇，市厘整齐，人烟辐辏，鸡犬安谧，又进入太平世界，心情开朗，精神松弛。病人好了，鸿兰反而病了，幸此地有医可请，有药可抓，吃两剂药，休息二三日，幸都痊愈康复，得知学校决计驻荆紫关后，才前往报到。

丹江长流鸥鹭结友　青石分界秦楚毗连

荆紫关，是豫陕交界的隘口，沿丹江北岸，顺山势拖东形成长形市镇，只有东西主街一条，虽无大店铺，但很整洁。时值初夏，山青水绿，田野一碧，人们比潭头温文活泼，颇有江南气质。山边多竹，竹工业发达，竹扇、竹席、竹篓、竹筐等一应竹制器具，所在都是。又有一种特产龙须草，田埂山隈，处处滋生，长约一公尺，细只有大甲草三分之一，根梢同粗，柔韧如麻。穷苦人家随意刈割，编织草履出卖，轻软耐磨，一双可穿月余之久。来往商贩，都携带许多，好在路上替换穿着，惜无人创导织席、编帽，其品质比大甲草好得太多了。男女同学鞋袜破损无钱添置，幸有此种草鞋穿着，不只柔软，登山涉水，尤感轻便舒适。女同学到此乡域，亦为俗染，赤足草履，玉腿半露，纤足盈盈，薄衫清风，另是一种韵致。

丹江水澈清浅，沙中杂有金粉，阳光照射，闪闪灼灼，遍地星光。男同学午后多去洗衣游泳，戏水二小时后，衣裤已在沙滩晾干。女同学多在清晨或黄昏，去河边浣衣。不远处，沙鸥点点白鹭群群，飞来水面沙渚，捕鱼捉虾，也不怕人，好像朋友相处，煞是悦目怡情。

闲暇无聊，四处郊游，渡丹江，南行四五里，有一小村店，不到十户人家，路中有条三叉分沟，上棚一石板桥，是为豫、鄂、陕三省交界处。临街壁上，张贴五种告示，除河南、湖北、陕西三省政府者外，尚有第一战区，及第五战区二种，问居民，奉行法令，及出粮纳税情形，虽同村却各不相同，真是一件有趣事情。

同学们初入荆紫关时，居民都很欢迎，腾屋让住，借厨炊饭，和善客气。每天镇上人家把馍饼送到学校办事处，再由各组派人前往领取食用。虽在难中获得温暖实多，及今思之，尚是拳拳难忘。

趣味投合可建独立国　劲没处用兼营驮子行

自潭头逃难以来，再不受徐正斋的严格管理生活，男生、女生、朋友、同乡，只要趣味投合，就可以组成队组，互相照应。到荆紫关后，很自然地住在一起，成为一个伙食单位，前面讲过。每日向办事处领取定额熟饼热馍（馒头），随便弄点菜汤，三餐甚是好过。大家闲暇无事，互相串串门子，看看各组生活情形，聊聊谈谈，打发日子。那里门牌仿佛也不大详细，到什么地方，也难说得清楚，于是互相询问，往往答以到某国去了，从此就形成许多独立国。等到复课时候，学校虽在四周村庄与镇上租赁许多房舍给男女生住，似乎不够，仍有很多同学住在外面未曾搬动，徐主任也不再天天查斋点名，同学也乐得自由自在。

复课，因陋就简，没有课桌椅，每人只发一块木板，一张竹凳，随身携带。课外活动，一无所有。想起在潭头，还有一个篮球场，每逢假日，或课余，常有球赛。以文农两院队实力最强，技能也相当，每次比赛，都是龙争虎斗很为精彩、刺激，非常轰动。文学院队有曹道安、陈训、高发林、魏庚、曾本杜等名将，农院队有孟广益、许树梓、程立德、潘强禄、秦昭等五虎，拉拉队男生当然各为其院助阵。女生偏向文院，因此老华漫颇不是味。

谈到农院五虎，其中许树梓、孟广益二人都是食量浩大，一顿能吃二十个馒头。力大无穷，在球场驰骋是最好散发体能的地方，可是到荆紫关以后，就无用武之地了，每于饭后，游游散散，闷了拉拉胡琴。动的机会少，身腰慢慢失去苗条了，以此常叹赘肉复生。1945年春，倭寇又蠢动西侵，学校再度逃难，孟、许等虎将不禁想到使用体劲的最好方法莫过于为女生服务，代背行李，协助逃难，于是在女生宿舍前，大贴招字："日寇追来莫惊慌，小姐衣物细包装。若嫌累赘拿不动，交托店子驮子行"。猜想一定可以大发利市，表现一番，哪知隔日道边碑楼上，贴张答招上写："日寇追来不要紧，小妹长有两条腿，店子虽然驮子壮，小妹不雇急死你"。看罢叹然怅惘，连呼"时运不济"，只有快快随队，踏上西入长安征途，再度逃难了。

我的父亲苏金伞[①]（节选）

苏　渡

1940年春，父亲受河南大学之聘，辗转来到了该校当时所在地嵩县潭头镇（今属栾川县），任体育主任。潭头镇位于嵩县县城西南百余里的伊河北岸，东、西两面各有一条伊河的支流，河的对岸及镇北面都是高山。父亲觉得在这里人地生疏，带着家眷很不方便，于是就把我母亲和我的三个姐姐送回洛宁我母亲的舅舅家暂住，然后只身一人前往河大任教。

叱咤一声

[①]　《河南文史资料》1999年第2辑。

呼开了冬的闸门，
千万条河流
一齐拥进；
然后又一株一株把树唤醒，
枝条上的嫩芽
挨次眼开了眼睛。

埋在泥土里的陈雷，
也该繁殖出成群的乳雷了。
于是先呼来一阵烟雨
松一松土壤
然后高呼一声，
嘟嘟噜噜
一下子都滚出来了。

这是父亲1941年所写《斑鸠》一诗中的诗句。父亲就是怀着这种渴望春天、渴望呼开冬的闸门的心情来的潭头。河南大学的到来使这个深山中的小镇突然繁荣起来。文、理、农三个学院的院长及教授、讲师都集中在一个小寨子里，朝夕碰头，互相交往，这在城市是不可能的。周围的村庄住满了学生。教室设在一个中学校舍里，图书馆也设在那里。既然是一所著名的大学，即使搬到山窝里，也总有大学的气派。图书馆有很丰富的藏书，父亲在这里可以读到不少平时看不到的书。各科、系都有著名的教授、学者，他们有各种各样的思想；不少学生都是从事过救亡运动又来上大学的，具有先进的思想；还有积极进行革命活动的中共地下党员。

到河大以前，父亲携家带眷几经迁徙，过着流亡生活，心中很苦闷，几乎没有写出诗来。他在《创作生活回顾》中写道："到河大以后，由于环境发生了很大的变化，我枯竭的供血不足的心脏突然充满了活力，好像一条搁浅的小船，一下子驶入大海一样。两三年没有写诗，现在又诗意葱茏，而且较之在体育场的几年又前进了一步，创作到了一个新的转折。而且在这以前，是以打球为主，写诗为辅，现在是以写诗为主，打球为辅了。"生活在一个文化氛围极为浓厚的大学环境中，父亲觉得思想更加明朗、活跃，热情如同火一般在胸中燃烧起来。

学校里有不少酷爱写诗的青年，有的已发表过不少作品如栾星、林涧等。父亲的住处经常挤满了人，他们在一起谈思想、谈文艺、谈创作。有些中共地下党员和父亲极熟，甚至可以向他公开自己的身份。同学们有订阅重庆、桂林、昆明等地出版的各种刊物的，也都拿来给他看。一些热爱写诗的同学，纷纷把自己的诗拿来让父亲看，请他修改。此时，父亲的创作欲望也被鼓动起来。他说，这几年他读的书最多，写的作品最多，在重庆、昆明等地的文学刊物上发表的诗也最多，而且创作水平提高了一步。整个40年代可以说是他的诗创作的旺盛时期。

父亲在省立第一师范学校时的国文老师嵇文甫先生，这时任河大文学院院长，父亲对他的思想、学问、道德都非常尊重。当他看到我父亲已经是一个作家了时，十分高兴，还特别注意我父亲这一时期发表的诗。有一次晚饭后，他们在寨外散步，嵇先生对我父亲写的《无弦琴》大加赞赏，还说他老早就看出这个苗头了。

在河大教授中，和父亲关系最密切的要数化学系主任李俊甫。他是留美学生，人很正直，思想进步，品质优秀，在学生中威信很高。抗战开始后，他由浙江大学回到家乡洛宁，和曲乃生等人一同搞抗日救亡运动，并参加了中国共产党。父亲和他同住在西街5号一所院子里，朝夕相处，同伙吃饭，遂成为无话不谈的知己朋友。经济系主任王毅斋，留学德国，思想先进，敢于发表见解，抨击时政。1931年九一八事变后，河大成立抗日救国会，王毅斋教授在演讲会上慷慨陈词，听讲的学生无不热泪满面，心潮激荡。反对他的人称他为"王疯子"，但父亲却对他很尊重、很佩服。在他们周围团结了一批热爱文学的进步青年学生，经常聚集在他们屋子里谈天，如李炎（铁林）、郭海长、刘世明、栾星、张结等。他们组织了一个读书会，经常请一些进步教授做专题报告，还出有壁报。父亲经常给他们写稿，宣传进步思想，或捐助一些书籍，因此受到特务们的注意和监视，西街5号被称为"危险所在"。

1941年皖南事变后，国民党当局加紧对河大进步师生的迫害。嵇文甫、李俊甫等进步教授被逮捕，后在社会舆论的强大压力和全校进步师生的大力营救下获释。王毅斋教授也曾多次受到特务的"警告"。对于顽固派在民族危亡时刻仍倒行逆施、迫害进步人士，父亲无比愤慨。他读了毛泽东的《新民主主义论》等著作，深受鼓舞，写出了著名的诗篇《雷》：

有终年的沉默，
才有破天的轰响；
有辽阔的天的幅员，
才有不羁的行踪。

一个个牺牲在热情的呼喊里，
一个个牺牲在袒裸的宣泄里，
但也给人们一个个猝不及防的欢喜，
但也给人们一个个胀毛膨体的感奋。

雷不信：
世界上会有卑微的私语，
会有在肚子里发霉的密谋；
所以不管跟谁说话，
都是披肝沥胆的倾吐。

这首诗是父亲个性的写照，也是对真理和光明的追求与渴望。他盼望着自己能像雷一样地炸响，他坚信："这样经过很久的一阵胎动，/才渐渐来到我们头上。/我们所以觉得突然者，/那是因为这声音的响亮，/超越了耳朵的习惯。"他盼望着："当雷第一声鸣响时，/饥渴的土地，/马上翻转身体……"

在这一时期，父亲发表了《眼睛都睡红了》《新的电线杆·黄昏》《雨后》《无弦琴》《睡眠——记一个朋友的谈话》《腊月是结婚的日子》《窗外》《摘棉花》《睡吧》等一大批优秀诗作。父亲度过了许多寂寞和惆怅的岁月，仿佛是"无弦琴/挂在贴满蛛窝的泥壁上/过着无声的岁月。"他被当局盯梢、迫害到了"虽然已习惯于无声"，但也"亟欲一吐积愫"，"尤其是/从山外传来群众的呼喊/像海的多足的远波/爬上了窗棂/它真想剖开胸脯/大喝一声/在兴奋中破灭"。随着革命形势的不断高涨，父亲渴望自己能同工农大众站在一起，成为中国革命的一分子。他"只巴着/有一天/霹雷在屋顶上打滚/闪电/刺得夜睁不开眼/而自己化一条火蛇/飞出户外/和雷电一同呼吸/一同咆哮"。

父亲在《无弦琴》中倾吐了自己心中的积愫，唱出了积压在胸中的愿望。

父亲写诗常到深夜，眼看着窗外月亮的圆缺，不知不觉已在西街5号这所小院中生活了四年。父亲说：

国共第二次合作以后，头两年政治上有些松动，但接着国民党就发动了反共高潮。因此我到河大后，思想感情激荡起来了，但精神上是压抑的，是苦闷的。就像一团火，压在铁板下，虽然不能迸发，但更炙烈，更凝聚，而表现为诗，就显出了这种特色，再加上朴素的语言，就形成了我这一时期创作上的特色。

如果说前期受过徐志摩、卞之琳、戴望舒的影响，现在又对艾青的诗大加倾慕，也难免受他的影响。表现在：写诗更自由了，不押韵脚，建行不讲求整齐，按着自然的节奏、语气的顿挫分行。虽是自由体，但不散文化。

父亲这一时期的诗大多发表在重庆出版的《诗创作》《文艺阵地》《诗垦地》《大公报·文艺》上。这些刊物多是茅盾、胡危舟、邹荻帆、绿原、曾卓等进步作家、诗人主编的，在大后方很有影响。长诗《大树》也是这一时期完成的，1943年发表在司马文森在昆明主编的《文艺生活》上。

1943年2月间，国民党特务组织"伏牛山工作团"到河大逮捕了一批进步教授和学生，在学校引起很大震动。人们终日惶恐不安、议论纷纷，处在一种不祥的阴影里。此时正值春节期间，父亲回洛宁城村看望家小。父亲的同乡徐乐三给父亲写信，告诉他学校里发生的情况。不久，父亲又接到一封恐吓信，所以直到四五月间才回到学校。同事们见到他都很惊诧，以为他已被捕或逃走了。

当时，学校里有个女特务叫吴冰心，是西安的国民党特务组织派来的。1942年暑假后父亲从洛宁经洛阳回校途中，正好和这个女特务同行。回到学校后，她经常到父亲屋子里玩，主要是为了盯梢。她的身份大家都清楚，嵇文甫等教授被捕的同时，有几个女生也遭绑架，都是她提供的黑名单。"伏牛山工作团"捕人以后，父亲回到学校，发表了很多言论表示同情被捕师生，并写诗表示愤慨，也是吴冰心汇报给了学校当局。这年暑假，父亲便被学校辞退了。父亲于是又回到洛宁，在那里住了几个月。1944年春，由朋友介绍，父亲到洛阳中学去教书。

1944年4月18日，日寇发动了河南战役（即中原会战），迅速突破黄河河防，然后向南、向西进攻，5月4日即推进到洛阳龙门，嵩县告急。此时，父亲和洛阳中学的几个同事急忙雇了一辆马车，一同逃出洛阳，日夜兼程西行。父亲在洛宁下车，同事们则继续西进，前往卢氏。父亲把一只木箱留在马车上，托同事们把箱子捎到卢氏县，自己回城村接家眷。那只箱子里有他的一件皮大衣和一批诗稿。后来，洛中的几位同事不幸与向卢氏进犯的日军遭遇，两位同事被杀害，只有一位逃到山里幸免于难，父亲放在马车上的箱子也失落了。诗稿的丢失，使父亲非常痛心。

父亲回到洛宁城村才两天，洛宁县城就在5月17日沦陷了，父亲只得蛰居乡下。从5月到9月间，盘踞在洛宁县城的日本兵时常到乡下烧杀抢掠，奸淫妇女。有一次日本兵进村后，父亲带着几个女儿和村民一起躲进山里，母亲则抱着一岁多的儿子文克躲进一间废弃的磨房。由于文克受惊吓啼哭不止，引来了一名日本兵。那日本兵看见一个妇女，便哇里哇啦地呼喊同伙。母亲估计他一个人胆怯（因为有一次一个日本兵在奸淫妇女时被农民打死），遂从惊慌中镇静下来，抱着文克跑到院子里，看见不远处又来了几个日本兵，便不顾一切地跳进院中的一个麦秸垛里藏了起来。她清晰地听到几个日本兵哇里哇啦的说话声，但日本兵却没有发现她，只好抢了一些鸡鸭、财物回洛宁县城了。母亲也不知在麦秸垛里躲了多久，后来听到父亲的叫声，才从里面出来，但文克已经窒息，不多会儿就死去了。

9月，父亲只身一人同在洛宁河底镇的一些陕州中学教职员结伴逃出沦陷区，到了内乡。当时，四个孩子都在害疟疾，父亲的心情自不待言。他说："离家的时候，确实感到生死难卜，团聚无日，心情极为悲怆。"父亲写了《离家》一诗，把自己当时的心情借一个离家抗日的农民之口表现出来，寄给重庆《大公报》。该诗以白描的手法，写出了出征战士对家人的情深意长和毅然踏上征程、御敌卫国的决心，发表后广为流传，并被研究中国现代诗歌的吴奔星教授称为"是一首具有史诗意义的自由体抒情诗。"

1944年深秋，父亲经同事介绍，又回到了离开五年之久的水专任教，但这时的水专已改为"黄河流域水利工程专科学校"，规模较前扩大很多，并附设高职部。水专高职部设在内乡北部一个山边的小村北峪，距专科和校部七八里地。父亲在高职部任体育教员。

几年中，父亲饱经战乱流离之苦，遭受了不少灾难与折磨，此时虽然离开了家人，但毕竟是逃出了沦陷区，胸中透出一口气来。在水专任教期间，他写了大量的诗作，歌唱深深热爱的祖国，歌颂中国共产党，鼓舞广大人民继续坚持抗战。他这一时期的主要作品有：《黄叶》《向日葵》《天亮了，但仍然下着雨》《芦花和棉絮》《晴天》

《鹅》《徘徊》《你走了》《小屋》《红叶》《跟妈妈说》《当我从群山……——走出沦陷区》《农人的脊背》《秋天的小河》等。这些诗标志着他的创作已进入了硕果累累的成熟期。

啊，祖国！
我要仔细地倚在你怀里，
让我的胸脯
感到你胳膊上脉搏的跳动；
让我的脸颊
感到你鼻息的温暖；
让我向你哭诉
我这整个月来的委屈。

但是他对祖国母亲更加热爱，因为母亲也同样不幸："但我知道／你也是受了不少的灾害与磨难的。／让我也检视检视你：／除了衣服被荆棘挂烂，／腿肚被狗咬破外，／看心脏是不是受了伤，／体温是增高了还是减退了。"怀着对祖国母亲的眷恋，父亲在《当我从群山……——走出沦陷区》一诗中向祖国母亲倾诉了自己在战乱流离中所受的委屈和痛苦，但他更加体谅祖国母亲的不幸和遭遇。

在《向日葵》一诗中，父亲深情地歌颂了中国共产党："太阳／繁殖了那么多胎儿在田埂上。"在霪雨连绵、战火纷飞的年代，中国共产党给人民以鼓舞和希望："一见太阳，／就像少妇所娇惯的孩子，／整天钻在怀里吃奶，／不肯离开一步。"形象地表现了人民群众对中国共产党的依恋和信任。

在《农人的脊背》一诗中，父亲写道：
农人的脊背，
经过烈日的烤炼
和冷雨的浇淋，
变成火成岩一般的坚固。

通过对农民脊背的抒写，预示着："你看，那满载谷物的大车，/像山一般重，/一声呐喊，/就被掀翻在禾场上。/现在/就正用这同样的姿势/来掀翻另一种更为沉重的东西，/——那牢牢地压在脊背上的残酷的统治。"父亲大声疾呼：火成岩的一般坚固的人民的力量，早晚要推翻一个旧世界，建立起一个新世界。

在内乡北峪，父亲收到著名评论家、《七月》主编胡风的信。来信说，父亲寄给他的《当我从群山……——走出沦陷区》一诗已转交给邵荃麟了，荃麟准备在他主编的《文学杂志》上发表，安排在新1卷第2期上。不久，父亲果真收到邵荃麟的信，热情地称赞了他的诗，并盼望他能写出更多更好的诗。

父亲这一时期的作品大多发表在胡危舟主编的《诗创作》、重庆《大公报·文艺》和邵荃麟、葛琴在桂林主编的《青年文艺》等刊物上。这些诗在重庆、桂林、昆明等地的广大读者中引起很大反响。

1945年春，日寇发起豫西鄂北会战，父亲随水专迁往陕西宝鸡。他和同事合雇一辆汽马车，翻越秦岭到达西安，随身只有一个被卷。父亲把诗稿装在一个小口袋里，挂在脖子上，塞到贴着胸膛的棉袄里边。父亲说："除非遇难，稿子决不会丢。"

在西安停留的个把月中，父亲把以前发表过的诗，经过仔细挑选和精心修改后，辑录成一本诗集，题为《无弦琴》，寄给重庆胡危舟。后接到胡危舟的复函，说这本诗集将列入《诗创作丛书》予以出版，父亲闻后感奋不已。这本诗集是父亲半生心血的结晶。多少年来为了追求光明、追求自己所热爱的事业而饱经苦难的心，此时得以慰藉。但是出版预告登出后，未等出书，日本即宣布无条件投降，重庆的文化、出版机构纷纷迁回上海、广州等地，正在排印中的书籍无人过问，全没了下落。父亲从内乡北峪走时脖子上挂的"诗袋"中的一些稿子，最终还是丢失了，这使父亲又一次感到痛心。

父亲在西安居住期间认识了牛汉（笔名谷同风），当时他已在报刊上发表过不少诗。1944年他在西安主编文学刊物《流火》时，跟父亲要过稿子。父亲写了一首《徘徊》，发表在《流火》第1期上。

《徘徊》含蓄委婉地剖析了知识分子的软弱性，及其在国民党腐败黑暗的政治统治下，想摆脱黑暗的环境而又摆不脱，想追求光明但又不能毅然踏上征途的苦闷和压抑。他心情沉重地进行了剖析："对于味色的辨别最为敏感，/对于方向的选择又最为愚笨；/觉得所有物体的排列都不对/而又无心去移动。"在这种可悲的精神状态下："于是/像开在山凹里的小花，/永远满足于：/早晨的一点露珠，/午间从树叶间漏下的一滴光，/晚上一场虫声不扰的梦。"几十年后重读这首诗，还可以从中体察到强烈的历史使命感和时代精神的烙印。

牛汉引荐父亲去拜访了郑伯奇。郑伯奇是创造社的老人，20年前父亲就熟悉他，但直到此时才见面。父亲和王曼洛也是这时认识的。1942年他在渑池编《华北导报》时，跟父亲要过稿子，也通过信。当时他在西安《盖世报》任编辑，父亲到报社去看望了他。

在西安住了个把月后，父亲就到水专去了，此时水专已迁到距宝鸡十几里地的一个山窝里。这里离渭河不远，去宝鸡可乘一站火车。教室设在一个小学里，未带家眷的老师十几个人集中住在一个祠堂里。父亲经常去宝鸡书店买新出的杂志和书，更多的时间还是写诗，如《诉》《看戏》《法西斯的溃灭》等就是这一时期写成的，大多发表在《抗战文艺》《高原》《文学杂志》上。

1945年8月，日本宣布无条件投降，八年灾难及流亡生活总算结束了，父亲和全国人民一样，心里有说不出的高兴。但由于陇海铁路多段被拆毁，交通不便，还不能马上返回开封，学校先派人回开封安排住处，整理校舍。父亲和最后一批教师于当年12月间合伙雇马车东进。到渑池后，父亲下车回洛宁接家眷，其他人径直回开封去了。父亲回到洛宁家中，正如杜甫的《北征》一样，看到的是女儿们一个个蓬头垢面、衣衫褴褛。父亲离家一年有余，音讯断绝，能够生还，自然值得庆幸。父亲和家人在洛宁家中过了春节，然后一同踏上返回第二故乡——开封的归途。

在潭头的日子[①]

宋景昌

抗日战争期间，河南大学搬迁至嵩县潭头镇（现属栾川）。这里地处豫西，万山盘亘，风景秀丽，生活安定。在那烽火连天的时代，堪称为"世外桃源"。

1941年春，我休学已满3年，决定辞去家乡伊阳（现为汝阳）县立师范的教职（国文教员兼校长），到潭头续学河大文史系一年级下期。潭头，是一个四面环山的小平原，北靠丘陵，南缠伊河，西连峡谷，东通石门。站在石门处俯瞰，见这小平原像个不甚等分的太极图形，一大半为陆地，一小半为河域。以潭头寨为中心的四周村落，依山傍水，各呈态势。淡烟疏林，沙平岸阔，一幅宁静的山村画。

河大校部临时办事处、女生宿舍，设在寨内，男生宿舍分散在各村。寨北小冈头上有座"上神庙"，稍事修葺，并扩建一些草房，作为教室。别看它简陋，而一代名师就曾在这里授课，百科知识就曾在这里传播。

我本爱丘壑，留恋林泉。最早住在"桥上村"，时在早春二月，余寒犹厉，便被那里的景色所迷住，溪畔的迎春，临流吐金；坡前的松柏，扑地凝翠。到了5月，"榴花红胜火，艾叶碧如烟"，更加使人陶醉。后来我移住"古城村"，活动的范围扩大：欣赏过"玉阳"的山月，游览过"文笔"的峰云，沐浴过"温泉"的暖流，摘拾过"西岭"的霜叶……啊，潭头，真是我永生难忘的好地方。

学习的自然环境虽好，而学习的物质条件却差，但学习的精神却非常饱满。拿我们古城村的宿舍来说，全是群众腾出来的民房，低矮而狭小，潮湿而昏暗。一间斗室，至少要摆放三张床；一个小窗牖，无法使三人都能取光。于是我们在墙上凿个圆洞，在里边糊上一层薄纸，使之透明，美其名曰"太阳灯"。晚上，在油烟袅绕的桐油

[①] 《潭头岁月——抗日战争中的河南大学》，河南大学出版社，1996.1。

灯下，在歪斜的破桌上，俯首阅读，直至深夜。清晨，很早起床，到河滩背诵，真可谓"鸡鸣而起，斗转而息"了。从宿舍到教室，要走二三里路，无论严寒酷暑，风雪冰霜，从不耽误听课。嵇文甫先生的《中国哲学史》，讲得深入浅出，妙趣横生，不仅屋内座无虚席，连窗外都站满了人。朱芳圃先生的《文字学》、段凌辰先生的《文选》，都多有创见，使同学耳目一新。课后，在回村的路上，同学们边走边议，交流学习的心得体会，显得生动活泼，既加深了印象，又启发了思想。

在上神庙设有一个简易的图书馆。里面的书籍，全都是由那些忠于职守的馆员们从开封母校挑选并辗转跋涉抢运出来的。数量虽不太多，却都应急、实用，出借率很高，成为同学们精神食粮的宝库。那时因系非常时期，粮食短缺，同学们一天三顿只能吃玉米面窝窝，所以有同学便风趣地说："不爱三顿黄金塔，只爱一卷开心书。"后来国民党特务的魔爪伸向潭头，逮捕或传讯了几十名师生，造成了白色恐怖，但始终不能从根本上压抑住同学们获取知识、追求真理的强烈愿望。

我因有教学的实践经验，深知"知识就是力量"的道理，所以如饥似渴地读书。新的、旧的，创作的、理论的，中国的、外国的，都感到很新鲜。我读过《史记》《资治通鉴》（部分）；读过普列汉诺夫的《艺术论》、盐谷温的《支那文艺概论讲话》；读过各种《中国文学史》、世界文学名著……读后，常与知心的同窗好友切磋琢磨，质疑问难，相互提高。

在阅读的同时，我注重习作。当时，我的写作欲很盛，写作面也很广：散文、诗歌、论文、白话体、文言体，非常驳杂。我在一年级时，就在同学"读书会"创办的《文史周刊》（壁报）上发表《读史小杂感》，借古讽今。到现在还记得其中两则。一则是："奸相李林甫以'野无遗贤'为借口，不录取一人，使杜甫下第。那么，在朝的当然都是'贤者'了。'贤者'如李林甫辈，哀哉！"另一则是："秦桧杀害岳飞，罪名是'莫须有'，人以为奇；殊不知更厉害的是连'莫须有'也莫须有。"前一则讽刺国民党政府排斥异己；后一则讽刺国民党特务机关随意抓人。我入二年级时，接办《文史周刊》，更是挥笔不辍，写出了20多篇抒情散文，写出了《所谓"慈动"》的短篇小说，写出了《论所谓"谤书"——史记》的学术论文，而写得最多的则是古文、旧体诗词。《送牛君庸懋东归序》和《三人诗草序》，因受到段凌辰教授的褒奖和鼓励（给了100分），迄今我还能一字不错地背诵下来。歌行体《杨氏女》长诗，被收入河大出版的《学术丛刊》里。而《全国皆兵论》在全国大学生论文比赛中，荣获全国第一名（河大获锦旗，我获奖状、奖章、奖金）。另外，1943年，河大女生为纪念"三·八"妇女节，上演了曲剧《红楼梦》。我参加编剧，注意显示人物的身份和个性。如"黛玉葬花"一折，黛玉的唱词是："……红樱桃绿芭蕉流光偷换，春来也春去也我影无踪。问黄鹂知消息春归何处？隔荼蘼经蔷薇飞过院东。"当时颇为流传。

我入四年级时，到"七七中学"（初中部）当国文教员兼教务主任。既是学生，又是教师，一身而二任。好在大学四年级功课不多，我可以从容地两者兼顾。这所中学是由地方筹经费、河大出师资创办的。初中部成立较早，校址选在寨南三里许的"三官庙"。三官庙雄踞坡头，下临伊河，鸟鸣空涧，花开层岩，是河大同学游玩的好去处。我因兼有职务，所以就移居庙内。每当春深秋暮，课余饭后，与来访同学绕道至附近的"龙脖"，坐临清潭，策杖幽径，往往到了昏黑方归。庙对岸山崖上有青松亭立，茂密如盖，庙院中有翠柏挺拔，粗可数围，松柏相对成趣，给这所中学点缀得很有风韵。记得我那时给友人书中曾这样写道："余居庙之西厢，窗对玉阳南峰，晨曦夕晕，山色岚光，尽收眼底，囊箧积句，半由此得也。夜阑人静，独步庭院，看月移柏影，听风播松涛，恍若羽化矣。……"

我爱这里的风光，尤爱这里的学生。他们是那样淳朴、勤奋、艰苦。他们中有不少距校几十里远，星期日家里带些干粮来，只在校里喝些开水上课。也有不少盖着破被败絮，以神台为床铺就寝。但他们却兢兢业业、踏踏实实地在学习。俗说"梅花香自苦寒来"，他们中间，后来有的成为研究员，有的成为教授，有的成为高级领导干部……

我住的那间房子，也就是教务处，所谓"寝办合一"。白天晚上，蚊子来去，老鼠出没，闹得不得安生。然而，日久，也习惯了，不耽误作息。我除教课外，毕业论文《嵇康阮籍的比较研究》（约8万字），也就是在这里脱稿的。当日寇的铁蹄逼近潭头的时候，我才离开此校，与河大师生仓皇出走，而这时我已大学毕业了。

回忆这段生活，我感谢母校老师以春风化雨滋润我们的心田，使我们能够健康成长；我感谢潭头父老乡亲在极困难的情况下，对我们生活的安排和供应；我怀念七七中学的同学与我和乐相处，对我无微不至地关怀和照顾；我热爱潭头的一山一水、一草一木，永远把它当做我的第二故乡。

1991年9月18日，七七中学举行恢复原校名典礼，我以当年教师的身份被邀参加。50年后，故地重游，沧桑巨变，感慨良多。过去河大上课的上神庙旧址，现已成为七七中学的新校舍。破烂的草房变成高大的彩楼，昏暗的桐油灯变成明亮的电棒……因赋七律二首。抄引于此，作为本文的煞尾。

其一

我爱潭头似故乡，无边景色自难忘。
村头五月榴花赤，岭下三秋柿叶黄。
风播松涛穿北牖，月移柏影上西墙。
称心最是弦歌地，桃李竞开斗艳香。

其二

风雨师生共一堂，四年艰苦不寻常。
几间破庙充黉宇，半盏油灯点液光。
纵令烽烟连岁起，依然桃李满园香。

今逢盛世呈新貌，更为中华育栋梁。

抗日战争时期的河南大学[①]

刘家骥

......

济济多士，风雨一堂

继往开来扬辉光，

四郊多垒，国仇难忘

......

嵇文甫：《河大校歌》

我是河南大学1942~1946年文学院文史系学生。我入学时正值抗日战争时期，由于形势所迫，河大几经迁移。在八年流亡中河大是怎样走过来的，师生的教学、生活和思想如何，现根据个人经历并参考《河南大学校史》《潭头岁月》等加以记述。

一、逃难纪实

河南大学的前身为河南留学欧美预备学校（创建于1912年，首任校长林伯襄），1923年改建为中州大学，1927年6月和7月先后易名为国立开封中山大学、河南省立中山大学，1930年易名为省立河南大学，1942年升格为国立河南大学。

1937年七七事变后，为避炮火，河南大学文、理、法学院及校本部由开封迁至信阳鸡公山，1938年又到镇平，与先期到达的医学院、农学院会合。1939年5月，日军进攻新野，镇平告急，河大不得不再迁至伏牛山深处的嵩县潭头镇（今属栾川县），医学院在县城。1944年5月11日，日军攻占嵩县县城，战火迅速烧至潭头，全校师生被迫仓皇逃至淅川县荆紫关。第二年春末，又在日军铁蹄的驱赶下，徒步

[①] 《河南文史资料》2000年第3辑。

600里，经龙驹寨（今丹凤县县城），越秦岭，过西安，到宝鸡的石羊庙、姬家殿安身。1945年晚秋，复员回开封。

八年抗战，亦即河大逃难的八年，回首往事，感慨良多。

1944年5月初，山乡依然野花烂漫，绿树葱茏。虽不断传来日军临近的消息，因校长王广庆的思想麻痹，上课的钟声却依然清脆悦耳。谁能料到国民党军队溃败得那么快？当师生得到迁移通知时，日军已到嵩县，直逼潭头，什么都措手不及了。

我是5月12日和几位同学一起，背起行李卷匆忙出走的。除极少数教授侥幸雇到毛驴驮东西外，当时没有什么交通工具。那天，潭头小镇一片混乱，到处可以看到人们惊恐的神色，到处是被丢弃的衣物、书籍。人们或扶老携幼，或三五一伙，有的惶然，有的悲凄，也有少数若远游人不知什么愁滋味者，一支毫无组织的逃难大军出了南寨门。大家跋山涉水，经庙子、栾川，翻摩天岭，过西坪镇，于6月初陆续集中在淅川县荆紫关安顿下来。

在5月12日、13日出走的一些人中，绝大部分是学生。年轻人能跋涉，也容易忘却忧愁，前途如何索性不去想它，在山间林海，竟间或有飘荡的歌声。山区人厚道，我们所到之处都可以得到他们的帮助。有些殷实大户不仅供住宿场所，还以饭菜招待。人群中不时可以看到与女生同行、肩挑背负的男生，不用问，这是正在恋爱中的一对情侣，我们戏称他们为"驮子"。

最惨的是晚走了两天的人。15日中午，日军到了潭头。此时大雨滂沱，山洪暴发，人们想走也走不了了。在紧急躲避中，河大医学院学生李先识、李先觉姐妹及先识的男友刘祖望逃之不及，共投一井自尽。商绍汤、吴鹏两助教及学生朱绍先、辛万龄与日寇遭遇，于英勇搏斗中血流刺刀之下。医学院院长张静吾一家陷入敌手，其妻死于杨坡岭，其侄颈部遭刀刺伤势严重；张院长亦宁死不屈，乘敌不备，跳崖逃生。农学院院长王直青教授等二十余名师生被俘后，罚作劳役，备受凌辱之苦。植物分类学名家、《植物大辞典》主编黄以仁老教授，一路风尘，到荆紫关后卧病不起，含愤逝世。事后统计，15日、

16日因日寇入侵而死亡的师生有16人（实为9人——编者注）。

二、弦歌不断

河大在当年逃难的艰苦岁月里，每到一地安顿之后，哪怕只有古庙一座、草房几间，就能很快地恢复上课秩序。就大多数师生来说，读书和研究的风气相当浓厚。学校在潭头安定的时间较长，是八年抗战中最好的时期。我1942年秋入学，在此认真地读了书，今天之所以能有比较扎实的学风并在写作、诗学两方面有点成就，就是这两年奠定的基础。我永远忘不了那大山深处古老小镇的岁月。

这里应特别提及的是，我的新诗创作与研究是在这里师从苏金伞（1906~1977）后起步的。说起来倒是十分有趣：苏老师本是河南省体育美术专科学校毕业，在20世纪30年代初已闻名诗坛。在潭头，他是河大体育教师，我和栾星（1940年入文史系，现为河南省社会科学院文学所研究员，在新诗创作及古典文学研究上均有成就）、林涧（1943年入生物系，是50年代前后河南诗坛活跃人物）、白忆菲（农学院学生）并不怎么认真上他的体育课，却经常在其小屋相聚，听其评点习作。我们虽系别不同，关系却相当密切，形成一小小的新诗群体。

1940年入学的与我亲若兄弟的宋景昌（现为河大教授），在潭头四年，除认真上课外，还通读了从《史记》到普列汉诺夫《艺术论》等中外古今许多经典著作。作为《文史周报》（学生所出的一些墙报之一）主编，期期都有其撰写的古体诗词、学术短论，甚至还有白话散文。1943年他为庆祝三八妇女节而编写的曲剧《红楼梦》，唱词优美，经米庭珊（生物系学生）等演唱之后，人人叫好。他的毕业论文《嵇康与阮籍的比较研究》，长达8万字，很有学术价值。

与我共居一室近一年的同班同学李叔英，即在"文化大革命"初起时因其长篇小说《隐蔽的战争》惹祸、悲愤自尽于开封铁塔下的作家苏鹰。今已成为国内著名考古学家、曾任河南省文物研究所所长的安金槐，也是从那时的石门湾村油灯下走出来的。

文学院于1941年创办的公开刊物《学术论丛》，是教授们共同耕耘的学术园地。抗战时期办一个学术刊物很不容易，它虽不久即夭折，但它发表出来的《殷契卜叹考》（朱芳圃）、《陆象山的"实学"》（嵇文甫）、《豫西文化考察报告》（张邃青）、《隐逸诗人王绩》（任访秋）、《河洛方言》等论文，均在国内学术界有一定影响。

河大迁嵩县后，有文、理、农、医四个学院。文学院有文史、教育、经济三个系，总共学生不过300人、教授23人、讲师及助教20余人。文、理、农三院学生及部分教师以小镇为中心，分散住在四周的农村民房内。

当时，我所在的文学院一年级的住处叫石门湾，我和七八位同学合住在一所两间面积大的土墙瓦房内（一年后有变动）。每临深夜，各人床前油灯一盏，或看书或写什么，一片寂静，很少有喧闹嬉戏者。教室在上神庙，它原是一座庙宇，有大小三四十间房屋。每届清晨，从小镇及大王村、古城、石门湾，便有三五成群的青年学生沿着曲曲折折的小路匆匆而来。这断断续续的人流中，自然也有从容、儒雅的老师。上神庙喧闹了一阵后，迅即寂静下来，寂静得甚至可以听到林中的清脆鸟鸣。

文史系四个年级不过百余名学生。教师仅十余人，多系饱学之士，嵇文甫、朱芳圃、段凌辰、张邃青诸先生皆学界名流，各领风骚。

系主任嵇文甫教授（1895~1963），1932年出版的《先秦诸子政治社会思想述要》就引起了学术界的重视，《船山哲学》《左派王学》《晚明思想史论》诸著作亦颇多建树，在哲学界有"北冯（友兰）南嵇"之誉。嵇先生讲《中国哲学思想史》，长衫布履，手持纸片一张、粉笔两支，从容步入课堂。开始时，语言平缓，似与朋友闲聊，听着听着，你会顿然醒悟，原来闲话不闲，均与所要讲的核心或主要内容有关。听他讲课，如在轻风微拂下，缓步于飘散幽香的风景区内寻奇探胜，确是一种高雅的精神享受。先生授课的教室，往往是可容一二百人的大房间，常座无虚席，甚至还有窗外伫立聆听者。建国后，先生历任河南大学及郑州大学校长、河南省人民政府副主席、河南省人民委员会副省长等职，是中国科学院哲学社会科学学部委员、河南省文史馆馆长。

朱芳圃（1895~1973）教授，开设《文字学》《训诂学》《甲骨学》等课程。《甲骨学文字编》（1933年商务印书馆出版）《甲骨学商史编》（1934年中华书局出版）两书，使之成为同郭沫若、罗振玉、商承祚齐名的专家。前者集可识之字834个，较罗的《增订殷墟书契考释》增274字，商之《殷墟文字类编》增129字。朱先生面目清癯，用湖南话讲课，慢声细语，很有大学者风采。可惜，我志趣在新文学，只听了几节课，没能得其教益。

段凌辰教授的古典文学，旧诗词根底很深，尤精于《文心雕龙》的研究。我从其学《文选及习作》——类似今之大一国文，不过他所选讲的是古文，要求学生写的是文言文。他之讲课又是另一风采：端坐于课桌之后，以抑扬有致的声调一边诵读所选文章，一边讲评其蕴含或用词之妙，常要言不繁，重在传神，有时甚至只是一个"好"字，于吟哦之中，学者似有很多领悟。先生貌亦清癯，年不过五十，颇有古代儒者之风。除一般学生外，还有常侍立于左右、在家中得其更多指导的得意弟子，今河大的牛庸茂、宋景昌两教授即属之。先生重师教，国学大师黄侃（季刚）为其老师，每言及黄之见解时，从不直呼其名，必肃然称之曰"先师季刚先生"。

张邃青（1893~1976）教授讲中国历史，熟练如数家珍，年代、人名常脱口而出。1940年日本桥川时雄编的《中国文化界人物总鉴》中有其传略。建国后，张任开封市副市长、第三届全国人大代表、河南省史学会会长。

我从嵇老、段老学、用之于今者，为谨严的治学方法及讲课艺术（各取其长，除求内容之精确外，重在生动、传神），而受益更多的是今已年过八旬、国内著名的近现代文学专家任访秋先生。当时他三十余岁，刚升为副教授。他讲《中国现代文学史》，以丰富的材料吸引住了我渴求新知的心。任老教学严谨、认真，讲课之余潜心于学术研究。他经常为南阳的《前锋报》写稿，1944年由该报社印行两本专著：《中国现代文学史》（上）《子产》，前者是我国最早出版的现代文学史。建国后，任先生担任过河南省政协副主席、民盟河南省委员会副主委、河南大学中文系系主任、河南省文学学会会长、全国鲁迅学会名誉理事等职，是第六届全国政协委员。我去开封，常趋府拜望，执弟子礼。

三、生活与思想状况

战乱除了给河大师生以逃难之苦甚至死亡之灾外，另一明显影响是生活的贫困。

当时，我们的家乡大都沦陷于日寇魔掌，经济来源断绝，全靠国民党政府贷金维持。所幸物价平稳，贷金除用于伙食外，可有少量节余。一日三餐，虽缺油少肉，倒也丰实。偶有好友相遇，还可在邻近小饭馆要一碗"小苏肉"，这在当时可算是颇为奢侈的生活与享受。

最苦的要算是拖家带口的老师们了。他们的薪俸所得，仅能糊口。由于动荡，居处都很简陋，能有瓦屋两三间就很不错了。不知从哪里借来或买来的旧桌一方、木椅几把、板床两三张，就是居室的全部装备；稍好者，不过多了一两个书架而已。在潭头时，有一教词曲的老师，常穿油污的旧衣，匆匆步入课堂，因其家庭负担较重，是在忙了家务之后赶来的。老师们生活虽贫困，却无人计较，很少听到有人关于物质生活、如何挣钱之类的议论。

说起八年抗战时期河大师生的思想状况，大致可分两个阶段。

前期抗日热情高涨。1938年，时为河大文学院学生的王锡璋（建国后任河南省教育厅厅长）在河大建立中共地下党支部。在党支部的领导下及嵇文甫、王毅斋、李俊甫等进步教授的支持、影响下，抗日爱国民主运动蓬蓬勃勃：组织抗日慰问团，成立"中原青年文艺笔会"、"读书会"，出墙报，办讲演。河大师生的这些进步活动招致了国民党顽固派的恐慌，特务组织与校内极少数反动分子杜新吾（学校秘书）、晋电声（学生）等勾结，于1941年10月、1942年2月两次施行大搜查、大逮捕，被捕师生二十余人。后来在冯玉祥、冯友兰等社会知名人士的营救下，特务组织迫于社会舆论的压力，释放了被捕的师生。当嵇文甫、李俊甫被释放归来时，河大数十名学生高举火炬，沿着崎岖山路前往迎接，校长王广庆、教务长郝象吾、训导长赵新吾及部分教授在校办公处门前恭候，此情此景令人激动。

我入学时，正逢大逮捕之后。族兄文史系三年级学生刘鹏荪（"文化大革命"前任河南省教育厅教研室主任、河南教育社副社长，1994年病逝）等仍被囚于洛阳，学校正笼罩在人心惶恐的气氛中。后期大致亦从此开始。由于国民党当局加强了对学校的控制（如大批发展国民党党员、筹建三青团组织吸收几乎所有学生入团等），再加之地处偏远山区消息闭塞及战乱时间已久，热情似乎有些冷却了。除了少数同中共党员有联系的进步师生及国民党、三青团中极少数政治反动的人外，大多数师生并不怎么关心政治，对自己的前途也不怎么考虑。除极少数相聚在一起打麻将或唱京剧、侃大山以消磨时光外，大多数学生均整日埋头于宿舍、图书馆或实验室中，只想多学些知识，以备来日之发展。

师生的抗日爱国热情真的冷了吗？其实，这不过是在特殊环境里所显示出来的表象，是认不清形势、看不到前途的无可奈何的心态表露而已。谁不痛恨日寇的暴行？谁不企盼祖国的强盛、民族的振兴？谁不想念家乡的亲人与山山水水？青年人的血总是热的。1945年8月15日日本宣布投降的消息传到宝鸡石羊庙后，师生们的热血沸腾了，欢呼声响彻云霄，人们喜悦的脸上闪耀着激动的泪花。有些同学还跑到市内买来鞭炮，噼噼啪啪的爆竹声在村头、河边响个不停。

我和几位要好的同学聚在一家小饭馆里，醉意朦胧中悲歌《流亡三部曲》："九一八，九一八……"一曲未终，又有人高声诵起杜甫的《闻官军收河南河北》："剑外忽传收蓟北，初闻涕泪满衣裳……"你一句，我一句，这首诗一字无误地被我们满怀激情的背诵了下来。

稍后两天，在石羊庙广场召开了庆祝大会，师生的情绪仍然激动。段凌辰教授在讲话中,也抑扬顿挫地吟咏了杜甫的《闻官军收河南河北》。

狂欢后不久,河南大学及其数百师生便迫不及待地收拾行装,即从宝鸡经西安、潼关回到汴梁。随着抗日战争的胜利,河南大学结束了长达八年的流亡生活。

路,在前方……

自　述[①]

李守孔

一、从头说起

大学时代是人生学校教育的最后历程,也是值得珍惜的一段岁月。我出生在一个平凡的家庭,却遭遇到不平凡的时代,接受过不平凡的大学教育。

我家世居河南西南部临汝县,民风虽然保守,却是洛阳到南阳,许昌到洛阳必经要道。记得民国28年春天,我正就读临汝初级中学的时候,看到从大街经过装载图书仪器的车队,和寄养在公园中的荷兰牛,听老师们说：河南大学因战事关系,已经从豫南镇平迁到临汝以西200多里地的嵩县了,这些都是属于河大的。我当时虽猜不出河大规模有多大,已经觉得读大学该是最神气的了。

民国32年夏,在敌机轰炸声中我完成了洛阳中学高中部的学业,由于家境不算富裕,加上幼失慈爱,零丁孤立,远到昆明、重庆报考大学既不可能,只有待在家里任凭命运之神去安排。却料想不到这一年暑假,河大竟在临汝招收新生,也是唯一的一年有大学在临汝设立考区。在3000多名考生中,我是被录取120名内的一个幸运者,9月开学后,我已经是河大文史系历史组的新生了。

---

① 《国立河南大学在台校友事略》,河南大学旅台校友会编,台湾：2001年。

在以后的大学生活中，校址播迁五次，校长更换四人，我曾经在豫西陕南崇山峻岭徒步兜过数千里大圈子，也闯过敌军封锁线，回趟沦陷区，挨过敌机的大轰炸，亲眼看到战车骑兵联合疯狂进攻的敌军，和死伤狼藉呻吟待毙的被难者，接触过抗日游击队和英勇的国军，有过最苦和最高的学校生活享受，虽不到四年的时间，也够多彩多姿了。

二、潭头入学

我报到入学时，河大已迁到嵩县四年多了，医学院在县城，不分系别，附设有护士、助产两学校，本科师生约300人。文、理、农三学院在城西一百余里潭头寨，文学院有文史、教育、经济三系，理学院有数学、化学、生物三系，农学院有农学、园艺、森林三系，三院师生约千余人。自嵩县至潭头途中，高峰耸峙，深涧乱石，尽是羊肠小道，蛮峪岭尤为险峻，大有一夫当关万夫莫敌之势。

潭头寨在群山环抱之中，居民约五百户，位于一小盆地中央，盆地东西长约八九里，南北宽约三四里。东端有一温泉，土名"汤池"，河大时设有一招待所，供师生沐浴，招待外宾。西端有山径可通卢氏县，伊河沿山麓穿南境而过，寨北有一颇具规模的上神庙。寨的四周围绕着六七个村落，每村居民数十户，土地肥沃，不啻为世外桃源，也是躲避战火读书的好地方。

学校总办公处设在寨内关帝庙，图书馆和教室都设在上神庙，庙的左侧增盖简陋教室数十间，土墙茅顶，作长方形状，所有课桌座，都是泥坯作架，上面加放素面木板，倒也非常坚牢。上神庙门内广场是举行纪念周的所在，关帝庙门前广场，则是师生演出戏剧同乐的地方。学校发给每位同学小方板一方，小木凳一只，作为两处聚会之用。教职员和女生多数赁屋居住潭头寨内，男生均住寨外，文学院一年级被分配到寨西桥上村，其他古城村、石门湾村、大王村、党村等地，分别住着不同院系年级的同学。校长王广庆先生是本省新安县籍，国学造诣甚深，经常主持各种集会，因为师生人数不多，接触频繁，彼此作客，几乎大家都认识。每逢纪念节日，京戏、话剧、梆子、越调、坠子、相声全部上演，总要热闹好几天。当时学校规定，沦陷区学生因享受贷金待遇，要以劳动服务相抵偿，不享受贷金待遇同学，也规定有劳动服务时数，每学期从40小时到20小时不等。生活管理组主任徐正斋，是一位非常认真负责的先生，所以潭头街上市容改善和通达各村落道路，在其督导下相继铺修完成。徐也组织筑过伊河堤防，无奈山洪暴发，经常溃决。当时徐先生有一单行法规，只要参加演出戏剧一次，就可以冲抵劳动服务，因此偷懒而不会演戏的同学，百般钻营，站一次龙套，了却一学期麻烦。教育系的同学发展地方民众教育，办有"七七中学"、"伊滨中学"、"伟志小学"、"潭头幼稚园"，使当地落后文化大放异彩。

从这一年9月，到第二年5月，是我大学时代最安定的岁月，家中有钱接济，师生们生活朴实，和外界社会隔绝，大家都非常用功。晨曦中，夕阳下，山径上，林溪间，读书之声相闻，碰上星期日，约几位挚友去温泉洗一次澡，家中钱汇到时彼此请吃一顿小馆子，已经算是很大的享受了。

三、南走荆紫关

民国33年5月，敌军企图打通平汉铁路，挽救其垂败命运，发动中原会战。为了截断国军补给线，动摇我后方人心，敌军于攻陷嵩县后，直扑潭头寨而来。仓皇中学校仅能发给每一同学小麦十斤，乃结队渡伊水又爬山南逃。因遭倾盆大雨，在山村大青沟被困三日，天放晴后经庙子、栾川、朱阳关、西坪等地，南走荆紫关。一星期行程，攀登熊耳山、伏牛山主峰，所经尽是人迹罕到之处。走不尽山穷恶水，极目所望都是蔽遮天日原始森林，老界岭更是险峰万状，夜晚则停宿破庙或三家店，全靠自烤半熟麦饼地瓜充饥。曾遇到土匪拦路抢劫，因同学络绎而来，得以幸免。

敌军占领潭头后，因伊水暴涨无法南进，乃继续西犯，遭国军阻击，止于卢氏、阌乡。旋因补给不继，被迫放弃潭头，困守嵩县。这一次事变，学校图书仪器损失甚巨，师生走避不及遇害者多人，被俘逃出者数十人。

荆紫关属河南淅川县，位于豫、陕、鄂三省接界，南滨丹江，街道狭长而整齐，附近山青水绿，田野一碧，颇有江南风光。该县和附近内乡、镇平以办理地方自治闻名全国。我们初到时得到当地士绅们热诚接待，散居街上和附近村落，由镇公所按顿供应大饼馒头，先送到办事处，由同学分组派人领取，学校加发一点菜金，自己料理饮食。这样一直过了四个多月，才分别迁到指定房舍，组织伙食团，生活安定下来。

当时正值夏天，同学们无书可读，大多数一文不名，只有到水澈沙软的丹江里去游泳，到附近庙宇名胜去流连，来打发时间，男女同学被晒得像黑种人一样。记得王校长集合同学训话时，有些同学抱怨学校照料不周，王校长限于财力环境，有苦难言，老泪纵横，泣不成声。十月，王校长辞职，由本省巩县籍曾任建设厅长张仲鲁先生三度出长河大，紧接着学校筹备开课，办公处借荆紫关东街马家庙，教室则借用附近店子村国民学校，每一同学仍发小木板一方，小竹凳一只供使用，学期考试时，教务处用白灰在地面划出方格，间隔座位距离。

这学期因为开学太晚，过新年时同学们自组国剧团，在马家庙前广场演唱两天，吸引了不少民众，有一出戏是群英会，饰主角周瑜的是在台湾我唯一同班同学现任考选部司长的武濂波兄。另外有两件值得回忆的事情：一是轰动全国的青年从军运动，河大同学响应者数十人，送行场面悲壮而感人。一是哲学大师冯友兰先生来河大讲学两周，场场室无虚席。

四、豫陕道上

民国34年2月，敌军进犯豫南，宛西各县相继沦陷，河大师生再度徒步西迁，经商南、龙驹寨、商县、黑龙口，横渡秦岭，过蓝田到达西安。沿途所经都是陡峻道路，看到古栈道的遗迹，看到跌落十仞深谷破碎的车辆，碰见到前线增援的队伍。有一位年轻的士兵，背着沉重的装备，擦着满头大汗，喘着气，哭丧着脸问我："同学，什么时候才见不到这惹人讨厌的山？"我安慰他说："同志，你要沉住气，忍得住，还有一两千里的长途，很够你走上一些日子哩！"过商县时，我经人介绍想谋一中学教员位置，暂时过渡一段时间，乃独自脱队，穿着草鞋，爬山越岭；一日急走一百余里山路，到达南边深山绝谷中的山阳小县，因已经有人抢先一步接洽成功，次日赶回商县，追上大队，并不觉得辛苦。

我们四月中旬到达西安，承河南新安县乡绅张钫（字伯英）安顿，同学们分别住在河南会馆和西北中学。河南会馆当时是西安一家大报的社址，我和几位同学挤卧在印刷机旁边，晚上机器声和同学们酣睡声相呼应。由于长途跋涉劳累太久了，没有人有失眠的感受。

西安是个古老的都城，街道宽敞，市面繁荣，看不出一点战时景象。只是饮水困难，水车拉来的渭河水呈姜黄色，含泥沙太多，听说只有西门外大井水好吃，其他都带有咸味。我偶然遇到一位到西安开茶馆的亲戚，和一位同县籍来西安领军饷的游击司令，都送给我一点钱，生活宽裕多了。约两位相好同学壮着胆子到一个很像样的大饭馆吃一顿饱饭，请几个朋友看一场陈素真主演的豫东梆子戏。空军官校在河南会馆招考新生，我跟很多同学都报了名，当场检查身体不合格，被淘汰了。

五月初，学校安排师生们坐陇海铁路专车去宝鸡，我第一次到西安火车站，看到宫殿式的巍峨建筑，古朴而庄严，比起洛阳雄壮多了。西安城区甚大，城墙雉堞整齐，火车开动很有一段时间方才越过。经咸阳时，望见广阔的护城河，和城内耸峙的古塔，不免发生思古幽情。

五、武城寺与石羊庙

河大师生在宝鸡二十华里卧龙寺车站集体下车，校方已选定铁路北侧附近旁武城寺为办公处及图书馆，再北二华里石羊庙为教室。师生们仍散住于附近关帝庙、火神庙、陈娘娘庙和民宅窑洞中。最初每日两餐集体到宝鸡豫籍商人所经营的工厂中轮流吃闲饭，厂主招待热情，乡谊可感。两星期后乃以庙宇为中心，分别办理伙食团。

医学院师生自嵩县逃出后，因情形特殊，竟单独迁汉中城南马家坝原西北医学院旧址，这时也迁来了宝鸡渭河南岸姬家店旧兵营，和武城寺隔水遥遥相望。这时全体同学虽都享受公费待遇，但因物价膨胀太快，主要佐食品仅黄豆芽、冬瓜菜数种，晚上读书每人一盏菜油灯，大家衣衫褴褛，穿草鞋，习以为常，也就不觉得艰苦了。

6月，张仲鲁校长辞职，由本省襄城籍田培林先生继任。田校长留学德国，获哲学博士学位，为人干练，和教育部长朱家骅私交甚深，到校后教职员待遇增加，同学们公费提高，人人喜形于色，很快就恢复上课了，仍然每人小木板一方，小木凳一只，继续弦歌。

8月14日深夜，我们在窑洞中被宝鸡连天的鞭炮声所惊醒，次晨看报纸才知道日本已经表示要无条件投降了。师生们欢腾万分，特别在石羊庙内开一个庆祝会，请中文系段凌辰教授作专题讲演。段教授举杜甫一首七言律诗作比喻："剑外忽传收蓟北，初闻涕泪满衣裳。却看妻子愁何在？漫卷诗书喜欲狂。白日放歌须纵酒，青春做伴好还乡。即从巴峡穿巫峡，便下襄阳向洛阳。"当时大家热烈兴奋的心情，真是迫不及待地想早日回到古老的开封。等到田校长因公从重庆返校，在石羊庙广场召集同学训话时，看到讲桌上有人预先用粉笔写着"我们要回开封"大字时，不禁大笑起来说："我比你们还想回母校，不过总得做个准备。"因此这一年暑假仍未放假，星期例假照常上课，到十二月中旬就结束了。我们经常看到布告栏内张贴着学校先遣人员在开封写来的信件，知道校舍完整无缺，大家都盘算着未来的计划。

六、开封母校

12月底，全校师生在卧龙寺车站乘陇海铁路拨挂专车，凯旋东归，车过西安不停，穿八百里秦川，直到河南阌乡站下车，以东则因铁路破坏，尚未修复，要靠自己雇骡车了，学校预先和师生们约定，到此解散，各自回家探亲，下学期在开封恢复上课。

这一年冬季，天寒地冻，我们通过蜿蜒数十里，窄狭凸凹不平，只能通过一车一骑，难得见到一线天日的函谷关，也看到浊浪翻腾一望无际的黄河，到家乡时已是冬残岁尽，没几天就过年了。

35年3月，春风荡漾，麦波万顷，我乘火车到了多年向往的河南省会开封，坐人力车回学校报到，看到广阔的校园，巍峨壮观的校门、图书馆、六号楼、大礼堂、东六斋等建筑，和背后雄峙孤立千年的铁塔，真不愧是中原最高学府。

我已经是三年级下期学生，算是学长了，分配住到东六斋第三斋中底楼的一个房间，同室四人，每人一桌一椅一书橱，算是够宽敞了。一年级则集中住在最后一排平房，房间远要大些，只是距离教室远点罢了。医学院在学校西侧，后面和本部相连，前面却介一省党部。农学院仍在南关外繁塔原址上课，所有家具都是合乎教学标准的新制品，既讲究，又舒适，心中有说不出来的愉快。

这一年暑假工学院开始招生，院址利用开封南郊乾河沿日军所建立新兵营，除合并省立水利专科学校成立水利系外，另成立土木、机械两系。等到36年夏我毕业后，文学院添增了外文系，把经济系拨出，另设法律、政治两系，成立法学院，河大已经有六个学院，在校学生三千多人。

开封是我国名城之一，五代、梁、晋、汉、周和北宋均建都于此。马道街的繁华，相国寺的热闹，书店街的幽雅，龙亭和潘家、杨家二湖的景色，都是值得一游的地方。偶尔傍晚到铁塔散散步，假期到禹王台农林试验所欣赏一下如茵的绿草，扶疏的花木，不觉心旷神怡。只是开封北临黄河，风大尘多，城外的沙土接近城垛，城内积水无法宣泄，很多地方变成沼泽，土质碱性太大，有腥臭味，这是古老都市必然的现象，也是美中不足的地方。

河南大学农学院亲历杂忆[①]（节选）

徐正斋

我在河南大学农学院工作，前后历三十四年半，对该院情况知之较详。现就回忆所及，如实写出。

农学院在抗战中的播迁

1937年秋季，郝象吾领着教师奔赴镇平，承镇平地方自治机构指定安国寺为农学院院址。学生陆续赶到，住在安国寺中。教师分租民宅，住在城内。月余没有上课。全体师生于腊月二十三日，电邀我前去。当我收到电报后，估计他们上课一无所有，即赶雇车辆，运送拐手椅和黑板。我于腊月二十九日到镇平，当天晚上车辆亦赶到安国城故址。次日是旧历新年，学生进县城向老师拜年，知道我已到镇平，不约而同地齐集安国寺中，布置黑板，安放椅子，即上起课来。这样整整安定了半年。迁到鸡公山的文理两院，由于校长刘季洪到教育部工作，校长易为王广庆，全体师生亦齐到镇平。

1939年5月，南阳沦陷。王广庆校长力主学校迁到嵩县潭头。他携校印间道先行前去，全校教职员眷属，不敢走崎岖山路，齐奔南阳西北100里的南河店山中。郝象吾院长派我沿马市坪、焦饵、车村一线探路，经赵村、二郎庙、下汤、李青店返回。眷属们向南河店山中行进途中，知道山高路险，于是改道出山，分坐牛车，过南召、鲁山、大营、临汝抵嵩县。是时，校部职员学生守候在城内图书馆。庶务主任杨友岑、农院事务员梁偁生，早已步行携眷先到潭头筹备。因嵩县城与潭头相距百里，道不通车，我第一个雇骡驮眷属前去，其他教职工的眷属亦坐骡子到潭。农学院全部迁到潭头，教室、实验室，学生都分配在潭头寨北3里的大王庙村，教职员及女生均住寨内，在此住了6年之久。

[①] 《河南文史资料》第22辑，1987年6月。

1944年5月，日军逼近潭头之时，河大各首长未决定逃避处所，我因兼学生救济会执行干事关系，领着男女学生，避开日军，向南转移，未及陪同农院教师职工，一齐南逃。农学院院长王直青、教授段再丕、职员李应坤、图书馆员石如灿和一些工人被俘，助教吴鹏死难。男女学生，随我翻越老界岭到西坪镇，转赴荆紫关，途中损失衣物不少。日军离开潭头后，职工们返回潭头清理财物，安葬了助教吴鹏，经过月余，又将遭受灾难、精神失常的王直青院长、段再丕教授、昏迷不省人事的石如灿等，分班派人抬送到荆紫关。

1945年4月，淅川县沦陷，学生赴陕，王直青院长随同前去，家属均随我到了赵川，请赵川群众分批一一转送出去。农学院贵重仪器140箱，存到赵村小学，农院图书另由河大派专人负责连同全校图书，集中湘河，后分两处转运，都安全搬到宝鸡石羊庙。日本投降，我先随文学院张邃青院长返汴。1945年年底，河大复回开封。

畜牧系为何到镇平停办

畜牧系路仲乾、谷子俊等教授，在汴教书，很受学生欢迎。因路与我在汴说过"河大校长不是经过选举才为教育部任命的"遭到何一平、郝象吾的不满。农学院迁到镇平后，该系学生感到镇平没有畜牧业基础，郝院长未征求系主任意见，把该系学生批准离校2/3，路仲乾感到课程没法进行，索性连同教授学生，一道转到西北农学院。有人询问郝院长，说"教育部规定，大学学院，没有三个学系，不准成立"。郝即答，"他们走了正好，没有畜牧系，我还能办学。下期添招园艺系，学系还够三个，免得他们在农学院中麻烦。"这样造成路仲乾非走不可的局势。畜牧系从此就在河大农学院停办了。

园艺学系二次兴起

河大农院园艺系，在中大农科时代，即已创建，当时教授有陈伯平、王陵南、董时厚。后来陈病死，王、董于改称农学院时先后他就，由于缺少教授，园艺系停办6年。农院迁到镇平，郝院长象吾把畜牧系弄走，先招收学生一年，才请到田叔民、张乃惠两教师，在田叔民的主持下，园艺系二次兴起，直办到开封解放。

安国寺时期学生伙食最便宜

河大农院，自中大农科至开封解放，前后22年中，以在镇平安国寺学生伙食最为便宜，每人每月最高4元，最低2.5元，比同时迁到镇平的医学院，便宜1/3，比文理两院学生到镇平时伙食便宜一半。原因是全院教师、职工、学生，同用一灶，同摊柴面钱，炊事员仅摊柴面钱的一半，教职员菜钱倍于学生，校工、炊事员不摊菜钱，学生、校工轮流担任买菜，炊事员主动变饭。每周进行评比，同时宣布饭单菜价。开始时，教职员和学生有思想不通而下伙者，经过两星期后，眼看着饭菜一天比一天好，花钱又少，下伙者又分别要求上伙。在院中以高价低秤码买到好干柴，使整个北山卖柴的绕道七八里到农院求售。由于全体教职员学生的监管和校工炊事员的合作，全院采互助互利互相监督的方法，遂能吃得最便宜的伙食。

从镇平搬到潭头

1939年5月，南阳沦陷，河大校长王广庆出走，教师学生相继躲避。我同图书管理员张振周，国术教员赵彦宾把图书、仪器装箱，请地方自治机构代雇牛车启运。郝象吾派我察探山中险路，费时1月。当我到嵩县城时，图书仪器已先我运到。由于忘记把农院黑板、拐手椅子运到，急请事务处派工友，经我原来所探险路，4天到镇平，又6天全部挑担运抵潭头。农院在潭头布置好教室，教师忙于上课，职员启箱取出图书仪器，供教学试验和学生阅读。医学院设在嵩县县城，和农学院同时上课。文理两院学生，因上课一无所有，食粮又发生困难，闹起"出潭"风潮。文理学院在农院的影响下，赶造桌凳，分盖教室，一面劝阻学生"出潭"，并调农院少数职工，协助解决柴粮，两院才告安定，上课时间，比农院推迟一个整月。

农院刘、刘、杨三工友的储柴与备粮

1939年6月，农学院刘金香、刘金玉、杨清智三工友，分到在潭头大王村农院的三个宿舍。一到潭头，他们就收购干柴，每一宿舍都存放一大垛，并在收购时标明斤数。农院教职员、家属、学生到潭，三工友搬出所存干柴，解决了农院的困难。当时，山村中骤添数千师生，需柴量大，酿成柴荒。刘、刘、杨三工办事细致，各在宿舍附近，找到三家磨户，分别由私人垫款，购粮食两石，备紧急时用。

农学院住地的大王庙村李保长筹备路费，运送该村军粮赴洛，三工友劝他停运军粮，将领到的战区学生贷金，给李到洛买粮缴上，农院就地要该村的粮食，省去了百人往返运粮之苦。事务长刘海蓬得知，要全校向农学院三工友学习。河大事务处在潭头5年，都用这种方法买粮，潭头人省了路费和人力，河大亦就地解决了粮食问题。

农院越过伏牛山走到荆紫关

1944年5月，嵩县县城沦陷，5月11日，嵩县县城西40里蛮峪陷敌。王广庆召集教务长郝象吾、训导长赵新吾、总务长赵吾、文学院长张邃青、理学院长孙祥正、农学院长王直青、医学院长张静吾，开会到夜间12点，决定非走不可，究竟到哪里，主张不一。下半夜我及前文学院长嵇文甫到会。我建议散发学生救济会所存之款100000元，天明即把学生送出。为了山中就食方便，学生分去两地，男生到东南50里的大青沟，女生随眷属暂避正南35里的重渡。嵇文甫首先同意这个意见，各领导也表示同意。天明后，我通知大王庙、古城、党村、桥上、石门湾、后坡、寨内7个村庄的炊事员，赶快做馒头，指示女生，跟眷属先奔赴重渡。下午3时，我到大青沟，发给学生每人150元。次日折回潭头，河大各领导仍未动，王校长避在南坡山中。5月14日，教职员开始离开潭头。5月15日天明，我离开潭头到石门湾，看见对面东山上日军，即飞步藏躲伊河道上石隙中。只见敌人一直进

寨，寨内起火，党村的理学院实验室也起火了，我单身走进武胜沟约有5里，遇到教授马辅岑家属，他们同女生李爱英、史萍等六七人，因女生米廷珊生产才3天，住在坡上。这时，几个校工亦赶到，当即转嘱他们，赶到大青沟通知男生，称日军已到潭头，赶快翻山南逃。当晚我领女生米廷珊等六七人，同到重渡。

5月16日未吃早饭，即集合一部分女生和家属同到栾川，跟随的有六七百人，次晨由栾川到陶湾。几百个先头到达的学生住在该村，夜间，当地土棍大喊"日本人来了"，吓得男女学生，仓皇奔出，所有随带衣物、行李等丢失净尽。在极度窘迫之中，嵩县农工银行张主任暗中付我30万元，张主任并和我及河大学生救济会会计相约，以后互相证明所受损失。次日，困饿学生赶到西坪，我取出张主任借款，每人各得300元。在西坪第九兵站工作的农学院旧同事蔡英生(新郑人)和我商量后，借给小麦15000斤。大家正在喘息之中，传来农学院院长王直青等被俘和向北山逃避的教职员工死难的消息，当时河大和农学院首长均未逃出。我即分电全国学生救济会、全国红十字会、教育部、省外各慈善团体，急请拨款救济，先后得到复电11起，计汇款到老河口、西安、西峡口等处共630万元。淅川县派荆紫关镇长、士绅莅西坪欢迎河大迁到荆紫关，训导长赵新吾领导学生转赴荆紫关，我持章到西峡口提款后，赴荆转发。一月后，神经失常的农学院院长王直青，两脚刺烂的教授段再丕，头脑颠晕的图书馆馆员石如灿，两脚暴肿的职员李应坤4人，相继由大王村群众抬送到荆紫关。

潭头事变中当地人对农学院的协助

农学院搬到潭头，教师职工住大王庙，互助互爱，颇为和睦，未发生任何意外。日军陷潭头时，农院图书仪器，虽遭受一些破坏，但经群众及时抢救，当地无人偷拿，并且代为看守。日军走后，职工们力加整理，大王村邻居，以运军粮应参加之人数，分别担挑背抬，全部运到荆紫关。潭头事变，农院图书仪器，比文、理、医三个学院，都较完整，不能不归功于大王村群众的协助。

潭头陷敌前，院长、教授和部分职员，爱护图书仪器，不肯提前离开。日军自东北山下来，守在村中的院长、教授、助教等全部被俘。当时助教吴鹏、教授段再丕，身上各背经纬仪一架。吴鹏为保护这部仪器，挣扎躲避，与一日兵撕斗，被另一日兵杀害。石如灿遭日军惨打，倒在地上。王直青院长、段再丕教授被迫为日军担挑运输。日军离潭西上，王直青院长身背钢枪5支，和校工吴锡芳同行，得换为双手各提一篮鸡蛋。50岁的段再丕，肩负钢枪一大捆。两位老人在潭头秋扒30里道上惨遭毒打，王院长在秋扒附近的羊肠鸟路陡岩中，猛然跌岩，滚到河边大石旁，日军连发两枪，认为王老已被打死，继续前进。一天后，潭头附近一青年看见了王老扑岩时被风吹掉的礼帽，遗在路旁，又往南一瞧，见岩下有人，随即跑下，后有一老人走到，认出这是大王庙村的王院长，二人把王直青轮流背送潭头。

段再丕身负大捆钢枪，先尚勉强能走，后来越走越累，鞋磨烂了，用绳绑扎，以至绳断鞋烂穿不上脚。到洛河南坝，段要解大手，日军让他走进麦稞，前进的日军不停，后到的日军不知，段得以爬向坝南村中一常姓家中，在那里休息两天，才知住村为卢氏县辖区。后遇农学院学生王克俊，扶到他家中，整整住了一个月。

学生在荆紫关是怎样救济的

1944年6月，河大学生初迁到荆紫关，校长、教务长及各院院长、总务、会计等还未到，荆紫关对河大师生、职工家属的供应，由学生救济会签条盖章领取。一个月后，学校领导相继来到。总务方面，还是由学生救济会经手，4个月后帐目转送校方。学生救济会除对学生做些救济工作外，复到镇平贾宋镇，购到大批黑白线呢、粗白布，由24匹骡子驮运到河大。学生救济会组织在各街道创设识字班，让各小学扩充班次，让河大学生担任教学工作，并一概不向当地索酬，报酬由学生救济会申请学校解决。

农学院仪器运到宝鸡石羊庙

1945年初，新任河大校长张仲鲁从重庆和河南省府各筹得一笔款项，将校中师生稍加安顿后，又因公赴川。教务长郝象吾代理校务。2月23日，淅川吃紧，学校鉴于潭头事变失策，全体教职员和学生代表集中马王庙办公处，商讨对策。教职员同称镇平事变，由于事先已把伏牛山山路探明，眷属们安然迁到潭头，未受损失。潭头陷敌，外逃的得到了救济。他们共同推我西去百里赵川查看。我于是于24日早晨起程。那天下午，淅川沦陷消息传来，眷属们不等学校布置，随同女生，离开荆紫关，直奔赵川。全校眷属107家来到赵川，重要文件及仪器140大箱也运到赵川。事前在荆紫关，我仅领到出差旅费不到法币5000元，此时前进不得，后退不能，只好留在赵川，替家属们接洽乡公所代雇脚力，转送龙驹寨。因道路险阻，几近一月，全部家属才算走完。后赵川民团党营长代付脚力费用，学校140箱物件运到龙驹寨。当我赶到龙驹寨时，全校师生和职员已奔赴西安。我在困饿之中，四处奔走，最后请托军用回空汽车4辆，将140箱重要物件，由龙驹寨运到宝鸡。

后 记

1992年，河南大学筹备八十年校庆，我任校庆办公室副主任，在随校领导走访各地校友中，不少年逾花甲的老校友讲起河南大学抗战流亡办学经历时总是激动不已，难以忘怀，从那时起，我就觉得搬迁办学这件事值得大书特书。

在纪念抗日战争胜利五十周年前夕，河南大学与潭头镇再续友谊，河南大学潭头纪念碑在当年办学旧址上落成，河南大学潭头附中正式挂牌命名，潭头镇上随处可见的"欢迎河南大学回家"的大幅标语，让我深切感受到了河南大学与潭头人民的深厚友谊是用鲜血和生命凝成的。

2001年夏，为迎接河南大学建校九十周年，编好《河南大学校史》，我多方搜集校史资料。在中国第二历史档案馆我重点查阅了河南大学改为国立前后的档案，当工作人员从库房里调出尘封已久发黄变脆的"古董"时，我如获至宝地一页页翻看，一字字摘录。最让我激动的是在南京大学图书馆，竟然找到了1944年10月在荆紫关手刻油印的《河南大学校刊》，尽管字迹已经有些模糊，但在字里行间我看到了河大人百折不挠的伟岸身影，听到了伏牛山中传承华夏文明的不辍弦歌。

随着手中材料的逐渐增多和了解这段历史的老人不断离去，一种要把这段历史记录下来的责任感油然而生，我初步拟订了《河南大学抗日流亡办学纪实》写作大纲。

在各级领导的关心和支持下，我开始实施搜集河南大学民国档案的五年计划。我和同事或冒着严寒酷暑，翻山越岭，奔走在野外，寻觅先辈流亡办学的足迹；或不理睬非典和H1N1流感的猖狂肆虐，到有关图书馆、档案馆的库房里查找关于河南大学的只字片纸。在中国第一、第二历史档案馆，在河南省、陕西省、重庆市、苏州市、开封市、新乡市档案馆，在国家图书馆、台湾图书馆及北京大学、清华大学、四川大学、南京大学等校图书馆，相继发现了河南大学的珍贵档案和期刊。在鸡公山、镇平、嵩县、潭头、荆紫关、西安、宝鸡和汉中，我详细考察了河南大学的办学路线及遗迹，访问校友和知情人士，征集实物资料。几年下来收集了上千万字档案史料和不少实物，拍摄了几千张照片，这些成果的取得一方面填补了我校民国档案的空白，另一方面为创作《河南大学抗日流亡办学纪实》准备了素材。

进入2011年，学校紧锣密鼓地筹备百年校庆，成立了"百年求索——纪念河南大学建校100周年书系"写作班子，分配由我负责《河南大学史料长编》（民国卷）和《河南大学抗日流亡办学纪实》的编撰。在构思《河南大学史料长编》的同时，我于三四月间写成了《河南大学抗日流亡办学纪实》的第一、二、三章。由于《河南大学史料长编》涉及的档案史料繁杂，其文体、遣词用字均与现代不同，再加上拍照、复印、手抄材料来源不一，字迹模糊难辨者多多，所以甄选、编排、校对等工作量特大，于是暂时辍笔《河南大学抗日流亡办学纪实》而将全部精力转向《河南大学史料长编》。我放弃了节假日，放弃了体育锻炼，放弃了兴趣爱好，放弃了社会交往，甚至放弃了照顾耄耋父母、岳父母和曾患重病妻子的时间而天天埋首于斗室。有时想想自己年近花甲，干嘛要这样"不要命"地傻干？但一种使命感、责任感总是让我停不下手中的活计。

2012年1月《河南大学史料长编》付梓，留给《河南大学抗日流亡办学纪实》的时间已经不多了，在最后冲刺的那几个月里，我天天凌晨4时起床开始写作。4月15日文字稿草成，6月6日插图完毕，8月《河南大学抗日流亡办学纪实》出版。

2014年10月，当中国人民抗日战争胜利70周年即将到来之际，河南大学出版社策划出版"弦歌不辍——抗战烽火中的中国大学"书系。编辑时海老师找到我商量此事，我觉得组织全国有关高校研究这段历史，对于不忘国耻，以史为鉴，实现中华民族复兴大业具有深远的现实意义和历史意义。恰逢中国高等教育研究会高校校史分会第十一次年会11月3日在厦门大学召开，于是我们在会议上向学会领导做了汇报，得到了大力支持。全国教育史专家潘懋元教授欣然同意担任书系顾问，全国高校校史研究会学术委员会主任刘海峰教授担任编委会主任。厦门大学、武汉大学、河南大学、南开大学等院校立即组织人员编写自己学校在抗战期间的校史。

虽然《河南大学抗日流亡办学纪实》已经出版，但百年校庆成书匆忙，加之个人学术水平有限，档案史料又不完整，自己是"板凳甘坐十年冷"了，但丝毫不敢妄言"文章不做半句空"，况且随着这几年对于中国高校搬迁办学意义认识的不断深化，新的史料不断被发现，大有必要对这段历史进行重新创作，以阐述新识，补充新史，纠正谬误，从而更深刻更全面地还原抗日战争中河南大学搬迁办学的历史真实，于是我对《河南大学抗日流亡办学纪实》进行了修订，并按照书系规定，更名为《抗战烽火中的河南大学》。

本书受到了中国高等教育研究会高校校史分会、河南大学以及河南大学档案馆、出版社领导的高度重视和大力支持，时海老师为此书的编辑出版付出了辛勤劳动，在此一并致以衷心感谢！

2015年6月6日

参考书目

[1] 汴京风暴，中共开封市委党史办公室编，郑州：河南人民出版社，1993.3

[2] 国立河南大学校志，河南大学校志编辑委员会编，台北：国立河南大学校友会，1976.12

[3] 黉宫圣殿——河南大学近代建筑群，陈宁宁著，开封：河南大学出版社，2006.9

[4] 河南大学校史，河南大学校史编写组编，开封：河南大学出版社，2002.9

[5] 河南大学校史，河南大学校史修订组编，开封：河南大学出版社，2012.8

[6] 河南大学忆往，陈宁宁编，开封：河南大学出版社，2002.9

[7] 河南教育通史，王日新；蒋笃运编，郑州：大象出版社，2004.4

[8] 精神的雕像——西南联大纪实，李洪涛著，昆明：云南人民出版社，2001.6

[9] 潭头故事，英子编著，开封，河南大学出版社，2008.10

[10] 潭头岁月——抗日战争中的河南大学，张放涛主编，开封：河南大学出版社，1996.1

[11] 我的潭头之行，李景乐著，开封，河南大学出版社，2010.5

[12] 学府纪闻——国立河南大学，陈明章编，台北：南京出版有限公司，1981.10

[13] 学府往事，陈宁宁主编，开封：豫内资汴新通字〔2005〕3号，

2005.1

[14] 薪火集，张振江主编，开封：河南大学出版社，2002.9

[15] 与世纪同行——河南大学九十年，时勇编，开封：河南大学出版社，2002.9

[16] 中共河南党史，中共河南省委党史工作委员会著，郑州：河南人民出版社，1992.11

[17] 中原抗战——原国民党将领抗日战争亲历记，全国政协《中原抗战》编写组编，北京：中国文史出版社，1995.7